Baedeker
Allianz Reiseführer
Tessin

Städte in aller Welt

Amsterdam
Athen
Bangkok
Barcelona
Berlin
Brüssel
Budapest
Dresden
Düsseldorf
Florenz
Frankfurt am Main
Hamburg
Hongkong
Istanbul
Jerusalem
Köln
Kopenhagen
Lissabon
London
Madrid
Moskau
München
New York
Paris
Potsdam
Prag
Rom
San Francisco
St. Petersburg
Singapur
Stuttgart
Tokio
Venedig
Wien

Reiseländer · Großräume

Ägypten
Asien
Baltikum
Belgien
China
Dänemark
Deutschland
Deutschland · Ost
Deutschland · West
Frankreich
Griechenland
Großbritannien
Irland
Israel
Italien
Italien (Motorradtouren)
Japan
Jugoslawien
Kanada
Karibik
Luxemburg
Marokko
Mexiko
Niederlande
Österreich
Polen
Portugal
Schweiz
Skandinavien (N·S·FIN)
Spanien
Thailand
Tschechische Republik · Slowakische Republik
Tunesien
Türkei
Ungarn
USA

Regionen · Inseln · Flüsse

Andalusien
Bali
Bodensee
Burgund
Capri
Costa Brava
Deutsche Weinstraße
Elbe
Florida
Gran Canaria
Griechische Inseln
Harz
Hawaii
Ibiza
Ischia
Italienische Riviera
Kalifornien
Korsika
Loire
Mallorca
Malta
Oberbayern
Provence · Côte d'Azur
Rhein
Ruhrgebiet
Sardinien
Schwäbische Alb
Seychellen
Sizilien
Südtirol
Teneriffa
Tessin
Toskana
Türkische Küsten
Zypern

Städte in Deutschland und der Schweiz

Augsburg
Bamberg
Basel
Berlin (gr. + kl.)
Bonn
Bremen · Bremerhaven
Darmstadt
Freiburg
Hannover
Heidelberg
Konstanz
Leipzig
Lübeck
Mainz
Mannheim
Nürnberg
Regensburg
Trier
Wiesbaden · Rheingau

Baedeker
Allianz Reiseführer

Tessin

VERLAG KARL BAEDEKER

Impressum

Ausstattung:
134 Abbildungen (Bildnachweis s. S. 5)
15 Übersichtskarten, 12 Grundrisse, 10 graphische Darstellungen, 6 Stadtpläne, 3 Sonderpläne, 1 Dorfplan (Kartenverzeichnis am Ende des Buches)
1 große Reisekarte

Textbeiträge: Monika I. Baumgarten (Zahlen und Fakten, Reiseziele von A bis Z, Praktische Informationen von A bis Z), Prof. Dr. med. Friedrich Dittmar (Kunst und Kultur), Hans-Joachim Schmidt (Geschichte, Berühmte Persönlichkeiten)
Recherche: Vera Beck, Aichtal
Bearbeitung und Nachführung: Baedeker-Redaktion

Kartographie: Gert Oberländer, München; Hallwag AG, Bern (Talschaftskarten); Mairs Geographischer Verlag, Ostfildern (Reisekarte)

Gesamtleitung: Dr. Peter H. Baumgarten, Baedeker Stuttgart

3. Auflage 1994

Urheberschaft:
Verlag Karl Baedeker GmbH, Ostfildern (Kemnat) bei Stuttgart
Nutzungsrecht:
Mairs Geographischer Verlag GmbH & Co., Ostfildern (Kemnat) bei Stuttgart

Satz (Typotext): Baedeker-Redaktion
Textfilme: Fotosatz J. Kranzbühler, Albstadt (Lautlingen)
Reproduktionen: Eder Repro GmbH, Ostfildern (Scharnhausen)
Druck: Mairs Graphische Betriebe GmbH & Co., Ostfildern (Kemnat)
Buchbinderische Verarbeitung: Dollinger GmbH, Metzingen

Printed in Germany
ISBN 3-87504-288-3

Gedruckt auf 100% chlorfreiem Papier

Inhalt

Bildnachweis

Ascona (ET): S. 61. – Baedeker-Archiv: S. 28, 52, 66. – Banca del Gottardo: S. 12 (unten links), 130, 216, 219. – Baumgarten: S. 54, 88, 194 (unten), 205 (2×), 209, 223, 225 (2×), 228/229, 230 (2×), 234 (rechts). – Bellinzona (ET): S. 65, 75, 182, 184, 189 (rechts). – Bohnacker: S. 12 (oben), 63, 89, 156, 159, 235. – Cabos: S. 34, 38 (rechts), 39, 43 (2×), 69 (oben), 71 (2×), 96 (2×), 134 (2×), 140 (2×), 141, 147, 149, 152 (links), 154 (unten). – Dittmar: S. 14 (2×), 38 (links), 77, 94, 98, 99, 102 (2×), 116, 145, 152 (rechts), 163, 177, 178, 180, 181, 189 (links), 191, 194 (oben), 211, 236 (rechts). – Eckert: S. 59 (links), 154 (oben), 161 (2×), 212, 234 (links). – Engelberger: S. 91. – ENIT: S. 106/107, 111 (2×). – Flammer: S. 31 (Mitte). – Funicolare Monte Brè: S. 160. – Gambarogno (ET): S. 113 (2×). – Günther: S. 12 (unten rechts), 56/57, 101, 104, 138, 174, 183. – Heitmann: S. 45. – Historia-Photo: S. 25. – Koch-Pelster: S. 125 (3×). – Lade: S. 59 (rechts). – Lugano (ET): S. 193. – Mendrisio (ET): S. 196, 204. – Museo Vela: S. 31 (rechts), 201. – Müller: S. 169. – Neumeister: S. 8, 18. – Pfänder: S. 236 (links). – Ringier: S. 202. – Schweizerische Verkehrszentrale: S. 11, 69 (unten), 82, 86, 97, 105, 123, 127, 143, 171, 172, 173, 185, 188, 213, 215, 233, 238. – Ticino (ET): S. 133. – Ullstein Bilderdienst: S. 31 (links). – Van Hoorick: S. 119, 170.

Hinweise zur Benutzung dieses Reiseführers

Sternchen (Asterisken) als typographisches Mittel zur Hervorhebung bedeutender Bau- und Kunstwerke, Naturschönheiten und Aussichten, aber auch guter Unterkunfts- und Gaststätten hat Karl Baedeker im Jahre 1844 eingeführt; sie werden auch in diesem Reiseführer verwendet: Besonders Beachtenswertes ist durch * einen vorangestellten 'Baedeker-Stern', einzigartige Sehenswürdigkeiten sind durch ** zwei Sternchen gekennzeichnet.

Zur raschen Lokalisierung der Reiseziele von A bis Z auf der beigegebenen Reisekarte sind die entsprechenden Koordinaten der Kartennetzmaschen jeweils neben der Überschrift in Rotdruck hervorgehoben: Lugano **D/E 6**

Wenn aus der Fülle von Unterkunfts-, Gast- und Einkaufsstätten nur eine wohlüberlegte Auswahl getroffen ist, so sei damit gegen andere Häuser kein Vorurteil erweckt.

Da die Angaben eines solchen Reiseführers in der heute so schnellebigen Zeit fast ständig Veränderungen unterworfen sind, kann der Verlag weder Gewähr für die absolute Richtigkeit leisten noch die Haftung oder Verantwortung für eventuelle inhaltliche Fehler übernehmen. Auch lehrt die Erfahrung, daß sich Irrtümer kaum gänzlich vermeiden lassen.

Liebe Leserin, lieber Leser,

Baedeker ist ständig bemüht, die Qualität seiner Reiseführer noch zu steigern und ihren Inhalt weiter zu vervollkommnen. Hierbei können ganz besonders die Erfahrungen und Urteile aus dem Benutzerkreis als wertvolle Hilfe gar nicht hoch genug eingeschätzt werden. Vor allem **Ihre Kritik, Berichtigungen und Verbesserungsvorschläge sind uns stets willkommen.** Sie helfen damit, die nächste Auflage noch aktueller zu gestalten.
Bitte schreiben Sie in jedem Falle an die

Baedeker-Redaktion
Karl Baedeker GmbH
Marco-Polo-Zentrum
Postfach 3162
D-73751 Ostfildern.

Der Verlag dankt Ihnen im voraus bestens für Ihre Mitteilungen.
Jede Einsenderin und jeder Einsender nimmt an einer jeweils zum Jahresende unter Ausschluß des Rechtsweges stattfindenden Verlosung von drei JRO-LEUCHTGLOBEN teil. Falls Sie gewonnen haben, werden Sie benachrichtigt. Ihre Zuschrift sollte also neben der Angabe des Buchtitels und der Auflage, auf welche Sie sich beziehen, auch Ihren Namen und Ihre Anschrift enthalten. Die Informationen werden selbstredend vertraulich behandelt und die persönlichen Daten nicht gespeichert.

Vorwort

Dieser Reiseführer gehört zur neuen Baedeker-Generation.

In Zusammenarbeit mit der Allianz Versicherungs-AG erscheinen bei Baedeker durchgehend farbig illustrierte Reiseführer in handlichem Format. Die Gestaltung entspricht den Gewohnheiten modernen Reisens: Nützliche Hinweise werden in der Randspalte neben den Beschreibungen herausgestellt. Diese Anordnung gestattet eine einfache und rasche Handhabung.

Der vorliegende Band hat im wesentlichen den Schweizer Kanton Tessin zum Thema, bezieht aber auch das italienischsprachige Misox im Kanton Graubünden ein und greift mit dem Ostarm des Luganer Sees, dem Comer See und dem Lago Maggiore nach Italien aus.

Der Reiseführer gliedert sich in drei Hauptteile: Im ersten Teil wird über das Tessin im allgemeinen, Klima, Pflanzen und Tiere, Bevölkerung, Wirtschaft, Geschichte, berühmte Persönlichkeiten sowie Kunst und Kultur berichtet. Eine kleine Sammlung von Literaturzitaten leitet über zum zweiten Teil, in dem die touristisch interessanten Reiseziele – Städte, Ortschaften, Täler und Seen – mit ihren Sehenswürdigkeiten beschrieben werden. Daran schließt ein dritter Teil mit reichhaltigen praktischen Informationen. Sowohl die Reiseziele als auch die Informationen sind in sich alphabetisch geordnet.

Baedeker Allianz Reiseführer zeichnen sich durch Konzentration auf das Wesentliche sowie Benutzerfreundlichkeit aus. Sie enthalten eine Vielzahl eigens entwickelter Karten und Pläne sowie zahlreiche farbige Abbildungen. Zu diesem Reiseführer gehört als integrierender Bestandteil eine ausführliche Reisekarte, auf der die im Text behandelten Reiseziele anhand der jeweils angegebenen Kartenkoordinaten zu lokalisieren sind.

Wir wünschen Ihnen mit dem Baedeker Allianz Reiseführer viel Freude und einen lohnenden Aufenthalt vor Ort!

Baedeker
Verlag Karl Baedeker

Zahlen und Fakten

Allgemeines

Landschaft Tessin

Name, Lage und Gestalt

Das Tessin, italienisch il Ticino, die am weitesten nach Süden reichende Region der Schweiz, hat seinen Namen vom Fluß Tessin (Ticino), der am Nufenen-Paß entspringt, den Langensee (Lago Maggiore) durchströmt und nach einem Lauf von rund 250 km in den Po mündet. Es ragt vom Sankt-Gotthard-Massiv keilförmig an der Südabdachung der Schweizer Alpen bis zum Rande der Lombardischen Tiefebene vor.

Geologie und Landesnatur

Die Tessiner Landschaft ist von eiszeitlichen Gletschern gezeichnet, die glaziale Seebecken, Transfluenzpässe und Trogtäler geschliffen und mächtige Moränenwälle aufgebaut haben. Heftige fluviale Erosion hat später zahllose Schwemmlandmündungen und Terrassenstufen geschaffen. Den Hauptteil der Kantonsfläche, das Sopraceneri (oberhalb des Monte Ceneri), nehmen die Tessiner Alpen ein, die im Basodino eine maximale Meereshöhe von 3274 m erreichen. Vorwiegend aus Graniten, Gneisen und kristallin umgestalteten penninischen Sedimenten aufgebaut, stehen sie an Höhe und Vergletscherung hinter den benachbarten Walliser Alpen und der Berninagruppe zurück. In ihrer ganzen Breite werden sie vom Flußsystem des Tessin in tiefe Täler zerschnitten, in denen das südliche Klima weit nach Norden vordringt. Der südliche Kantonsteil, das Sottoceneri (unterhalb des Monte Ceneri), trägt weitgehend Mittelgebirgscharakter mit Lias- und Triaskalken sowie dem Porphyrstock des Ceresio und leitet im Endmoränenland des Mendrisiotto zur Lombardischen Tiefebene über.

◀ *Campanile in Berzona (Onsernone-Tal)*

Kanton Tessin

Kantonsgrenzen

Der Schweizer Kanton Tessin (italienisch Cantone del Ticino), gemeinhin als die 'Italienische Schweiz' (samt Misox, Bergell und Puschlav) bezeichnet, grenzt im Nordwesten an die eidgenössischen Kantone Wallis (französisch Valais; nur auf ca. 15 km) und Uri sowie im gesamten Nordosten an den Kanton Graubünden (rätoromanisch Grischun, italienisch Grigioni).

Staatsgrenze

Im Südwesten, Süden und Südosten ist das Tessin von italienischem Territorium umgeben; die Kantonsgrenze bildet in diesem Bereich also zugleich die Staatsgrenze (208 km) der Schweizerischen Eidgenossenschaft zur Republik Italien.

Ticino

Tessin

Kantonsfläche:
2811 km²

Hauptstadt:
Bellinzona

Der Schweizer Kanton Tessin ist in fünfzehn touristische Regionen gegliedert.

1 **Leventina**
2 **Blenio**
3 **Maggia-Tal**
4 **Biasca und Riviera**
5 **Tenero und Verzasca-Tal**
6 **Locarno und Täler im Westen**
7 **Ascona und Losone**
8 **Brissago und Ronco**
9 **Gambarogno**
10 **Bellinzona und Umgebung**
11 **Täler im Norden von Lugano**
12 **Lugano und nahe Umgebung**
13 **Malcantone**
14 **Ceresio**
15 **Mendrisiotto und Basso Ceresio**

—— **Grenzen der Regionen**

Morcote am südlichen Luganer See

Kanton Tessin (Fortsetzung) Verfassung

Gemäß der Tessiner Kantonsverfassung von 1830 bzw. ihrer Neufassung von 1967 übt der Große Rat (Gran Consiglio) mit 90 auf vier Jahre gewählten Mitgliedern die Gesetzgebung aus; fünf von ihnen bilden den Staatsrat (Consiglio di Stato), der im alljährlichen Wechsel seinen Vorsitzenden (Presidente) wählt.

Vertretung in der Schweizerischen Eidgenossenschaft

Der Kanton Tessin entsendet in den Schweizer Nationalrat, das in der Landeshauptstadt Bern tagende Parlament der Eidgenossenschaft, acht Abgeordnete und ist im Ständerat mit zwei Vertretern repräsentiert.

Hauptstadt

Kantonshauptstadt – im Schweizer Sprachgebrauch 'Kantonshauptort' genannt – mit dem Sitz der Kantonsregierung und des Kantonsparlamentes ist das unweit südlich der Vereinigung der großen Paßstraßen über den Sankt Gotthard und den San Bernardino gelegene Bellinzona.

Verwaltungsgliederung

Der Kanton Tessin ist in acht Verwaltungsbezirke (insgesamt 247 Gemeinden) mit jeweils eigenem Gericht (Pretorio) gegliedert. Der Sitz des kantonalen Appellationsgerichtes befindet sich in Lugano.

Übersicht

Bezirk	Fläche	Verwaltungssitz
Bellinzona	21321 ha	Bellinzona
Blenio	36097 ha	Lottigna
Leventina	47924 ha	Faido
Locarno	59092 ha	Locarno
Lugano	30125 ha	Lugano
Mendrisio	10065 ha	Mendrisio
Riviera	16531 ha	Biasca
Vallemaggia	59904 ha	Cevio
Kanton Tessin	281059 ha	Bellinzona

Blütenpracht am Luganer See

Karge Bergvegetation im Piora-Alpenpark

Palmen am Lago Maggiore

Klima

Insubrisches Klima

Mediterrane Einflüsse

Das Klima der nach Süden zu den großen Seen hin geöffneten Täler und Niederungen wird als insubrisch bezeichnet. Der Begriff leitet sich von den keltischen Insubrern ab, die einst im Gebiet der Lombardischen Seen siedelten.
Dank der Alpenkette, die kalte Luftmassen aus dem Norden gleich einem mächtigen Schutzwall zurückhält, überwiegen hier mediterrane Einflüsse, gemäßigt durch die Nähe des Wassers.

Temperaturen und Niederschläge

Das insubrische Klima ist gekennzeichnet durch verhältnismäßig geringe Temperaturschwankungen und ergiebige Niederschläge. Die Winter sind trocken und sonnig mit nur gelegentlichen Schneefällen bis in die Niederungen. Frühling und Herbst bringen den meisten Regen; die Sommer sind warm und sehr sonnig, wobei kurze, heftige Gewitterschauer immer wieder für wohltuende Erfrischung sorgen.
So weist das Tessin bei geringerer Niederschlagshäufigkeit und längerer Sonnenscheindauer sowie höherer Strahlungsintensität eine größere Niederschlagsmenge auf als die Schweizer Kantone nördlich der Alpen. Dies gilt auch für die Gebirgslagen des Sopraceneri, wo bereits alpine Klimaverhältnisse vorherrschen.

Die nachstehende Übersicht zeigt einige repräsentative Meßwerte, welche die Vorzüge des insubrischen Klimas verdeutlichen:

Vergleichswerte

	Zürich (493 m)	Bellinzona (237 m)	Locarno (239 m)	Lugano (276 m)
Mittlere Januartemperatur	−0,1°C	1,8°C	3,0°C	2,6°C
Mittlere Julitemperatur	17,7°C	21,2°C	20,9°C	21,3°C
Mittlere Jahrestemperatur	8,8°C	11,5°C	11,7°C	11,9°C
Niederschlagsmenge pro Jahr	107 cm	159 cm	189 cm	175 cm
Niederschlagstage pro Jahr	162	103	104	109
Niederschlagsmenge pro Tag	6,8 mm	13,9 mm	15,6 mm	14,4 mm
Frosttage pro Jahr	73	47	32	46
Nebeltage pro Jahr	35	9	1	6
Sonnenscheinstunden pro Jahr	1693	1973	2286	2101

Pflanzen und Tiere

Flora

Pflanzenvielfalt

Die starke topographische Gliederung der Landschaft wie auch die großen Höhenunterschiede kennzeichnen die Pflanzenwelt im Tessin. Sie reicht in rascher Folge aller Vegetationsstufen von den insubrischen Zonen um die großen Seen bis hinauf zu den Firnfeldern des Alpenhauptkammes und umfaßt damit eine in Europa einzigartige Pflanzenvielfalt.

Kastanien

In Höhen bis zu 1200 m ü.d.M. herrschen Wälder und Haine der Edelkastanie (Castanea sativa) vor, die von der Wärme und der hohen Feuchtigkeit im Tessin profitieren. Ihre Früchte dienten einst der einheimischen Bevölkerung als Grundnahrungsmittel, und ihre Blüten liefern noch heute einen herb-würzigen Honig.

Buchen

An die Kastanienwälder schließt sich ein Gürtel von Buchen (Fagus silvatica) an, der in höheren Lagen durch Verbiß zu Buschwald verkümmert.

Flora (Fortsetzung)
Laubbäume

Auf kalkarmen Böden finden sich schöne Bestände an Birken (Betula pendula). Eingestreut in Mischwälder oder in isolierten Gruppen stehen Eiche (Traubeneiche / Quercus sessiliflora; Flaumeiche / Quercus pubescens), Linde (Tilia cordata), Bergulme (Ulmus scabra), Esche (Fraxinus excelsior), Erle (Alnus incana und glutinosa), Goldregen (Laburnum alpinum), Mehlbeere (Sorbus aria) und Eberesche (Sorbus aucuuparia).

Nadelbäume

Unter den Nadelhölzern ist die Weißtanne (Abies alba) bis in 1600 m Meereshöhe verbreitet.
Sie wird in größerer Höhe allmählich durch Fichte (Picea excelsa) und Lärche (Larix decidua) verdrängt.

Bodenvegetation

In Lichtungen und sonnigen Hanglagen wächst Gestrüpp aus Zistrosen (Cistus salviifolius), Besenginster (Sarothamnus scoparius) und Bergginster (Cytisus scoparius). Alpenrosen (Rhododendron ferrugineum) von gelegentlich Mannshöhe und Heidelbeeren (Vaccinium myrtillus, V. uliginosum und V. vitis idaea) bilden bis in 2300 m ü.d.M. zusammenhängende Flächen. Kalkhaltige Böden bedecken Schneeheide (Erica carnea), Besenheide (Calluna vulgaris) und Alpenheide (Loiseleuria procumbens), die dem Vieh als magere Weide dienen.

Karwannen sind vielfach von Farndickicht (Adlerfarn / Pteridium aquilinum; Bergfarn / Dryopteris montana; Frauenfarn / Athyrium filix femina) erfüllt, auf Flachmooren wachsen zahlreiche Steinbrecharten (Saxifraga), auf Hochmooren Moose (Sphagnum) und rundblättriger Sonnentau (Drosera rotundifolia).

Exotische Pflanzen

Die prächtigen subtropischen Parks und Gärten, die an den Ufern von Langensee (Lago Maggiore) und Luganer See zu den Hauptattraktionen gehören, sind von Menschenhand geschaffen und weisen daher nicht die regionalspezifische Flora auf. Dennoch zeigen sie, wie üppig sich in

Park San Grato: prächtiger Baumbestand ...

... und Rhododendren

Flora, Exotische Pflanzen (Fortsetzung)

diesem mild-feuchten Klima eine subtropische Pflanzenwelt zu entfalten vermag. Besonders im Frühling und Frühsommer zeigt sich die Blütenpracht von Kamelien, Azaleen, Rhododendren, Magnolien, Bougainvillien und Hibiskus. Zedern, Zypressen, Eukalyptus, Araukarien, Mimosen, Dattelpalmen, Bananenstauden, Agaven, Opuntien, Feigenbäume, Oleander, Mandel-, Orangen- und Zitronenbäume sowie Bambusstauden sind beliebte mediterrane Parkpflanzen.
Einen guten Eindruck von der Vielfalt exotischer Gewächse vermitteln der Botanische Garten des Kantons Tessin auf der großen Brissago-Insel San Pancrazio wie auch die zahlreichen öffentlichen oder privaten Parks und Gärten im Bereich der Seeufer.

Fauna

Säugetiere

Das Tessin bevölkern Großsäugetiere, wie sie im übrigen Mitteleuropa allenthalben anzutreffen sind: Reh, Hase, Fuchs, Dachs, Murmeltier, Eichhörnchen und etliche andere.
Zahlreicher sind die Kleinsäuger, von denen einige Arten nördlich der Alpen fast verschwunden sind. Die dichten Kastanien- und Eichenwälder bilden den Lebensraum für Schlafmäuse: Den Siebenschläfer (Glis glis) schätzten die Römer als Delikatesse; sie mästeten die niedlichen Tierchen in sog. Glissarien. Auch der Gartenschläfer (Eliomys quercinus) und die Haselmaus (Muscardinus avellanarius) sind noch häufig anzutreffen.
Schneemaus und Alpenspitzmaus leben in großen Höhen nahe der Eisgrenze, doch wagen sie sich gelegentlich bis in die Niederungen hinab. Ein Einwanderer aus dem Mittelmeerraum ist der gänzlich blinde Maulwurf (Talpa caeca).
Der Insektenreichtum und die große Zahl an Höhlen und Klüften bedingt auch die Anwesenheit von Fledermäusen, die hier in vielen Arten leben.

Reptilien

Das Tessin ist ein Paradies für Reptilien. Jede Eidechsen- und Schlangenart findet hier ihren angemessenen Lebensraum und ausreichend Nahrung. Am meisten verbreitet ist die Mauereidechse (Lacerta muralis), die sonnenbeschienene Trockenmauern und Geröllhalden bevorzugt. Die farbenprächtige Smaragdeidechse (Lacerta viridis) ist aus dem Mittelmeerraum zugewandert. Bis in Höhen von 3000 m ü.d.M. trifft man die Bergeidechse (Lacerta vivipara) an.
An Giftschlangen sind zu nennen die Kreuzotter (Vipera berus) und die Juraviper (Vipera apis). Beide sind weit in die Bergtäler vorgedrungen, wo sie zwischen Steingeröll und Gestrüpp leben. Ungiftig sind die Ringelnatter (Natrix natrix), die Glatt- oder Schlingnatter (Coronella austriaca) und die Würfelnatter (Natrix tesselata), die sich nur in der Nähe von Seen aufhält. Die angriffslustige Zornnatter (Coluber viridiflavus) und die vermutlich von den Römern eingeführte Äskulapnatter (Elaphe longissima) erreichen bis zu 2 m Länge. Die zuletzt genannte ist nur im südlichen Tessin antreffen, da sie die wärmende Sonne besonders liebt.

Amphibien

Für Amphibien sind die höheren Gebirgslagen im allgemeinen zu kalt und nahrungsarm. So trifft man im Hochgebirge bis in 3000 m Meereshöhe nur den kleinen, schwarzen, lebendgebärenden Alpensalamander (Salamandra atra) und den Grasfrosch (Rana temporaria) an, in Bergtümpeln den Alpenmolch (Triturus alpestris). In den Bergen um den Langensee (Lago Maggiore) lebt der seltene Feuersalamander (Salamandra salamandra).
Überall in den Tälern des Tessin findet man die Erdkröte (Bufo bufo), im Mendrisiotto die Knoblauchkröte (Pelobates fuscus). Aus dem Süden zugewandert sind der italienische Springfrosch (Rana latastei), der griechische Frosch (Rana graeca) und der südwesteuropäische Springfrosch (Rana dalmatina). Vor allem in der Magadino-Ebene lebt der Laubfrosch (Hyla arborea), an den Ufern der großen Seen der Wasserfrosch (Rana esculenta).

Pflanzen und Tiere, Fauna (Fortsetzung) Insekten

Überaus groß ist die Zahl der Insektenarten, der Bienen, Fliegen, Heuschrecken, Spinnen, Schmetterlinge und Käfer.
Der wehrhafte Hirschkäfer (Lucanus cervus) bevorzugt Eichenwälder. In der Umgebung von Locarno kommt der Nashornkäfer (Oryctes nasicornis) vor. In den Tälern des Locarnese trifft man noch die Gottesanbeterin (Mantis religiosa) an. Die Firnfelder der Gletscherregionen bewohnt der Gletscherfloh (Isotoma saltans), der sich von angewehten Pollenkörnern ernährt. Groß ist die Zahl der Schmetterlinge, darunter viele geschützte Arten wie der Apollofalter (Parnassius apollo). Überall im Tessin lebt der Skorpion (Euscorpius italicus), der seinen Giftstachel jedoch nur zur Abwehr von Gefahr einsetzt.

Vögel

Die Vogelwelt entspricht derjenigen Mitteleuropas. Im gesamten Tessin ist – anders als in Italien – das Fangen von Vögeln jeder Art verboten.

Fische

Die am häufigsten in den Tessiner Gewässern vorkommenden Fischarten sind: Bachforelle (fario), Kanadische Forelle (canadese), Saibling (salmerino), Seeforelle (trota lago), Aesche (temolo), Felchen (coregone), Barsch oder Egli (pesce persico), Maifisch (agone), Hecht (luccio), Schleie (tinca), Karpfen (carpa), Zander (luccioperca) und Laube (alborella).
Die Forellenbestände, auch jene der Gebirgsseen, wurden wiederholt mit fremden Unterarten aufgestockt, so daß hier zumeist von den endemischen Arten abweichende Mischformen auftreten.

Bevölkerung

Zahl und Struktur

Der Kanton Tessin zählt rund 280 000 Einwohner. Von ihnen sind etwa die Hälfte einheimische Tessiner ('Ticinesi'), 13 % Bürger anderer Schweizer Kantone und 28 % Ausländer (überwiegend Italiener). Insgesamt verzeichnet die Zahl der Einwohner eine leicht ansteigende Tendenz bei gleichzeitiger Verschiebung der Siedlungsdichte: Einem bedenklichen Bevölkerungsschwund in den Gebirgstälern steht die zunehmende Konzentration in den touristischen und industriellen Ballungsgebieten der Niederungen, besonders an den Seeufern, gegenüber. Vom 'Landkanton', der das Tessin noch bis zum Beginn des 20. Jahrhunderts war, hat es sich immer mehr zum 'Stadtkanton' gewandelt.
Gut die Hälfte der gesamten Kantonsbevölkerung lebt in den vier großen städtischen Agglomerationen von Lugano (ca. 55 000 Einw.), Locarno (ca. 38 000 Einw.), Bellinzona (ca. 27 000) und Chiasso (ca. 22 000 Einw.). Trotzdem halten die vielen kleinen Gemeinden, von denen über die Hälfte weniger als 500 Einwohner, 40 sogar weniger als 100 Einwohner zählen, an ihren politischen Einheiten mit weitgehender Selbstverwaltung fest. So hat beispielsweise die Gemeinde Largario im Blenio-Tal, mit nur 25 Einwohnern die kleinste des Kantons, eine Verschmelzung mit den Nachbargemeinden einstimming abgelehnt.

Dichte

Die durchschnittliche Bevölkerungsdichte beträgt im Tessin derzeit etwa 99 Einwohner pro Quadratkilometer (zum Vergleich: gesamte Schweiz 160 Einw./km^2; Deutschland 200 Einw./km^2). Die größte Dichte verzeichnet der Bezirk Mendrisio mit annähernd 400 Einw./km^2, die geringste der Bezirk Vallemaggia mit nur 8 Einw./km^2.

Sprache

Amtssprache ist das Italienische, für etwa 85 % der Einwohner zugleich die Muttersprache. Die von den Einheimischen gesprochene Mundart ist ein lombardischer Dialekt bäuerlicher Prägung, dessen sich heute noch etwa die Hälfte der Bevölkerung ständig oder gelegentlich bedient.
Infolge des starken Zuzuges von Deutschschweizern und Bundesdeutschen während der vergangenen Jahrzehnte wird Deutsch allenthalben verstanden, vor allem in den Touristenzentren am Langensee (Lago Maggiore) und am Luganer See.

Bevölkerung (Fortsetzung)
Religion

Gut 90 % der Tessiner Bevölkerung bekennen sich zum römisch-katholischen Glauben, ca. 7% sind Protestanten.
In den drei 'ambrosianischen Tälern' Blenio, Leventina und Riviera folgt man heute noch der ambrosianischen Liturgie, die vom heiligen Ambrosius (333–397), einem der vier großen Kirchenlehrer, geschaffen wurde und im Herrschaftsbereich Mailands das Kirchengeschehen bestimmte. Im ambrosianischen Ritus hat sich beispielsweise die Immersionstaufe erhalten, bei welcher der Täufling ins Wasser eingetaucht wird.

Wirtschaft

Allgemeines

Am wirtschaftlichen Gesamtaufkommen des Kantons Tessin sind die Industrie (einschließlich Bauhandwerk und Gewerbe) und der Dienstleistungsbereich (mit dem Fremdenverkehr als Hauptfaktor, dem Speditionswesen und dem v.a. in Lugano jüngst stark angewachsenen Bankgeschäft) etwa gleich stark beteiligt. Der Anteil der Landwirtschaft hingegen beträgt weniger als drei Prozent.

Industrie und Verkehr

Struktur, Sparten und Standorte

Die klein- bis mittelständisch strukturierte Industrie (insgesamt rund 550 Betriebe) ist hauptsächlich in den Ballungsräumen des Sottoceneri angesiedelt und umfaßt Betriebe der Metallverarbeitung, des Maschinen- und Präzisionsinstrumentenbaues, der Elektroindustrie, der Textil- und der Nahrungsmittelerzeugung sowie der Tabakindustrie. Zur gesamtwirtschaftlichen Diversifikation ist man um die Ansiedlung technologieintensiver Betriebe bemüht.
Allenthalben im Tessin wird hochwertiger Stein gebrochen: In den Tälern des Sopraceneri Granit und Gneis, im Sottoceneri geschätzter Marmor.

Energieerzeugung

Zu den natürlichen Schätzen der Alpenregionen gehört die Wasserkraft, die in einem komplexen Verbundsystem von Elektrizitätswerken genutzt wird und dem Tessin über die Deckung des Eigenbedarfes hinaus die Ausfuhr von elektrischem Strom erlaubt.

Verkehrswege

Für die industrielle Entwicklung des Tessin war der Ausbau der den Alpenriegel überwindenden Verkehrswege (Paßstraßen, Eisenbahn- und Straßentunnel) von größter Wichtigkeit. Bereits seit dem Erlangen der Unabhängigkeit führte der Kanton einen entschlossenen Kampf gegen die topographische Isolation und brachte große finanzielle Opfer, um die Paßstraßen auszubauen, war aber machtlos gegen die witterungsbedingte Schließung der Alpenübergänge während der langen Wintermonate. Erst mit der Eröffnung des Gotthardbahntunnels im Jahre 1882 wurde die ganzjährige Verbindung mit der übrigen Schweiz gewährleistet; die Tessiner Volkswirtschaft erlebte mit der Eisenbahn ihre eigentliche Geburtsstunde.

Paßstraßen und Tunnel

Heute führen die kürzesten Verbindungen zwischen den großen europäischen Wirtschaftsräumen am Rhein und in der Po-Ebene in Längsrichtung durch den Kanton. Neben der San-Bernardino-Straße ist es in der Hauptsache die Gotthardroute ('Via Gentium') mit dem 1980 eröffneten, 16 km langen Straßentunnel durch das Sankt-Gotthard-Massiv, die das enorme Verkehrsaufkommen bewältigen muß. An der Autobahngrenzzollstelle in Chiasso werden alljährlich über 3 Mio. Fahrzeuge abgefertigt; täglich passieren rund 1000 beladene Güterwagen den Bahnhof Chiasso, was einem Jahresvolumen von etwa 7 Mio. t Güter entspricht.

Flugplätze

Wenngleich die drei Tessiner Flugplätze – Agno (bei Lugano), Magadino (bei der Mündung des Tessinflusses in den Langensee) und Ascona – nur von vergleichsweise bescheidener Größe sind, wird hier dennoch ein beträchtlicher Flugverkehr (von Agno auch mit dem Ausland) abgewickelt.

Tourismus

Gunstfaktoren und Schwerpunkte

Dank seiner überaus reizvollen und abwechslungsreichen Landesnatur sowie des milden Klimas hat sich das Tessin zu einem der bedeutendsten Fremdenverkehrsgebiete der Schweiz entwickelt. Traditionelle Schwerpunkte des Tourismus sind der Lago Maggiore (Langensee) und der Luganer See, doch werden zunehmend auch die Gebirgstäler dem wanderfreudigen Publikum erschlossen.

Kapazitäten und Touristenaufkommen

In den rund 800 Tessiner Hotels stehen etwa 28 000 Fremdenbetten zur Verfügung; weitere 100 000 Unterkunftsplätze bieten Ferienhäuser, Ferienwohnungen, Mietzimmer und Campingplätze. Im Durchschnitt haben in jüngster Zeit alljährlich etwa 1,5 Mio. Touristen das Tessin besucht (knapp 8 Mio. Übernachtungen, davon rund 3 Mio. Besucher aus dem Ausland).

Problematische Entwicklung

Der zu Beginn des 20. Jahrhunderts stürmisch einsetzende Tourismus hat dem Tessin zwar beachtlichen Wohlstand beschert, doch leider auch das Landschaftsbild tiefgreifend verändert. Unverkennbar ist die fortschreitende Zersiedlung der Landschaft. Alte Bausubstanz ist modernen Hotelkomplexen, Feriensiedlungen und Freizeiteinrichtungen gewichen. Besonders kleinere Ortschaften sind von den vielen Zweitwohnungsbauten gezeichnet. Zugleich hat der Fremdenverkehr gelegentlich zu sozialen Spannungen geführt. Ausgelöst durch den Zuzug wohlhabender 'Oltrogottardi' (= Leute, die eigentlich jenseits [nördlich] vom Sankt Gotthard beheimatet sind) fürchten die Einheimischen die Überfremdung und den Verlust der nationalen Identität ('Italianità'), in der sich eidgenössisches Staatsbewußtsein und italienisches Kulturerbe verbinden.

Landwirtschaft

Alpwirtschaft

Bis zur Wende vom 19. zum 20. Jahrhundert war die Alpwirtschaft der wichtigste Wirtschaftszweig der Gebirgsregionen des Tessin. Sie wurde

Rustico – charakteristisches Tessiner Berghaus

Landwirtschaft, Alpwirtschaft (Fortsetzung)

hier im jahreszeitlichen Wechsel (Transhumanz) zwischen Tal, Maiensäß (Frühlingsbergweide) und Alpweide betrieben und ernährte die Bevölkerung meist schlechter als recht. Schon immer war deshalb die Abwanderung, insbesondere der Jüngeren, beträchtlich. In den vergangenen Jahrhunderten trieb es die Arbeitsuchenden vorwiegend nach Italien, Frankreich und Übersee, von wo die dort Reichgewordenen in ihre Heimat zurückkehrten und ansehnliche Palazzi bauen ließen, die noch heute im merkwürdigen Widerspruch zu der sonst so kargen Umgebung stehen.

Landflucht

Die moderne Zeit hat den unter rauhesten Bedingungen wirtschaftenden Bergbauern neue, bessere Verdienstmöglichkeiten im eigenen Lande erschlossen. Es sind vor allem die neuen Industriezentren des Sottoceneri sowie die Fremdenverkehrsgebiete um den Luganer See und den Langensee, welche die Bergbauern zur Aufgabe der Alpwirtschaft und zur Abwanderung veranlaßt. Während um 1860 etwa ein Drittel der Bevölkerung in Gemeinden oberhalb 600 m lebte, sind es heute kaum noch zehn Prozent.

Verfallserscheinungen

Die Aufgabe der traditionellen Alpwirtschaft aber führt zum Zerfall von Bergdörfern und Siedlungen. Alpweiden verkommen mangels Bewirtschaftung allmählich zu Geröllhalden. Beschleunigt wird dieser Prozeß durch den Verkauf verfallender Bauernhäuser und Wirtschaftsgebäude ('Rustici') an Deutschschweizer und Ausländer, die diese nach eigenem Gutdünken zu Feriendomizilen ausbauen. Hierdurch ist immer mehr regionalspezifische Bausubstanz zerstört worden. Heute müssen alle Umbauvorhaben einer Prüfungskommission vorgelegt werden.

Fördermaßnahmen

Der auch in anderen Alpenländern zu beobachtenden Entvölkerung der Gebirgsregionen versucht man durch gezielte Fördermaßnahmen zu begegnen. Hierzu gehört die Subventionierung oder Wiedereinführung der traditionellen Alpwirtschaft ebenso wie die Schaffung neuer Erwerbsmöglichkeiten. Daneben stehen Vorhaben zur Verbesserung der Infrastruktur, insbesondere der Verkehrsanbindung, sowie Maßnahmen des Natur- und Landschaftsschutzes. Um die Erhaltung der traditionellen bäuerlichen Kulturlandschaft im Tessin wie in der übrigen Schweiz sind die öffentlichen Hände ebenso bemüht wie private Fördervereine, so etwa die 'Schweizerische Patenschaft für bedrängte Gemeinden' mit Sitz in Zürich.

Vier neue Bergregionen

Diesem erklärten Ziel dienen auch die 1974 neugeschaffenen vier Bergregionen 'Tre Valli', 'Valle Maggia', 'Malcantone' und 'Valli di Lugano', die sich zur wirtschaftlichen, verkehrstechnischen und touristischen Entwicklung des jeweiligen Gebietes zusammengeschlossen haben und insgesamt 87,8% des Kantonsgebietes umfassen.
Hierbei wird der Erhaltung und Förderung traditioneller Wirtschaftszweige, wie der Land- und Alpwirtschaft sowie der Granitindustrie, aber auch der dringend notwendigen Gewässersanierung Vorrang gegeben. Obwohl die Schweiz die schärfsten Gewässerschutzbestimmungen in Europa hat, bleibt die Gewässerverschmutzung der Bergseen, besonders auch der Tessiner Seen in Problem. Als ehemalige Gletscherseen sind sie sehr tief, die Zu- und Abflüsse im Verhältnis dazu jedoch bescheiden. So wird das Wasser unzureichend vermischt, und die Wassererneurung benötigt etwa 15 (!) Jahre.

Acker- und Weinbau

Größerflächiger Ackerbau kann nur in der fruchtbaren Magadino-Ebene und im Südtessin erfolgreich betrieben werden. Man kultiviert vor allem Getreide (bes. Mais), Tabak, Arzneipflanzen und Gemüse. In Hanglagen herrschen Obst- und Weinbau vor; auf den Rebflächen gedeiht vor allem der rote, herzhaft-fruchtige Merlot (Bordeaux-Rebe).
Nicht zuletzt unter dem Einfluß des Tourismus ist die landwirtschaftliche Nutzfläche im Tessin seit 1955 auf annähernd ein Drittel zurückgegangen, während gleichzeitig die Waldfläche stark zugenommen hat. Einer fortschreitenden Extensivierung in den Gebirgsregionen steht eine vermehrte Intensivierung im Tiefland gegenüber.

Geschichte

Um 1000 v.Chr.	Man nimmt an, daß das Gebiet des heutigen Tessin etwa seit der Wende vom zweiten zum ersten vorchristlichen Jahrtausend von Ligurern besiedelt ist.
Um 400 v.Chr.	Keltische Lepontier und Insubrer stoßen aus der Lombardischen Tiefebene in die südlichen Alpentäler vor.
196 v.Chr.	Nach der Eroberung der einst von Galliern gegründeten Stadt Comum (heute Como) durch Marcus Claudius Marcellus dringen die Römer im Tessintal bis zu den Caninischen Feldern (beim heutigen Arbedo, unweit nördlich von Bellinzona) vor.
Um 89 v.Chr.	Comum wird von Pompeius Strabo zur Kolonie lateinischen Rechtes erhoben, später von Gaius Iulius Caesar zur Bürgerkolonie ausgebaut und heißt dann Novum Comum (in augusteischer Zeit 'Comum municipium'). Ihre Bedeutung erhält die Stadt als Ausgangspunkt für verschiedene Gebirgsübergänge, über welche die römischen Legionäre und Kaufleute in das Gebiet nördlich der Alpen streben.
15 v.Chr.	Erst unter Kaiser Augustus bemächtigen sich die Römer auch der oberen Täler am südlichen Alpenrand und schlagen das Gebiet zur Provinz Gallia Transpadana. Augustus' Stiefsöhne Drusus und Tiberius erobern das wilde Rätien; ihre Siege verschaffen Rom die neue Provinz Raetia.
1. Jh. n.Chr.	Aus Novum Comum stammen der berühmte römische Geschichtsschreiber Gaius Plinius Secundus (23/24–79) und sein Sohn, der Redner Gaius Plinius Caecilius Secundus (61/62 bis um 111).
4. Jh. n.Chr.	Nach der Bekehrung des römischen Kaisers Konstantin zum Christentum (312) und dem sog. Edikt von Mailand (313) zum Schutze der Kirche kann sich die christliche Lehre auch in der Lombardei und den Alpentälern ausbreiten. Dies geschieht unter der Ägide des Mailänder Bischofs Ambrosius (Sant' Ambrogio, 340–397), dem Initiator des nach ihm benannten ambrosianischen Ritus, der noch heute in etwa fünfzig Tessiner Kirchengemeinden (in den sog. ambrosianischen Talschaften Riviera, Blenio und Leventina) zelebriert wird. Die ersten Sendboten kommen den Langensee (Lago Maggiore) herauf, erbauen an seinen Ufern Gotteshäuser und dringen im Tessintal weiter nordwärts. Anfangs war Felix, der erste Bischof von Como, dem Ambrosius freundschaftlich verbunden; doch später kam es zu Konflikten zwischen den beiden Bischofssitzen: Como sicherte das Mendrisiotto und die Gegend um Lugano dem römischen Ritus, der hier bis zur Gegenwart gilt.
5.–6. Jahrhundert	Im Zuge der Völkerwanderung fallen nach Italien nacheinander die Hunnen (452), die Ostgoten (539) und schließlich die Langobarden (568) unter ihrem König Alboin ein. Die zuletzt genannten festigen ein Reich, das in Ober- und Mittelitalien (Hauptstadt Pavia) über zweihundert Jahre Bestand hat; der Stammesname lebt in der Landschaftsbezeichnung 'Lombardei' fort, und in der oberitalienischen Bevölkerung ist bis heute ein nordischer Einschlag (großer Körperwuchs, blonde Haare) unverkennbar. Im Langobardenreich kommt das Gebiet des heutigen Tessin an die Grafschaften von Castel Seprio (Mendrisiotto und Region Bellinzona) und Angera (Luino, Maggia-Tal, Verzasca-Tal). Wenngleich die Christianisierung des Tessiner Raums im 6. Jh. als vollendet angesehen werden kann, leben – gefördert durch die Eindringlinge – heidnische Sitten fort.

773/774

Karl der Große bezwingt die Langobarden, verleibt ihr Reich seinem Fränkischen Reich ein und führt nun den Beinamen 'Rex Francorum et Langobardorum' (= 'König der Franken und der Langobarden'); fränkische Missionare verbreiten erneut die Christenlehre.

ab 900

Die Bischöfe von Como können ihren Herrschaftsbereich vom Sottoceneri allmählich auf Locarno, Bellinzona und bis ins Maggia-Tal ausdehnen.

948

Durch Schenkung des Bischofs Atto von Vercelli kommen die ambrosianischen Täler (Riviera, Blenio und Leventina) an das Mailänder Domkapitel.

Zweite Hälfte des 10. Jh.s.

Im ehemaligen Langobardenreich wirkt bis 994 die Kaiserin Adelheid (einst italienische Königin) ausgleichend. Die Italienzüge Ottos I. (951/952, 961/962 mit der Kaiserkrönung 962 und Rückzug über den Lukmanier-Paß, 966–972) stützen sich hauptsächlich auf die Bischofsstädte.

1035

Der Aufstand der Bürger gegen den Erzbischof von Mailand setzt das Signal für die Loslösung der Lombardei vom Kaisertum und die Bildung des Lombardischen Städtebundes.

1174–1178

Auf seinem fünften Italienzug (Alpenüberquerung über den Lukmanier-Paß) muß sich Kaiser Friedrich I. Barbarossa dem überlegenen Heer der Mailänder bei Legnano geschlagen geben (1176). Auf dem Friedenskongreß in Venedig (1177) wird ein sechsjähriger Waffenstillstand mit den Lombarden vereinbart.
In dieser mittelalterlichen Epoche, die ganz vom Kampf zwischen dem Kaisertum (Ghibellinen) und dem Papsttum (Guelfen) bestimmt ist, gerät das Tessin unter die Lehnsherrschaft von kaiserlichen Vasallen (Herzöge, Grafen und Bischöfe), die Trutzburgen und Schlösser errichten, das örtliche Marktrecht ausüben und Zölle auf Straßen und Wasserwegen eintreiben. Zu den machthabenden Familien gehören v.a. die Rusca, Orello, Muralto, Duno, Torre und Magoria.

Februar 1182

Mit dem 'Schwur von Torre' (im Blenio-Tal) beginnt der Kampf gegen die kaisertreuen Statthalter: "Sie (die Bewohner von Blenio-Tal und Leventina) schworen, mit allen Kräften zu verhindern, daß irgendjemand im ganzen Blenio-Tal und in der Leventina jemals wieder eine Trutzburg ohne Erlaubnis aller einzelnen Bewohner der beiden Talschaften erbaue. Im Falle, daß jemand im Blenio-Tal eine Burg erbauen sollte, würden die Bleniesen die Leventinesen zu Hilfe rufen, um diese Burg zu zerstören; ebenso wären die Bleniesen gegebenenfalls gehalten, den Leventinesen zu Hilfe zu kommen. Weiterhin schworen sie gemeinsam, im Amt der Advokatur nie mehr einen Fremden, sei es als Richter oder als Advokat, weder Artusio von Torre noch seinen Bruder, noch seinen Sohn, noch irgendeinen anderen Nachkommen anzuerkennen, wenn sie nicht bis zum nächsten Sonntag das Schloß in die Hände des Erzpriesters des Mailänder Domes oder den Talbewohnern übergeben hätten. Ferner schworen sie, daß sie ihre Landsgemeinde, die sie während drei Tagen im Monat November abzuhalten gewohnt sind, um ihre Geschäfte in Sala zu besprechen, unter keinem anderen Machthaber abhalten werden, wohne dieser im Blenio-Tal oder in der Leventina, vom Monte Ceneri und vom Sasso Pino bis zum Lukmanier und bis zu den Höhen der Greina." (nach E. Merz).

1220

Der Enkel Barbarossas, Friedrich II., übergibt die Burg Serravalle im Blenio-Tal dem rätischen Freiherrn Heinrich von Sax.

1290

Nach Eröffnung des St.-Gotthard-Passes versehen die Leventinesen die Warenfuhren über das Gebirge; für die Erhebung der Abgaben und Zölle besitzen sie weitgehende Vollmachten des Mailänder Domkapitels, die ihnen jedoch von den Visconti streitig gemacht werden. Da zu jener Zeit ein Visconti Erzbischof von Mailand ist, wird ihm die Oberherrschaft über die Täler um den St. Gotthard übertragen. Gegen dieses neue Regime erhe-

1290 (Fortsetzung) ben sich die Talbewohner unter Alberto Cerro aus Airolo, der die Bildung einer Art Eidgenossenschaft aller Bewohner der Gotthardregion im Sinne hat. Zu diesem Zweck verbündet er sich mit den Wallisern und den Urnern, fällt den Visconti jedoch durch Verrat in die Hände und wird in Mailand als Rebell hingerichtet.

1291 Nach dem Tode Rudolfs II. von Habsburg (seit 1273 deutscher König), der die Macht über große Teile der Schweiz nördlich der Alpen gewonnen und eine straffe Verwaltung durch ortsfremde Vögte eingeführt hat, schließen die innerschweizerischen 'Waldstätte' Uri, Schwyz und Unterwalden den Ewigen Bund ('Rütli-Schwur'; ältester Bundesbrief vom 1. 8. 1291), in dem die Schweizerische Eidgenossenschaft ihre Grundlage hat.

1292 In Biasca kann der Advokat Stramadeccio erreichen, daß Enrico Orello seiner uneingeschränkten Alleinherrschaft über die Leventina abschwört.

1330 Die eidgenössischen Urner kommen erstmals über den St. Gotthard in die Leventina.

ab 1335 Die lombardische Adelsfamilie Visconti dehnt ihre Herrschaft auf Como und das Tessin aus.

1403 Die Urner fallen zum zweiten Mal in der Leventina ein und handeln Bellinzona (deutsch Bellenz) den Grafen von Sax ab.

1422 In der erbitterten Schlacht von Arbedo (30. 6.) kann das den Eidgenossen überlegene Heer der Mailänder unter Führung des Grafen von Carmagnola Bellinzona und die oberen Alpentäler für die Visconti zurückgewinnen.

1474 Im März erkennen die Österreicher den eidgenössischen Besitzstand an; im Oktober schließen die Eidgenossen einen ersten Soldvertrag mit dem französischen König Ludwig XI.
Beginn des 'Reislaufens': Schweizer treten als Söldner in fremden Kriegsdienst; seinen Höhepunkt erreicht es in den Mailänder Kriegen (s. nachstehend), als Schweizer gegen Schweizer kämpfen.

1478 Eidgenossen und Leventinesen können gemeinsam das übermächtige Heer der Mailänder bei Giornico besiegen, welche auf die Leventina zugunsten der Urner verzichten müssen.

1496–1500 Nach und nach bringen die Schweizer Eidgenossen alle Gebietsteile des heutigen Tessin in ihren Besitz: 1496 das Blenio-Tal, 1499 die Riviera, 1500 Bellinzona.

1500–1516 Mailänder Feldzüge: Die Eidgenossen, anfangs nur als Söldner beteiligt, greifen später als selbständige Macht ein (1512 'Pavierzug' unter Ulrich von Hohensax). Nach der für Franz I. von Frankreich siegreichen Schlacht bei Marignano (13./14.9.1515) brechen die schweizerischen Unternehmungen zusammen. Die Eidgenossen behalten das Tessin, die Bündner das 1512 eroberte Veltlin.

1503 Frankreich bestätigt den Schweizern im Frieden von Arona die Zugehörigkeit von Bellinzona zur Eidgenossenschaft.

ab 1512 Lugano, das Mendrisiotto, Locarno und das Maggia-Tal werden den 'zwölf alten Orten' (bis 1798 die Bezeichnung für 'Kantone') der Schweizerischen Eidgenossenschaft als 'Gemeine Herrschaften' (= gemeinsames Untertanenland) bzw. 'Ennetbirgische (= jenseits des Gebirges gelegene) Vogteien' unterstellt (fremde Landvögte mit zweijähriger Amtszeit). Vom Militärdienst befreit, beteiligen sie sich nicht an den Kämpfen in der Lombardei, genießen geringe Steuersätze und brauchen an den Südgrenzen keine Zölle zu entrichten.

Gemäß einem im aargauischen Baden von den katholischen Innerkantonen beschlossenen Edikt werden die Protestanten in Locarno, wo die Reformation Fuß gefaßt hatte, vor die Wahl gestellt, dem reformierten Glauben zu entsagen oder die Stadt zu verlassen. Daraufhin ziehen Anfang März des Jahres 1555 etwa 130–150 Männer, Frauen und Kinder von den Ufern des Langensees (Lago Maggiore) in Richtung Innerschweiz (⟶ Das Tessin in Zitaten: Heinrich Zschokke über die Vertreibung der Reformierten aus Locarno). 1555

Der Mailänder Erzbischof Carlo Borromeo bereist mehrmals die südlichen Alpentäler, um mit vielerlei sozialen Initiativen der Gegenreformation Geltung zu verschaffen. Dennoch bleiben die reformatorischen Tendenzen im Tessin virulent. 1567–1584

Im Tessin wütet eine Pestepidemie, die allein in Locarno rund 3000 Menschenleben dahinrafft. Auch Carlo Borromeo, der sich aufopfernd um die Pestkranken kümmert, wird von ihr befallen und stirbt nach seiner letzten Visitationsreise durch das Tessin in Mailand; als der hl. Karl Borromäus geht er in die Kirchengeschichte ein. 1577

Im Dreißigjährigen Krieg bewahrt die Schweiz Neutralität. Nur das von Parteienzwist beunruhigte Graubünden wird aufgrund seiner strategischen Bedeutung mit in die Kämpfe hineingezogen, da über die Bündner Alpenpässe österreichisch-spanische und französische Heere ins Land kommen. Doch gelingt es der rücksichtslosen Energie des Feldobersten Georg (Jürg) Jenatsch (1596 bis 1639), dem Land seine Unabhängigkeit wiederzuerringen. Im Westfälischen Frieden (1648) wird die Schweiz als europäischer Staat anerkannt. 1618–1648

Politisch und verfassungsmäßig verbleibt die Eidgenossenschaft in dem Zustand, den sie während der Mailänder Feldzüge (1500–1516) erreicht hat. Das Fehlen einer zusammenfassenden Staatsgewalt zeigt sich besonders in den anhaltenden konfessionellen, parteipolitischen und sozialen Spannungen. Zu gleicher Zeit blüht aber das mit den Kulturnachbarn Deutschland und Frankreich verknüpfte, aufklärerische Geistesleben (Haller, Bodmer, Breitinger, Lavater, Pestalozzi, Rousseau u.a.). 18. Jahrhundert
Die Ennetbirgischen Vogteien profitieren zwar vom Schutz durch die Eidgenossenschaft, insgesamt herrschen im Tessin jedoch soziale und kulturelle Mißstände, die viele Künstler und Handwerker zur Auswanderung veranlassen.

Die Bewohner der Leventina versuchen vergeblich, sich gegen die das Tal beherrschenden Urner zu erheben. 1755

Die Französische Revolution führt in der Schweiz zu Aufständen eidgenössischer und kantonaler Untertanen (1797 Abfall des Veltlin). 1790–1797

Nachdem Napoleon Bonaparte auf seinem siegreichen Vorstoß die Lombardei erobert und die Cisalpinische Republik instauriert hat, will er dieser auch das Tessin einverleiben. Die Tessiner entscheiden sich jedoch mehrheitlich für den Anschluß an die von den Franzosen nach Eroberung und Auflösung der alten Eidgenossenschaft gegründete Helvetische Republik (12.4.1798), einen künstlichen Einheitsstaat nach französischem Muster. Das Gebiet südlich vom St. Gotthard wird zwei Verwaltungsbezirken zugeordnet, nämlich den Kantonen Bellinzona und Lugano (Parole: “liberi e svizzeri” = “frei und schweizerisch”). 1798

Während des Bestehens der Helvetischen Republik ('Helvetik'; bis 1803) hat das Tessin unter dem ständigen Durchzug fremder Truppen arg zu leiden, und am Ende steht ein gänzlich ausgeplündertes, verarmtes und erschöpftes Land mit chaotischen Zuständen, in dem Korruption, Ämter- und Stimmenkauf an der Tagesordnung sind.

1803 Die Mediationsakte aufgrund des Reichsdeputationshauptschlusses zu Regensburg vom 25. Februar 1803, im wesentlichen ein Werk Napoleons, wandelt die Schweiz wieder in einen föderativen Staatenbund von nunmehr neunzehn gleichberechtigten Kantonen um, zu denen jetzt auch das Tessin als freie Republik und autonomer Kanton gehört (italienisch 'Repubblica e Cantone del Ticino'; Kantonsbezeichnung in französischer Manier nach dem Fluß Tessin/Ticino).

1810 Französisch-italienische Truppen besetzen für drei Jahre das Tessin.

1813 Nach dem Einmarsch der gegen Napoleon verbündeten Truppen in die Schweiz wird die Mediationsverfassung aufgehoben und die alte, bis 1798 übliche Staatsform wiedereingeführt.

1814 Mit der 'Revolution von Giubiasco' gibt sich der Kanton Tessin eine Verfassung, die jedoch weiterhin die aristokratische Minderheit begünstigt. Bellinzona, Locarno und Lugano fungieren für jeweils sechs Jahre als Kantonshauptstadt.
Der innerschweizerische Kanton Uri annektiert das Tessiner Livinental (Leventina).

1814/1815 Auf dem Wiener Kongreß werden die Schweizer Kantone um drei (Neuenburg/Neuchâtel, Genf/Genève und Wallis/Valais) auf zweiundzwanzig vermehrt. Im Frieden von Paris (November 1815) erhält die Schweiz die international verbindliche Zusicherung immerwährender Neutralität, der sie bis heute treu geblieben ist.

1817–1830 Der alte Saumweg über den St.-Gotthard-Paß wird zwischen Flüelen und Bellinzona zur Poststraße ausgebaut.

1830 Dem Großen Rat (Gran Consiglio), der gewählten Volksvertretung des Kantons Tessin, gelingt es am 4. Juli 1830, eine Verfassungsreform zu verabschieden. Von dieser ersten freiheitlichen Verfassung eines Schweizer Kantons, die Volkssouveränität, Gewaltenteilung, Petitions- und Pressefreiheit sowie eine demokratische Rechtsprechung garantieren soll und noch vor (!) der Pariser Juli-Revolution des gleichen Jahres beschlossen wird, hat vieles vorerst nur theoretische Bedeutung, da sich die alte korrupte Herrschaft weiter behaupten kann.

1830–1840 In vielen Schweizer Kantonen greift die liberale Bewegung der 'Regeneration' Raum, die aber letztlich am erbitterten Widerstand der Konservativen scheitert.
Im Tessin, das sich der liberalen Bewegung verschreibt, kommt es infolge der bestehenden Differenzen zwischen klerikal und antiklerikal Gesinnten immer wieder zu Zusammenstößen und sogar blutigen Auseinandersetzungen.
Hauptanliegen der Tessiner Kantonsregierung sind der Aufbau eines fortschrittlichen, während der Untertanenzeit sträflich vernachlässigten Bildungswesens, sowie der Ausbau der Verkehrswege und die Korrektur der Bergbäche und Flußläufe (Tessin, Maggia; Entsumpfung und Urbarmachung der Magadino-Ebene).

1843–1847 Um eine Straßenverbindung zwischen Lugano und dem Mendrisiotto zu schaffen, baut Pasquale Lucchini zwischen Melide und Bissone einen Damm und eine Brücke durch bzw. über den Luganer See.

1845 Die katholisch-konservativ orientierten Kantone Luzern, Uri, Schwyz, Unterwalden, Zug, Freiburg (Fribourg) und Wallis (Valais) schließen einen zum Separatismus tendierenden 'Sonderbund' gegen die protestantischen Kantone. Daraufhin ordnet der Bundesrat in Bern durch einen allgemeinen Bundesbeschluß ('Tagsatzung') die Auflösung dieses Sonderbundes an und setzt zur Durchsetzung des Beschlusses schließlich Truppen ein. Die liberale Regierung des Kantons Tessin schließt sich, trotz der ganz überwiegend katholischen Konfession der Bevölkerung, der Tagsatzung an. 1845 (Fortsetzung)

Im sog. Sonderbundskrieg wird der Sonderbund durch das 'Tagsatzungsheer' unter Führung des bekannten Generals Dufour (Sieg bei Sislikon im Kanton Luzern) mit Waffengewalt aufgelöst. 1847

Während der Auseinandersetzungen um das 'Risorgimento' (= 'Wiedererstehen', Einigungsbewegung) im benachbarten Italien nehmen zahlreiche Tessiner Freiwillige am 'Mailänder Aufstand' gegen die reaktionären Österreicher teil. Viele von den österreichischen Militärbehörden Verfolgte finden im Tessin Aufnahme und Asyl, so der bekannte italienische Freiheitskämpfer Giuseppe Mazzini, der Lugano als Exilort wählt und als Mitstreiter Garibaldis den Geheimbund "La Giovine Italia" (= "Das Junge Italien") gründet. Andere namhafte Exulanten sind der italienische Publizist und überzeugte republikanische Politiker Carlo Cattaneo, der in seinem Heimatland verfolgte französische Geograph Elisée Reclus (ab 1851) und der russische Anarchist Michail Bakunin (zeitweilig). 1848
Als 1848 die neue Schweizer Bundesverfassung in Kraft tritt, die aus dem bisher losen Staatenbund der Kantone einen Bundesstaat macht, fürchten die Föderalisten im Tessin zwar, erneut in die Abhängigkeit von der deutschen Schweiz zu geraten, fügen sich jedoch dem mehrheitlich gefaßten Beschluß.

Gotthardpost in wilder Talfahrt (Gemälde von Rudolf Koller, 1873)

1849	Als die Kunde vom amerikanischen 'Goldrausch' nach Europa dringt, machen sich auch hunderte von Tessinern aus den Bergtälern auf den Weg in die Neue Welt, um in Kalifornien ihr Glück zu versuchen; ihre Nachfahren halten noch heute als 'kalifornische Tessiner' an den Sitten und Bräuchen ihrer ursprünglichen Heimat fest.
1872–1882	Bau der St.-Gotthard-Eisenbahnlinie, nach deren Fertigstellung sich im Tessin ein einschneidender Wandel des ökonomischen, sozialen und kulturellen Gefüges vollzieht.
1878	Um den seit 1814 herrschenden Anachronismus der unentwegt zwischen Lugano, Bellinzona und Locarno wechselnden Regierungssitze zu beenden, wird Bellinzona nach langjährigen Debatten zur alleinigen Hauptstadt des Kantons Tessin bestimmt. Die Kantonsregierung nimmt ihren Sitz dort in dem umgebauten Gebäude des aufgehobenen Klosters der Ursulinerinnen.
1884–1888	Nachdem sich die katholische Kirche im Tessin schon seit Jahrzehnten um die Loslösung von dem italienischen Bistum Como bemüht hat, gestattet Papst Leo XIII. schließlich im Einvernehmen mit dem Schweizer Bundesrat die Neugründung eines tessinischen Bistums, das mit der alten schweizerischen Diözese Basel vereinigt wird. Ihr Vorsteher nimmt den Titel eines Bischofs von Basel und Lugano an, und ihm wird ein kirchlicher Administrator mit Sitz in Lugano zur Seite gestellt, der im Tessin als selbständiger Bischof fungiert.
1890	Heftige Auseinandersetzungen zwischen Liberalen und Konservativen, den beiden wichtigsten Parteien im Tessin, führen zu gewalttätigen Ausschreitungen in Bellinzona, die nur durch das Eingreifen von eidgenössischen Bundestruppen (unter dem Obersten Künzli) beendet werden können.
1892	Eine Verfassungsreform bringt den Tessinern das Verhältniswahlrecht.
Anfang des 20. Jahrhunderts	Im Zuge der entscheidend verbesserten Verkehrsverhältnisse nach der Inbetriebnahme der St.-Gotthard-Eisenbahnlinie kommt es im Tessin zu einer intensiven Entwicklung des Fremdenverkehrs sowie zur Ansiedlung von Industriebetrieben (Eisenbahnwerkstätten; Textilfertigung, Nahrungsmittel u.a). Zugleich kommt es aber auch zu einer zunehmenden Überfremdung durch Zuwanderer aus der deutschsprachigen Schweiz, vor allem Industrielle und Geschäftsleute, die ihre Unternehmen im Tessin aufbauen. Die bereits nach der Einigung Italiens entstandene Bewegung der 'Irredenta' (eigentlich 'Italia irredenta' = 'unerlöstes Italien'), die den Anschluß der italienischsprachigen Gebiete Österreich-Ungarns anstrebte, geht nun über ihr ursprüngliches Ziel hinaus und fordert für Italien die 'natürlichen Grenzen' auf dem Alpenkamm, so besonders am Brenner, aber auch am St. Gotthard.
1914–1918	Bei Ausbruch des Ersten Weltkrieges wird das Schweizer Heer zwar mobil gemacht, die Eidgenossenschaft bewahrt jedoch die Neutralität und nimmt während des Krieges verwundete und kranke Gefangene sowohl der Mittelmächte als auch der Entente auf.
1920	Die Schweiz tritt dem Völkerbund bei (16.5.).
1925	Auf einer internationalen Konferenz in Locarno (5. – 16. 10.) wird der sog. Locarno-Pakt zur Friedenssicherung in Mitteleuropa geschlossen (Details s. Stadtgeschichte von ⟶ Locarno).
1935	Die Schweizer Bundesanwaltschaft verbietet das weitere Erscheinen der Zeitschrift "Adula" (= Rheinwaldhorn), die Stimme der Irredentisten, die – allerdings in verschwindend kleiner Zahl – den Anschluß der italienischen

Schweiz als 'unerlöstes' Gebiet an das italienische Mutterland propagiert hat. 1935 (Fortsetzung)
Dem erklärten Versuch des italienischen Diktators Benito Mussolini, seinen faschistischen Vorstellungen auch im Tessin (z.B. in neugegründeten italienischen Kolonien und Schulen) zum Durchbruch zu verhelfen, widerstehen die Tessiner dank ihres ausgeprägten und historisch tief verwurzelten Demokratieverständnisses.

Im Zweiten Weltkrieg bewahrt die Schweiz abermals ihre Neutralität und leistet Notleidenden aller Nationen Hilfe. 1939–1945

Nach dem Ende des Zweiten Weltkrieges unternimmt der Kanton Tessin große Anstrengungen zur Förderung des Bildungs- und Sozialwesens. nach 1945
Seit den fünfziger Jahren macht sich der allgemeine Wirtschaftsaufschwung auch in der italienischen Schweiz bemerkbar durch forcierten Ausbau der Verkehrswege, gesteigerte Bautätigkeit, zusätzliche Ansiedlung von Industriebetrieben, ein prosperierendes Bankwesen (besonders in Lugano) und nicht zuletzt durch das Anwachsen des Tourismus, einschließlich der vielfach als problematisch empfundenen Niederlassung von Ausländern mit Feriendomizilen (Zweitwohnsitze).

Die Schweizerische Eidgenossenschaft tritt der Europäischen Freihandelszone EFTA (European Free Trade Association) bei. 1960

Eine gänzlich revidierte Kantonsverfassung schneidet etliche alte Zöpfe ab und verschafft dem Tessin nicht zuletzt eine zeitgemäße Legislative. Die Tessiner Frauen erhalten das Stimmrecht auf kantonaler Ebene (erst 1971 in der gesamten Schweiz eingeführt). 1967

Nach achtjähriger Bauzeit wird der knapp 17 km lange St.-Gotthard-Straßentunnel zwischen Göschenen im Kanton Uri und Airolo im Kanton Tessin dem Verkehr übergeben. 1980

Nach Fertigstellung des Tessiner Abschnittes der Schweizer Nationalstraße 2 ist die Autobahnstrecke zwischen Basel und Chiasso durchgehend befahrbar. 1986

Im Oktober schwellen die Zuflüsse (v.a. der Ticino) des Lago Maggiore (Langensee) gewaltig an, so daß der See über seine Ufer tritt und weite Bereiche des Sopraceneri überflutet werden. Am schwersten betroffen sind Biasca und die Magadino-Ebene sowie Locarno und Ascona. 1993

Berühmte Persönlichkeiten

Hinweis

Die nachstehende, namensalphabetisch geordnete Liste vereinigt historische Persönlichkeiten, die durch Geburt, Aufenthalt, Wirken oder Tod mit dem Tessin verbunden sind und überregionale Bedeutung erlangt haben.

Eugen d'Albert (10.4.1864 bis 3.3.1932)

Der aus dem schottischen Glasgow gebürtige Komponist und Pianist französisch-britisch-deutscher Abstammung Eugen d'Albert war Schüler u.a. von Franz Liszt und wurde bekannt als erfolgreicher Bach- und Beethoven-Interpret. Er komponierte 21 Opern, darunter "Tiefland" (1903), ein Hauptwerk des Verismus in Deutschland, und "Die toten Augen" (1916), ferner eine Sinfonie, zwei Klavierkonzerte, ein Cellokonzert und zahlreiche Lieder. Darüber hinaus lieferte er Bearbeitungen von Orgelwerken Johann Sebastian Bachs für Klavier und veröffentlichte eine Ausgabe des "Wohltemperierten Klaviers" (1906/1907).
Eugen d'Albert verstarb im lettischen Riga und ist in Morcote am Luganer See begraben.

Hans (Jean) Arp (16.9.1887 bis 7.6.1966)

Der aus Straßburg (Strasbourg) im Elsaß stammende deutsch-französische Maler, Graphiker, Bildhauer und Dichter Hans (Jean) Arp studierte in Weimar und Paris. Als ein Vertreter der modernen Plastik und Malerei gehörte er zeitweilig der Künstlergemeinschaft "Der Blauer Reiter" an, war 1916 einer der Mitbegründer des Dadaismus in Zürich und wandte sich später dem Surrealismus zu. Gemeinsam mit Eliezer Lissitzkij verfaßte Arp die Schrift "Die Kunstismen" (1925) und Collage-Gedichte wie "Die Wolkenpumpe" (1920), "On my way" (1948) oder "Mondsand" (1960). Eine bedeutende Sammlung Arpscher Kunstwerke befindet sich in der Pinacoteca Comunale von Locarno.
Hans Arp verstarb in Basel; sein Grab (mit Skulptur) befindet sich auf dem Friedhof bei der ehemaligen Kirche Santa Maria in Selva in Locarno.

Francesco Borromini (25.9.1599 bis 2.8.1667)

Der italienische Baumeister und Bildhauer Tessiner Herkunft (aus Bissone am Luganer See) Francesco Borromini (eigentlich Francesco Castello) war seit 1620 Schüler und Mitarbeiter von Carlo ⟶ Maderno und Gian Lorenzo Bernini, bildete jedoch einen eigenen Stil unter Verwendung von Formen der griechisch-römischen Antike heraus. Sein erstes selbständiges Werk war die römische Kirche San Carlo alle Quattro Fontane (1638–1641; Fassade 1665–1668), die in der Raumverschmelzung über einem geschwungenen Grundriß ein schulemachendes Werk des Hochbarock wurde. Als sein Hauptwerk gilt die Universitätskirche Sant'Ivo della Sapienza (1662–1650) in Rom mit einem als sechsstrahliger Stern aus-

Borromini-Konterfei auf der 100-Schweizer-Franken-Banknote

F. Borromini (Fortsetzung)

gebildeten Grundriß. Als Bildhauer arbeitete Borromini mit Bernini an der Ausgestaltung der Peterskirche im Vatikan. Gemeinsam mit Bernini und Cortona hat Borromini das barocke Rom wesentlich beeinflußt. Zu seinen römischen Werken gehören u.a. das Oratorium und der Konvent San Filippo Neri (1637–1650), der Palazzo Falconieri (1639–1641), der Umbau der Lateranbasilika (1646–1649) und das Collegio di Propaganda Fide (1646–1666).
Francesco Borromini schied in Rom durch Selbstmord aus dem Leben.

Rudolf Caracciola (30.1.1901 bis 28.9.1959)

Der weltbekannte, aus dem rheinischen Remagen gebürtige deutsche Automobilrennfahrer Rudolf Caracciola gewann in den zwanziger und dreißiger Jahren mit Fahrzeugen der Marke 'Mercedes-Benz' zahlreiche bedeutende Autorennen und stellte zwischen 1930 und 1939 insgesamt siebzehn Weltrekorde auf.
Rudolf Caracciola verstarb im hessischen Kassel und liegt in Castagnola bei Lugano begraben.

Carlo Cattaneo (1801–1869)

Der aus Mailand stammende italienische Politiker, Freiheitskämpfer und Publizist Carlo Cattaneo vertrat als überzeugter Republikaner den Gedanken einer Föderation aller italienischen Staaten, nahm an der Revolution von 1848 teil und lebte danach in der Schweiz. Er veröffentlichte Arbeiten zur Zeitgeschichte, über Wirtschaftsprobleme sowie über das Eisenbahnwesen.
Carlo Cattaneo verstarb in Castagnola bei Lugano.

Carlo Fontana (1634–5.2.1714)

Der italienische Baumeister und päpstliche Architekt Tessiner Herkunft (aus Brusata) Carlo Fontana war ein Schüler von Gian Lorenzo Bernini, wurde durch den Einfluß von Carlo Rainaldi und Francesco ⟶ Borromini zum Verfechter eines formstrengen akademischen Baustils und verfaßte auch einige theoretische Fachabhandlungen. Von seinen Werken in Rom seien genannt die Biblioteca Casanatene, die Fassade der Kirche San Marcello (1682/1683) und der Palazzo Montecitorio (ab 1694). Durch seine Schüler Johann Baptist Fischer von Erlach, Johann Lukas von Hildebrandt und Matthäus Daniel Pöppelmann gewann er großen Einfluß auf die europäische Architektur nördlich der Alpen.
Carlo Fontana verstarb in Rom und wurde in seinem Geburtsort begraben.

Domenico Fontana (1543–1607)

Der italienische Baumeister Tessiner Herkunft (aus Melide am Luganer See) Domenico Fontana, Onkel der Brüder Carlo und Stefano ⟶ Maderno, führte im Dienste des Papstes Sixtus V. großzügige Planungen zur Umgestaltung des Stadtbildes von Rom durch. Gemeinsam mit Giacomo della Porta wölbte er die Kuppel der Peterskirche im Vatikan ein. Nach dem Tode des Papstes ging Fontana nach Neapel, wo er auch verstarb. Als Architekt erstellte er meist große, nüchterne Zweckbauten, so die Villa Montalto (1570), den Quirinalspalast (1585) und die Vatikanische Bibliothek (ab 1587) in Rom sowie den Palazzo Reale (ab 1600) in Neapel.

Mit dem Wirken Domenico Fontanas in Rom verbindet sich eine bemerkenswerte Episode aus der Stadtgeschichte:
Papst Sixtus V. hatte bestimmt, daß jener ägyptische Obelisk, den der römische Kaiser Caligula im Jahre 39 n.Chr. aus Heliopolis nach Rom hatte verbringen und in seinem (später nach Nero benannten) Circus aufstellen lassen, nunmehr auf den Petersdom versetzt werden solle. Domenico Fontana leitete den höchst schwierigen Transport dieses 25,50 m hohen und 322 t schweren Steines, wozu man über vier Monate Zeit (vom 30. April bis zum 10. September des Jahres 1586), rund 900 Arbeiter, 140 Pferde und 44 Winden benötigte. Die Aufrichtung des Obelisken an seinem heutigen Standort sei, so wird berichtet, beinahe mißlungen, da die Zugseile zu zerreißen drohten. Ein Arbeiter, der dies bemerkte, habe den strikten Befehl des Papstes, absolute Stille zu bewahren, mißachtet und laut gerufen: "Acqua sulle corde!" (= "Wasser auf die Seile!"). Nachdem man diesem Ratschlag gefolgt war und der Obelisk schließlich aufrecht stand,

D. Fontana (Fortsetzung)

habe der Papst dem Rufer und seiner Familie das Privileg erteilt, fortan alljährlich die Zweige für das Palmsonntagsfest zu liefern, was die Nachfahren bis heute tun.

Stefan George (12.7.1868 bis 4.12.1933)

Der aus Büdesheim bei Bingen am Mittelrhein gebürtige deutsche Dichter Stefan George unternahm nach Studien der Philosophie und Kunstgeschichte ausgedehnte Reisen durch ganz Europa, wobei er Bekanntschaft u.a. mit Mallarmé, Verlaine, Rodin, Verhaeren, Swinburne und Hofmannsthal machte. Im Jahre 1892 gründete er die "Blätter für die Kunst", das Organ des 'George-Kreises', einer exklusiven Vereinigung von Schriftstellern, Künstlern und Gelehrten, in der er als Meister und Künder verehrt wurde.

George gilt als bedeutendster Lyriker der wilhelminischen Epoche; er suchte neue Wege zwischen Symbolismus und Impressionismus. In bewußtem Gegensatz zum Naturalismus und wissenschaftsbetonten Positivismus entwickelte er ein ästhetisierendes elitäres Kunstverständnis, das Schönheit und Geistigkeit in strenger, nicht selten starrer Form bindet. Das Thema seiner klassisch klaren, bildreichen und teilweise visionären Dichtung war ein aristokratisches Menschentum, verkörpert im Dichter und symbolisiert in der Vergöttlichung des im frühen Alter von nur fünfzehn Jahren verstorbenen Jünglings Maximilian Kronberger ("Maximin", 1907). Als Haupt einer Dichterschule war George an den deutschsprachigen Universitäten von großem Einfluß auf die Geisteswissenschaften seiner Zeit. Aus Protest gegen die Reklamierung und Umdeutung seines Werkes durch die Nationalsozialisten verließ er Deutschland im Jahre 1933 und ließ sich in der Schweiz nieder.

Stefan George verstarb kurz darauf in Minusio bei Locarno und wurde auf dem dortigen Friedhof beigesetzt.

Hermann Hesse (2.7.1877 bis 9.8.1962)

Der im schwäbischen Calw geborene Hermann Hesse sollte ursprünglich Theologe werden, floh jedoch aus dem Seminar in Maulbronn und wurde Buchhändler. Seit 1904 lebte er als freier Schriftsteller (Pseudonym Emil Sinclair) in Gaienhofen am Bodensee und siedelte 1912 in die Schweiz über, zog 1919 nach Montagnola bei Lugano und wurde 1923 Schweizer Staatsbürger.

Hesse begann als Neoromantiker mit autobiographischen Werken und wurde in seiner Erzählkunst von Goethe und Keller beeinflußt. Sein späteres Schaffen ist geprägt von dem Gegensatz zwischen Geist und Leben (Natur). In seinem Roman "Steppenwolf" (1927) klingen Einflüsse der indischen Philosophie und Elemente der Psychoanalyse an. Sein Alterswerk "Das Glasperlenspiel" (1943) versucht, westliche und fernöstliche Weisheit zu vereinen. Hesse war Lyriker, Erzähler, Essayist, Kritiker und auch Maler (er illustrierte seine Werke teilweise eigenhändig). In Anerkennung seines schriftstellerischen Schaffens erhielt er 1946 den Nobelpreis für Literatur und den Frankfurter Goethepreis sowie 1955 den Friedenspreis des Deutschen Buchhandels.

Hermann Hesse verstarb in Montagnola; sein Grab befindet sich auf dem stimmungsvollen Friedhof der Pfarrkirche Sant'Abbondio im nahegelegenen Gentilino.

Georg Kaiser (25.11.1878 bis 4.6.1945)

Der aus Magdeburg stammende Dramatiker Georg Kaiser war in den zwanziger Jahren der wohl am meisten aufgeführte deutsche Bühnenautor. Als bedeutendster Vertreter des deutschen Expressionismus schrieb er rund 70 Dramen mit Stoffen aus verschiedensten Zeiten und Bereichen sowie in den unterschiedlichsten Stilformen, wobei er den Ausbruch des Individuums aus der bürgerlichen Gesellschaft und die Suche nach dem Wunschbild des 'neuen' Menschen zu gestalten versuchte. Im Jahre 1933 verboten die nationalsozialistischen Machthaber die Aufführung seiner Theaterstücke; 1938 emigrierte er über die Niederlande in die Schweiz.

Georg Kaiser starb vergessen und verarmt in Ascona; sein Grab befindet sich auf dem Friedhof von Morcote am Luganer See.

Paul Klee

Plinio Martini

Vincenzo Vela

Paul Klee (18.12.1879 bis 29.6.1940)

Der in Münchenbuchsee bei Bern geborene Maler und Graphiker Paul Klee lebte seit 1898 in München, war dort Schüler von Franz v. Stuck und lernte u.a. die Maler Wassily Kandinsky, August Macke und Franz Marc kennen. Im Jahre 1912 beteiligte er sich an der zweiten Ausstellung der Künstlergemeinschaft “Der Blaue Reiter”. In den Jahren 1920–1930 fungierte Klee als einer der maßgebenden Lehrer am Bauhaus in Weimar und Dessau; ab 1931 war er Professor an der Düsseldorfer Kunstakademie. Nach seiner Entlassung durch die Nationalsozialisten im Jahre 1933 übersiedelte er nach Bern, wo er zunächst als Zeichner und Graphiker tätig war. Durch eine Tunesienreise inspiriert, wandte er sich immer mehr der Malerei zu. In seinen Bildern schuf Klee eine skurrile und traumhafte Welt voller abstrakter und phantastischer Figuren und Gestalten in heiter-sinnlicher Farbigkeit.
Paul Klee verstarb in Muralto bei Locarno; sein Grab befindet sich auf dem Schosshaldenfriedhof in Bern.

Bernardino Luini (um 1480–1485 bis um 1532)

Der vermutlich aus Luino (am Ostufer des Lago Maggiore) stammende Maler Bernardino Luini (sein genaues Geburtsdatum ist nicht bekannt) wurde in seiner Arbeit anfangs von Borgognone, Foppa und Bramantino, später von Leonardo da Vinci beeinflußt. Er malte wirkungsvoll zusammengestellte Fresken und Tafelbilder mit gefühlvollem Ausdruck, so die ”Kreuzigung” (1520–1530) in der Klosterkirche Santa Maria degli Angioli von Lugano. Die meisten seiner Werke befinden sich in den Mailänder Kunstgalerien Brera und Ambrosiana.
Bernardino Luini verstarb in Mailand; sein genauer Todestag ist nicht bekannt.

Plinio Martini (1923–1979)

Der in Cavergno (Maggia-Tal) geborene und ebendort verstorbene Plinio Martini gilt als einer der bedeutendsten modernen Tessiner Schriftsteller. Scharf beobachtend, kritisch, manchmal aggressiv, aber auch poetisch schildert er das zeitgenössische Tessin, seine Bewohner und ihre Probleme, wobei er mit vielen unzeitgemäßen Klischeevorstellungen aufräumt. Von seinen Werken sind u.a. in deutscher Übersetzung erschienen der Roman “Nicht Anfang und nicht Ende”, die Erzählung “Requiem für Tante Domenica” (1975) und “Fest in Rima · Geschichten und Geschichtliches aus dem Tessin” (1979).

Carlo Maderno (Maderna; 1556–30.1.1629)

Der italienische Baumeister Tessiner Herkunft (aus Capolago am Luganer See) Carlo Maderno (oder Maderna), Bruder von ⟶ Stefano Maderno, war ein Schüler seines Onkels Domenico ⟶ Fontana. Mit der zweigeschossigen, durch Säulen und Pilaster gegliederten Front der Kirche Santa Susanna in Rom (1596–1603) schuf er die typische Kirchenfassade des Frühbarock. Ab 1603 war er Bauleiter an der Peterskirche im römischen

C. Maderno(a) (Fortsetzung)

Vatikan, wo er dem Zentralbau von Michelangelo das Langhaus mit Vorhalle und Fassade anfügte (1607–1617). Zu seinen Werken in Rom zählen ferner die Kuppel von Sant' Andrea della Valle und die Kirche Santa Maria della Vittoria (1608–1620) sowie der Palazzo Barberini (Plan von 1624; Baubeginn 1628, vollendet durch Bernini und ⟶ Borromini).

Stefano Maderno (Maderna; 1576–17.9.1636)

Der italienische Bildhauer Tessiner Herkunft (aus Bissone bei Lugano) Stefano Maderno (oder Maderna), Bruder von ⟶ Carlo Maderno und Neffe von Domenico ⟶ Fontana, war ursprünglich Restaurator von antiken Kunstwerken, schuf jedoch später eigenständig frühbarocke Marmorfiguren und Kleinplastiken aus Bronze. Als sein bekanntestes Werk gilt die naturalistische Liegefigur der hl. Cäcilie (1599) in der römischen Kirche Santa Cecilia.

Erich Maria Remarque (22.6.1898 bis 25.9.1970)

Der aus Osnabrück gebürtige deutsche Journalist und Romancier Erich Maria Remarque (eigentlich Erich Paul Remark) wurde schlagartig durch den Welterfolg seines Antikriegsromans "Im Westen nichts Neues" (1929; schon 1930 erstmals verfilmt) bekannt, zog 1931 in die Schweiz und ging nach der öffentlichen Verbrennung seiner Bücher durch die Nationalsozialisten (1933) im Jahre 1939 nach New York, wo er 1947 die US-amerikanische Staatsbürgerschaft erwarb. Er kehrte 1948 nach Europa zurück und lebte abwechselnd in Porto Ronco bei Ascona und New York.
Erich Maria Remarque verstarb in Locarno und liegt auf dem Friedhof von Ronco begraben.

Giovanni Serodine (um 1594 bis 21.12.1630)

Der einer Asconeser Künstlerfamlie (v.a. Stuckkünstler; vgl. Casa Serodine in Ascona) entstammende Maler Giovanni Serodine lebte und arbeitete ab etwa 1612 in Rom. Mit der Helldunkelmalerei seiner Andachtsbilder und seiner Altargemälde stand er in der Tradition der Caravaggisten, wich jedoch von ihrem eher strengen Formalismus durch eine freiere, eigenwillige Malweise ab.

Santino Solari (Solario; 1576–10.4.1646)

Der italienische Baumeister und Bildhauer Tessiner Herkunft (aus Verna bei Lugano) Santino Solari (oder Solario) wurde im Jahre 1612 Hof- und Dombaumeister im österreichischen Salzburg. Er war beteiligt an der Errichtung des Salzburger Domes (1614–1626, nach Plänen von Scamozzi), der mit seiner Zweiturmfassade für die süddeutsche Barockarchitektur bedeutend wurde. Zu seinen Werken gehören ferner das Schloß Hellbrunn (1613–1619) bei Salzburg, die Gnadenkapelle (1615; 1798 zerstört) in der Stiftskirche der Benediktinerabtei des schweizerischen Wallfahrtsortes Einsiedeln sowie zahlreiche Kirchenentwürfe.
Santino Solari, der den Typus der römischen Villa nördlich der Alpen bekannt machte, verstarb in Salzburg.

Heinrich Baron Thyssen-Bornemisza (31.10.1875 bis 26.6.1947)

Der in Mülheim an der Ruhr geborene, 1906 in Ungarn naturalisierte und ab 1932 im Tessin ansässige Kunstsammler Heinrich Baron Thyssen-Bornemisza, Sohn von August Thyssen (1842–1926), dem Gründer des Thyssen-Montankonzernes, trug eine bedeutende Sammlung von Meisterwerken europäischer Malerei und Plastik vom 12. bis 19. Jahrhundert zusammen, die nach seinem Tode der Öffentlichkeit in einem Anbau der in Thyssenschem Familienbesitz befindlichen Villa Favorita in Castagnola bei Lugano zugänglich gemacht und von seinem Sohn Hans Heinrich (geb. 1921) beträchtlich erweitert worden ist (wesentliche Teile jetzt in Spanien).

Domenico Andrea Trezzini (um 1670 bis 2.3.1734)

Der italienische Baumeister Tessiner Herkunft (aus Astano) Domenico Andrea Trezzini war in seinen Arbeiten vor allem am niederländischen Barock orientiert. Zunächst (1703) für König Frederik IV. von Dänemark in Kopenhagen tätig, plante und leitete er dann die Bauvorhaben des russischen Zaren Peter der Große in Narwa (1705) sowie anschließend im neugegründeten Sankt Petersburg: Peter-Paul-Festung (ab 1706), Sommerpalais (1710–1714), Peter-Paul-Kathedrale (1712–1733), Pläne für das Alexander-Newskij-Kloster (1713 begonnen), die Zwölf Kollegien (1722–1742),

D. A. Trezzini (Fortsetzung)

gemeinsam mit Theodor Schwertfeger; heute Universitätsgebäude). Domenico Andrea Trezzini, den man in Rußland Andrej Tresini nannte, verstarb in Sankt Petersburg.

Vincenzo Vela (3.5.1820 bis 3.10.1891)

Der in Ligornetto (Mendrisiotto) geborene und ebendort verstorbene Bildhauer Vincenzo Vela studierte zunächst an der Brera-Kunstakademie in Mailand und schuf dann naturalistische, dem italienischen 'Verismo' verpflichtete, oft pathetische Skulpturen (Denkmäler, Porträtbüsten u.ä.), mit denen er besonders in Italien berühmt wurde; seine Mamorstatue "Spartacus" (1851) verstand er als Symbol für nationale Freiheit. Von 1856 bis 1866 lehrte Vela als hochgeachteter Kunstprofessor an der Turiner Accademia Albertina.
In Ligornetto befindet sich ein Vela-Museum.

Bruno Walter (15.9.1876 bis 17.2.1962)

Der aus Berlin gebürtige Dirigent Bruno Walter (eigentlich Bruno Walter Schlesinger) war von 1901 bis 1938 an bedeutenden europäischen Opernhäusern Orchesterleiter bzw. Generalmusikdirektor: Wiener Hofoper (ab 1901), München (1913–1922), Städtische Oper Berlin (ab 1925), Gewandhaus Leipzig (1929–1933) und Staatsoper Wien (1936–1938). Nach dem 'Anschluß' Österreichs an das nationalsozialistische Großdeutsche Reich (1938) emigrierte er in die Vereinigten Staaten von Amerika, war aber ab 1948 auch wieder in Europa tätig. Walter setzte sich besonders für die Werke Bruckners, Mahlers und Pfitzners ein, machte sich daneben einen Namen als Mozart-Dirigent und veröffentlichte etliche musikwissenschaftliche Schriften, darunter die Autobiographie "Thema und Variationen · Erinnerungen und Gedanken" (1946).
Bruno Walter verstarb im kalifornischen Beverly Hills (Los Angeles, USA); sein Grab befindet sich auf dem Friedhof von Gentilino bei der Kirche Sant'Abbondio.

Walter Kurt Wiemken (14.9.1907 bis 30.12.1941)

Der in Basel geborene Maler Walter Kurt Wiemken widmete sich zunächst der Landschaftsmalerei. Unter dem Einfluß von Picasso malte er später surrealistische und konstruktivistische Bilder.
Walter Kurt Wiemken lebte bis zu seinem Tode überwiegend im Mendrisiotto.

Kunst und Kultur

Allgemeines

Vorbemerkung

Die kunst- und kulturgeschichtliche Einleitung eines Reiseführers ist mehr als eine Inventarliste. Sie will außer den künstlerischen Schwerpunkten vor allem die Entwicklungslinien aufzeigen, die aus allen Zeiten und von allen Orten her den heutigen Bestand erbrachten. Das künstlerische Schaffen im Tessin, dem Sonnenbalkon der Schweiz, ist enger als anderswo an die klimatischen und geologischen Verhältnisse der Region gebunden.

Natur und Licht

Die Kunst des Tessins entfaltete sich zunächst entlang den großen Verbindungsstraßen von Süden nach Norden, vom Lago Maggiore und Luganer See zu den großen Alpenpässen St. Gotthard, Lukmanier und San Bernardino. Das heiter stimmende Grünen und Blühen der Täler blieb nicht ohne Einfluß auf die Tessiner Kultur. Wie sollten auch Palmen und Oleander, Mimosen, Rhododendren, Azaleen, Kamelien und Hibiskus nicht anregend auf die künstlerische Seele wirken? Und zweieinhalbtausend Sonnenstunden pro Jahr fördern die künstlerische Freude. Kein Wunder, daß der Tessiner Spezialheilige San Luzio ist. Später, mit der Erschließung des Landes durch feste Straßen über den St. Gotthard und den Lukmanier hinweg, meldeten sich auch dunklere Einflüsse aus dem Norden.

Vielfältige Zeugnisse

Goethe hat einst geschrieben: "Die Kunst beschäftigt sich mit dem Schweren und Guten". Von der Tessiner Kunst darf man behaupten, daß alle ihre Zeugnisse bedeutend, ja 'schwer und gut' sind; die Zahl ihrer Zeugnisse ist beträchtlich. Die Kunstgeschichte verzeichnet rund 1200 interessante Bauten, in denen sich weitere Tausende von Bildern, Fresken, Schriften, Skulpturen, Kultgegenstände und Devotionalien befinden.

Probleme

In jüngster Zeit wird viel vom 'Ausverkauf' der Tessiner Heimat an die Ausländer gesprochen. Grundsätzlich mag diese Befürchtung berechtigt sein. Und doch ist Vorsicht am Platze: Eine bewußte Isolierung könnte eigenständige revolutionäre Motionen unterdrücken, die für den Fortschritt der Künste und Wissenschaften unentbehrlich sind. Bis heute gibt es im Tessin keine Universität!

Anziehungskraft

Auf jeden Fall aber ist der Kanton Tessin ein wundervolles großes Museum der Italianità mit unzähligen Kostbarkeiten, die man sich erarbeiten sollte. Die lombardische Heiterkeit, das Licht Italiens liegt über dem Land.

Tessiner Künstler in aller Welt

Es ist kein Zufall und gewiß nicht allein die Folge sozialer Mißstände, daß so viele hervorragende Tessiner Maler, Stukkateure, Bildhauer und Baumeister in aller Welt arbeiteten. Sie wanderten u.a. nach Deutschland, Österreich, Frankreich, Rom, Neapel, Sankt Petersburg, Moskau und Konstantinopel (İstanbul) aus; einige seien hier genannt:

Fontana

Die Brüder Fontana aus Melide ließen sich in Rom nieder. Domenico Fontana, der große Barockarchitekt, baute den Lateranpalast und die vatikanische Bibliothek, später auch den Königspalast in Neapel. Sein Bruder Giovanni, von Beruf Wasserbauingenieur, schuf mehrere römische

◀ *Frühklassizistische Kanzel der Kollegiatkirche Santi Pietro e Stefano in Bellinzona*

Tessiner Künstler in aller Welt, Fontana (Forts.)

Monumentalbrunnen. Der im 19. Jahrhundert lebende Luigi Fontana blieb allerdings im Lande und erbaute in seiner Heimat Kirchen im klassizistischen Stil, so z.B. im Muggio-Tal.

Borromini, Maderna

Bissone ist die Heimat der Barockbaumeister Francesco Borromini und Carlo Maderna. Sie arbeiteten an der Peterskirche in Rom; ihre Barockfassade stammt von Maderna. Borrominis Hauptwerk in Rom ist die entzückende Kirche S. Carlo alle Quattro Fontane.

Gaggini, Tencalla

Die Gaggini aus Bissone arbeiteten in Genua und Palermo. Der Maler Carpoforo Tencalla war im 17. Jahrhundert Hofmaler in Wien. Das liebevoll gepflegte Museum der Casa Tencalla in Bissone schildert das Leben einer Patrizierfamilie im Tessiner Barock.

Maestri Campionesi

Campione d'Italia, die italienische Enklave am Luganer See, gehört zum Tessiner Kunstleben. Die Maestri Campionesi waren als Bildhauer und Architekten vom 12. bis 15. Jahrhundert weit über die Grenzen ihrer Heimat hinaus berühmt.

Longhena

Maroggia ist der Geburtsort des großen Barockbaumeisters Baldassare Longhena, der in Venedig die wunderbare Kirche Santa Maria della Salute, die Biblioteca und den Palazzo Pesaro erbaute.

Serodine

In Ascona sind um 1600 die bedeutenden Maler und Stukkateure Serodine (Giovanni und Giovanni Battista) geboren. Sie gelangten bis nach Rom.

Solari, Castelli

Carona ist der Heimatort der Maler-, Architekten- und Bildhauerfamilie der Solari. Sie arbeiteten am Bau des Moskauer Kreml, an der Kirche Santa Maria dei Miracoli in Venedig, in Mailand und in Pavia. Die Familie der Castelli war im 17. Jahrhundert an den Höfen von München und Salzburg tätig.

Baukünstler aus dem Misox

Auch aus dem italienischsprachigen, aber bereits Graubünden zugehörigen Misox (Valle Mesolcino) stammen Maurer, Stukkateure, Baumeister und Maler, die in alle Welt gingen, z.B. zu Arbeiten am Winterpalast in Sankt Petersburg.

Die Kunstgeschichte kennt mehr als dreißig aus dem Tessin stammende Künstlerfamilien, deren Mitglieder international tätig waren.

Kunstgeschichtlicher Überblick

Vor- und Frühgeschichte

Steinzeit und Bronzezeit

Auf dem Burghügel des Castello Grande in Bellinzona fand man steinzeitliche Geräte und einen Brennofen als erste Zeugnisse einer einheimischen Kultur. Bronzezeitliche Funde wurden bei Arbedo, Rovio, Locarno und Arcegno im Centovalli gemacht.

Ligurer

Vom neunten bis zum fünften vorchristlichen Jahrhundert besiedelten landbebauende Ligurer vom Mittelmeer den südlichen Voralpenraum.

Gallokelten

Etwa um 400 v.Chr. kamen jagdfreudige Gallokelten aus dem heute französischen Raum, die nur flüchtig ansässig wurden und bald Kontakte mit den nördlichen Etruskern in der Lombardei fanden. Die sogenannte Heidenhöhle bei Arcegno soll keltischen Ursprungs sein.

Römerzeit

Frühe Vorstöße in die Alpentäler

Im Jahre 196 v.Chr. besiegten die Römer die Gallier bei Comum (Como) und auf den Caninischen Feldern (unweit nördlich von Bellinzona) entscheidend. Sie gründeten Handwerks- und Handelszentralen im Tessin und errichteten Dörfer sowie ein Sanktuarium in Muralto bei Locarno. Die schöne, erst kürzlich restaurierte Kirche San Vittore in Muralto steht auf römischen Fundamenten, und in ihrer unmittelbaren Umgebung wurden neuerdings die Fundamente von Häusern des römischen Handelsplatzes

Römerzeit (Fortsetzung)

ausgegraben. Wein und kostbare Gläser waren jahrhundertelang die wichtigsten römischen Erzeugnisse.

Stabio

Stabio im Mendrisiotto, das mit seinen Bauten fast einen städtischen Eindruck macht, scheint eine römische Kavalleriestation gewesen zu sein. Vor dem Rathaus steht ein römischer Altar in Stelenform, der dem Merkur geweiht ist. Auf dem Friedhof befindet sich ein römisches Grabmal. Möglicherweise war Stabio gleichzeitig ein römisches Kurbad, das die heute noch vorhandenen Schwefelquellen nutzte.

Römische Bauzeugen

Die römische Technik des Backsteinbaus erlosch in Italien etwa um 800 n.Chr.; im Mendrisiotto lebte sie wegen des Kalkreichtums der Gegend bis heute weiter: Anstatt der im ganzen Tessin sonst üblichen Häuser aus rohem Gneis stehen in Stabio und Umgebung viele verputzte Häuser mit den für Rom charakteristischen halbrunden Dachziegeln. Die Innenräume sind nach römischer Art vielfach um einen Innenhof (Patio) angeordnet.
Das städtische Museum von Stabio enthält als Zeugen der Römerzeit Grabbeigaben in Form von Statuetten, Gläsern, Münzen, Fibeln, Ringen, ferner keramische Erzeugnisse und Werkzeuge.
Weitere Beispiele römischer Besiedlung findet man in Locarno (bei der Kirche San Vittore), in Melano (Nekropole), in Rovio (Jupiteraltar, Sarkophage, Inschriftstein) sowie in Arcegno (zwischen Losone und Ronco) in den Südausläufern des Centovalli; hier wurden mehr als 70 römische Gräber entdeckt.
Auf der größeren Brissago-Insel hat man eine römische Stele gefunden, die im dortigen Museum aufbewahrt wird.

Römische Verwaltungsordnung

Den Römern der augusteischen Epoche (31 v.Chr. bis 14 n.Chr.) kommt auch das Verdienst zu, Verwaltungszentren bis zum Splügen- und San-Bernardino-Paß geschaffen zu haben. So erklärt sich die politische Einheit des voralpinen Gebietes, die sich bis heute erhalten hat. Der Kanton Tessin ist ein relativ selbständiges Gefüge, das auch in der Kunst und Kultur seinen eigenständigen Ausdruck fand. Trotz zahlreicher Wirren und Kriege konnte sich deshalb eine spezifische Kunst entwickeln, die in ihrer Art einmalig ist.

Zeit der Völkerwanderung

Kelten und Langobarden

Bauten aus der Kelten- und Langobardenzeit (etwa bis 775 n.Chr.) sind im Tessin selten. Von Mendrisio, dem immer noch romantisch anheimelnden Städtchen, ist zu berichten, daß es schon im vierten vorchristlichen Jahrhundert von den Kelten eine Wehranlage (Castellaccio) erhielt, das erst 1242 von den Mailändern niedergelegt wurde. Auch die Römer hinterließen hier Spuren: Münzen, Mosaike, Gräber und Inschriften.
Das bedeutende romanische Baptisterium San Giovanni in Riva San Vitale (angeblich vor 500 n.Chr. erbaut) weist eine vielleicht römische Wasserleitung und an den Innenwänden Fresken auf, die wohl in die Zeit des Theoderich (471–526) zurückgehen.

Romanik

Romanische Kirchen allerorten

Es gibt kaum einen anderen Landstrich, in dem die lombardische Romanik sich ähnlich rein erhalten konnte. Fast jedes Dorf südlich vom St.-Gotthard- und vom Lukmanier-Paß weist eine stilreine romanische Kirche auf, die großartige Skulpturen und Fresken aus jener Epoche darbietet. Ein Merkmal der frühen Bauten stellte der offene Dachstuhl dar; Gewölbe waren noch die Ausnahme.
Als in der Mitte des 5. Jahrhunderts n.Chr. das Römische Reich endgültig zusammenbrach, kamen christliche Missionare den Lago Maggiore herauf. Sie christianisierten, hauptsächlich von San Vittore in Muralto bei

Riva San Vitale: frühchristliches Baptisterium

Mesocco: Christophorus (S. M. al Castello)

Romanische Kirchen aller Orten (Fortsetzung)

Locarno ausgehend, die alte römische Kolonie. Die Zeugnisse der kirchlichen Romanik und Gotik müssen allerdings oft gesucht und erwandert werden. Sie liegen vorwiegend, jedoch nicht ausschließlich, nördlich vom Monte-Ceneri-Paß, und eben auch nicht überall an der Straße.
Romanische Kirchen, teilweise mit gut erhaltenen Fresken und mit interessanten Skulpturen, finden sich in der Leventina, etwa in Deggio, Prato-Leventina, Mairengo, Chiggiogna, Rossura, Calonico, Chironico, Cavagnago, vor allem aber in Giornico (San Nicola). Namentlich ihre Skulpturen künden von der Lebensangst des mittelalterlichen Menschen.
Im Blenio-Tal liegen die romanischen Kirchen von Ghirone, Olivone, Aquila, Porto Valentino, Castro, Prugiasco (San Carlo in Negrentino), Piano, Semione und Biasca, viele mit sehenswerten Skulpturen und Fresken.
Ein Charakteristikum der Sakralbauten in den ambrosianischen Talschaften Leventina, Blenio und Riviera sind die Doppel- bzw. Dreifachapsiden.

Lugano, Vedeggio-Tal, Mendrisiotto

Südlich von Bellinzona werden die romanischen Zeugen seltener, oder sie wurden, wie die Kathedrale San Lorenzo in Lugano, von anderen Stilarten überwuchert. Beachtenswert sind immerhin einige romanische Kirchen im Vedeggio-Tal zwischen dem Monte Ceneri und Lugano (z.B. San Mamete in Mezzovico), im Malcantone (Santo Stefano oberhalb von Miglieglia und Sant'Ambrogio bei Cademario), ferner im Mendrisiotto (San Martino bei Mendrisio), in Lugano (Kathedrale San Lorenzo), in Locarno-Muralto (San Vittore) und in Ascona.
Besonders wichtig in dieser langen Reihe ist das frühromanische Baptisterium San Giovanni in Riva San Vitale (bei Capolago). Seine Fresken und der Baukörper verraten starke byzantinische Einflüsse. Das Gleiche gilt auch für die Friedhofskirche Sant'Ambrogio bei Cademario und für die Schloßkapelle Sant'Ambrogio in Bironico-Camignolo. Wer die Kirchen Ravennas gesehen hat, weiß, was gemeint ist. Nur das Christusgesicht ist im Tessin abendländisch-bärtig, nicht arianisch als Guter Hirte ohne Bart.

Giornico – Kleinod in der Leventina

Bedeutung

Einen besonderen kunstgeschichtlichen Akzent verdient das Dorf Giornico in der Valle Leventina zwischen Airolo und Biasca. Es liegt an der alten Völkerwanderungsstraße über den St. Gotthard nach Italien und wurde auch durch manche Stilelemente aus dem nordischen Deutschland beeinflußt.
Die Gotthard-Eisenbahn (Tunnelbau von 1872 bis 1882) zerstörte die Lebensgrundlage des Ortes; Giornico wurde zu einem unwichtigen Dorf, dessen Weinbau nicht lukrativ genug war, um seine Einwohner zu ernähren. Diese suchten ihr Einkommen nun in der Industrie des Tales. Heute sorgt die elegante Autobahn, die stolz an Giornico vorbeieilt, sogar dafür, daß die Kostbarkeiten des Ortes unbeachtet bleiben, obwohl man sie unmittelbar neben der Straße liegen sieht.

Kirchen

Wer die Schätze Giornicos aufsuchen möchte, muß die Biaschina-Schlucht auf einer mittelalterlichen Brücke überqueren und gelangt dann zum Kirchenbereich mit den Gotteshäusern San Nicolao, San Michele und Santa Maria di Castello.
Die kunsthistorisch bedeutendste Kirche ist der dem morgenländischen Heiligen Nikolaus von Myra (im kleinasiatischen Lykien) geweihte, großartige romanische Bau von San Nicolao mit einem Nordostturm, der Blendbogennischen, ein Zeltdach und eine durch Lisenen gegliederte Giebelfassade aufweist. Das Kirchenschiff stammt aus dem 12. Jahrhundert. Auf dem Tympanon des Hauptportals findet sich die Jahreszahl 1168; wahrscheinlich steht die Kirche aber auf den Fundamenten eines noch früheren Baus des 10. Jahrhunderts. Sie ist in großen Quadern mit lombardischen Arkaden errichtet. Phantastische, z.T. auch abschrekkende Skulpturen finden sich an den Portalen und an den Kapitellen der Kryptasäulen. Romanische Freskenreste aus dem 13. Jahrhundert zieren die Kirchenwände. Die großartigen Kuppel- und Wandmalereien in der

Giornico: romanische Kirche San Nicolao

Giornico – Kleinod in der Leventina, Kirchen (Fortsetzung)

Apsis wurden 1478 von Nicolao da Seregno gemalt. Sie stellen Christus in vielfältiger Gestalt, die Madonna, eine Golgathagruppe und einige Heilige dar. Diese Kirche gilt als eines der bedeutendsten romanischen Bauwerke im Tessin.
Unmittelbar neben San Nicolao steht die katholische Pfarrkirche San Michele; auch sie war ursprünglich ein romanischer Bau. Ihre Antoniuskapelle enthält ein schönes Retabel (Altaraufsatz) mit zahlreichen Figuren.
Ebenfalls ein romanischer Bau ist die auf der Höhe eines nahen Hügels befindliche Kirche Santa Maria di Castello, eine ehemalige Schloßkirche. Ihre Wandmalereien stammen allerdings nicht aus der Romanik, sondern von den berühmten Seregneser Meistern der Mitte des 15. Jahrhunderts.

Profanbauten

Inmitten des Ortes steht der alte Atto-Turm, der Rest einer mittelalterlichen Burganlage. Er erinnert an den Bischof Atto von Vercelli, der im Jahre 948 die sogenannten ambrosianischen Täler Riviera, Blenio und Leventina dem Domkapitel von Mailand vermachte.
Ferner lohnt es sich, in Giornico die Casa Stanga zu besuchen, welche die alte Adelsfamilie der Stanga als Gasthaus für die erschöpften Gotthardfahrer errichtete. An der Fassade haben sich 50 Bischöfe und Fürsten mit ihren Wappen als Besucher eingetragen. Der Adelssproß Martin Stanga ist von besonderem Interesse, da er als Anführer der 600 Leventiner Soldaten im Jahre 1478 die mailändische Übermacht von 16000 Mann in der berühmten Schlacht von Giornico besiegte.

Gotik

Giotto-Schule

Giotto di Bondone, der Schüler des ebenso berühmten Cimabue, lebte von ca. 1265 bis 1337. Er war als Maler und Architekt in Florenz, Assisi, Rom, Padua und Neapel tätig. Mit seinen lebensvollen Gestalten von plastischer und farbiger Präsenz und seiner Staffelung der Bildobjekte hat er die zentralperspektivische Malerei des Masaccio (um 1400) gleichsam vorweggenommen. Die Figuren wirken geradezu dreidimensional-körperlich und leuchten so von innen heraus. Ihre formelhafte Verknappung steigert den psychologischen Ausdruck, der unmittelbar anspricht.
Schöne gotische Fresken aus der Schule Giottos, also des 14. Jahrhunderts, zeigt die kleine Kirche Santa Maria Assunta von Brione im Verzasca-Tal.
Giottos Einfluß verraten auch die Freskomalereien in der entzückenden Wallfahrtskirche Santa Maria dei Ghirli in Campione d'Italia. Die Malereien an der südlichen Außenwand des Kirchleins sind im Jahre 1400 entstanden und stammen von Lanfranco de Veris und seinem Sohn Filippolo.

Burgbauten

Beispiele mittelalterlicher Bauweise sind vor allem die Burgen bzw. Burgruinen in Bellinzona, im Blenio-Tal und in Locarno (Castello Visconteo). Die zuerst genannten haben als Zeugen der wechselvollen Tessiner Geschichte eine besondere Bedeutung: Das Castello Grande, das Castello di Montebello und das hochgelegene Castello di Sasso Corbaro, alle drei in unmittelbarer Stadtnähe, waren für die drei Schweizer Urkantone Ausdruck ihres Eroberungswillens und ihrer Macht: Nur bis hierher reichte der politische Einfluß Mailands.
Die drei Burgen von Bellinzona und das Kastell in Locarno enthalten heute Museen mit mittelalterlichen Waffen und Brauchtumsgegenständen.

Schneetürme

Auch das Brauchtum jener Zeit hat sein besonderes Gepräge. Die 'Nevere', Schneetürme bzw. Schneekeller, sind oft jahrhundertealte, etwa 4–7 m tiefe Rundbauten aus Bruchsteinen, deren Dächer nur wenig über das Kellerniveau des zugehörigen Wohnhauses hinausragen. Wenn – selten einmal – Schnee fällt, werden einige Schaufeln voll als Kühlmasse für verderbliche Lebensmittel hineingekippt. Man erreicht die Speisen über eine nicht ungefährliche Treppe ohne Sicherung, die als Wendeltreppe an der Wand entlang nach unten führt. Der Schnee hält sich dort unten erstaunlich lange, oft mehrere Jahre lang. Die Nevere, deren Innenraum bis zu 60 m³ umfassen kann, sind das ganze Jahr über zuverlässige Kühlkammern.

Gotik, Schneetürme (Fortsetzung)

Vogelfangtürme

Ohne kunsthistorischen Wert und allenfalls von einem makabren Interesse sind die zahlreichen 'Roccoli' des Sottoceneri, der Region südlich vom Monte-Ceneri-Paß. Es handelt sich hierbei um oft recht hohe Türme, die meist schon vor 1500 erbaut worden sind und zum Vogelfang dienten. Mit dem eidgenössischen Jagdgesetz von 1875, das den Fang von ermüdeten Zugvögeln verbot, verloren die Roccoli ihre Bedeutung. Aber noch vor 20–30 Jahren waren die 'Uccelli' (Vögel; aus Italien) eine begehrte Spezialität der Speisekarte. Einen besonders feinen Geschmack hatten die Vögel gewiß nie, da sie meist nur mangelhaft gerupft angeboten wurden.
Die heute allenthalben verfallenden Roccoli sind zwei- bis dreigeschossige Gebäude mit Außen- oder Innentreppen. Die Vogelnetze wurden meist senkrecht in den Bauten aufgehängt, und der Wächter nahm mit seiner Vogellockpfeife an einem Steintisch im Inneren Platz. "Herr Heinrich saß am Vogelherd": So muß man sich den späteren Kaiser Heinrich vorstellen. Auch in den umgebenden Bäumen und Sträuchern warteten Netze auf die armen Tiere, die der Vogelsteller mit Lockvögeln und künstlichen Vogelstimmen zu überlisten versuchte.

Hungertürme

Auch die sogenannten Hungertürme, in welche sich die Bewohner belagerter Dörfer zurückzogen, sind Jahrhundertzeugen. Sie waren im Mittelalter als Verteidigungsbauten mit Schießscharten versehen, und es heißt, daß selbst im 19. Jh. noch Truppenvormärsche an ihnen gescheitert seien.

Wohnbauten

Die Baukunst der Täler und Berghänge wird zunehmend vom bodenständigen Material abhängig: Auch die Wohnbauten, die 'Rustici', sowie die der Bevorratung dienenden 'Grotti' erhalten ihre Struktur durch den gespaltenen Gneis der Täler; selbst die Dächer bestehen aus Gneisplatten.

Romanisch-gotischer Übergangsstil

Das 15. Jahrhundert zeichnete sich durch Monumentalbauten aus. Nach Überwindung der Pestseuche, die im 14. Jahrhundert tiefe Wunden geschlagen hatte, konnte sich ein romanisch-gotischer Übergangsstil entwickeln. Die Gotik selbst ist im Tessin nur wenig vertreten. Ein spätgotischer Bau ist die schöne Kirche Santi Carpoforo e Gottardo in Mergoscia oberhalb vom Verzasca-See.

Freskomalerei

Unter den sakralen Malereien, teils auf Hauswänden, taucht auffallend häufig der mütterliche Typ der Madonna Lactans (italienisch Madonna del Latte) auf, die Gottesmutter, die dem Kind offenherzig ihre Brust reicht. Auch die Hexenverfolgungen, die Hölle und das Jüngste Gericht werden häufige Objekte der Tessiner Freskomalerei.
Natürlich haben auch ausländische Künstler, namentlich aus der italienischen Lombardei, die Tessiner Kunst beeinflußt. Von der Bauhütte der 1095 geweihten Klosterkirche Sant'Abbondio in Como gingen viele Anregungen aus, etwa nach San Vittorio in Muralto bei Locarno und San Nicolao in Giornico.
Die Malerfamilien der Seregnesi und da Tradate prägten den Stil der südlichen Alpenrandgebiete. Die Seregnesi stammten aus dem italienischen Seregno; sie wurden während der Hochgotik in Lugano ansässig. Tradate ist ebenfalls ein italienisches Dorf in der Lombardei. Antonio da Tradate schuf zu Beginn des 16. Jahrhunderts farbenfrohe Fresken u.a. in Arosio (San Michele), dem Heimatdorf der berühmten Stukkateure Pietro und Francesco Ferroni, ferner in Gorduno (Santi Rocco e Sebastiano), in Malvaglia (San Martino) und in Locarno (Santa Maria in Selva).
Schon im 15. Jahrhundert hatte sich ein sogenannter europäischer Stil herausgebildet, der wohl von den heiteren sienesischen und burgundischen Buchmalereien ausging. Die Illuminationen wirkten sich auch in der Malweise der Seregnesi und Tradate aus. Ihre Fresken sind heute noch recht bunt und von erfrischender Lebendigkeit.

Renaissance

Neue Epoche

Mit dem 16. Jahrhundert beginnt eine neue Zeit: Die Renaissance und erst recht das sinnenfreudige Barock schufen im Tessin Bilder und Bauwerke von geradezu leidenschaftlicher Pracht. Die düstere Tessiner Baustruktur der Gneis- oder Granitblöcke und die Holzstrickbauten mit waagerecht geschichteten Balken schwinden. Holz wird nun vor allem zum Bau der luftigen Balkone und Lauben verwendet.

Leonardo da Vinci als Vorbild

Um 1500 wird der Einfluß des großen Leonardo da Vinci (1452–1519) auch in der Tessiner Malerei spürbar. Die Zeugnisse seiner Schüler bzw. Nachfolger tragen unverkennbar die Züge der Handschrift des Meisters. Das großartige Renaissancebild seines mutmaßlichen Schülers Bernardino Luini auf der Lettnerwand von Santa Maria degli Angioli in Lugano entstand um 1529 und stellt die belebte und formal doch beherrschte Szene von Golgatha dar.
Ein sehr ähnliches großartiges Lettnerbild der Kreuzigung Christi von einem unbekannten Renaissancemeister befindet sich in der Kirche Santa Maria delle Grazie in Bellinzona-Ravecchia.
Die etwas verkleinerte Kopie des Leonardoschen Abendmahls in der Dorfkirche Sant'Ambrogio von Ponte Capriasca stammt nicht von Luini, sondern vielleicht von Cesare da Sesto (1477–1523). Dieses qualitativ hochwertige Bild ist umso wichtiger, als das Mailänder Original (dort im ehemaligen Refektorium des Klosters Santa Maria delle Grazie) trotz seiner Renovierung heute doch nicht viel mehr als eine Ruine ist; immerhin aber beeindruckt es noch jedermann.

Wechselseitige Einflüsse

Die Renaissance war eine künstlerisch oszillierende Zeit. Sozusagen in jedem Dorf regte sich ein neuer Kunstwille, und die wechselseitigen Einflüsse gingen über alle europäischen Grenzen.
An Michelangelo Buonarroti erinnert beispielsweise das Jüngste Gericht in Carona (Pfarrkirche San Giorgio).
Bei der schönen Kirche Santa Croce in Riva San Vitale denkt man sofort an die berühmten Kuppelbauer Antonio und Giuliano Sangallo (um 1500 in Florenz) und an Bramante (Donato d'Angelo, um 1500; gestorben in Rom). Ihr Charakterzeichen war der ins Barock weisende Zentralkirchenbau mit hoher Kuppel. Allerdings blieb der Zentralbaugedanke im Tessin fast ohne Echo.
Außer Santa Croce in Riva San Vitale stellt das reizende kleine Oktogon von Navone (oberhalb Semione im Blenio-Tal), die Kapelle Santa Maria Bambina, einen Zentralbau dar, der um 1600 von dem Mailänder Giovanni Sebastiano Robecco erbaut ist, allerdings nur mit Innenkuppel und Laterne. Unter den Malern seiner Fresken und als Stukkateur ragt Giovanni Battista Soldati (aus Carona?) hervor.

Als eine großartige Leistung der lombardischen Renaissance ist die Fassade der ansonsten romanisch angelegten Kathedrale San Lorenzo in Lugano anzusehen; auf einer breiten Terrasse stehend, ist sie weithin sichtbar. Pilaster, Kranzgesimse, Medaillons und figürliche Reliefs schmücken sie. Im Mittelschiff des Langhauses befinden sich verblaßte Fresken aus dem 13. Jahrhundert und spätere Illusionsmalereien. An einem Nordpfeiler entdecken wir die Pestheiligen Rochus und Sebastian. Die Pest hatte um 1350 das Land überzogen und viele Menschenleben gefordert.
Weitere Beispiele von Mailänder Suggestionen sind die frühbarocken Gemälde von Camillo Procaccini in Riva San Vitale und Biasca.
Ein kunsthistorisches Schmuckstück stellt die Kapelle Santa Maria delle Grazie in Campagna unweit von Maggia, dem Hauptort des Maggia-Tales, dar. Sie enthält sinnenfrohe Renaissancefresken aus dem Jahre 1520, die erst kürzlich geschickt restauriert wurden. Der kleine romanische Bau mit Halbapsis ist mit Ornamenten und Bildern aus dem Marienleben geschmückt.

Ascona: Balkon an der Casa Serodine

Lugano: klassizistische Villa Ciani

Barock und Rokoko

Tessiner Barock

Das Tessiner Barock ist streng, ohne Überladung, nicht mit dem frohen bayerischen Barock vergleichbar. Barocke Innenausstattungen findet man beispielsweise in Gentilino (Sant' Abbondio), Gnosca (Pfarrkirche) und Locarno (Santa Maria Assunta). Auch die schöne Kirche von Vico Morcote (Santi Fedele e Simone) ist eine Barockkirche, allerdings mit Renaissancebildern und -skulpturen im Inneren. Später wanderten hervorragende Scagliola-Künstler aus dem benachbarten italienischen Valle d'Intelvi zu, welche die neuen Altarschranken und -sockel schufen.

Madonna del Sasso ob Locarno

Als ein besonderer Markstein der Tessiner Kunst gilt die hochgelegene, von Franziskanern betreute Wallfahrtskirche Santa Maria del Sasso (Madonna del Sasso) in Orselina. Das Sanktuarium krönt das Stadtbild von Locarno und verlockt zum Aufstieg auf dem Kreuzweg (Via Crucis); bequemer kann man es mit der bekannten Standseilbahn haben.
Die im 16. Jahrhundert erbaute und später vielfach umgebaute Kirche ist weniger wegen ihrer kunsthistorischen Qualität, als vielmehr wegen ihrer Volkstümlichkeit berühmt. Dies beweisen augenfällig die vielen Votivtafeln, die vom Bergsturz der Postkutsche bis zum Unfall unter der elektrischen Straßenbahn berichten. Solche vielfältigen Gnadenbezeugungen schmükken das gesamte Gotteshaus.
Wichtig sind die Arkaden vor und an der Seite der Kirche, die ihr Gesamtbild auf eine reizvolle, rokokoartig anmutende Weise auflockern: Man glaubt, einen morgenländischen Emirsitz vor sich zu haben.
Bemerkenswert ist ferner das schöne Altarbild des Mailänders Bramantino (Bartolomeo Suardi) im südlichen Seitenschiff, das 1520 entstand: eine Flucht nach Ägypten, die durch die Mimik der dargestellten Personen beeindruckt. Auch die Grablegung Christi von Antonio Ciseri, der im 19. Jahrhundert eine fast grenzenlose Verehrung genoß, weist expressive Züge auf, die uns heute wieder anrühren.

Barock und Rokoko (Fortsetzung) Scagliola

Unter Scagliola-Technik versteht man eine angeblich schon um die Wende vom 15. zum 16. Jahrhundert in Spanien und Italien aufgekommene billige Art der Imitation von Marmorintarsien. Es handelt sich hierbei um eine aus Gips, manchmal auch gemahlenem Marmor, Öl und Wasser bestehende Paste, die sich nach ihrem Auftrag auf die Oberfläche des Objektes verfestigt. Sie ähnelt, nachdem sie geglättet wurde, der Marmoreinlegearbeit in der Tat so sehr, daß auch der Fachmann den Unterschied nur aus der Nähe erkennt. Die Farben ändern sich in der Folgezeit nicht. Außerdem erlaubt die Technik eine fast unglaublich feine, differenzierte Zeichnung. Gewiß sollte man Ersatztechniken nicht das Wort reden. Im Falle der Scagliola ist das aber anders: Sie bereichert fraglos die künstlerischen Möglichkeiten; schließlich ist die Ölfarbe eines Gemäldes ja auch nur eine (sogar farblich vergängliche) Paste.

Stuccolustro

Als Stuccolustro bezeichnet man den blanken Stuck der italienischen Freskenmalerei. Dieses Gemisch aus Gips, Fasern (oder Haaren), Farbe und Leimwasser ist, ebenso wie die Scagliola-Paste, kein bloßer Ersatzstoff, der eine Skulptur imitiert, sondern – wie die Malerfarbe – ein vollgültiger bildnerischer Werkstoff. Stuck kommt schon in der ägäischen Kultur von Kreta und in der römischen Kaiserzeit vor. Seine Höchstleistungen charakterisieren das lebensfrohe Barock und das schwerelose Rokoko, insbesondere die der Wessobrunner Schule in Bayern (Feuchtmayer, Schmuzer, die Brüder Asam, Zimmermann u.a.).

Casa Serodine in Ascona

Der Vater und die Söhne Serodine schufen eine eigenständige Tessiner Stukkatur, die sich besonders eindrucksvoll an ihrem Wohnhaus, der zwar unter Denkmalschutz stehenden, jedoch renovierungsbedürftigen Casa Serodine in Ascona, zeigt.

Erhaltene Barock- und Rokokobauten in Lugano

Es ist geradezu ein kunsthistorisches Unglück, daß viele der noch bestehenden, ohnehin nicht sehr zahlreichen Barockbauten und auch die wenigen Rokokogebäude heute der Spitzhacke zum Opfer fallen. Sie sind von den Gemeinden nicht mehr finanzierbar, verfallen und werden zu Mäuseburgen. Glücklicherweise aber gibt es noch Ausnahmen:
Die Villa Ciani in Lugano ist ein reizvoller Palazzo der Urner Familie Beroldingen aus dem 17. Jahrhundert, an dessen Stelle zuvor das Kastell der Mailänder Herrscher gestanden hatte. Im Jahre 1840 wurde er teilweise im klassizistischen Stil umgebaut. Seine rosa Fassade leuchtet aus dem dunklen Grün des Parco Civico am See und mildert die harten Formen der modernen Betonbauten, die heute das Bild Luganos bestimmen. Die Villa Ciani enthält die ansehnliche Gemäldesammlung der Stadt Lugano mit Werken vom Tessiner Barock bis zur Neuzeit.
Die entzückende franziskanische Loretokirche besitzt eine Vorhalle (Sorticato) im luftigen Tessiner Rokoko. Die Kirche wurde 1524 bei einem angeblich wundertätigen Bildstock der Madonna errichtet und um 1632 durch einen schönen Rokokoportikus mit Arkaden erweitert. Im Inneren befinden sich Fresken und Wandbilder aus dem 14. und 15. Jahrhundert. Auch der Kernbau der heute wegen der dort (in einem neueren Anbau) untergebrachten Kunstsammlung weltberühmten Villa Favorita des Barons Thyssen-Bornemisza in Castagnola ist ein ehemaliger Beroldingerpalast aus dem 17. Jahrhundert.

Tessiner Architektur

Einschätzung

Die Architektur ist eine Kunst, welche die gedanklichen Strebungen einer Epoche in besonders eindrucksvoller Weise ausspricht. In der Baukunst kommen psychologische und soziologische Wünsche zur künstlerischen Darstellung. Dorf- und Stadtanlagen bezeichnen das demokratische Anliegen der Bürgerschaft. Besonders sinnfällig ist die Architektur, die von Potentaten und Mäzenen erstellt wurde. Architektur sagt also Eindeutiges über ihre Zeit aus, von der Antike bis heute.

Moderne Architektur in Lugano: Gebäude der Banca del Gottardo von Mario Botta

Tessiner Architektur (Fortsetzung)

Über die alte Tessiner Baukunst ist zuvor etliches ausgeführt worden. Gibt es nun auch eine neue Tessiner Architektur? Eigentlich kann man nicht von einer solchen sprechen, da die heutigen künstlerischen Absichten alle Grenzen, zuerst die kantonalen, dann die Ländergrenzen, überschreiten. Aber es gibt Tessiner Baumeister, die wieder in aller Welt gefragt sind, die also originäre Impulse weitergeben.

Moderne Tessiner Architekten

Heutzutage hat ein neuer Rationalismus das Wort, der sich mit etwas gewaltsamen Formen und harten Kanten dem Funktionalismus verschrieben hat.
Mario Botta (geb. 1943 in Mendrisio) beispielsweise baut nicht nur im Tessin seine schönen repräsentativen, barockhaften Palazzi, sondern auch anderswo in der Schweiz und in Frankreich.
Andere wichtige zeitgenössische Tessiner Architekten sind etwa Luigi Snozzi (geb. 1932 in Mendrisio), Livio Vacchini (geb. 1933 in Locarno), Mario Campi (geb. 1936 in Zürich), Aurelio Galfetti (geb. 1936 in Lugano) oder Ivano Gianola (geb. 1944 in Biasca).

Man könnte sich nun fragen, ob es je eine wirklich eigenständige Tessiner Architektur gegeben habe? Wenn wir genau hinsehen, müssen wir zugeben, daß alles, was südlich der Alpen entstanden ist, der Lombardei zugerechnet werden muß.

Hinweis für Liebhaber moderner Architektur

Bei der kantonalen Tourismusorganisation 'Ente ticinese per il turismo' (⟶ Praktische Informationen: Auskunft) ist eine Sammelmappe mit sorgfältig zusammengestellten Faltblättern erhältlich, die unter dem Reihentitel "Auf den Spuren der modernen Architektur im Tessin" (mit Literaturhinweisen) interessante Beispiele moderner Architektur in Bellinzona, Lugano und im Mendrisiotto (weitere Blätter sollen folgen) vorstellen, die man anhand der detaillierten Karten auf den Deckblättern leicht lokalisieren kann.

Monte Verità – Berg der Wahrheit(ssucher)

Kuriosum

Im Rahmen eines Abrisses des Tessiner Kulturlebens kann man nicht umhin, von der kuriosen Geschichte des Monte Verità ob Ascona zu berichten.

Vegetabile Cooperative

In dem 1902 erbauten Wohnhaus des Gründers der naturreformatorischen 'Vegetabilen Cooperative Monte Verità' trafen sich die verschiedensten Verfechter utopisch-abstrakter Weltverbesserungsideen. Das Gedankengut für die angestrebten neuen Lebensentwürfe ging auf den russischen Anarchisten Michail Bakunin zurück, der um 1870 in Locarno gelebt hatte. Der Maler Alexej von Jawlensky und die Malerin Marianne Werefkin, die Dadaisten, das Ehepaar Goll, Georg Kaiser, Gustav Nagel, Käthe Kruse und andere Künstler wohnten in Ascona bzw. auf dem Monte Verità. Eine heute noch nicht versunkene Welt, zumal sie durch das 1981 eröffnete Museum Casa Anatta bewahrt wird. Die Gebäude auf dem Monte Verità sind als Zentrum für Kongresse und wissenschaftliche Diskussionen vorgesehen.

Casa Anatta

Casa Eranos

Auch die Casa Eranos hat ihre literarische Geschichte. Der Eranos war im antiken Griechenland ein aus freiwilligen Spenden bestrittenes Gastmahl. Später gab sich eine Gesellschaft diesen Namen. Sie sammelte Gelder zu wohltätigen Zwecken, etwa für die Befreiung von Gefangenen. Die Eranos-Gesellschaft von Ascona wurde 1923 von Olga Froebe-Capteyn gegründet. Ursprünglich wollte sie indisch-theosophische Weisheiten zum Wohle der Menschheit verbreiten. Heute dient der Eranos-Gedanke der Suche nach menschlichen Werten. Nicht nur die Vorträge, sondern auch das regelmäßig erscheinende Eranos-Jahrbuch berichten über iranische Mystik und römische Gnostik, über Christentum und Taoismus, über Sinologie und tibetanisches Gedankengut. Sie sollen die Grundlage für eine neue Menschenbildung werden. Namhafte Wissenschaftler, z.B. der Psychiater C.G. Jung und Mircea Eliade, Rudolf Ritsema und James Hillman, der bedeutende Zoologe Adolf Portmann und viele andere förderten das Werk. In diesem Sinne ist die Asconeser Eranos-Gesellschaft eine politisch neutrale Ideengemeinschaft mit idealpädagogischen Zielen.

Brauchtum

Volkspoesie

Im Tessin wird viel erzählt. Da gibt es Märchen und lokale Heldensagen, und die Helden heißen Giuvanin oder Güstin. Die Erzählungen benutzen durchweg die verschiedenen Tessiner Dialekte, die aus der Lombardei stammen; der Wortschatz ist lokal begrenzt und deshalb zuweilen etwas dürftig. Jahrhundertelang herrschte große Hungersnot in den Bergtälern; oft waren die für den Tessin charakteristische Eßkastanie und die Hirsepolenta die einzige Nahrung. Da ist es kein Wunder, daß die Welt der Märchen- und Sagenhelden klein ist: eine magere Kuh, ein Schaf, eine Ziege, ein paar Kaninchen. Die Wohnung war meist nicht mehr als ein Stall; Risotto und Kaffee behielt man hohen Festtagen vor.
Dafür blühte in den Dorferzählungen die Religion um so heller. In Notsituationen hat man seine Spezialheiligen. Der Herr Pfarrer ist so gut wie immer die Respektsperson, mag er auch bei der nach wie vor höchst bescheidenen Besoldung der Dorfgeistlichen noch so arm sein. Bessere Zeiten sehen manche Dörfer erst seit dem Bau des Gotthard-Eisenbahntunnels (1882), allerdings nur infolge des Anwachsens von Hotellerie und Gastronomie im Falle verkehrsgünstiger Lage; viele Dörfer verloren hingegen durch die Modernisierung der Verkehrswege an Bedeutung.
Die Tessiner Geschichten handeln von spaßhaften Begebenheiten (der Tessiner liebt Humor und Ironie), oft in Form größerer Zyklen. Alte Frauen erzählen lange Spukgeschichten; auch die Märchen müssen lang sein,

wenn sie richtig schön sein wollen. Man trifft sich reihum, oftmals im warmen Kuhstall. Schwänke und Schildbürgerstreiche erfreuen sich großer Beliebtheit.
Erzähler und Erzählerinnen gab und gibt es noch allenthalben in den Tälern und an den Seeufern. Auch leidenschaftliche Sammler dieses alten Volksgutes sind nicht selten. In dem ehemaligen Fischerdörfchen Brusino-Arsizio wohnt eine der kenntnisreichsten Erzählerinnen des Tessin, Jolanda Bianchi-Poli. Ihre Märchen und Erzählungen wurden von Pia Todorovic-Strähl und Ottavio Lurati in deutscher Sprache unter dem Titel “Märchen aus dem Tessin” herausgegeben (Köln, 1984).

Brauchtum, Volkspoesie (Fortsetzung)

Bezaubernd ist die Welt der Tessiner Umzüge und Prozessionen. Vielerorts auf dem Lande und an den Seeufern begeht man Kirchweih-, Winzer- oder Fischerfeste; auch die Blumenfestivals (etwa in Locarno) sind sowohl bei den Einheimischen als auch bei den Besuchern und Gästen beliebt.
All diese Volksfeste werden mit Liebe und Hingabe gestaltet und gehören unbedingt zur künstlerischen Lebensgestaltung.

Volksfeste

In Mendrisio, dem Hauptort des Mendrisiotto, finden alljährlich zwei historische Prozessionen statt: am Gründonnerstag und am Karfreitag; sie wurden bereits um 1700 eingeführt.
Die Gründonnerstagsprozession stellt den Leidensweg Christi als wanderndes Laienspiel dar: Berittene Römersoldaten eröffnen den nächtlichen Zug biblischer Gestalten, der ab 20.30 Uhr durch die engen, verwinkelten Straßen und über die geheimnisvollen Stiegen des alten Ortes führt; aus Lautsprechern ertönt Kirchenmusik. Jesus trägt das Kreuz und bricht mehrmals darunter zusammen.
Bei der feierlich-ernsten Prozession am Karfreitag begleiten religiöse Vereinigungen und Musikkorps den Leichnam Christi und die Schmerzensreiche Gottesmutter abends durch die von historischen ‘Transparenten’ (Leuchtbilder aus dem 18. Jh.) erhellten Gassen; abschließend findet meist ein Konzert sakraler Musik in der Kapuzinerkirche statt.

Prozessionen

Auch im nahen Coldrerio und in anderen kleinen Gemeinden werden Umzüge veranstaltet, deren Ursprung bis ins 16. Jahrhundert zurückreicht.

Einen festen Bestandteil des Tessiner Brauchtums bilden die weihnachtlichen Ausstellungen von Christnachtskrippen mit der Heiligen Familie, den Heiligen Drei Königen und den Hirten samt ihren Herden. Eine besonders schöne und große Krippe wird alljährlich zur Weihnachtszeit in der Kirche von Breno im Malcantone Superiore aufgebaut.

Weihnachtskrippen

Ein historischer Umzug von besonderer Ausstrahlung und Bedeutung sind die Paraden der ‘Milizen’ im Blenio-Tal (Ponto Valentino), die an hohen Feiertagen in Erinnerung an die standhafte Verteidigung der Talschaft abgehalten werden.

‘Milizen’

Charakteristisch für das Tessin sind ferner die öffentlichen Treffen zum Risotto-Essen in der Karnevalszeit, bei denen mancher persönliche Streit beigelegt wird.

Risotto-Essen

Musikleben

Die Rundfunk- und Fernsehanstalt Radio-Televisione della Svizzera Italiana (RTSI) verfügt über mehrere Konzertsäle, in denen dem Publikum (nicht selten kostenlos) musikalische Werke von hohem künstlerischem Niveau zu Gehör gebracht werden. Die Säle befinden sich außer in Lugano, dem Sitz der RTSI, in Locarno und auch außerhalb der größeren Städte, beispielsweise im Blenio-Tal.

Veranstaltungen

Musikleben, Veranstaltungen (Fortsetzung)

Künstlerischer Leiter ist Marc Andreae, ein Dirigent, der nicht nur selbst hervorragende Konzerte gibt, sondern es auch versteht, bekannte Musiker ins Tessin zu verpflichten. Die alljährlich durchgeführte Konzertreihe 'Primavera Concertistica' (= 'Konzertfrühling') sowie die Musikfestivals von Locarno/Ascona (und im italienischen Stresa) bringen einzigartige Werke der musikalischen Weltprominenz zur Aufführung. Andreae stellt jede Konzertsaison unter ein Grundthema, welche das allgemeine Musikverständnis fördern soll. Zudem ist er Entdecker und Erstherausgeber mancher unbekannter Werke großer Meister. Im Rahmen der Asconeser Musikwochen wird in jedem Jahr ein neuer Kompositionsauftrag vergeben, der das Musikleben im Tessin verjüngt.
In den großen Saalbauten von Lugano (Palazzo dei Congressi), Locarno und Bellinzona werden von Zeit zu Zeit Theaterstücke, Opern (meist mit Mailänder oder Veroneser Besetzung) und Konzerte mit Solisten und Orchestern aus aller Welt aufgeführt.

Orgelfestwochen

Erwähnung verdienen auch die alljährlich im Juni stattfindenden und eifrig besuchten internationalen Orgelfestwochen mit namhaften Organisten in den Orten der Magadino-Ebene zwischen Bellinzona und dem Lago Maggiore.

'Ars et Musica'

Auch die meist im Juli veranstalteten Festwochen 'Ars et Musica' in Aranno (Malcantone Superiore) sind bemerkenswert, zumal hier bekannte Instrumentalisten nicht nur konzertieren, sondern auch Musikunterricht erteilen.

Literatur, Theater, Film

Schriftsteller

Als Lyriker der neueren Zeit ragen die Tessiner Francesco Chiesa (1871 bis 1973) und Giuseppe Zoppi (1896–1952) heraus; ihre Werke zeugen vom Wohlklang der italienischen Sprache; ersterer lehrte als Gymnasialprofessor in Lugano, letzterer als Professor für italienische Literatur an der Eidgenössischen Technischen Hochschule in Zürich. Erwähnung verdient ebenfalls der moderne Schriftsteller Plinio Martini (1923–1979), der seine Tessiner Heimat kritisch durchleuchtet.
Auch die Weltliteratur hatte bzw. hat im Tessin ihre Vertreter: Hermann Hesse wohnte jahrzehntelang in Montagnola bei Lugano, Thomas Mann verbrachte nach seiner Flucht aus dem nazistischen Deutschland einige Monate in Lugano-Castagnola, Max Frisch hat einen Wohnsitz im Onsernone-Tal.

Teatro Dimitri

Ein kultureller Akzent besonderer Art ist die 1975 eingerichtete Theaterschule des bekannten Tessiner Pantomimen, Musikclowns und Chansonsängers Dimitri (eigentlich Dimitri Müller, geb. 1935) in Verscio (Centovalli), der 1959 mit Solodarbietungen begann und 1971 gemeinsam mit seiner Frau Gunda ein eigenes Theater gründete. Dieses ist das einzige Theater im Tessin mit ständigem Ensemble und regelmäßigen Spielzeiten (Frühjahr, Sommer und Herbst).
Die durch Gastspiele, Teilnahme an internationalen Theaterfestivals und nicht zuletzt durch Auftritte im Fernsehen weit über die Grenzen des Landes hinaus bekanntgewordenen Darbietungen des Teatro Dimitri reichen von der Pantomime bis zum Sprechtheater, von grotesken Clownerien bis zum scharfzüngigen Kabarett und von klassischer und volkstümlicher Musik bis zum Tanz.

Internationales Filmfestival von Locarno

Das allsommerlich im August veranstaltete Filmfestival von Locarno bringt die neuesten Filme von weltweiter Geltung zur Vorführung und präsentiert sie der internationalen Kritik. Das 1946 ins Leben gerufene Festival Internazionale del Film ist die älteste und vielleicht wichtigste der kulturellen Veranstaltungen im Tessin.

Das Tessin in Zitaten

C. Iulius Caesar (55 v.Chr.)

. . . Rhenus autem oritur ex Lepontiis, qui Alpes incolunt. . .
. . . Der Rhein aber entspringt im Lande der Lepontier[1], welche die Alpen bewohnen. . .
[1]Die keltischen Lepontier waren im 4. Jh. v.Chr. aus der Lombardei in die Alpentäler vorgedrungen.

Aus Gaius Iulius Caesars berühmtem römischen Feldzugsbericht "De Bello Gallico" ("Der Gallische Krieg", Buch IV, Kapitel 10).

Johann Wolfgang von Goethe (1779 und 1797)

Den 13. November 1779 oben auf dem Gipfel des Gotthards bei den Kapuzinern. Morgens um Zehn.
Endlich sind wir auf dem Gipfel unserer Reise glücklich angelangt! Hier, ist's beschlossen, wollen wir stille stehen und uns wieder nach dem Vaterlande zuwenden. Ich komme mir sehr wunderbar hier oben vor, wo ich mich vor vier Jahren mit ganz anderen Sorgen, Gesinnungen, Planen und Hoffnungen, in einer anderen Jahrszeit, einige Tage aufhielt, und, mein künftiges Schicksal unvorahnend, durch ein ich weiß nicht was bewegt, Italien den Rücken zukehrte und meiner jetzigen Bestimmung unwissend entgegen ging. Ich erkannte das Haus nicht wieder. Vor einiger Zeit ist es durch eine Schneelauwine stark beschädigt worden; die Patres haben diese Gelegenheit ergriffen, und eine Beisteuer im Lande eingesammelt, um ihre Wohnung zu erweitern und bequermer zu machen. Beide Patres, die hier oben wohnen, sind nicht zu Hause, doch, wie ich höre, noch eben dieselben, die ich vor vier Jahren antraf. Pater Seraphim, der schon dreizehn Jahre auf diesem Posten aushält, ist gegenwärtig in Mailand, den anderen erwarten sie noch heute von Airolo herauf. In dieser reinen Luft ist eine ganz grimmige Kälte. . .

Aus "Briefe aus der Schweiz".

Dinstag den 3. October (1797)
Um halb neun vom Hospital aufwärts. Wir sahen Glimmerschiefer mit vielem und schönem Quarz, und den ersten Schnee neben uns. Ein schöner, breiter, gleichförmiger Wasserfall strömte über Glimmerschieferplatten herüber, die gegen den Berg eingestürzt waren. Schöne Sonne. Kahles, leeres Thal, abhängige abgewitterte Seiten. Die Bläue des klaren Himmels schätzten wir nach Ultramarin zu 30 Scudi. Ungeheure ganz glatte Wände des blättrigen Granits. Ueber große Massen, Platten und Blöcke desselben Gesteins stürzte sich ein abermaliger Wasserfall. Wir nahten uns nun nach und nach dem Gipfel. Moor, Glimmersand, Schnee; alles quillt um einen herum. Seen.

Aus "Von Stäfa auf den Gotthard und zurück".

Friedrich von Matthisson (1795)

Durch die Tagreise von Andermatt bis nach dem Zollhause, die uns, vorbey an den Urnen zwey mächtiger Flußgötter, die winterlichwilde Scheidecke des Gotthards-Berges hinunter, über die Schneebrücken des Tessin führte, wurden wir in das paradiesische Liviner-Thal versetzt. Dieses Tempe, welches beym Dorfe Polleggio endet, gehört wegen seiner pittoresken Felsenansichten, herrlichen Bäume, reichen Wasserfälle und kräftigen Vegetation, zu den reizendsten Bergthälern der Welt, und wird folglich mit Recht als eine der vorzüglichsten Akademien für den Landschaftsmaler betrachtet.
Beim Hospitium waren wir vorübergeritten, ohne, weder den Rebensaft, noch das Mönchslatein der beyden darin hausenden italischen Kapuziner zu versuchen, und hatten bloß einige Augenblicke bey der Todtenkapelle

F. v. Matthisson
(Fortsetzung)

verweilt, worin die Gebeine der Unglücklichen gesammelt werden, welche das Leben auf dieser gefahrvollen Straße verlieren...

Selten verging wohl ein Jahr, daß nicht mehrere Wanderer durch begrabende Schneelauinen oder zerschmetternde Felsentrümmer auf dem Gotthard umgekommen wären. Wie bedeutend ihre Anzahl nur im Verlaufe von etwa zwanzig Jahren gewesen seyn müsse, davon zeugen die an den Fundörtern der Leichname aufgestellten hölzernen Denkmalskreutze, welche nicht wieder erneut werden, wenn sie vermorscht sind.
Die ausnehmende Lebhaftigkeit des berühmtesten Saumtierweges von Europa beweist unter anderem auch das neben dem Hospitium gelegene Stallgebäude, worin gegen fünfzig Pferde bequem untergebracht werden können. Man darf mit Sicherheit annehmen, daß in manchem Jahre vierzehn- bis fünfzehntausend Personen, und in mancher Woche zwey- bis dreyhundert Lastpferde den Berg übersteigen.

Aus dem Reisebericht "Umrisse aus Italien" (1795) des deutschen Schriftstellers Friedrich von Matthisson (1761–1831).

Karl Viktor
von Bonstetten
(1797)

Kein deutsches Schweizerschwein würde in einige dieser Menschenwohnungen gehen.

Urteil des Schweizer Schriftstellers Karl Viktor von Bonstetten (1745 bis 1832) über die Häuser der Tessiner Bergbauern gegen Ende des 18. Jahrhunderts.

Heinrich Zschokke
(1842)

Von den Lorbeerbüschen und Cypressenhainen des Lago maggiore (oder langen Sees) bis zur kahlen Wüste verwitterter Felsen der St. Gotthardshöhen, bietet ein Weg von zwanzig und etlichen Stunden die Abstufungen der Himmelsstriche und Vegetationen vom Querdurchschnitt des ganzen Welttheils dar. Hier ist Italiens prächtige Vorhalle, wo der Norden, mit erhabener Wildheit und Kraftfrische, die wollüstige, weiche Schönheit des Südens, wie ein rauher Krieger die anmutige Braut umfängt...

Von allen Schweizerkantonen ist keiner, der dem Naturforscher eine größere Mannigfaltigkeit der Pflanzenwelt, und, besonders im Gebirgsknoten des Gotthards, eine buntere Ausbeute seltener Fossilien darböte. Hier findet man auch noch in abgelegenen Gebirgswinkeln unvergangene Bräuche und Sitten uralter Zeiten; und in Sitte und Sprache seltsame Nachklänge des galischen Urstammes, wie der Etrusker und Griechen...

Über die Vertreibung der Reformierten aus Locarno:

Vor Zeiten war Locarno größer und reicher, als in unseren Tagen. Noch im anfang des sechzehnten Jahrhunderts, wie man versichert, zählte das Dorf fünftausend Einwohner. Der düsterste Fanatismus half ihn entvölkern und des alten Wohlstandes berauben. Ein frommer und freisinniger mailändischer Priester, Beccaria, hatte schon ums Jahr 1534 den Geist der Kirchenverbesserung nach Locarno gebracht. Wie still sich der Reformator mit den übrigen Neugläubigen verhielt, ward er doch für den aufgewiegelten Pöbel der Gegenstand des Fluchs. Seines Lebens nicht mehr sicher, mußt' er sich in das Misoxerthal der freien Bündner flüchten. Aber auch seine kleine verlassene Gemeinde hatte kein besseres Loos. Durch Beschluß einer Tagsatzung der Kantone ward entschieden, daß die reformirten Locarner, wenn sie nicht zur katholischen Kirche zurückkehren würden, ihre und ihrer Väter Heimath mit Weibern, Kindern und all ihrer Habe auf ewige Zeiten verlassen sollten. Am 16. Jänner 1553 ward ihnen das schwere Urtheil verkündet und die Frist ihres Abzuges auf den dritten Tag Märzes angesetzt. Allein folgendes Tages traf der päpstliche Nuntius Octavian Riperda, in Begleitung von zwei Mitgliedern der Inquisition, ein. Dieser Mann Gottes überhäufte erst die Gesandten der Herrscherkantone mit Vorwürfen wegen ihrer Menschlichkeit und Milde; forderte dann die

H. Zschokke (Fortsetzung)

Austreibung der Abtrünnigen ohne längere Verzögerung; auch sollte man den Eltern ihre Kinder entreißen, um wenigstens die Seelen der Letztern zu retten. Zwar blieb es im Ganzen beim früheren Beschluß; indessen bewirkte der Nuntius doch, daß ein längst eingekerkerter Reformirter hingerichtet werden mußte, weil ihm Schuld gegeben war, die heilige Jungfrau gelästert zu haben.
Der dritte März erschien. Es lag, bei scharfem Frost, tiefer Schnee. Aber ohne Erbarmen wurden Männer und Weiber, Greise und Kinder, zur Abreise versammelt, über anderhalb hundert an der Zahl, die von ihrem Glauben nicht lassen wollten. Da trat ein Geistlicher gegen den traurigen, zitternden Haufen und rief: “Es fehlt einer von ihnen, Antonio Travano!” – Er lag gefährlich krank. Aber man riß den Mann aus dem Bette, und schleppte ihn zu den Uebrigen. Der Priester schrie abermals: “Auch ein Weib fehlt, die Frau des Giovanni de Riva!” Sie war in derselben Nacht niedergekommen. Priester und Pöbel eilten dahin, rissen die Wöchnerin aus dem Bette und schleppten sie mit ihrem Säugling zu den Uebrigen hin. Der lange, jammervolle Zug der Verstoßenen trat durch Schnee und Frost die Wanderung an. Man warf ihm Steine und Schneeballen nach, Flüche und Spottnamen. An demselben Tage starb unterwegs die junge Wöchnerin, und ihr Säugling und der unglückliche Antonio. Der Zug mußte bis in die dunkle Nacht noch bis ins Misoxerthal fortgesetzt werden. Diese Auswanderung der Locarner, dies Werk der Priester, im Namen Gottes der Barmherzigkeit und der Religion der Liebe vollbracht, bildet ein finsteres Seitenstück zur Emigration der Salzburger.
Im Mai kamen 116 der Ausgestoßenen über den See gen Zürich. Unter ihnen befanden sich wissenschaftliche Männer, Künstler, Handwerker und die alt adlichen Geschlechter der Orelle, Muralte und Duno's. Ihre Ankunft war ein Fest- und Freudentag der edelmüthigen Züricher, welche die Vertriebnen mit rührender Liebe und Gastfreundlichkeit aufnahmen und behielten. Diese siedelten sich hier an; gründeten Seidenfabriken und andre Gewerbe. Locarno's Wohlstand aber ging niederwärts, und hat sich nach beinah 300 Jahren nicht wieder erheben können. . .

Aus dem höchst informativen Buch “Die klassischen Stellen der Schweiz” (1842) des aus Magdeburg stammenden Schriftstellers und Politikers Johannes Heinrich Daniel Zschokke (1771–1848).

Baedekers “Schweiz” (1873)

Das Tessin-Thal, Leventina oder Livinenthal (Vallis Lepontina) genannt, war früher dem Canton Uri unterthan, und wurde von den Beamten des Cantons, welche ihre Stelle von der souverainen Landsgemeinde steigerungsweise auf einige Jahre, wie fast in allen demokratischen Cantonen und auch in den Republiken des Alterthums, erkauften, mit großer Willkür und kaum erträglichem Druck verwaltet. Im Jahre 1755 brach ein Aufstand aus, den aber die Regierung mit Hülfe von Schweizer-Truppen dämpfte, die Leiter hinrichten und ihre Köpfe an den Kastanienbäumen aufhängen liess. Die Franzosen machten diesem Unterthanen-Verhältniss 1798 ein Ende. Gern hätte der Canton Uri 1814 die alte Ordnung der Dinge hergestellt, der Wiener Congress bestätigte indess das Bestehen des Cantons Tessin, der das Livinenthal und die anderen sieben italienischen Vogteien der zwölf alten Schweizer-Cantone umfasst.

Aus der Routenbeschreibung 'Von Luzern nach Como' (bei Faido) in der fünfzehnten Auflage von Baedekers Handbuch für Reisende “Die Schweiz” (1873).

Carl Spitteler (um 1900)

. . . eine ganz neue Eigenschaft fällt uns sofort unzweideutig auf: die ungewohnte, bis in alle Winkel zündende Lichtfülle. Der Himmel strahlt, die Luft glänzt, der Boden blendet.

Betrachtung des Schweizer Schriftstellers Carl Spitteler (1845–1924; Nobelpreis für Literatur 1919) über den Blick vom Sankt Gotthard ins Tessin.

"Mein Dorf" (Aquarell von Hermann Hesse)

Hermann Hesse (1927)

. . . , da ruft mich schon ein Bild an, das unbedingt gemalt werden muß, so schön und geheimnisvoll strahlend blickt es mich an: ein alter Baumgarten, der mit Eiben, Palmen, Zypressen, Magnolien und vielem Gebüsch steil den Berg hinanstrebt, wie Flammen steigen, mit leicht gebogenen, nadelspitzen Wipfeln, die Zypressen in den Himmel, und unten brennt in dem Meer von dunklem Grün ein rotes Hohlziegeldach mit entzückenden, zackigen Schatten, und hoch oben aus dem schlafenden Garten- und Baumparadies blickt zart und kokett ein helles Landhaus mit scharfen Schattenkanten. . .
Es gibt nur die Sonne und mich, und diesen hellzarten, apfelgrün durchschimmerten Septembermorgenhimmel, und das strahlende Gelb im herbstlichen Laub der Maulbeerbäume und der Reben. . .

Aus dem Begleittext zu der Bildtafelbroschüre "Aquarelle aus dem Tessin" des deutschen Schriftstellers Hermann Hesse (1877–1962).

Pino Bernasconi (1957)

Sü la bola dal livèll

Al sfrataza
dre via i grunt.

Al sa rimira.

La cazöla l'è d'argent,
òr lüsent ul fil a piump;
sü la bola dal livèll,
nass la stela di re magi.

Fiur fiurii sü l'andadura,
batezaa cun l'aqua santa
di Maíster drizz süi tecc,
mi giügavi cumè ti
– Bernasconi Clementín –
cunt la mòlta e l sfratazín.

Mò che gela la calcina. . .

Gedicht im Tessiner Dialekt aus "L'ura dübia" des Mundartdichters Pino Bernasconi (Lugano).

Anmerkung der Redaktion

Auf die in den Regional- und Länderbänden der Reihe 'Baedeker Allianz Reiseführer' gewöhnlich an dieser Stelle zu findenden **Routenvorschläge** wurde im Falle "Tessin" bewußt verzichtet, da viele der Einzelbeschreibungen im folgenden Hauptkapitel über die Reiseziele von A bis Z – insbesondere jene der Paßstraßen, Alpentäler, Seen und Berglandschaften sowie der Ausflüge in die Umgebung der größeren Orte – den topographischen Gegebenheiten entsprechend als Routenführungen, Rundfahrten, Bergtouren oder Wanderungen angelegt sind.

Reiseziele von A bis Z

Airolo

A 4

Höhe: 1178 m ü. d. M.
Einwohnerzahl: 2000

Lage und Bedeutung

Das Städtchen Airolo, Zentrum der Oberen ⟶ Leventina sowie des Val Bedretto (⟶ Bedretto-Tal) und wichtiger Verkehrsknotenpunkt südlich vom ⟶ Sankt Gotthard, liegt umgeben von einem großartigen Hochgebirgsrahmen im Tal des jungen Tessin (Ticino), das oberhalb Val Bedretto und unterhalb Valle Leventina heißt. Westlich ragen die Gipfel der Rotondo-Gruppe (Pizzo Rotondo, 3192 m ü. d. M.) auf.
Als Ausgangspunkt für schöne Bergtouren und umgeben von mehreren guten Skigebieten hat sich Airolo zur beliebten Sommerfrische wie auch zum Wintersportzentrum entwickelt.

Geschichte

Airolo war einst ein wichtiges Etappenziel an der Gotthardroute. Der Ort wurde nach einem verheerenden Brand im Jahre 1877 und dem vom Sasso Rosso 1898 niedergegangenen Bergsturz neu aufgebaut und mit einer Schutzmauer versehen. Ältere Bauten gibt es daher kaum noch.

Bemerkenswertes

Pfarrkirche SS. Nazaro e Celso

Die Pfarrkirche SS. Nazaro e Celso, ein Bau aus dem Jahre 1878, besitzt noch ihren ursprünglichen romanischen Glockenturm aus dem 12./13. Jahrhundert.

Denkmal

Am Bahnhof der Gotthardbahn, die hier aus dem Gotthardtunnel tritt, befindet sich ein Bronzerelief des Tessiner Bildhauers Vincenzo Vela (1820 bis 1891; ⟶ Berühmte Persönlichkeiten) zur Erinnerung an die beim Bau des Eisenbahntunnels verunglückten 177 Arbeiter.

Lucendro-Kraftwerk

Nahe der Brücke über den Tessin liegt etwas oberhalb die Zentrale des 1945 vollendeten Lucendro-Kraftwerkes.

Umgebung von Airolo

Sasso della Boggia

Südwestlich von Airolo beginnt eine Seilschwebebahn auf den Sasso della Boggia (2065 m ü.d.M.) mit dem Skigebiet Airolo-Pesciüm.

Stalvedro-Schlucht

Etwa 2 km flußabwärts passiert der Tessin bei der Mündung des wilden Val Canaria die vier Felsentore der Stalvedro-Schlucht (Stretto di Stalvedro). Hier stehen noch die Reste einer mittelalterlichen Burg sowie die Barockkapelle S. Maria Vergine.

Valle

Die Kapelle S. Antonio Abate (19. Jh.) im östlichen Ortsteil Valle besitzt beachtenswerten barocken Skulpturenschmuck.

Madrano

Unweit östlich von Valle, im Ortsteil Madrano, die barocke Kapelle SS. Gervasio e Protasio aus dem 18. Jahrhundert.

Brugnasco

Die Kapelle S. Barnaba in Brugnasco birgt Teile eines Flügelaltars aus dem 16. Jahrhundert.

◂ *Airolo am Südende der Sankt-Gotthard-Paßstraße*

Airolo, Umgebung (Forts.), *Ausblick von Nante

Von Nante, südwestlich oberhalb von Airolo, bietet sich ein besonders eindrucksvoller Blick auf das historische und moderne Straßennetz, das vom St. Gotthard hinab ins Tessintal führt.

Fort (Forte) Airolo

Rund 15 km oberhalb von Airolo steht an der Gotthardstraße das 1886 bis 1889 erbaute Fort (Forte) Airolo (historische Dauerausstellung).

*Höhenwanderungen

Von Airolo sind zahlreiche sehr lohnende Höhenwanderungen möglich: Auf dem 'Sentiero alto Val Bedretto' oder auf der 'Strada bassa Val Bedretto' ins ⟶ Bedretto-Tal. Ferner auf dem 'Sentiero alto del Tremorgio' entlang der rechten Seite des Tessintales zum Lago Tremorgio (⟶ Leventina) oder auf der 'Strada alta Leventina' am linken bzw. auf der 'Strada bassa Leventina' am rechten Tessinufer entlang (⟶ Leventina).

Ascona D 5

Höhe: 196 m ü.d.M.
Einwohnerzahl: 5000

**Ferienort

Ascona, in einer von Nordwinden geschützten, nebelfreien Bucht am ⟶ Lago Maggiore (Langensee) gelegen, hat sich dank subtropischer Vegetation vom Fischerdorf zu einem der beliebtesten schweizerischen Ferienzentren mit guter Infrastruktur entwickelt.
Die durchschnittliche Sonnenscheindauer ist hoch bei ergiebigen sporadischen Regenschauern. Die Winter sind ausgeglichen und mild, so daß hier Blumen während des ganzen Jahres blühen.

▼ *Ascona am nördlichen Lago Maggiore (Langensee)*

Zwar haben so manche Neubauten den alten Ortskern eingeengt. Gleichwohl sind das malerische, von Kfz-Verkehr freie Zentrum mit reizvollen Bürgerhäusern, vielen Kunstgalerien, Antiquitätengeschäften und Boutiquen sowie die von Leben und Treiben erfüllte Piazza am See und die stimmungsvolle Uferpromenade vom Frühling bis zum Herbst beliebte Treffpunkte für Künstler und Kunstbeflissene.

*Ortsbild

Seit 1946 werden unter dem Titel 'Settimane Musicali di Ascona' alljährlich von der dritten Augustwoche bis Mitte Oktober Musikwochen mit Beteiligung internationaler Orchester und Solisten veranstaltet.

Musikwochen

Ein 1952 ausgegrabener prähistorischer Urnenfriedhof deutet auf eine erste Siedlung aus der Bronzezeit (etwa 800 v.Chr.) hin. Zeugnisse keltischer und römischer Besiedlung wurden in Asconas Umgebung gefunden und sind heute im archäologischen Museum von Locarno (Castello Visconteo) zu sehen.

Geschichte

'Entdeckt' wurde Ascona allerdings von jenen 'Heiligen vom Berg', die sich als Schwärmer, Wahrheitssucher und zivilisationsmüde Weltanschauungspropheten vor und während des Ersten Weltkrieges auf dem Monte Verità (s. nachstehend), nordwestlich des Ortes, niederließen. Bald entstand hier ein Zentrum des Geisteslebens, dessen Ruf weit über die Grenzen der Schweiz hinaus drang und das prominente Gäste aus aller Welt anzog. So weilten hier u.a. Wladimir Iljitsch Lenin, Ruggiero Leoncavallo, Isadora Duncan, Carl Gustav Jung und Rudolf Steiner. Später hielten sich in Ascona die Schriftsteller Hermann Hesse und Erich Maria Remarque sowie die Maler Paul Klee, Marianne von Werefkin und Alexej von Jawlensky auf. In den dreißiger Jahren fanden viele Verfolgte des deutschen Naziregimes Zuflucht am Lago Maggiore, besonders auch in Ascona.

Im Oktober 1993 hat der über die Ufer getretene Lago Maggiore in Ascona schwere Überschwemmungsschäden angerichtet.

Sehenswertes in Ascona

*Collegio Pontificio Papio

Das Collegio Pontificio Papio, von dem Patrizier Bartolomeo Papio (1526 bis 1580) als Dominikanerkloster gestiftet und von Papst Gregor XIII. gefördert, wurde um 1584 im Aufrag des hl. Karl Borromäus erbaut. Als Architekt gilt Pellegrino Pellegrini (Tibaldi, 1527–1596). Der Innenhof mit zweigeschossiger Loggienreihe und toskanischen Säulen zählt zu den schönsten Renaissancehöfen der Schweiz. Das Gebäude beherbergt heute eine Privatschule (Gymnasium und Lyzeum).

Kirche S. Maria della Misericordia

Mit dem Collegio Papio verbunden ist die Kirche S. Maria della Misericordia. Sie entstand 1399–1442 an der Stelle eines älteren Gotteshauses, von dem noch der Chor erhalten ist; der Campanile stammt von 1488. Der strenge einschiffige Innenraum mit flacher Kassettendecke ist mit spätgotischen Fresken (15./16. Jh.) u.a. von den Seregnesi und von Antonio da Tradate geschmückt. Die Schutzmantelmadonna (von 1519) am Hochaltar stammt von Giovanni Antonio de Lagaia. Am linken Seitenaltar eine hervorragende Darstellung der Madonna della Quercia (Madonna mit der Eiche), die in der Mitte des 16. Jahrhunderts von nach Viterbo abgewanderten Asconesen gestiftet wurde.

Die Pfarrkirche SS. Pietro e Paolo ist eine dreischiffige Säulenbasilika mit dreiseitig geschlossenem Chor. Im Jahre 1264 erstmals erwähnt, wurde sie 1530–1535 grundlegend erneuert. Im Inneren eine Marienkrönung (1617) von Giovanni Serodine sowie Gewölbefresken (1783) von Pietro Francesco Pancaldi-Mola.

Pfarrkirche SS. Pietro e Paolo

Die gegenüber der Pfarrkirche stehende Casa Serodine, auch Casa Borrani genannt, ist der wohl bemerkenswerteste Profanbau in Ascona (kürzlich restauriert). Er wurde um 1620 als Residenz der Patrizierfamilie Serodine von Baumeistern und Künstlern der eigenen Familiendynastie errichtet: Die prunkvolle dreistöckige Fassade zieren barocke Stuckarbeiten (u.a. sitzende Madonna mit Kind, Adam und Eva; Brüstungsfriese mit Rankenmotiven, Fabelwesen und Bibelszenen); sie stammen von Giovanni Battista Serodine (1587–1626), dem Bruder des Malers Giovanni Serodine (1594–1630; ⟶ Berühmte Persönlichkeiten).

*Casa Serodine

In der Casa Serodine logiert mit der 'Libreria della Rondine' die wohl am besten mit Werken über das Tessin sortierte Buchhandlung der Schweiz. Die früher in diesem Hause untergebrachte Antiquitätensammlung von Wladimir Rosenbaum befindet sich seit 1984 in der Antica Casa Vacchini.

Libreria della Rondine

Die mittelalterliche Casa San Cristoforo ist mit ihrem reizvollen Innenhof heute Dependance des Hotels Al Porto.

Casa San Cristoforo

In der nahen Via Cappelle steht die ursprünglich romanische, im 17. Jahrhundert veränderte Kapelle S. Sebastiano mit Grabmälern der Stifterfamilie Duni.

Kapelle S. Sebastiano

Das im Osten des alten Ortskerns gelegenene, vermutlich um 1250 erbaute Schloß der Ghiriglioni besaß ursprünglich vier Türme und war von einem Wassergraben umgeben. Heute dient es als Hotel Castello.

Castello dei Ghiriglioni

Uferpromade: Palmen und ...

... Campanile

Kirche S. Michele

Unweit südwestlich außerhalb vom Stadtkern steht das barocke Kirchlein S. Michele. Es wurde von Cristoforo de Simoni an der Stelle und aus Gebäuderesten einer Burg der Duni aus dem 12. Jahrhundert errichtet.

Castello San Materno

Auf einer Anhöhe nördlich außerhalb vom Stadtzentrum befinden sich die spärlichen Reste des Castello San Materno, der ältesten Festung der Stadt. Sie wurde vermutlich bereits 1518 von den Eidgenossen geschleift und die Trümmer später weiterverbaut. Erhalten ist allein die romanische Kapelle S. Materno; in der Apsis eine Majestas Domini (um 1200).

Teatro San Materno

Beim Castello das Teatro San Materno, das der belgische Textilfabrikant Bara 1928 für die Tanzschule seiner Tochter Charlotte, einer einst bekannten Ausdruckstänzerin, von Carl Weidemeyer im Bauhausstil errichten ließ. Nach dem Niedergang dieses reizvollen Kammertheaters in den siebziger Jahren wurde es 1987 neu belebt und wird nun wieder bespielt.

Antike Gräber

Im Bereich des nahegelegenen Friedhofes wurden bronzezeitliche und römische Gräber entdeckt.

Museo Comunale d'Arte Moderna

Das Museo Comunale d'Arte Moderna (Via Borgo 34; geöffnet April–Dez. Mo.–Sa. 10.00–12.00 und 15.00–18.00 Uhr, So. 10.00–12.00 Uhr) im ehemaligen Palazzo des Bartolomeo Papio zeigt neben wechselnden Ausstellungen die bedeutende Sammlung und Stiftung mit Werken der Malerin Marianne von Werefkin (1860–1938) und des Malers und Buchillustrators Richard Seewald (1896–1976), die auch Arbeiten von Franz Marc, Maurice Utrillo, Paul Klee, Alexej von Jawlensky und Cuno Amient enthält.

Museum Epper

Das Museum Epper (Via Albarelle 14; geöffnet: April–Mai und Sept.–Okt. Di.–Fr. und So. 10.00–11.30 und 16.00–18.00 Uhr, Juni–Aug. 10.00 bis 11.30 und 20.00–22.00 Uhr) zeigt Werke der Schweizer Expressionisten Ignaz und Mischa Epper und dient zuweilen als Kulturforum für Konzerte, Vorträge und Diskussionen.

Kulturzentrum Beato Pietro Berno

Das Kulturzentrum Beato Pietro Berno in einem Tessinerhaus der Barockzeit (Via Collegio; geöffnet März–Okt. Di.–So. 14.30–18.30 Uhr) organisiert wechselnde Kunst- und Kunstgewerbeausstellungen sowie verschiedene kulturelle Veranstaltungen.
Im ersten Stock befindet sich die kunsthandwerkliche Buchbinderschule 'Centro del Bel Libro', im Hof eine Schule für Buchrestaurierung (in zwei Rustici).

Veranstaltungszentrum Etal

Das Zentrum Etal (Via Muraccio 21) ist in einem 1938–1939 erbauten und 1980 renovierten ehemaligen Oratorium eingerichtet; es dient heute als Veranstaltungsstätte für Konzerte, Kongresse, Tagungen sowie andere touristische und kulturelle Ereignisse.

Strandbad Golfplatz Flugplatz

Im Südosten der Stadt liegen auf der vom Maggiadelta gebildeten Halbinsel das große Strandbad (Lido), der weite Golfplatz (18 Löcher) sowie der Flugplatz.

*Monte Verità (Museumspfad 'Percorso Museale')

Hausberg

Im Nordwesten von Ascona erhebt sich der Monte Verità (321 m ü.d.M.; darunter neuer Straßentunnel), der Hausberg des Ortes.

Vegetabile Cooperative

Im Jahre 1900 erwarben der belgische Industrielle Henri Oedenkoven und die Münchener Pianistin Ida Hofmann den Hügel Monescia über Ascona und tauften ihn als überzeugte Wahrheitssucher theosophischer, sozialidealistischer und lebensreformerischer Prägung in 'Monte Verità' (= 'Berg der Wahrheit') um. Hier richteten sie die im Sinne romantisch naturbezo-

Reigen der 'Wahrheitssucher' vom Monte Verità

gener und emanzipatorischer Lebensgestaltung geführte 'Vegetabile Cooperative Monte Verità' ein. Wie groß dabei der Einfluß wagnerianischen Denkens war, zeigen Landschaftsnamen wie 'Parsifalwiese', 'Walkürenfelsen' oder 'Harrassprung'. Die Gemeinschaft fand rasch illustre Anhänger aus allen Teilen der Welt, die sich der Zivilisation entfliehend hier in alternativen Lebensweisen übten.

Monte Verità, Vegetabile Cooperative (Fortsetzung)

Die Gemeinschaft wurde 1920 aufgelöst, und 1926 übernahm der niederländische Baron Eduard van der Heidt das Gelände, um an der Stelle des ehemaligen Gesellschaftshauses ein vom alternativen Geist des 'Wahrheitsberges' durchwehtes, jedoch wirtschaftlich tragfähiges Seminarhotel ('Monte Verità') zu errichten. Seit 1970 ist der Kanton Tessin im Besitz des Anwesens.

Casa Anatta

Neben dem Hotel Monte Verità steht die Casa Anatta, einst Wohnsitz und Repräsentationsgebäude der Gründer der Vegetabilen Cooperative. Dieser als 'originellstes Holzhaus der Schweiz' apostrophierte Bau beherbergt heute ein Museum zur Geschichte der sozialutopischen Reformbewegung in und um Ascona seit 1870.

Casa Selma

In der benachbarten Casa Selma, der 1900 erbauten und unlängst restaurierten Licht-Luft-Hütte der Vegetarier werden weitere Dokumente über die Monte-Verità-Bewegung gezeigt.

Chiaro Mondo dei Beati

Im Jahre 1986 wurde ein Holzhaus im Stile der frühen Bauten zur Aufnahme eines 4 × 26 m messenden Rundgemäldes mit der Paradiesvorstellung ('Klare Welt der Seligen') des baltischen Künstlers Elisar von Kupffer (1872–1942) errichtet.

Casa Anatta, Casa Selma und Chiaro Mondo dei Beati sind von April bis Oktober Di.–So. 14.30–18.00 Uhr geöffnet (Eintrittsgebühr).

Wallfahrtskirche Madonna della Fontana

Am Nordabhang des Monte Verità steht die 1617–1677 über einer Quelle erbaute turmlose Wallfahrtskirche Madonna della Fontana (Parlenguora) mit Freskenschmuck aus dem 17. Jahrhundert. Nach der Überlieferung soll hier im 15. Jahrhundert ein taubstummes Hirtenmädchen für seine

Monte Verità, Madonna della Fontane (Fortsetzung)

dürstenden Schafe gebetet haben; das Gebet sei erhört worden, die Quelle habe zu sprudeln begonnen und das Mädchen seine Stimme wiederbekommen. Vermutlich wurde die Stelle aber bereits von den Kelten als Quellheiligtum verehrt.

Losone D 5

San Lorenzo, San Giorgio und San Rocco

Nordwestlich von Ascona erstreckt sich rechts der Maggia die Nachbargemeinde Losone (239 m ü.d.M.; 5000 Einw.) mit den drei nach ihren Kirchen benannten Ortsteilen San Lorenzo, San Giorgio und San Rocco.

Losone hat sich trotz eines raschen industriellen Aufschwungs noch viel typisches Tessiner Flair und dörfliche Architektur bewahrt. Vielfach sind noch schöne Bauernhäuser ('Rustici'; 15.–18. Jh.) mit Innenhöfen, Loggien und interessanter Bemalung zu sehen. In der Umgebung finden sich zahlreiche stimmungsvolle Grotti.

Pfarrkirche S. Lorenzo

Die Pfarrkirche S. Lorenzo wurde 1597 an der Stelle eines älteren Gotteshauses erbaut, im 18. Jahrhundert barockisiert und im 19. Jahrhundert nochmals verändert.
Sie besitzt einen bemerkenswerten Altar von Giuseppe Buzzi (1751), Gemälde von Pancaldi und Orelli sowie kunstvolle Beichtstühle und ein schönes Taufbecken (1580).
Auf dem Kirchplatz Stationskapellen und das Beinhaus.

Kirche S. Giorgio

Die 1799 errichtete Kirche S. Giorgio im gleichnamigen Ortsteil von Losone geht auf einen Bau des 11. Jahrhunderts zurück, von dem noch der Campanile und der Chor erhalten sind; im Inneren Fresken von Nicolao da Seregno und Antonio da Tradate (14./15. Jh.).

Kirche S. Rocco

Die Kirche S. Rocco wurde im 16. Jahrhundert anläßlich einer Pestepidemie erbaut und im 19. Jahrhundert erweitert. Das Innere ist von Giovanni Antonio Vanoni ausgemalt (1860). Hinter dem Altar ein Gemälde der Muttergottes mit den Pestheiligen Sebastian und Rochus von 1614.

Kapelle Madonna d'Arbigo

An der Straße nach Golino steht die 1648 erbaute Kapelle Madonna d'Arbigo mit einem Arkadenportikus aus dem Jahre 1815.

Arcegno D 5

Ländliche Siedlung

Westlich oberhalb von Losone liegt inmitten von Kastanienwäldern das alte Bergdorf Arcegno (400 m ü.d.M.; 300 Einw.). Mit seinen urwüchsigen, aus Gneisbrocken geschichteten und mit Gneisplatten gedeckten Häusern, die heute zumeist als Feriendomizile dienen, ist es ein gutes Beispiel ländlicher Siedlungskultur.

Pfarrkirche S. Antonio Abate

Die Pfarrkirche Sant'Antonio Abate (14. Jh., im 17. Jh. erweitert) besitzt eine bemalte Fassade (17. Jh.) sowie Freskenreste des 14.–16. Jahrhunderts im Inneren.

Kapelle Madonna della Valle

An der Straße nach Losone steht die um einen Bildstock aus dem 16. Jahrhundert erbaute barocke Kapelle Madonna della Valle; im Chor ein Fresko (Gottesmutter mit Kind zwischen den hll. Antonius und Rochus) aus dem 16. Jahrhundert.

Gedenktafel

An der Straße nach Golino erinnert eine Gedenktafel an polnische Internierte, die während des Zweiten Weltkrieges in der Schweiz Zuflucht fanden und vorwiegend im Straßenbau eingesetzt wurden.

Ronco über dem Lago Maggiore

Ronco sopra Ascona D 5

*Lage und Bedeutung

Etwa 3 km südwestlich von Ascona (schöne Höhenwanderung in 1½ Std.) liegt auf aussichtsreicher Felsterrasse am Abhang der Corona dei Pinci (1293 m ü.d.M.) oberhalb der ⟶ Brissago-Inseln das malerische Bergdorf Ronco (335 m ü.d.M.; 750 Einw.), Heimat des Malers Antonio Ciseri (1821–1891), des Schöpfers der Grablegung Christi in der Wallfahrtskirche Madonna del Sasso (⟶ Locarno).
Bis zu Beginn der sechziger Jahre dieses Jahrhunderts war Ronco mit seinem wohlerhaltenen alten Ortskern, den hohen Häusern des 17. Jahrhunderts und von Schwibbögen überspannten engen Gassen ein begehrtes Künstlerdomizil. Heute hat sich der Tourismus des Dorfes bemächtigt, das durch Ferienwohnungs- und Hotelbauten weit über die ursprünglichen Grenzen hinaus angewachsen ist.

**Seeblick von der Piazza

Im Osten des alten Ortskerns liegt die Piazza, die berühmt ist für ihren prächtigen Ausblick über den ⟶ Lago Maggiore (Langensee).

Pfarrkirche S. Martino

Die Piazza wird beherrscht von der klassizistischen Fassade der Pfarrkirche S. Martino (15. Jh.; im 17. und 19. Jh. verändert). Im Chor spätgotische Fresken von Antonio da Tradate; das Altarbild schuf Antonio Ciseri.

Casa Ciseri

Gegenüber der Pfarrkirche steht die Casa Ciseri (urspr. 17. Jh.), das ehemalige Wohnhaus von Antonio Ciseri. Es beherbergt jetzt das Museo Ciseri mit Erinnerungsstücken und einigen Werken des Malers.

Kapelle S. Maria delle Grazie

Oberhalb der Pfarrkirche befindet sich die recht schlichte Barockkapelle S. Maria delle Grazie (18. Jh.) mit reizvoller toskanischer Vorhalle. Die Kuppelfresken stammen von Giuseppe Antonio Felice Orelli.

Ascona, Umgebung (Fortsetzung) Porto Ronco

Unterhalb von Ronco liegt am Lago Maggiore der Hafenplatz Porto Ronco, der mit dem Ort über einen steilen Treppenweg ('Himmelsleiter'; 800 Stufen) verbunden ist. Der Weg führt durch Villen und üppige mediterrane Gärten vorbei an den Wegkapellen Mater Dolorosa und Maria Assunta (von 1773).

*Monti di Ronco

Oberhalb von Ronco erhebt sich die Corona dei Pinci (1293 m ü.d.M.), ein Ausläufer des mächtigen Gridone-Massives (2187 m ü.d.M.). Der lohnende Aufstieg (von Ronco 3½ Std.; von Porera 45 Min.) geht vorbei an verschiedenen ehemaligen Maiensässen, die heute unter der Bezeichnung 'Monti di Ronco' zu Feriensiedlungen ausgebaut sind.

**Fernsicht

Von oben bietet sich ein großartiger Blick südöstlich hinunter zum → Lago Maggiore, nordwestlich ins → Centovalli und weiter über das → Onsernone-Tal hinweg ins Val di Vergeletto.

Fontana Martina

Etwa 2 km südwestlich von Ronco liegt das malerische Bergdorf Fontana Martina. Im Jahre 1923 erwarb der Schweizer Buchdrucker Fritz Jordi den verlassenen Ort, um dort eine Künstlerkommune einzurichten. Während des Zweiten Weltkrieges bot Fontana Martina vielen Verfolgten Schutz und Schaffensmöglichkeiten. Zur Finanzierung seiner Vorhaben gründete Jordi eine Töpferei, die noch heute betrieben wird (Verkauf im angeschlossenen Laden). Aus der ehemaligen Künstlergemeinde ist inzwischen ein beliebter Ferienort geworden.

Bedretto-Tal (Val Bedretto) A/B 3/4

Verlauf und Allgemeines

Das Bedretto-Tal (Val Bedretto) ist das vom → Nufenen-Paß herabkommende und bei → Airolo in das Valle → Leventina einmündende Tal des oberen Tessin, der hier entspringt (ein weiterer Quellarm am St. Gotthard). Es ist ein alpines Trogtal zwischen → Sankt Gotthard und Tessiner Alpen, das seine Ausrichtung als einziges in dieser Region von Westen nach Osten hat.

Der Name 'Bedretto' soll sich vom italienischen Wort 'bedra' (= Birke) ableiten. Das infolge übermäßiger Rodungen regelmäßig von schweren Bergstürzen und Lawinen heimgesuchte Tal ist wenig besiedelt (ca. 100 Einw.). Noch heute bietet es den Bewohnern außer der traditionellen Alpwirtschaft kaum nennenswerte Einkommensquellen. Auch der Ausbau der alten 'Strada alta di Val Bedretto' über den Nufenen-Paß für den modernen Autoverkehr konnte die wirtschaftliche Lage nicht wesentlich verbessern.

*Landschaftsbild

Heute wird das Bedretto-Tal besonders von Wanderern wegen seiner Stille und der landschaftlichen Schönheit geschätzt.

Bemerkenswertes

Haufendörfer

Die meisten der altertümlichen Haufendörfer des Val Bedretto liegen auf Schwemmlandkegeln am nördlichen, von der Sonne beschienenen Talhang.

Villa

Hauptort des Bedretto-Tales ist Villa (1354 m ü.d.M.; 45 Einw.), einst Stützpunkt an den Paßwegen über den Nufenen- und den San-Giacomo-Paß. Die Pfarrkirche SS. Maccabei (19. Jh.) besitzt einen fünfeckigen, auch als Lawinenbrecher dienenden mittelalterlichen Campanile.

Bedretto

Etwa 1 km talaufwärts liegt in malerischer Umgebung das alte Bergdorf Bedretto (1405 m ü.d.M.; 80 Einw.) mit typischen Holzhäusern und der Kapelle SS. Sebastiano e Rocco (17. Jh.).

Ronco

Gut 2 km weiter talaufwärts gelangt man zu dem Dorf Ronco (1482 m ü.d.M.) mit der Kapelle Sant'Antonio Abate (18./19. Jh.).

Wegweiser im Bedretto-Tal

Ca. 3 km hinter Ronco folgt als letztes Dorf im Tal All'Acqua (1614 m ü.d.M.), von wo man in dreistündigem Fußmarsch zum San-Giacomo-Paß (2313 m ü.d.M.) aufsteigen kann, dem Übergang ins italienische Toce-Tal.

Bedretto-Tal (Fortsetzung) All'Acqua

Sehr lohnend ist die Wanderung entlang der 'Strada alta di Val Bedretto' im Bedretto-Tal (ca. 4 Std.) zwischen Airolo-Pesciüm (⟶ Airolo) und Ronco. Ferner führen schöne Wanderungen aus dem Bedretto-Tal über den Naret-Paß (2438 m ü.d.M.) ins Val di Peccia oder über den Cristallina-Paß (2569 m ü.d.M.) ins Val Bavona (beide Täler ⟶ Maggia-Tal).

*Strada alta di Val Bedretto

Paßwanderungen

Bellinzona **C 7**

Höhe: 230 m ü.d.M.
Einwohnerzahl: 18 500 (im Großraum ca. 27 000)

Lage und Bedeutung

Die Kantonshauptstadt Bellinzona (deutsch 'Bellenz') liegt im Herzen der italienischen Schweiz nahe der Einmündung der Moësa in den Ticino. Hier, in der Talebene, verbinden sich die drei wichtigen Handelswege über den ⟶ Sankt Gotthard, den ⟶ San-Bernardino-Paß und den ⟶ Lukmanier-Paß, die an dieser Stelle leicht gemeinsam zu kontrollieren und gegebenenfalls wirksam zu sperren sind. Dieser Lage verdankt Bellinzona von jeher eine strategische Schlüsselstellung und 1878 seine Bestimmung zum Sitz der Tessiner Kantonsregierung.

*Stadtbild

Das Stadtbild wird von drei Burgen bestimmt, die mit ihren zinnenbekrönten Befestigungsmauern als eindrucksvolles Beispiel eines mittelalterlichen Wehrsystems wohl erhalten sind. Weithin sichtbar thronen sie über der malerischen Altstadt, die ihr historisches Gesicht großenteils bewahren konnte.

Historische Ansicht von Bellinzona (Merian, 1654; Ausschnitt)

Geschichte

Das Gebiet um Bellinzona war bereits in der Jungsteinzeit besiedelt. Gräberfunde in der Umgebung der Stadt bezeugen die Anwesenheit von Ligurern und Kelten seit der Bronzezeit. Von etwa 30 v.Chr. bis 450 n.Chr. beherrschten die Römer das Land und bauten es zum Bollwerk gegen die 'Barbaren' aus. Im Jahre 590 n.Chr. fand die Siedlung in der Notion ". . . Bilitionem castrum in campis situm Caninis. . ." (= ". . . nach Bilitio, dem auf den Caninischen Feldern gelegenen Feldlager . . .") erstmals urkundliche Erwähnung. In der Folgezeit wurde die Stadt immer wieder zum Zankapfel geistlicher und weltlicher Machthaber, bis sie 1242 an die Mailänder Herzöge Visconti und Sforza kam. Diese ließen sie zur fast uneinnehmbaren Festung ausbauen und machten sie zu einem wirtschaftlichen und kulturellen Zentrum. Nach wiederholten vergeblichen Überfällen brachten die Eidgenossen 'Bellenz' im Jahre 1500 in ihre Gewalt und richteten in den drei Burgen ihre Vogteien 'Schwyz', 'Uri' und 'Unterwalden' ein. Seit 1803 gehört Bellinzona als Hauptort des neugeschaffenen Kantons Tessin zur Schweizerischen Eidgenossenschaft.

Sehenswertes

*Castello Grande

Ursprung und Namen

Die älteste der drei Burgen von Bellinzona ist das auf dem Schloßhügel San Michele, in etwa 50 m Höhe westlich über der Stadt gelegene Castello Grande. Es wurde im 13. Jahrhundert über einem römischen Festungswerk erbaut, das bereits im 6. Jahrundert mehrfach schriftliche Erwähnung fand. Im 14. Jahrhundert hieß die Burg 'Castel Magnum' oder 'Castel Grande', im 17. Jahrhundert vorübergehend auch 'Burg Uri' oder 'Burg Altdorf' und 1818 'Castello San Michele'.

Burganlage

Die von einer mächtigen Ringmauer umschlossene Festung diente als Verteidigungs- und Fluchtburg für die Bevölkerung und besaß daher ursprünglich außer militärischen Einrichtungen auch einen Palas, drei Kirchen sowie Wohn- und Vorratshäuser.
Erhalten sind als ältester Teil die beiden markanten Türme 'Torre Bianca' (Weißer Turm; 27 m) und 'Torre Nera' (Schwarzer Turm, viereckig; 28 m). Den großen Innenhof (Zugang im Sommer tägl. 8.00–12.00 Uhr und 14.00–18.00 Uhr, im Winter Sa. und So. geschlossen) umrahmen Wohn- und Wirtschaftsgebäude des 15. bis 19. Jahrhunderts.

Sankt Gotthard, San Bernardino

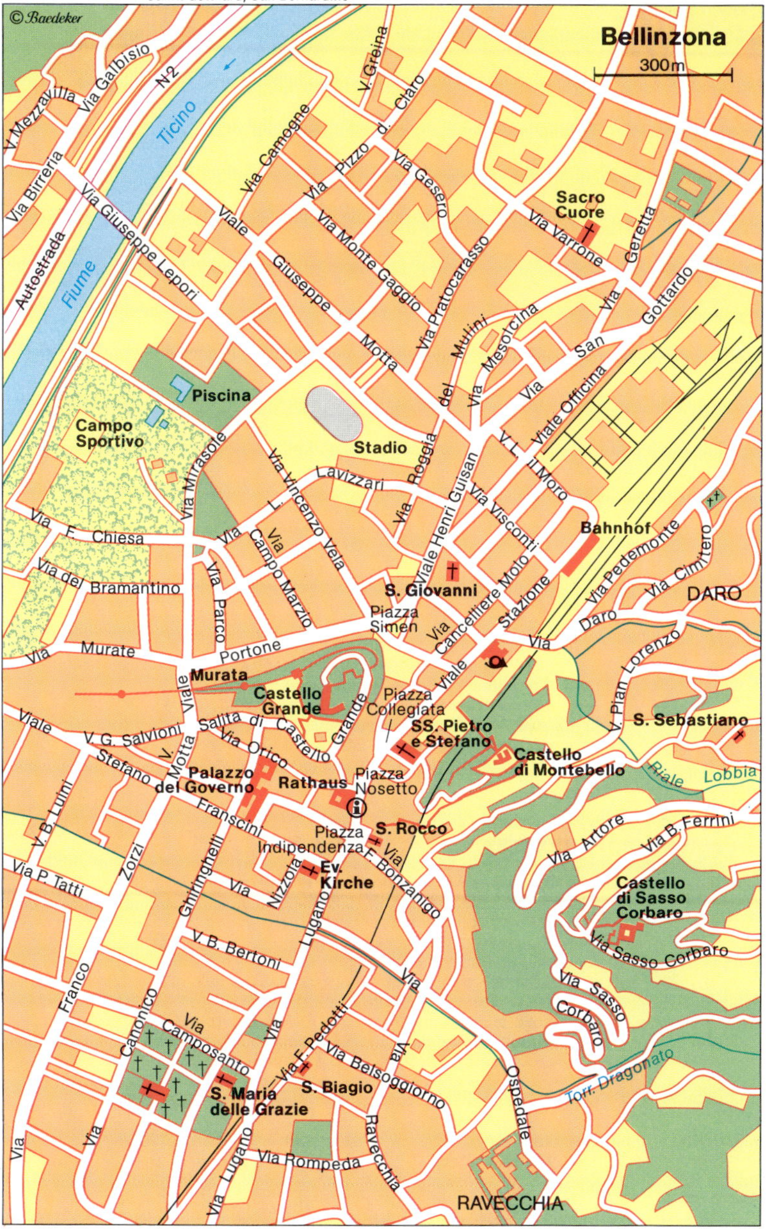

Lugano, Locarno

Monte Carasso

Castello Grande (Fortsetzung)
Burgplan

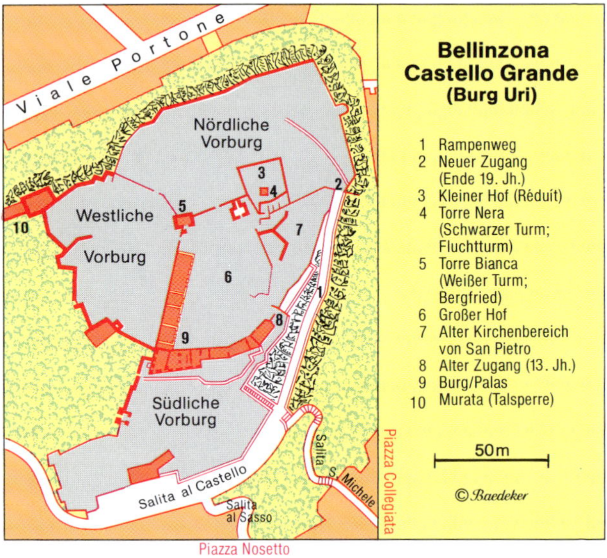

Bei der Restaurierung der Burg setzt der Tessiner Architekt Aurelio Galfetti auch moderne Bauelemente ein (z.B. Aufzugsturm).

*Aussicht

Von der Aussichtsterrasse auf der Vorburg genießt man einen eindrucksvollen Ausblick.

Murata

Von der Westseite der Burg zieht ein starker, als Talsperre ('Murata') dienender Mauerwall bergab. Ursprünglich reichte er bis zur Tessinbrücke, doch wurde er im unteren Teil im Jahre 1514 durch die vom Bergsturz von ⟶ Biasca verursachte Überschwemmung weggerissen. Im Osten war das Castello Grande über die Stadtmauern mit dem Castello di Montebello und von dort weiter mit den Festungswerken der Burg Castello di Sasso Corbaro (beide Burgen s. nachstehend) verbunden.

*Castello di Montebello

Ursprung und Namen

Das Castello di Montebello (Zugang tägl. 8.00–18.00 Uhr), ursprünglich 'Castello Piccolo', später 'Burg Schwyz' und im 19. Jahrhundert 'Castello di San Martino'genannt, thront östlich gegenüber dem Castello Grande auf dem 90 m hohen Montebello-Hügel.
Als Festungsbau auf dreieckigem Grundriß, mit wehrhaften Rundtürmen und zinnenbekrönten Ringmauern, ist das Castello di Montebello die interessanteste und zugleich reizvollste der drei Burgen. Bergfried, Palas und Innenhof stammen aus dem 13./14. Jahrhundert und sollen unter den Rusconi erbaut worden sein. Ihr heutiges Aussehen, v.a. die Gestaltung der äußeren Burghöfe, verdankt die Burg den Sforza, die sie 1460–1480 gegen die vordringenden Urner ausbauen ließen. Restaurierung und Museumseinrichtung (bis 1970) besorgte der Tessiner Architekt Mario Campi.

**Aussicht

Von oben bietet sich ein einzigartiger Ausblick bis hin zum Langensee (⟶ Lago Maggiore).

Museo Civico

Im Hauptturm und im 'Palazzetto' des Castello di Montebello ist heute das Museo Civico (Städtisches Museum; geöffnet im Sommer Di.–So. 9.30 bis

Castello Grande

Castello di Montebello

Castello di Montebello (Fortsetzung)
*Archäologische Sammlung

12.00 und 14.00–17.30 Uhr, im Winter 10.00–12.00 und 14.00–17.00 Uhr) untergebracht, das über eine sehenswerte archäologische Sammlung verfügt, die zu den wichtigsten der Schweiz gehört.

*Castello di Sasso Corbaro

Ursprung und Namen

Das Castello di Sasso Corbaro, unter den Eidgenossen 'Burg Unterwalden', 1818 'Castello Santa Barbara' und von den Einheimischen auch 'Castello di cima' (= 'Gipfelburg') genannt, wurde 1479 im Anschluß an die Schlacht von → Giornico in nur sechsmonatiger Bauzeit errichtet. Etwa 230 m über dem Talgrund gelegen, sollte sie die bestehende Festungslinie verstärken und die Anhöhe über der Stadt gegen die vordringenden Eidgenossen sichern.
Die streng quadratisch gegliederte Anlage besitzt einen kleinen, mauerumschlossenen Innenhof mit anschließendem wuchtigen Bergfried ('Mastio') und Wachturm ('Torre di Vedetta') sowie eine Kapelle (17. Jh.).

**Aussicht

Der Ausblick von der Höhe des Castello di Sasso Corbaro ist großartig: Er reicht nördlich über die Stadt hinaus in das Tal der → Riviera, südlich bis zum italienischen Teil des → Lago Maggiore (Langensee).

*Museum für Tessiner Kunst und Volkskunde

Heute beherbergt das Castello di Sasso Corbaro in einigen Räumen des Hauptturmes Teile des Museo dell'Arte e delle Tradizioni popolari del Ticino (Museum für Kunst und Volkskunde des Tessin; geöffnet: April–Okt. Di.–So. 9.00–12.00 und 14.00–17.00 Uhr) mit einer beachtlichen Sammlung an Volkstrachten, Handwerksgerät, Münzen und Urkunden sowie der Ausstellung "Bellinzona im Laufe der Jahrhunderte".

*Altstadt

Lombardischer Charakter

Die zwischen zwei Burghügeln eingebettete historische Altstadt von Bellinzona hat ihren lombardischen Charakter noch weitgehend bewahrt. Die malerischen alten Gassen und idyllischen Plätze säumen stattliche Patrizierhäuser mit Arkaden, schmucken Portalen und schmiedeeisernen Balkonen. Besonders stimmungsvoll ist der Besuch der Altstadt während des Wochenmarktes auf der Piazza Collegiata und der Piazza Nosetto (Sa. 7.00–11.30 Uhr).
Aus der Vielzahl der beachtenswerten Bauwerke und Plätze seien im folgenden die wichtigsten aufgeführt:

*Kollegiatkirche SS. Pietro e Stefano

Die katholische Kollegiatkirche SS. Pietro e Stefano hat ihren Ursprung in einem spätgotischen, 1424 geweihten Bau, an dessen Stelle Tomaso Rodari, Werkmeister am Dom von Como, seit 1517 eine weitgehend neue Kirche gestaltete, die zu den bedeutendsten Sakralbauten der Renaissance im Tessin zählt. Die prächtige Marmorfassade trägt über dem Hauptportal eine zwölfstrahlige Rosette (15./16. Jh.).
Der einschiffige, zu beiden Seiten von vier Kapellen gesäumte Innenraum ist reich mit Barock- und Rokokostukkaturen (17. und 18. Jh.) sowie mit Gemälden und Fresken vorwiegend des 17. Jahrhunderts geschmückt. Besondere Aufmerksamkeit verdienen der marmorne Hochaltar (von 1763) mit einer Simone Peterzano zugeschriebenen Kreuzigung Jesu (von 1658), die Kanzel (von 1784; s. Abb. S. 34) sowie beim rechten Seitenportal ein Weihwasserbecken aus dem 15. Jh., das einst als Schloßbrunnen der Herren Trivulzio im → Misox diente (Kopie im Mailänder Sforza-Schloß).

Piazza Collegiata

Vor der Kollegiatskirche erstreckt sich die von schönen Rokokofassaden umgebene Piazza Collegiata: Das ehemalige Pfarrhaus (von 1722–1724) besitzt ein kunstvolles Balkongitter, die Casa Chicherio prächtigen Stukkaturenschmuck. Auffallend ist die freskengeschmückte Casa Bruni (Jugendstildekor) mit monumentalem Treppenaufgang.

Kollegiatkirche Santi Pietro e Stefano

Viale Stazione (Bahnhofstraße)

Kapelle S. Marta

An die Kollegiatkirche stößt nördlich die Kapelle Santa Marta an, ein barokker Betsaal, dessen Wände ganz mit Fresken (18. Jh.) varesischer Maler bedeckt sind. In der Deckenwölbung der Triumph der hl. Martha, auf dem Marmoraltar eine Holzstatue (17. Jh.) der Heiligen.

Cà Rossa

An der Via Nosetto steht die Cà Rossa (= Rotes Haus; von 1860) mit reichverzierter Terrakottafassade.

Palazzo Civico

An der Piazza Nosetto erhebt sich der Palazzo Civico (Rathaus), der 1924 unter Einbeziehung alter Bauelemente des 15. Jahrhunderts im Stil der Renaissance errichtet wurde; im Innenhof historische Stadtansichten.

Palazzo del Governo

An der Piazza del Governo steht das ehemalige Ursulinenkloster (1738 bis 1743), das 1848 im Sinne des Klassizismus umgestaltet wurde und seither als Sitz der Tessiner Kantonsregierung dient.

Civica Galleria d'Arte in der Villa dei Cedri

Die Civica Galleria d'Arte (Städtische Gemäldegalerie; geöffnet Juni–Sept. Di.–So. 9.30–12.00 und 14.00–17.30 Uhr, im Winter 10.00–12.00 und 14.00–17.00 Uhr) in der Villa dei Cedri zeigt in erster Linie Plastiken und Bilder von Schweizer Künstlern aus den Anfängen des 20. Jahrhunderts, darunter Werke von Augusto Sartoni (1880–1957), Giovanni Genuccho (1904–1979) und Mario Marini (1910–1987). Ferner neuerdings auch Gemälde des Italieners Francesco da Bassano aus dem 16. Jahrhundert.

*Kirche S. Maria delle Grazie

Sehenswert ist ferner die Kirche S. Maria delle Grazie des 1848 aufgehobenen Franziskanerklosters. Der schlichte einschiffige Bau aus den Jahren 1481–1483 besitzt im Inneren Renaissancefresken, die zu den hervorragendsten Werken lombardischer Malerei im Tessin zählen: Den Lettner schmücken fünfzehn Darstellungen aus dem Leben und Leiden Christi (unbekannter Meister; 1495–1505), die rechte Seitenkapelle eine Dormitio Mariae (Schule des Gaudenzio Ferrari; um 1500). In der linken

Kirche S. Maria delle Grazie (Fortsetzung)

Seitenkapelle der hl. Bernhardin zwischen den hll. Rochus und Sebastian (unvollendet), im Chor eine Verkündigung, beides Werke aus der Schule des Ambrogio Borgognone (16. Jh.).

Kirche S. Rocco

An der Piazza Indipendenza steht die 1330 als S. Maria del Ponte gegründete Kirche der San-Rocco-Bruderschaft.
Auf dem Platz wurde 1903 ein Obelisk zum Gedenken an den Beitritt des Tessins zur Eidgenossenschaft errichtet.

Hinweis für Liebhaber moderner Architektur

Bei der kantonalen Tourismusorganisation 'Ente ticinese per il turismo' (Villa Turrita) ist ein sorgfältig zusammengestelltes Faltblatt erhältlich, das unter dem Reihentitel "Auf den Spuren der modernen Architektur im Tessin" zwölf interessante Beispiele moderner Architektur in Bellinzona vorstellt, die man anhand der detaillierten Karte auf dem Deckblatt leicht lokalisieren kann.

Umgebung von Bellinzona

Ravecchia

Im Vorort Ravecchia, etwa 1,5 km südlich vom Stadtzentrum, liegt etwas abseits die romanische Kirche S. Biagio (St. Blasius; 12.–15. Jh.). Der viereckige Campanile wurde im 15. Jahrhundert angefügt. Die Fassade zieren Fresken des 14. Jahrhunderts, darunter ein monumentaler Christophorus. Das Innere der dreischiffigen Basilika schmücken Fresken der lombardisch-sienesischen Schule (14./15. Jh.). An der nördlichen Seitenwand ein bemerkenswertes Tafelbild (Madonna mit dem Kinde zwischen den hll. Blasius und Hieronymus; von 1520) des Meisters Domenicus Sursnicus aus Lugano.

Daro

Im nordöstlichen Ortsteil Daro befindet sich die barocke Pfarrkirche SS. Pietro e Quirico, die im 16. Jh. an der Stelle eines älteren Gotteshauses entstand und im 19. Jh. stark verändert wurde. Der Campanile (von 1532 bis 1537) ist als einziger Rest von der Vorgängerkirche erhalten.

Carasso

Gegenüber von Bellinzona liegt am rechten Ufer des Ticino der Ortsteil Carasso mit der Pfarrkirche S. Andrea.
Der in Carasso aufgefundene römische, Jupiter und Merkur geweihte Altar steht jetzt im Castello di Montebello (s. S. 68).

***Aussicht von Baltico**

Von Carasso führt eine Luftseilbahn hinauf nach Baltico (Monti di Carasso), von wo sich eine prächtige Aussicht ins Valle Morobbia (⟶ Giubiasco) bietet. Von Baltico lohnt eine Wanderung nach Mornera (s. unten).

Monte Carasso
C 6

Etwa 2 km südlich von Carasso liegt am Ausgang des Tales der Sementina das Dorf Monte Carasso. Über dem Ort thront auf einem Felsvorsprung die Pfarrkirche SS. Bernardino da Siena e Girolamo (15./16. Jh.; 1906 umgestaltet). Sie diente einst als Kirche eines 1859 aufgehobenen Augustinerinnenklosters. Die Fassade ist mit Fresken geschmückt; im Inneren schöne Barockausstattung.
Sehenswert sind ferner die Barockkirche S. Trinità, die Kapelle S. Maria di Loreto ('della valle') sowie mehrere reizvolle Bürgerhäuser, darunter die Casa Taragnoli (17./18. Jh.).

Fortini della fame

Bei Monte Carasso sind noch Teile der 1853/1854 anläßlich der italienisch-österreichischen Auseinandersetzungen von lombardischen Flüchtlingen zur Talsperrung erbauten Zinnenmauer 'Fortini della fame' (= 'Hungerfestung'; vgl. nachstehend bei Sementina) erhalten.

***Kapelle S. Bernardo**

Hoch oberhalb von Monte Carasso steht einsam im Walde die Kapelle S. Bernardo (Aufstieg in gut 30 Min.; Schlüssel im Ort besorgen!). Sie ist außen und innen reichlich mit Fresken geschmückt (15.–17. Jh.; einige den Seregnesi zugeschrieben) und gilt als eine der schönsten Bergkirchen des Sopraceneri.

***Aussicht von Mornera**

Von Monte Carasso führt eine Luftseilbahn hinauf nach Mornera (1350 m ü.d.M.), wo sich ein eindrucksvoller Fernblick ins Sottoceneri eröffnet.
Eine lohnende Wanderung führt von Mornera nach Baltico (s. oben).

Etwa 1 km südlich von Monte Carasso steht in Sementina die Pfarrkirche S. Michele aus dem 17. Jahrhundert. Im Inneren bemerkenswert sind die Fresken von Giuseppe Orelli aus Locarno (18. Jh.) sowie volkstümliche Stuckarbeiten des 17. Jahrhunderts.

Bellinzona, Umgebung (Fortsetzung) Sementina

Etwa 3 km oberhalb von Sementina liegt am Hang der Monti di Boscaloro die Kapelle S. Defendente (urspr. 15. Jh., im 17. Jh. umgestaltet); in der Umgegend einige schöne spätmittelalterliche Bauernhäuser.
Auch bei Sementina finden sich noch Teile der historischen Talsperre 'Fortini della fame' (s.S. 72 bei Monte Carasso).

Arbedo-Castione C 7

Lage auf den Caninischen Feldern

Etwa 4 km nördlich von Bellinzona liegt auf uraltem Siedlungsgebiet an der Einmündung der Moësa (⟶ Misox) in den Ticino (Caninische Felder) das Städtchen Arbedo (283 m ü.d.M.; 2500 Einw.).

Schlacht von 1422

Am 30. Juni 1422 war Arbedo Schauplatz einer blutigen, um die Grafschaft Bellinzona geführten Schlacht, in deren Verlauf das zahlenmäßig weit überlegene Heer der Mailänder unter dem Grafen von Carmagnola den Eidgenossen eine vernichtende Niederlage bereitete.

Kirchen

An unwirtlicher Stelle inmitten von Bahn- und Industrieanlagen steht die ursprünglich romanische, im 13. bis 15. Jahrhundert mehrfach umgebaute Kirche S. Paolo, wegen ihrer roten Fassade auch 'Chiesa rossa' genannt. Neben dem marmornen Renaissanceportal ist ein Monumentalfresko des Kirchenpatrons (um 1500) beachtenswert. Der einschiffige Innenraum wurde im 16. und 17. Jahrhundert ausgestaltet. Er besitzt eine kunstvoll verzierte Kassettendecke sowie den Seregnesi zugeschriebene Fresken (u.a. an der Südwestwand ein "Abendmahl", um 1500).
Auf dem Kirchhof ruhen die Gebeine der 1422 gefallenen Eidgenossen.
Sehenswert sind ferner die Arbedoer Pfarrkirche S. Maria Assunta (16./17. Jh.) mit Stukkaturen des 17. und 18. Jahrhunderts sowie die Pfarrkirche SS. Gottardo e Nicolao (16. Jh.) im nördlichen, jenseits der Moësa situierten Ortsteil Castione.

Gorduno C 7

Bemerkenswertes

Das gegenüber von Arbedo am rechten Ufer des Ticino inmitten von Weinbergen gelegene freundliche Dorf Gorduno (284 m ü.d.M.) besitzt die Pfarrkirche SS. Sebastiano e Rocco, mit Antonio da Tradate und den Seregnesi zugeschriebenen Fresken, sowie die auf den Mauern einer kleinen mittelalterlichen Burg erbaute Kirche SS. Carpoforo e Maurizio (16. Jh.; Fresken des 17. Jh.s).

Giubiasco und Valle Morobbia

⟶ Reiseziele von A bis Z: Giubiasco

Biasca B 6

Höhe: 305 m ü.d.M.
Einwohnerzahl: 5900

Lage und Allgemeines

Das industriereiche Städtchen Biasca, Hauptort des Bezirkes ⟶ Riviera, liegt in einer fruchtbaren Weitung des Tessintales an der Einmündung des vom Brenno durchflossenen ⟶ Blenio-Tales.

Lage und Allgemeines (Fortsetzung)

Im Osten beherrscht das mächtige Massiv des Pizzo Magno (2329 m ü.d.M.) den Ort. Bedeutende Granitbrüche in der Umgebung, Textilerzeugung, Holzhandel, Apparatebau und Eisenbahnwerkstätten bilden die Lebensgrundlage der Bewohner.

Geschichte

Die Anfänge der Siedlung 'Aviasca' oder 'Habiascha' liegen im Dunkeln, doch dürfte sie als Verkehrsknotenpunkt an den uralten Paßstraßen über den Sankt Gotthard und den Lukmanier schon frühzeitig von größerer Bedeutung gewesen sein. Im Jahre 948 kam Biasca gemeinsam mit den drei ambrosianischen Tälern durch Schenkung an das Erzbistum Mailand, das seine weltliche Macht den mailändischen Herzögen übertrug. Der 1292 ertrotzte Freibrief sicherte den Biaschesen die weitgehende Selbstbestimmung unter einem vom Volk gewählten 'Avogadro' (= 'Anwalt'). Von den innerschweizerischen Urnern 1477 zerstört und besetzt blieb das Gebiet bis zur Gründung des eigenständigen Kantons Tessin (1803) unter Herrschaft des Kantons Uri.

1512: Bergsturz 'Buzza di Biasca'

Im Jahre 1512 begrub der gewaltige Bergsturz 'Buzza di Biasca' oder 'Gonna grossa', ausgelöst vom Monte Crenone an der Westflanke des Pizzo Magno (die Abbruchstelle ist noch heute am Pizzo Magno zu erkennen!), den Ort unter sich, der danach weiter südlich an der heutigen Stelle wiederaufgebaut wurde. Pest und verheerende Flutkatastrophen rafften immer wieder große Teile der Bevölkerung dahin, verwüsteten Häuser und Fluren und vernichteten die Spuren einer langen Geschichte.

1993: Flutkatastrophe

Im Oktober 1993 richteten die Wasser- und Geröllmassen des weit über seine Ufer getretenen Brenno in Biasca schwere Schäden an.

Modernes Ortsbild

Mit dem Ausbau der Gotthardstraße und der Eröffnung der Gotthardbahn (1882) erlebte Biasca einen neuen wirtschaftlichen Aufschwung. Heute ist das Ortsbild von neuzeitlichem Baueifer und Gewerbefleiß geprägt. Die Zeugen der Vergangenheit sind weitgehend verschwunden.

Sehenswertes

***Stiftskirche SS. Pietro e Paolo**

Hoch über Biasca thront malerisch an die steile Felswand geschmiegt die Stiftskirche SS. Pietro e Paolo, die Hauptkirche der ambrosianischen Täler und einer der beachtenswertesten romanischen Sakralbauten der Schweiz. Das schöne Natursteinmauerwerk, die streng gegliederte Fassade und der hohe schlanke Glockenturm verleihen dem Gotteshaus eine zugleich herbe wie auch südländisch heitere Würde.

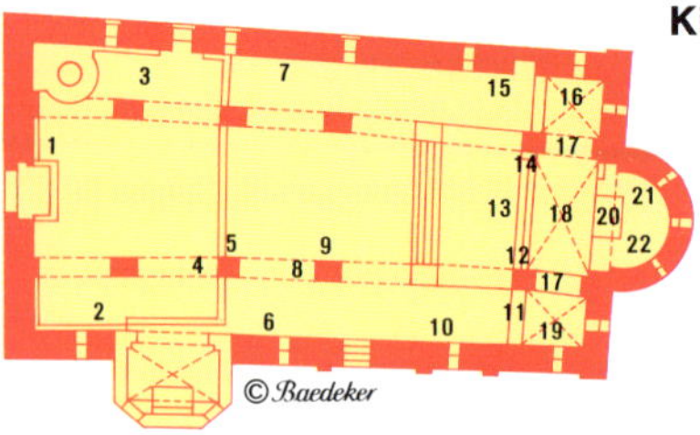

Kirche Santi Pietro e Paolo in Biasca

1 Madonna u. Heilige
2 Hl. Martha
3 Hl. Abendmahl
4 Hl. Luzius
5 Hl. Georg o. Mauritius
6 Hl. Karl Borromäus
7 Kreuzigung Christi
8 Hll. Thekla u. Dorothea
9 Hl. Petrus
10 Hl. Ambrosius
11 Madonna del latte
12 Hl. Katharina
13 Jesus a. d. Berg Tabor
14 Hl. Bartholomäus
15 Hl. Christophorus
16 Hll. Fabian u. Luzia
17 Kirchenväter
18 Romanische Malerei
19 Hl. Laurentius
20 Majestas
21 Quo vadis Domine
22 Hl. Philippus

Basilika auf felsigem Grund

Die im 11./12. Jahrhundert erbaute und 1585–1629 sowie 1699 veränderte und erweiterte dreischiffige Pfeilerbasilika steht mit ihrem Chor auf dem nackten Felsen, der im Inneren sichtbar ist. Geschickt passen sich Grundriß und Aufbau dem schwierigen Untergrund an: Das durch Geländeunterschiede erzwungene Ansteigen des Fußbodens, eine leichte Verjüngung des Mittelschiffes sowie mehrere Stufen zur Apsis hin erhöhen die aufstrebende Raumwirkung.

Panorama von Biasca

Stiftskirche SS. Pietro e Paolo (Fortsetzung)

Bei Restaurierungsarbeiten wurde in jüngerer Zeit ein Großteil der späteren Anfügungen entfernt und der ursprüngliche romanische Zustand der Kirche wiederhergestellt. Geblieben ist die anmutige Säulenvorhalle (von 1722) in toskanischer Manier.

Christophorus

Der mächtige Christophorus (12. Jh.) an der Fassade neben dem Eingang ist eine der ersten Darstellungen des Heiligen seit der Einführung des Christophoruskultes im Tessin.

*Wandmalereien

Im Inneren besitzt San Pietro eine überraschende Vielfalt hervorragender Wandmalereien des 13.–17. Jahrhunderts von lombardischer Meisterhand: im Kreuzgewölbe des Presbyteriums spätromanische Grisaillemalereien (14. Jh.); in Apsis und Chor Fresken aus der Renaissancezeit; an den Pfeilern Heiligenfiguren des 14. und 15. Jahrhunderts, darunter der Sennenheilige Luzius mit einem Käserad in der Linken; an der Südwand ein zwölfteiliger Bilderzyklus aus dem Leben des hl. Karl Borromäus (Carlo Borromeo; von Alessandro Gorla aus Bellinzona, 17. Jh.), des Erzbischofs von Mailand.
Die Schöpfer der Bildwerke sind im wesentlichen unbekannt, doch vermutet man unter ihnen die Werkstätten der Künstlerfamilie Seregnesi und von Antonio da Tradate.

Weihwasserbecken

Als Weihwasserbecken dient ein Kapitell aus dem 11. Jahrhundert, das möglicherweise aus einer schon im 9. Jahrhundert urkundlich erwähnten Vorgängerkirche stammt.

Oratorium S. Petronilla

Von S. Pietro führt ein Stationenweg des 18. Jahrhunderts durch Kastanienhaine und über eine alte Steinbogenbrücke zu der reizvoll gelegenen Kapelle S. Petronilla, die 1638 von den Biaschesen als Dankesgabe für die Befreiung von der Pest gestiftet und innen reich ausgemalt wurde. Leider sind Kreuzweg und Kapelle heute in beklagenswertem Zustand.

Biasca (Forts.)
Burgreste

Hoch über der Petronilla-Kapelle sind noch geringe Reste der mittelalterlichen Burg des Simone de Orello zu erkennen.

*Petronilla-Wasserfall

Bei der Petronilla-Kapelle stürzt der Ri della Froda in dreistufigem Wasserfall hinab in die Tiefe. Von hier wurde einst in einem Kanal Trinkwasser zu den beiden Brunnen von Biasca geleitet.

Pfarrkirche S. Carlo

Unterhalb der Stiftskirche befindet sich die 1905 im neuromanischen Stil erbaute Pfarrkirche S. Carlo mit einem reich geschmückten Holztabernakel (von Paolo Pisoni, 1697).
In der Sakristei ist der Kirchenschatz der Stiftskirche S. Pietro e Paolo untergebracht.

Casa del Cavaliere Pellanda

Zu den wenigen Zeugnissen historischer Bebauung in Biasca gehört die Casa del Cavaliere Pellanda an der Piazza Centrale, ein prächtiger Renaissancebau von 1586. Hier weilte einst der Mailänder Bischof Carlo Borromeo, der spätere hl. Karl Borromäus, während seiner Besuche in den katholischen Tessiner Talschaften.

Umgebung von Biasca

Grotti di Biasca

Nördlich vom Ort, an der 'Via ai Grotti', haben sich zwischen den Geröllhalden des Bergsturzes von 1512 mehrere typische 'Grotti' eingerichtet, in welchen einfache Tessiner Hausmannskost und Wein aus der Gegend serviert werden.

Alpe di Cava
B 7

Eine schöne, aber beschwerliche Bergwanderung führt über die Geröllfelder der 'Buzza di Biasca' aufwärts zur Alpe di Cava (Berghütte) und von dort über die Paßhöhe Forcarella di Lago (2256 m ü.d.M.) wieder hinab nach Biasca. Für diese sehr lohnende Tour sollte man zwei Tage vorsehen.
Zur Alpe di Cava kann man auch auf einem Fahrweg aus dem wilden Val Pontirone (⟶ Blenio-Tal) herauf gelangen.

Gipfeltouren

Von der Alpe di Cava gehen Wanderwege zu allen bedeutenden Berggipfeln der Umgebung aus: zum Pizzo Magno (2329 m ü.d.M.), zum Pizzo Mottone (2371 m ü.d.M.), zur Cima di Biasca (2574 m ü.d.M.) und zum Torrone Alto (2950 m ü.d.M.), dessen Gletscher den Tessinern einst Eis zur Kühlung während der Sommermonate lieferte.

Ausflüge

Lohnende Ausflüge führen von Biasca nördlich ins Valle di Blenio und in das wilde Val Pontirone (⟶ Blenio-Tal) sowie zu den malerischen Ortschaften der ⟶ Riviera und der ⟶ Leventina.

Bissone — E 6

Höhe: 274 m ü.d.M.
Einwohnerzahl: 750

Lage und Bedeutung

Das altertümliche Fischerstädtchen Bissone liegt am mittleren Ostufer vom ⟶ Luganer See, am Ostende des hier den See seit 1847 überquerenden Dammes.

Der Ort fand bereits in römischer Zeit Erwähnung. Als Heimat und Geburtsort der Barockbaumeister Carlo Maderna (1556–1629) und seines großen Schülers Francesco Borromini (eigentl. Francesco Castelli, 1599–1667; sein Bild ziert die 100-Schweizer-Franken-Banknoten), der an der barocken Planung und Gestaltung Roms maßgeblich beteiligt war, sowie der Malerfamilie Tencalla hat sich Bissone bis heute etwas vom Flair eines Künstlerstädtchens erhalten.

Sehenswertes

*Patrizierhäuser

Die Patrizierhäuser im historischen Ortskern sind mit ihren charakteristischen Laubengängen und eindrucksvollen Fassaden unangetastet erhalten geblieben.

Pfarrkirche S. Carpoforo

Die Kirche S. Carpoforo (urspr. mittelalterlich, im 17. Jh. erneuert) besitzt im Inneren überreichen Stukkaturenschmuck sowie Carpoforo Tencalla zugeschriebene Fresken.

*Casa Tencalla

Im Geburtshaus des Malers Carpoforo Tencalla ist ein kleines Heimatmuseum (geöffnet: April–Oktober So.–Fr. 10.30–12.00 und 14.00–17.00 Uhr) eingerichtet, das Einblick in die Lebensverhältnisse einer Tessiner Patrizierfamilie gibt. Gezeigt werden Tessiner und lombardische Einrichtungsgegenstände sowie Malereien und Skulpturen einheimischer Meister.

Kirche S. Roco

Die Kirche S. Roco (urspr. romanisch, nach 1630 barockisiert) besitzt eine statuengeschmückte Barockfassade sowie ein Altarbild mit der Ansicht von Bissone im 17. Jahrhundert.

Umgebung von Bissone

Arogno

Etwa 3 km nordöstlich von Bissone liegt im reizvollen Valle Mara das Bergdorf Arogno, in dessen Umgebung einst Steinkohle abgebaut wurde. Arogno ist besuchenswert wegen des wohlerhaltenen Ortsbildes und der Kirche S. Stefano (urspr. 9. Jh.; 1581 und 1630 erneuert) mit Beinhaus in reinem Rokokostil.
An der Piazza die Casa Cometta (von 1723) mit illusionistischen Fassadenmalereien.

Blick auf Rovio

Bissone, Umgebung: Arogno (Fortsetzung)

Außerhalb von Arogno, an der Straße nach Rovio, stehen das romanische Kirchlein S. Michele (oder S. Croce; 12./13 Jh., innen barockisiert) sowie die Kapelle S. Maria Assunta (16./17. Jh.) auf achteckigem Grundriß.

Lanzo d'Intelvi
E 7

*Belvedere di Lanzo

Von Arogno führt eine Straße im Mara-Tal aufwärts zu dem jenseits der Staatsgrenze schön am Rande eines Hochtales gelegenen italienischen Ort Lanzo d'Intelvi (907 m ü.d.M.; 9-Loch-Golfplatz) sowie nordwärts weiter zum Belvedere di Lanzo (796 m ü.d.M.) mit prächtigem Ausblick über den östlichen Arm des Luganer Sees.
Eine vom Seeufer bei Santa Margherita herauftrassierte Bergbahn wurde bisher nicht in Betrieb genommen.

***Rovio**
(Abb. s.S. 77)

Das reizvolle Dorf Rovio (500 m ü.d.M.; 550 Einw.), das 'Soana' in Gerhart Hauptmanns "Ketzer von Soana", liegt etwa 2,5 km südöstlich von Bissone auf einer sonnigen Terrasse zu Füßen des Monte Sant'Agata (s. nachstehend) und des Monte Generoso (⟶ Capolago).
Bronzezeitliche und römische Grabungsfunde belegen, daß hier schon in vorgeschichtlicher Zeit Menschen gesiedelt haben. Sechs in Rovio entdeckte römische Sarkophage dienen heute an verschiedenen Stellen im Ort als Brunnen; in der Casa Conza ein dem Jupiter geweihter römischer Altar.
Rovio hat sein altes Ortsbild mit stattlichen, teils freskengeschmückten Häusern inmitten schöner Gärten und der klassizistischen Pfarrkirche SS. Vitale e Agata (urspr. 13. Jh.; im 18. Jh. erneuert) gut bewahrt.
Nordwestlich über dem Ort thront die romanische Kirche S. Vigilio (11./12. Jh.); im Inneren Fresken des 12. Jahrhunderts.

Monte Sant'Agata

Von Rovio lohnt der Aufstieg zum Monte Sant'Agata (939 m ü.d.M.; 2 Std.) mit romanischer Kapelle und schönem Ausblick.

Maroggia

Etwa 2 km südlich von Bissone liegt inmitten reicher Pflanzenpracht das ehemalige Fischerdorf Maroggia (280 m ü.d.M.; 550 Einw.), Geburtsort des Barockbaumeisters Baldassare Longhena (1590–1682), des Erbauers der Kirche S. Maria della Salute in Venedig.
Die barocke Pfarrkirche S. Pietro (17. Jh.) geht auf eine frühmittelalterliche Gründung (9. Jh.; im 11./12. und im 14. Jh. verändert) zurück.
Maroggia besitzt noch hübsche alte Häuser mit kartuschenverzierten Portalen und flach geschwungenen Loggien. Die ehemalige Casa Petrucci (17. Jh.) beherbergt heute das Don-Bosco-Salesianerinternat.
Nördlich außerhalb vom Ort die Kapelle Madonna della Cintura mit beachtenswerter Barockfassade.

Blenio-Tal (Valle di Blenio) A/B 6

Verlauf und Allgemeines

Das Blenio-Tal (Valle di Blenio) ist das freundliche Tal des Brenno, der vom ⟶ Lukmanier-Paß ausgehend in seinem Verlauf zahlreiche weitere Quell- und Seitenflüsse aufnimmt und schließlich bei ⟶ Biasca in den Ticino mündet. Weit nach Süden geöffnet und so jederzeit von Sonne durchströmt ('Valle del Sole' = 'Sonnental') bildet es unter den sonst eher herben, felsigen und gelegentlich düsteren Tälern des Tessin eine wohltuende Ausnahme. Darüber hinaus gilt es als das an kunsthistorischen Schätzen reichste der Tessiner Gebirgstäler.
Das Einzugsgebiet des Valle di Blenio bildet den Verwaltungsbezirk Val Blenio mit dem Hauptort Lottigna.

Geologie und *Landschaftsbild

Seinen lieblichen Charakter verdankt das Blenio-Tal besonders in seinem nördlichen Teil, jenseits von Olivone, leicht verwitternden Bündner Schiefern, die hier sanftere Gebirgsformen ausgebildet haben als im Süden, wo sich harte Gneise und Granite zu schroffen Felsmassiven auftürmen. Scharf eingeschnittene, wilde Seitentäler gliedern den Talrand, der aufgrund der Gesteinsschichtung im Osten steiler ist als im Westen. Die Gesteinsschichtung ist es auch, die zu Abbrüchen neigt. So haben neben Gletschereis und Wildwassern gewaltige Bergstürze (in historischer Zeit bei Ludiano und Biasca) das Gesicht des Blenio-Tales mitgeprägt.

Geologie und Landschaftsbild (Fortsetzung)

Wirtschaft

Sanfte Hänge und fruchtbare Verwitterungsböden haben von jeher die Land- und Alpwirtschaft begünstigt. Die Öffnung des Tales nach Süden bringt dieser Gebirgsregion ein mildes, sonniges Klima, in dem Edelkastanien, Nußbäume und sogar Wein bis in annähernd 800 m Meereshöhe gedeihen.
In jüngster Zeit jedoch ist die Alpwirtschaft durch Bevölkerungsabwanderung stark zurückgegangen. Bessere Verkehrsverbindungen und lukrativere Arbeitsmöglichkeiten in den Wirtschaftszentren der tiefergelegenen Regionen haben dazu geführt, daß immer mehr Bergdörfer und Einzelhöfe aufgegeben werden und der Boden unbestellt bleibt. Saftige Rinder-

Blenio-Tal

Wirtschaft (Fortsetzung)

weiden verkommen zu Schafwiesen. Im Rahmen des 1974 gebildeten Wirtschaftsverbundes 'Tre Valli' (= 'Drei Täler': Riviera, Leventina und Val Blenio) soll dieser Entwicklung entgegengewirkt werden, um möglichen Umweltschäden für die Zukunft zu begegnen.
Abseits der großen Transitstrecken gelegen, ist das Blenio-Tal für den Tourismus noch kaum erschlossen. Wer bereit ist, auf modernsten Komfort zu verzichten, der findet hier außer den aufstrebenden Skizentren von Campo Blenio und Ghirone noch Stille, Ursprünglichkeit, unberührte Natur und wunderschöne Wandermöglichkeiten.

Geschichte

Schon im Altertum besaß das Blenio-Tal als Durchgangsstrecke für den Warenhandel über den ⟶ Lukmanier-Paß eine gewisse wirtschaftliche Bedeutung. Von der Anwesenheit der Römer sprechen Ortsnamen wie 'Castro' oder 'Aquila', der Ortsname 'Leontica' weist auf die keltischen Lepontier hin. In verschiedenen kulturellen Bezügen ist auch der uralte Austausch mit Graubünden belegt.
Im frühen Mittelalter gehörte das Blenio-Tal zum Graubündener Kloster Disentis und gelangte im Jahre 948 gemeinsam mit der ⟶ Leventina und der ⟶ Riviera als eines der drei ambrosianischen Täler durch Schenkung des Bischofs Atto von Vercelli an das Domkapitel von Mailand. Doch erst die Staufer brachten der strategisch wichtigen Talschaft Wohlstand und Blüte. In der einst mächtigen Burg Serravalle machte Kaiser Friedrich Barbarossa vor seiner Niederlage bei Legnano (1176) Station. Den folgenden wechselnden Herrschaften der Mailänder Statthalter widersetzten sich die Blenioten auf das heftigste. Nach dem Freikauf im Jahre 1457 unterstellten sie sich freiwillig dem Schutz der innerschweizerischen Urner, die ihre Herrschaft fortan durch Landvögte mit Sitz in Lottigna ausübten.
Mit der Erschließung des ⟶ Sankt Gotthard zum wichtigsten Handelsweg über die Alpen sanken Bedeutung und Wohlstand im Blenio-Tal. Wirtschaftliche Not zwang immer mehr Talbewohner zur Auswanderung. Geblieben sind schöne Kirchen und stattliche Bürgerhäuser, die Ansehen und Wohlhabenheit vergangener Zeiten ahnen lassen.

Schokolade

Bereits zu Beginn des 17. Jh.s soll ein Bleniote die Kunst der Schokoladenherstellung aus dem südspanischen Andalusien eingeführt und zu hoher Vollendung gebracht haben. Möglicherweise steht somit die Wiege der weltberühmten Schweizer Schokolade im Blenio-Tal. Heute ist allerdings auch die letzte der Schokoladenfabriken (in Dangio) längst geschlossen.

Volksmusik

Das junge Musikerensemble 'Vox Blenii' aus Acquacalda engagiert sich für die Erhaltung des traditionellen einheimischen Liedgutes.

Vom Lukmanier-Paß nach Biasca

Brenno-Tal
(großenteils Naturschutzgebiet)

Die Straße ins Blenio-Tal zieht vom ⟶ Lukmanier-Paß (1916 m ü.d.M.) zunächst mäßig abwärts in einem felsigen Hochtal am linken Ufer des Brenno entlang, der rechts in zahlreichen Quelladern vom Scai und vom Pizzo Lucomagno herabkommt. Links die von 'Rüfen' genannten, gelblichen Schuttbahnen durchzogenen Wände des Pizzo Corvo (2510 m ü.d.M.). Später führt sie über Hochmatten und an verstreuten Sommerhäuschen vorbei mit Blick auf das Rheinwaldhorn (Adula; 3406 m ü.d.M.), den höchsten Gipfel im Kanton Tessin.

Acquacalda

Ökologiezentrum 'Mensch · Natur'

Etwa 4,5 km unterhalb der Lukmanier-Paßhöhe erreicht man das von Arvenwäldern umgebene Ospizio Acquacalda (rechts; 1788 m ü.d.M.), Sitz des Centro Ecologico 'Uomo · Natura' (Ökologisches Zentrum 'Mensch · Natur'), das sich um eine verständnisvolle Einführung in die Alpenwelt bemüht und hierzu fachkundig begleitete Exkursionen sowie Kurse und Gesprächsrunden über ökologische, naturwissenschaftliche, archäologische und kunsthistorische Themen veranstaltet (Bibliothek).
Bei Acquacalda bildet der Brenno einen schönen Wasserfall.

Valle Santa Maria

Jenseits Acquacalda führt die Straße am Hang über dem von Alpenweiden bedeckten Piano di Segno oberhalb der Hütte von Campra (1450 m ü.d.M.) hin und weiter hoch über dem Brenno an der Nordseite des reizvollen Valle Santa Maria abwärts und durch eine Waldschlucht; dahinter an der Felswand entlang und über Matten hinab, zuletzt unweit vom Hotel Grande Venezia vorbei zum Hospiz Camperio (1244 m ü.d.M.).

**Aussicht ins Blenio-Tal

Nach dem Verlassen des Santa-Maria-Tales fährt man in einer Kehre sowie in Windungen hoch am Südhang des Valle di Blenio abwärts mit großartigen Blicken ins Tal, auf die schroffen Vorberge des Rheinwaldhorns (3406 m ü.d.M.), die Cima di Pinaderio (2490 m ü.d.M.) und die Cima Giù (2369 m ü.d.M.), ferner auf das von dem gewaltigen Granitzahn des Sosto (2221 m ü.d.M.) überragte Olivone (s. nachstehend) in seiner fruchtbaren Talebene.
Später kehrt man in das Valle Santa Maria zum linken Ufer des Brenno zurück.

Abstecher nach Campo Blenio

Rund 5,5 km hinter Camperio folgt links die Abzweigung einer Straße, die unter Umgehung der engen Gola di Sosto in einem 1490 m langen Straßentunnel zu dem 4,5 km nördlich an der Vereinigung dreier Hochgebirgstäler (Val Camadra, Val di Campo und Val Luzzone) gelegenen Bergdorf und aufstrebenden Wintersportplatz Campo Blenio (1228 m ü.d.M.; 100 Einw.) führt.
Die katholische Pfarrkirche SS. Maurizio e Agata aus dem 15. Jahrhundert besitzt Wandmalereien des 16. Jahrhunderts; Turm, Chor und Taufkapelle stammen noch von der romanischen Vorgängerkirche. Sehenswert ist auch die Friedhofskapelle.

Ausflug zum Lago Retico

Ein lohnender Ausflug führt von Campo Blenio zunächst westlich nach Orsera mit der kleinen Kapelle S. Pietro Penitente, in der die Bevölkerung einst um Schutz vor Bären betete. Dann weiter über die Alp Predasca (1738 m ü.d.M.; Ende der Fahrstraße) in drei Stunden zu dem Gebirgssee Lago Retico (2372 m ü.d.M.).

Ghirone

Weitere 1,5 km im Val Camadra talaufwärts liegt der Wintersportplatz Ghirone (1302 m ü.d.M.) mit einer höchst malerischen alten Kirche.

Lago di Luzzone

Von Ghirone 3 km östlich im Val Luzzone aufwärts erreicht man den Stausee Lago di Luzzone (1590 m ü.d.M.), den ein reizvoller Wanderweg umzieht.

***Olivone**

Die Hauptstraße führt jenseits der Abzweigung 5,5 km hinter Camperio hinab nach Olivone. Das als Sommerfrische besuchte Pfarrdorf (rätoromanisch Uorscha; 893 m ü.d.M., 900 Einw.) ist prächtig im Blenio-Tal am Zusammenfluß der beiden Quellarme des Brenno gelegen, von schönen Obstgärten umgeben und wird beherrscht von der kühnen Pyramide des Sosto (2221 m ü.d.M.).
In der Cà da Rivöi, dem ehemaligen Pfrundhaus (um 1500), ist heute ein sehenswertes Heimatmuseum der Stiftung Jacob-Piazza eingerichtet (geöffnet Ostern bis 1. Nov. Di.–Fr. 14.00–17.00 Uhr, Sa., So. und Fei. auch 10.00–12.00 Uhr) eingerichtet.
Gegenüber vom Museum steht die Pfarrkirche S. Martino (im 17. Jh. erneuert) mit dem Glockenturm der romanischen Vorgängerkirche.
In der Umgebung von Olivone finden sich noch mehrere Häuser in traditioneller Holzstrickbauweise (waagerechte Blockschichtbauweise) sowie stattliche Gebäude mit Freskenschmuck.
Olivone ist ferner Ausgangspunkt für zahlreiche schöne Wanderungen und Gebirgstouren, so u.a. ins Val Camadra, ins Val di Campo oder ins Val Luzzone, sowie zum Greina-Paß und zum Cristallina-Paß.

Jenseits Olivone zieht die Straße sehr windungsreich weiter über dem linken Ufer des Brenno hinab zur fruchtbaren Talsohle des Valle di Blenio.

Aquila

Etwa 3,5 km hinter Olivone folgt das langgestreckte Dorf Aquila (788 m ü.d.M.; 500 Einw.). Der am Fuße der Cima di Pinaderio (2490 m ü.d.M.), dem Hauptgipfel der Colma gelegene Hauptort des mittleren Blenio-Tals besitzt hübsche Tessiner Häuser.

Die bereits 1213 erwähnte und 1728–1730 erneuerte Pfarrkirche S. Vittore Mauro ist im Inneren mit Fresken des 19. Jahrhunderts geschmückt; bei dem Altarbild handelt es sich um eine um 1570 entstandene freie Kopie von Dürers Holzschnitt "Dreifaltigkeit" (von 1511). Der Kirchturm stammt von einem älteren Vorgängerbau.

Oberhalb des Dorfes steht die mit Gemälden des 16. Jahrhunderts geschmückte Kapelle S. Maria delle Grazie.

***Streckenvariante bis Acquarossa**

Anstatt von Aquila auf der Lukmanier-Straße direkt nach Acquarossa weiterzufahren (s. S. 84), empfiehlt sich die höchst lohnende Streckenvariante (5 km Umweg) auf schmaler, aussichtsreicher Panoramastraße über dem rechten Ufer des Brenno durch zahlreiche reizvolle Ortschaften und Edelkastanienhaine.

Ponto Valentino

Etwa 2,5 km hinter Aquila erreicht man das schön gelegene Dorf Ponto Valentino (720 m ü.d.M.; 250 Einw.) mit der barocken, 1733–1740 errichteten Pfarrkirche S. Martino. Von dem mittelalterlichen Vorgängerbau ist noch der nordöstliche Campanile (15./16. Jh.) erhalten.

Der tonnengewölbte helle Innenraum wurde mit Fresken und Régence-Stukkaturen ausgeschmückt. An der Fassade des Beinhauses ein ungewöhnliches Fresko: "Maria, Fürbitterin der Toten", hier als Skelett dargestellt.

Paraden der 'Milizen'

An hohen Feiertagen paradieren die bekannten 'Milizen' von Ponto Valentino in schmucken historischen Uniformen; die Umzüge erinnern an die einst standhafte Verteidigung der Talschaft gegen fremde Herrschaftsansprüche.

San Carlo in Negrentino bei Prugiasco

Abstecher nach Moralto

Etwa 1,5 km hinter Ponto Valentino folgt die Abzweigung einer Nebenstraße zu dem unweit westlich oberhalb gelegenen Dorf Moralto (750 m ü.d.M.; 50 Einw.). Sehenswert sind hier die Pfarrkirche SS. Bartolomeo e Gottardo mit einem schönen Kruzifix aus dem späten 16. Jahrhundert sowie die Casa Romagnoli, ein typisches Blenieser Haus mit eigentümlicher Fassadenbemalung.

Castro

Nach ca. 1 km erreicht man das Dorf Castro (650 m ü.d.M., 60 Einw.; Heimatort des Barockmalers Carlo Biucchi), dessen Namen auf ein einstiges Römerlager schließen läßt.
Sehenswert ist hier die barocke Kapelle S. Antonio di Padova mit Chorfresken von Carlo Biucchi. Daneben steht die Casa dei Landvogti, ein typischer Blenieser Bau mit volkstümlicher Fassadenbemalung. Die neoklassizistische Pfarrkirche S. Giorgio hat noch den Turm des romanischen Vorgängerbaus.

Prugiasco

2 km hinter Castro kommt man zu dem typischen Tessiner Dorf Prugiasco (633 m ü.d.M.; 150 Einw.), das bis 1798 zur Leventina gehörte und mit dieser über den Sattel Bassa di Nara (2123 m ü.d.M.) verbunden war. Der Ortskern lag bis ins 17. Jahrhundert etwa 200 m oberhalb der heutigen Siedlung, im Gebiet der Alpe Negrentino. Die im 17. Jahrhundert errichtete und ausgeschmückte Pfarrkirche S. Ambrogio besitzt einen Hochaltar mit Tempietto-Aufsatz (um 1650).

San Carlo
in Negrentino
(S. Ambrogio vecchio)

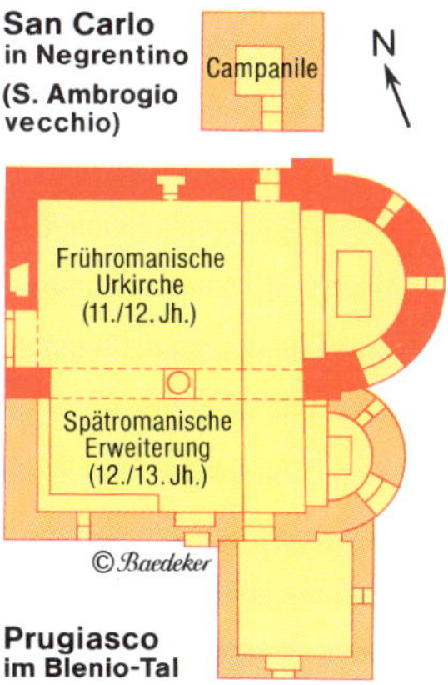

Prugiasco
im Blenio-Tal

***Kirche S. Carlo in Negrentino**

Westlich oberhalb von Prugiasco (ca. 30 Min. Fußweg von Leontica, s. u.) steht im Bereich der alten Siedlung das Kirchlein S. Carlo in Negrentino (ursprünglich dem hl. Ambrosius geweiht), das zu den beachtenswertesten romanischen Bauwerken der Schweiz zählt.
Die Kirche entstand im 11./12. Jahrhundert als einschiffiger Bau, der im 12./13. Jahrhundert um ein zweites, südliches Schiff erweitert wurde.
Der freistehende Campanile trägt an seiner Ostseite als Zeichen früherer Landeshoheit die Wappen der Leventina und des Kantons Uri.

**Fresken

Seine kunsthistorische Bedeutung allerdings verdankt das kleine Gotteshaus dem prächtigen mittelalterlichen Freskenschmuck im Inneren; einen Kirchenschlüssel erhält man in der Cafeteria gegenüber.

Die ältesten Malereien an der Westwand des nördlichen Schiffes stammen aus der zweiten Hälfte des 12. Jahrhunderts und zeigen byzantinische Einflüsse. Dargestellt ist die Auferstehung Christi mit Aposteln, eingefaßt von einem Mäanderfries.
Weitere frühromanische Fresken liegen unter den spätgotischen Malereien der nördlichen Apsis, die im 15. und 16. Jahrhundert von lombardischen Meistern (u.a. von Cristoforo und Nicolao da Seregno und Antonio da Tradate) ausgemalt wurde.
An der Westwand der hl. Ambrosius zu Pferde (von da Tradate), der nach der Legende in die Schlacht von Parabiago (1339) eingriff und so den Mailändern den Sieg über die Eidgenossen sicherte.

Leontica

Hinter Prugiasco folgt die Abzweigung einer Nebenstraße aufwärts zu dem südwestlich gelegenen Bergdorf Leontica mit barocker, Johannes dem Täufer geweihter Pfarrkirche und ungewöhnlichen Strickbauten.

Nara 2000

Oberhalb von Leontica erstreckt sich das Wintersportgebiet Nara 2000 (900–2200 m ü.d.M.) am Abhang des zur Leventina hinüberführenden Bergsattels Bassa di Nara (2123 m ü.d.M.).

Corzonesco

Die genannte Nebenstraße führt von Leontica weiter zu dem malerischen Bergdorf Corzonesco, mit der 1211 erwähnten, im 17. Jahrhundert barockkisierten Pfarrkirche SS. Nazario e Celso; die Fassadenkapelle wurde 1587 von den Gebrüdern Tarilli ganz mit Fresken ausgemalt. In der Sakristei befinden sich abgelöste Fassadenmalereien der Seregnesi.
Bei der Kirche das Beinhaus und das Pfarrhaus.

Etwa 2 km hinter Prugiasco bzw. Corzonesco erreicht die zuvor beschriebene Streckenvariante die Hauptstraße unweit südlich von Acquarossa (s.S. 85).

Fortsetzung der Hauptstrecke

Dangio

Die Hauptstrecke der Lukmanier-Straße führt bei der Abzweigung der zuvor beschriebenen Umwegstrecke hinter Aquila weiter südwärts und erreicht nach etwa 1,5 km das Dorf Dangio, bis 1966 Sitz der letzten, inzwischen verfallenen Schokoladenfabrik im Blenio-Tal.
Hinter Dangio mündet das vom Rheinwaldhorn (3402 m ü.d.M.) herabkommende Val Soia.

Torre

Gut 500 m hinter Dangio folgt das hübsch auf einer Terrasse gelegene Dorf Torre (770 m ü.d.M.; 250 Einw.), wo die südliche Vegetation mit Reben, Maulbeerbäumen und Nußbäumen deutlich im Landschaftsbild hervortritt. Die ursprünglich romanische Pfarrkirche S. Stefano besitzt außer mehreren schönen Gemälden des 18. Jahrhunderts einen beachtenswerten klassizistischen Hochaltar. Der schlanke Campanile stammt noch aus der Gründungszeit.
An der nahen Casa Bartera beachte man das Fassadenfresko der Stillenden Muttergottes von 1495.

'Schwur von Torre'

Vom 'Schwur von Torre', dem nicht nur für diese Tessiner Talschaft bedeutsamen historischen Ereignis berichtet an der Pfarrkirche eine Inschrift, deren italienischer Text in deutscher Übersetzung wie folgt lautet: "Das von den Vasallen Barbarossas in dieser Gegend erbaute Schloß von Curtero wurde im Jahre 1182 von den Bewohnern des Blenio-Tales und der Leventina zerstört, die hier gemeinsam übereinkamen, in den freien Tälern des Gotthard und des Lukmanier den Bau von anderen Burgen, den Werkzeugen fremder Tyrannei, fortan nicht mehr zu dulden."

Lottigna

Nach weiteren 2,5 km erreicht man Lottigna (695 m ü.d.M.; 75 Einw.), den höchst malerisch mit Blick auf die Pyramide des Sosto gelegenen Hauptort des Blenio-Tales.
Oberhalb vom Ortsrand steht die sehenswerte, ursprünglich romanische, im 17. Jahrhundert barockisierte Pfarrkirche SS. Pietro e Paolo.

*Casa dei Landvogti

Die Fassade des Palazzo del Pretorio, des ehemaligen Gerichts- und Vogteigebäudes (Casa dei Landvogti; um 1500) ist ganz mit den Wappen der ehemaligen Landvögte des Blenio-Tales bemalt. Heute beherbergt das Gebäude das Historische Museum des Blenio-Tales (geöffnet Ostern bis 1. Nov. Di.–Fr. 14.00–17.00 Uhr, Sa., So. und Fei. auch 10.00–12.00 Uhr). Gezeigt werden Waffen, die traditionellen Gewerbe des Tales, landwirtschaftliches Gerät, Holzbearbeitung, Käsezubereitung und Weinbau, Bienenzucht und Jagd, Wildererwerkzeug, Handwerkszeug der Zuckerbäcker und Schokoladenhersteller, Volkstrachten, sakrales Kunsthandwerk sowie zwei Kerker. Im Garten wachsen für das Tal typische Pflanzen.

'Kapelle in der Talsohle'

Unterhalb von Lottigna befindet sich die kleine 'Kapelle in der Talsohle' mit spätgotischen Fresken.

*Aussicht

Bei der Weiterfahrt bieten sich prächtige Ausblicke talabwärts; im Rückblick die kühne Pyramide des Sosto.

Acquarossa

Das von schönen Parkanlagen umgebene ehemalige Thermalbad Acquarossa (538 m ü.d.M.) verdankt seinen Namen zwei eisenhaltigen Mineralquellen (25,5 °C), die hier aus dem Fels treten.
Von Acquarossa gelangt man unweit westlich nach Prugiasco und Leontica (s. an der zuvor beschriebenen Streckenvariante).

Dongio

Das langgestreckte, 2 km südlich von Acquarossa zwischen Weingärten und Obsthainen gelegene Dorf Dongio (470 m ü.d.M., 420 Einw.) wurde 1758 von einem Bergsturz zum größten Teil vernichtet. Die 1760–1762 neu erbaute Pfarrkirche SS. Lucca e Fiorenzo besitzt einen reich verzierten Barockaltar.

Kapelle S. Remigio

Südwestlich von Dongio liegt in Boascero auf dem rechten Ufer des Brenno die Kapelle S. Remigio (11. Jh.) mit romanischen Wandmalereien.

'Casa dei Pagani'

Oberhalb von Dongio befindet sich die sagenumwobene alte Höhlenburg 'Casa dei Pagani' (= 'Heidenhaus'; unzugänglich).

Motto

Rund 2 km talabwärts folgt am rechten Ufer des Brenno das Dörfchen Motto (440 m ü.d.M.) mit der romanischen Kapelle S. Pietro (Fresken des 15. Jh.s).

Ludiano

Von Motto zweigt eine Seitenstraße zum rechten Brenno-Ufer ab und führt über das Dorf Ludiano (502 m ü.d.M.; frühklassizistische Pfarrkirche S. Secondo) nach Semione.

Semione

Das alte Dorf Semione (402 m ü.d.M.; 280 Einw.) besitzt noch mehrere ansehnliche Häuser des 19. Jahrhunderts.
Die barocke Pfarrkirche S. Maria Assunta entstand 1731–1736 anstelle einer romanischen Vorgängerkirche, von der noch der Campanile erhalten ist. Im südlich anschließenden Beinhaus spätgotische Fresken, an der Fassade eine "Auferstehung" aus der Barockzeit.
Sehenswert sind ferner die 1606 zu Ehren des Mailänder Kardinals Carlo Borromeo errichtete Kapelle S. Carlo sowie das kleine Mineralien- und Fossilienmuseum (Stiftung Paolo Frei; geöffnet Ostern bis 1. Nov. tägl. 15.00–17.00 Uhr, Schlüssel bei der Gemeindekanzlei) in der Casa S. Carlo.

Burgruine Serravalle

Unweit nördlich von Semione liegt in malerischer Umgebung die Ruine der Burg Serravalle (12.–14. Jh.), in der Friedrich Barbarossa vor der Schlacht von Legnano (1176) für einige Tage weilte. Die zur Kontrolle der einst bedeutenden Lukmanier-Straße von den staufischen Reichsvögten errichtete Burg wurde von aufgebrachten Bleniesen mehrfach niedergerissen, zuletzt 1402. Erhalten sind nur noch die Grundmauern der Umfassungsmauer, des Palas, eines Backhauses sowie eines Wachturmes.
Im Süden der Burganlage steht die Kapelle S. Maria del Castello (14. Jh.) mit spätgotischem Freskenschmuck.

Loderio

3 km südlich von Semione erreicht man Loderio. Die 1512 unter dem Bergsturz von ⟶ Biasca begrabene Ortschaft ist nach 1868 neu entstanden. Allein der Glockenturm der alten Kirche ist erhalten geblieben und ragt noch heute aus dem Geröll hervor.

Malvaglia

Etwa 3 km hinter Motto erreicht die Hauptstraße das Dorf Malvaglia (375 m ü.d.M.; 1100 Einw.) an der Einmündung des tiefen gleichnamigen Seitentales. Bis hierher reichte der 1512 vom Bergsturz 'Buzza di Biasca' aufgestaute See, der größte Teile des Ortes überflutete. Die ursprünglich romanische, 1603 veränderte Kirche S. Martino (schmucker Campanile) besitzt schönen Freskenschmuck.

Val Malvaglia
B 6/7

Von Malvaglia führt ein Bergsträßchen knapp 11 km in dem einsamen Val Malvaglia aufwärts, an einem Stausee des Blenio-Kraftwerkes vorbei nach Madra (1086 m ü.d.M.) und weiter nach Dandrio (Abb. s.S. 86) mit einer alten, noch betriebenen Mühle.

Val Pontirone

Eine weitere Straße führt von Malvaglia in dem wilden Val Pontirone 5 km aufwärts über Pontironetto nach Pontirone, von wo ein sehr lohnender Fahrweg auf die Alpe di Cava (⟶ Biasca) führt.

Unterhalb von Malvaglia wird das Blenio-Tal breiter sowie einförmiger und ist in seiner Sohle weithin mit Geröll bedeckt.

Biasca

Jenseits der Einmündung des Val Pontirone umzieht die Talstraße den Schuttkegel 'Buzza di Biasca' und trifft schließlich bei ⟶ Biasca auf die vom ⟶ Sankt Gotthard durch das Tessintal (⟶ Leventina) kommende Straße.

*Wanderungen im Bereich vom Blenio-Tal

Empfohlene Touren

Das Blenio-Tal gilt als eines der schönsten Wandergebiete im Tessin. Für die nachstehend empfohlenen Touren sollte man sich jeweils mindestens zwei Tage Zeit nehmen.
Unterkunftsmöglichkeiten ⟶ Praktische Informationen: Berghütten, Campingplätze, Hotels und Gasthöfe.

Sentiero Alto di Blenio

Die Wanderung (17 Std.) beginnt beim Lago Ritom (⟶ Piora), der von ⟶ Airolo mit der Standseilbahn Piotta–Piora zu erreichen ist. Sie führt zunächst am Lago Cadagno und an der Alpe Piora vorüber zum Passo del Sole (2376 m ü.d.M.). Von hier öffnet sich der Blick auf die Adulagruppe mit dem Rheinwaldhorn im Osten sowie zu den Walliser Alpen im Westen. Dann weiter hinab nach Frodalera (1750 m ü.d.M.), wo der Weg sich teilt: südlich über den Bareta-Paß (2274 m ü.d.M.), nördlich im Val Santa Maria, teils auf der alten Römerstraße, über Camperio zur Alpe Pian Daioss (1900 m ü.d.M.). Anschließend geht es durch das Nara-Gebiet sowie abwärts über Alpwiesen und durch Nadelwälder hinab ins Blenio-Tal nach Loderio (Autobusverbindung nach Biasca).

Sentiero Basso di Blenio

Diese Tour (9 Std.) führt vom Lukmanier-Paß teilweise auf römischer Straße im lieblichen Val Santa Maria abwärts über Acquacalda, Pian Segno, Camperio und Sommascona nach Olivone. Dahinter am rechten Ufer des Brenno entlang und vorbei an den Ortschaften Aquila, Ponto Valentino und Castro, dann über eine Hängebrücke zur linken Talseite. Weiter über Lottigna nach Acquarossa, von wo sich der Abstecher nach Prugiasco und zur Kirche S. Carlo in Negrentino empfiehlt. Vom folgenden Ort Dongio lohnt der Besuch der Kapelle S. Remigio. Dann geht es weiter über Motto und Ludiano zur Burgruine Serravalle und nach Semione sowie schließlich nach Loderio, von wo regelmäßig Autobusse nach Biasca verkehren (zu Fuß in 45 Min.).

Zum Greina-Paß

Diese Bergwanderung (ca. 11 Std.) beginnt in Campo Blenio und folgt zunächst dem vom Greina-Brenno durchflossenen Camadra-Tal aufwärts. Oberhalb der Alpe di Fontana – San Martino (1565 m ü.d.M.) nimmt das Tal alpinen Charakter an; im Vorblick, am Talende, der Piz Medel (3210 m ü.d.M.). Jenseits der Alpe di Camadra di Dentro (1919 m ü.d.M.) durchzieht der Weg den Tobel des Pian Geirett und windet sich später zum Teil auf Felsstufen ('scalette') steil bergauf zum Piano della Greina und zum Greina-Paß.
Der Greina-Paß (2359 m ü.d.M.) bildet den Übergang vom Blenio-Tal zum Graubündener Vorderrheintal. Hier, am Schnittpunkt zweier geographisch, topographisch und klimatisch sehr gegensätzlicher Gebirgsregionen bieten sich dem Wanderer viele großartige Eindrücke: im Norden die schroffen Granitmassen des Sankt Gotthard, im Süden dunkle, verwitterte Bündnerschiefer; zwischen beiden Schichten weiße Triaskalke.
Das Gebiet um den Greina-Paß steht großenteils unter Naturschutz.

◀ *Dandrio im zerklüfteten Malvaglia-Tal*

Blenio-Tal, Wanderung zum Greina-Paß (Fortsetzung)

Die Weiterwanderung vom Paß ins Vorderrheintal erfolgt entweder über die Terri-Hütte dem Lauf des Rein da Sumvitg im Bogen nach Norden folgend nach Somvix oder über den Diesrut-Paß (2428 m ü.d.M.) durch die Lumnezia nordöstlich in Richtung Ilanz.

Die Rückkehr erfolgt über den 3 km östlich vom Greina-Paß gelegenen Übergang Crap la Crusch (2259 m ü.d.M.), dann am Rande von Hochmooren vorbei zur Motterascio-Hütte (2183 m ü.d.M.), von dort in steilem Abstieg zum Luzzone-Stausee und zurück nach Campo Blenio.

Brissago **D 5**

Höhe: 219 m ü.d.M.
Einwohnerzahl: 2000

Lage und Allgemeines

Der vielbesuchte Kurort Brissago liegt unweit nördlich der schweizerisch-italienischen Grenze und rund 12 km südwestlich von Locarno am Westufer des ⟶ Lago Maggiore (Langensee). Mit seinen schönen subtropischen Gärten und Weinbergen, steigt er reizvoll am Fuße des Monte Limidario (2189 m ü.d.M.) an.

Brissago-Zigarren

Bekannt ist der Ort auch für seine Zigarrenfabrikation. Die langen dünnen Virginia-Zigarren werden als ‘Brissago’ von Liebhabern geschätzt.

Geschichte

Wie durch Münzenfunde belegt, war das römische ‘Brixagium’ ein bevorzugter Sommersitz wohlhabender Familien. Im Mittelalter genoß der Ort als reichsunmittelbare Republik weitreichende Privilegien (Gerichtsbarkeit, Steuer- und Zollfreiheit). Seit 1521 eidgenössisch, verteidigte Brissago seine Sonderstellung im 16. und 17. Jahrhundert mehrfach unter großen Opfern gegen die neue Obrigkeit.
Die wirtschaftliche Entwicklung des Ortes litt von jeher unter den schwierigen Verkehrsbedingungen. Wie auch in anderen Gemeinden des Tessin trieb Arbeitslosigkeit viele Bewohner zur Auswanderung. Seit 1847 bescherte die neu gegründete Tabakfabrik den ‘Brissaghesi’ bescheidenen Wohlstand. Heute lebt Brissago ganz überwiegend vom Tourismus, der allerdings das alte Ortsbild gründlich verändert hat.

Brissago-Zigarren

Teilansicht von Brissago am Lago Maggiore

Der aus Neapel stammende italienische Komponist Ruggiero Leoncavallo (1858–1919), von dessen Opern heute nur noch "Der Bajazzo" (im italienischen Original "Il Pagliacci", 1892) aufgeführt wird, erhielt, nachdem er eine Zeitlang in Brissago gelebt hatte, das Ehrenbürgerrecht der Gemeinde. Im November 1989 wurden Leoncavallos sterbliche Überreste vom Friedhof Porte Sante in Florenz hierher gebracht, und man beabsichtigt, in der renovierten Casa Branca (s. unten) ein kleines Museum über das Leben und Werk des Komponisten einzurichten.

Leoncavallo und Brissago

Sehenswertes

Im Mittelpunkt des alten, auf dem Schuttdelta des Valle del Sacro Monte angelegten Dorfkerns steht die Pfarrkirche SS. Pietro e Paolo, die im 16. Jahrhundert von Giovanni Beretta und seinem Sohn Pietro aus Brissago an der Stelle einer Vorgängerkirche aus dem 13. Jahrhundert errichtet wurde. Sie besitzt im Inneren eine schöne geschnitzte Orgel sowie ein beachtenswertes Marienstandbild.

Pfarrkirche SS. Pietro e Paolo

Den Kirchplatz umstehen rund 600jährige Zypressen.

Aus dem 17. und 18. Jahrhundert sind mehrere schöne Patrizierhäuser erhalten:

Patrizierhäuser

Nahe der Pfarrkirche steht am Seeufer die prächtige barocke Casa Branca (oder Palazzo Baccalà), im 18. Jahrhundert als Stadtpalais der Kaufmannsfamilie Branca von dem aus Brissago stammenden Baumeister Giovanni Antonio Caldelli (1721–1791) erbaut.

Casa Branca

An der Casa Conti-Rossini finden sich Reste spätgotischen Freskenschmucks.

Casa Conti-Rossini

Die Casa Borrani entstand aus einer Gruppe von Häusern des 17. Jahrhunderts unter Einbeziehung älterer Gebäudefragmente.

Casa Borrani

Die Casa Bianchini ist ein vornehmer Herrensitz aus der Zeit um 1750.

Casa Bianchini

Brissago (Fortsetzung) Tabakfabrik

Südlich außerhalb des Ortes liegt auf einer kleinen Halbinsel die 1847 gegründete Zigarren- und Tabakfabrik 'Blauband' (Fabbrica Tabacchi Brissago S.A.; Besichtigung nach Voranmeldung beim örtlichen Verkehrsamt).

Umgebung von Brissago

Kraftwerk Verbano

In Crodolo, nördlich außerhalb von Brissago, befindet sich die Zentrale des unterirdischen Kraftwerkes Verbano (Besichtigung nach Anmeldung beim Verkehrsamt Brissago). Es ist das letzte Glied eines in Stufen angelegten Systems von Pumpspeicherwerken, die das Wasser des Maggia-Tales und des Gotthardmassives nutzen und wahlweise im Verbund oder unabhängig voneinander betrieben werden können.

Kapelle Sacro del Monte dell'Addolorato

Oberhalb von Brissago liegt im Wald die Wallfahrtskapelle Sacro Monte dell'Addolorato (18. Jh.; Fresken von Giuseppe Orelli). Sie ist auf einem in der Schlucht des Valle del Sacro Monte hinaufführenden Kreuzweg mit freskengeschmückten Stationen erreichbar.
Auf der gegenüberliegenden Talseite, an der Straße nach Cadogno, eine weithin sichtbare Kreuzigungsgruppe.

Cadogno Porta

Mehrere typische Bergdörfer liegen oberhalb von Brissago. Erwähnung verdienen besonders Cadogno und Porta mit schönen, teils freskengeschmückten Renaissance- und Barockhäusern an steilen Treppenwegen und engen Gäßchen.

*Kirche Madonna di Ponte

Südlich außerhalb von Brissago steht am Seeufer die Renaissancekirche Madonna di Ponte. Sie ist das Werk des Baumeisters Giovanni Beretta und gilt als das hervorragendste Beispiel lombardischer Architektur in der Schweiz. Die Kirche entstand 1526–1546 an der Stelle eines älteren Baues aus dem 13. Jh. mit achteckiger Vierungskuppel im Stil Bramantes und weithin sichtbarem Campanile. Im Inneren ein prächtiger Barockaltar.

Incella

Oberhalb der Kirche Madonna di Ponte liegt auf halber Höhe das Bergdorf Incella (Aufgang in 30 Min.) mit einem wohlerhaltenen typischen Ortsbild und der Kapelle SS. Sebastiano e Rocco.

Piodina

Von der Kirche Madonna di Ponte gelangt man auf schmaler Straße hinauf nach Piodina, einem schön gelegenen verwinkelten Winzerdorf mit gut erhaltenem Ortskern.

Monte Gridone

Sehr lohnend, aber beschwerlich ist die Besteigung des Monte Gridone (2188 m ü.d.M.), von wo sich ein großartiger Blick über den → Lago Maggiore hinweg in die Lombardische Tiefebene sowie zu den Walliser Alpen bietet.

Brissago-Inseln (Isole di Brissago) D 5

Lage und Entstehung

Unweit nördlich von → Brissago liegen im → Lago Maggiore (Langensee) die beiden langgestreckten Brissago-Inseln (Isole di Brissago). Sie sind die über den Wasserspiegel hinausragenden Gipfel einer unterseeischen Hügelkette, die ein zwischeneiszeitliches Nebental vom Tessintal trennte.

Klima und Vegetation

Das in diesem Teil des Lago Maggiore herrschende milde insubrische Klima ist auf den Brissago-Inseln durch die Lage im See besonders ausgeglichen: Die mittlere Jahrestemperatur liegt bei 12,8°C, und im Jahresdurchschnitt sinkt das Thermometer nur an 14 Tagen unter den Gefrierpunkt.
Auf den Inseln wachsen einheimische und Kulturpflanzen, letztere besonders auf der größeren Isola di San Pancrazio (s.S. 92).

Geschichte

Reste eines auf der größeren der beiden Brissago-Inseln gefundenen römischen Weihaltars (jetzt im Museo Civico von Locarno) lassen eine Nutzung der Inseln schon in der Epoche der Römer vermuten. In christlicher Zeit wurden auf beiden Inseln Kirchen erbaut, die ihnen ihren Namen gaben: die dreischiffige Basilika S. Pancrazio (S. Silvestro) auf der größeren, die einschiffige Kirche S. Apollinare auf der kleineren Insel; aus S. Pancrazio ging im 13. Jahrhundert ein Humiliatenkloster hervor.

Im 17. Jahrhundert verkamen die Inseln. Sie wurden zum Jagdgrund und zur Zufluchtstätte von Fischern. Kaninchen breiteten sich aus, was ihnen seither den Beinamen 'Isole dei Conigli' (='Kanincheninseln') einbrachte. Als es 1875 in der bei Ascona gelegenen Dynamitfabrik Brochon & Chavannes, die Nitroglyzerin für den Bau des Gotthardtunnels (⟶ Sankt Gotthard) lieferte, zu schweren Explosionen kam und die Fabrik aufgrund der Proteste der Bevölkerung geschlossen wurde, wollte man den Betrieb auf die Inseln verlagern. Zu diesem Zweck ließ man zumindest auf der Isola di San Pancrazio alle Gebäude niederreißen. Doch auch hier verhinderten Bürgerproteste den Bau einer neuen Sprengstoffabrik; die Inseln blieben verlassen.

Im Jahre 1885 erwarb Antonietta Bayer, Baronessa di Saint Léger (1856 bis 1948), die Brissago-Inseln, ließ auf San Pancrazio über den Grundmauern der dortigen Kirche eine Villa errichten, legte unter großem persönlichem Einsatz einen prachtvollen subtropischen Park an und machte die Inseln zu einem Zentrum des Kunst- und Geisteslebens.
Als sich die finanzielle Lage der Baronin verschlechterte, verließ sie die Inseln und lebte bis zu ihrem Tod in ärmlichen Verhältnissen bei Moscia. Im Jahre 1927 wurden die Brissago-Inseln öffentlich versteigert und gingen in den Besitz des Hamburger Kaufmanns Max James Emden (1874–1940) über. Dieser ließ die Villa der Baronin Saint Léger abreißen und einen neuen Palazzo erbauen.

Brissago-Inseln im Langensee

Geschichte (Fortsetzung)

Nach dem Tod Emdens erwarben 1949 der Kanton Tessin, die Ufergemeinden Ascona, Brissago und Ronco sopra Ascona sowie der schweizerische Heimat- und Naturschutzbund die Brissago-Inseln, um hier den Parco Botanico del Cantone Ticino (= Botanischer Garten des Kantons Tessin) mit wissenschaftlichem Anspruch einzurichten; er wurde am 1. April 1950 eröffnet.

*Botanischer Garten des Kantons Tessin

Isola di San Pancrazio (Isola Grande)

Das reiche Artenspektrum auf der 258 Hektar großen Isola di San Pancrazio (St.-Pankratius-Insel) oder Isola Grande – nur diese ist der Öffentlichkeit zugänglich – ist dem Eingriff des Menschen zu verdanken. Die mächtigen Eukalyptusbäume (Eucalyptus viminalis) wurden Ende des 19. Jahrhunderts, die Sumpfzypressen (Taxodium distichum) im Norden der Insel zu Beginn dieses Jahrhunderts gepflanzt. Eine besondere Blütenpracht entfalten die über zwanzig verschiedenen Rhododendron- und drei Azaleenarten sowie die fast zwanzig Zistrosenarten (Cistus) und die exotischen Proteengewächse.
Die Pflanzenfamilien sind in Gruppen entsprechend ihrer Herkunftsregionen angeordnet.

Inselplan

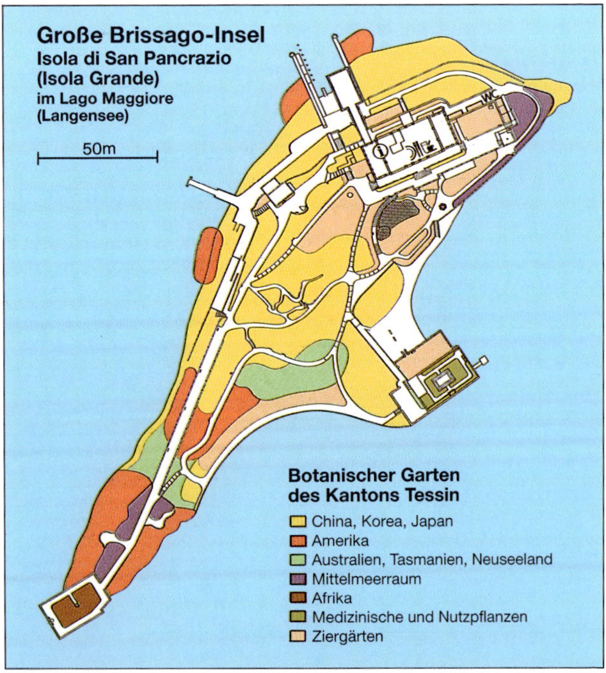

Die Große Brissago-Insel ist mit dem Boot von Locarno, Ascona oder Brissago erreichbar und von Mitte April bis Mitte Oktober täglich zwischen 9.00 und 18.00 Uhr zugänglich (Besuchsgebühr).

Palazzo

Die an der Stelle des einstigen Wohnhauses der Baronin Saint Léger erbaute Villa beherbergt im Treppenhaus das Museo Etnografico Africano, eine ethnographische Privatsammlung mit Waffen, kultischem Gerät, Haushaltsgegenständen, Tüchern und Insekten aus Oberägypten, dem Sudan und Zaïre.

Bestimmend für die Flora der kleineren Isola di Sant'Apollinare (St.-Apollinaris-Insel, 82 Hektar; unzugänglich) ist das überall hervortretende Muttergestein. Auf diesem kargen, humusarmen und sommertrockenen Boden konnte sich nur eine genügsame, weniger artenreiche und überwiegend einheimische Pflanzenwelt entfalten. So dient die kleine Insel besonders der Pflege der endemischen Vegetation.

Brissago-Inseln (Fortsetzung) Isola di Sant'Apollinare

Campione d'Italia

E 6

Italienisches Staatsgebiet
Höhe: 280 m ü.d.M.
Fläche: 4 km^2
Einwohnerzahl: 2200

Die italienische Enklave Campione d'Italia (Provinz Como) erstreckt sich etwa in der Mitte des Ostufers vom ⟶ Luganer See.

Lage

Als Sitz einer bekannten, meist von Schweizern besuchten Spielbank (Roulette, Baccara, Black Jack u.a.) und mehrerer Nachtclubs hat sich Campione zu einem vielbesuchten Ferienzentrum entwickelt.

Spielcasino

Die besondere politische Lage des ehemaligen Fischerdorfes geht auf eine Schenkung des Jahres 777 an das Mailänder Kloster S. Ambrogio zurück, das hier eine Niederlassung und eine Burg errichten ließ und dem es bis 1797 unterstand. Berühmt waren die 'Maestri Campionesi', die als Architekten und Bildhauer in der Lombardei wirkten. Unter Napoleon Bonaparte wurde Campione der Cisalpinischen Republik zugeschlagen. Versuche, die Enklave im Tausch gegen das im Val Veddasca gelegene Städtchen Indémini (⟶ Gambarogno) dem Tessin anzuschließen, scheiterten ebenso wie spätere Loslösungsbestrebungen in den Jahren 1848 und 1944. Mit der Lombardei fiel Campione vorübergehend an Österreich und ist seit 1860 endgültig italienisch. Post-, Steuer- und Zollwesen unterstehen jedoch der Schweiz.

Geschichte

Sehenswertes

Auf einer Terrassenanhöhe, zu der eine Freitreppe hinaufführt, steht die mächtige Wallfahrtskirche S. Maria dei Ghirli. Im Jahre 874 erstmals urkundlich erwähnt, im 13. und 14. Jahrhundert erneuert und im 17. Jahrhundert barockisiert, besitzt sie noch den schlichten Campanile der gotischen Vorgängerkirche; an der südlichen Außenwand Fresken von Lanfranco und Filippolo de Veris (um 1400).
Im Inneren befinden sich bedeutende Wandmalereien lombardischer Meister der Giotto-Schule, die im späten 19. Jahrhundert entdeckt und inzwischen restauriert wurden.

*Wallfahrtskirche S. Maria dei Ghirli

An der Piazza steht die 777 erstmals erwähnte, um 800 erneuerte und im 17. Jahrhundert barockisierte ehemalige Pfarrkirche S. Zeno (jetzt Kunstgalerie).

Kirche S. Zeno

Die kleine Kapelle S. Pietro (12./13. Jh.; barock umgestaltet) besitzt noch Freskenreste des 16. Jahrhunderts.

Kapelle S. Pietro

Umgebung von Campione d'Italia

Von Campione d'Italia führt eine schöne Wanderung meist am Ufer des Luganer Sees entlang nach Cantine di Gandria (⟶ Lugano, Umgebung: Gandria) mit dem kuriosen Schweizer Zollmuseum.

Cantine di Gandria

Capolago

E 6

Höhe: 277 m ü.d.M.
Einwohnerzahl: 300

Lage und Bedeutung

Das am Südende vom ⟶ Luganer See zu Füßen des Monte Generoso gelegene Städtchen Capolago (= 'Seehaupt') war im Mittelalter ein wichtiger Handels- und Warenumschlagsplatz an den nord-südlichen Handelswegen zwischen ⟶ Como, Varese und ⟶ Lugano. Lange Zeit Zankapfel zwischen Welfen und Ghibellinen, ließen die Visconti den strategisch wichtigen Ort mit einer Burg sichern, die im Jahre 1517 von den Eidgenossen eingenommen und niedergerissen wurde.

Capolago, Geburtsort des berühmten Barockbaumeisters Carlo Maderna (1556–1629; vgl. ⟶ Bissone), war Sitz der 'Tipografia Elvetica', die 1830 bis 1856 die Streitschriften des italienischen Risorgimento druckte (Denkmal an der Piazza).

Pfarrkirche S. Maria Maddalena

Die Pfarrkirche S. Maria Maddalena (urspr. 14. Jh.; barockisiert) ist überaus reich mit Fresken (von Petrini aus Carona und Antonio Rinaldi) sowie kostbaren Stukkaturen, besonders in der Kapelle hinter dem prächtigen Marmoraltar (von 1748) ausgestattet.

Grotti

Ungewöhnlich groß ist in der Umgebung von Capolago die Zahl der 'Grotti' oder 'Cantine', in den Fels gehauener Vorrats- und Weinkeller (Gaststätten).

**Monte Generoso

E 7

***Zahnradbahn**

Hinweis für Eisenbahnfans: Zum Betrieb der schmalspurigen Zahnradbahn wird zuweilen eine nostalgische Dampflokomotive (Abb. s.S. 238) eingesetzt. Auskunft ⟶ Praktische Informationen: Bergbahnen

Capolago ist Ausgangspunkt einer 1889/1890 angelegten Zahnradbahn (9 km lang, 1425 m Höhenunterschied, 35 Min. Fahrzeit; Fußweg in 1½

Bergkulisse des Monte Generoso

Std.) auf den Monte Generoso (1704 m ü.d.M.; Pflanzenschutzgebiet); Kapelle della Assunta (18. Jh.).

Monte Generoso (Fortsetzung)

Vom Gipfel bietet sich ein großartiger Blick auf die Alpen und in die Lombardische Tiefebene bis nach Mailand.

**Fernsicht

Vom Monte Generoso gehen höchst lohnende Wanderungen aus: nach Muiggio (2½ Std.), nach Castel San Pietro (3 Std.) oder nach Lanzo d'Intelvi (3½ Std.; ⟶ Bissone).

*Wanderungen

Melano

E 6

Etwa 2 km nördlich von Capolago liegt am Fuße des Monte Generoso das ehemalige Hafen- und Fischerstädtchen Melano (296 m ü.d.M.; 875 Einw.). Seiner Bedeutung als Warenumschlagplatz an den nord-südlichen Verkehrswegen verdankt Melano mehrere stattliche Herrschaftshäuser des 17. und 18. Jahrhunderts, darunter die Casa Fogliardi mit schöner Barockzier und die Casa Canavesi (17. Jh.).

Patrizierhäuser

Am südlichen Ortsrand steht die Pfarrkirche S. Andrea (von 1850) mit dem freistehenden Campanile der Vorgängerkirche.

Pfarrkirche S. Andrea

Nordöstlich oberhalb von Melano thront in prächtiger Aussichtslage die Wallfahrtskirche S. Maria del Castelletto, 1634–1644 auf den Resten eines Vorgängerbaus des 14. Jahrhunderts errichtet und mit reichem Stuck- und Freskenschmuck versehen.

Wallfahrtskirche S. Maria del Castelletto

Riva San Vitale

E 6

Etwa 1 km westlich von Capolago liegt jenseits des Seearmes das Dorf Riva San Vitale (279 m ü.d.M.; 200 Einw.), ein seit vorgeschichtlicher Zeit ununterbrochen besiedelter Ort. Im 12. Jahrhundert diente es ⟶ Como als Seestützpunkt gegen Mailand, unter den Eidgenossen teilte es die Geschicke von ⟶ Lugano. Die anhaltenden Freiheitsbestrebungen des Städtchens gipfelten am 26. Februar 1798 in der Ausrufung einer unabhängigen Republik (mit eigener Nationalgarde), die jedoch nur 16 Tage bestand.

Lage und Bedeutung

Am Südrand des mittelalterlichen Ortskerns steht neben der Pfarrkirche S. Vitale (urspr. 10. Jh.; 1756–1759 erneuert) als ältester noch erhaltener Sakralbau der Schweiz das Baptisterium S. Giovanni aus dem 5./6. Jahrhundert. Nach ersten archäologischen Untersuchungen zwischen 1919 und 1926 wurde es von 1953 bis 1955 von allen störenden Anfügungen befreit und restauriert.

****Baptisterium**
(Abb. s.S. 38)

Riva San Vitale
Frühchristliches Baptisterium (5./6. Jh.)

Grundriß

M Mumie im Glassarg
T Achteckiger Taufstein (Tauchbecken)

FRESKENRESTE
1 Karolingische Ostapsis
Kreuzigung (ottonisch, um 1000),
Christuskopf und Heilige (spätromanisch)
2 Nordostnische:
Christus in der Mandorla (ca. 1190)
3 Südostnische:
Geburt Christi (12. Jh., byzantinisierend)

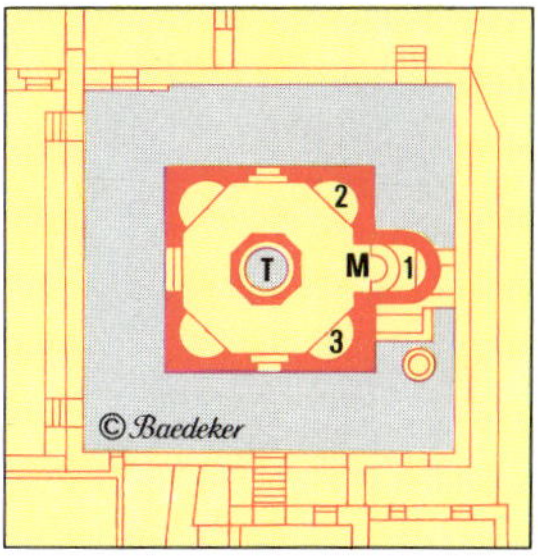

Riva San Vitale: Portal, Türme und ...

... Kuppel von Santa Croce

Riva San Vitale, Baptisterium (Fortsetzung)

Der quadratische Unterbau mit achteckigem Tambouraufsatz war ursprünglich von einem gedeckten Prozessionsumgang (Deambulatorium) für die Täuflinge umgeben. In die Mitte des achteckigen Innenraumes ist in zwei Stufen das frühmittelalterliche Taufbecken (Piscina) in den Boden eingelassen, in dem der Täufling vollständig untertauchen konnte (Submersionstaufe bzw. Immersionstaufe). Für die später aufkommende, noch heute übliche Infusionstaufe ('Begießen', Benetzen) stellte man einen monolithischen Taufstein von 1,90 m Durchmesser darüber.
An den Wänden der Ostapsis sind Fresken des 10. Jh.s, in den Seitennischen des späten 12. Jh.s erhalten; in der Mitte ein Glassarg mit Mumie.

***Kirche S. Croce**

Nördlich des alten Dorfkerns erhebt sich die katholische Kirche S. Croce (von 1588–1594), eine der bedeutendsten Renaissancekirchen der Schweiz. Baumeister war Giovanni Antonio Piotti, genannt Vacallo. Den großartigen Innenraum gliedern acht mächtige toskanische Säulen. Die Wandmalereien schufen die Brüder Pozzi della Valsolda (1592), die drei Marmoraltäre der Bildhauer Domenico Fossati aus Arzo (⟶ Meride).

Grundriß

Riva San Vitale
Kirche Santa Croce

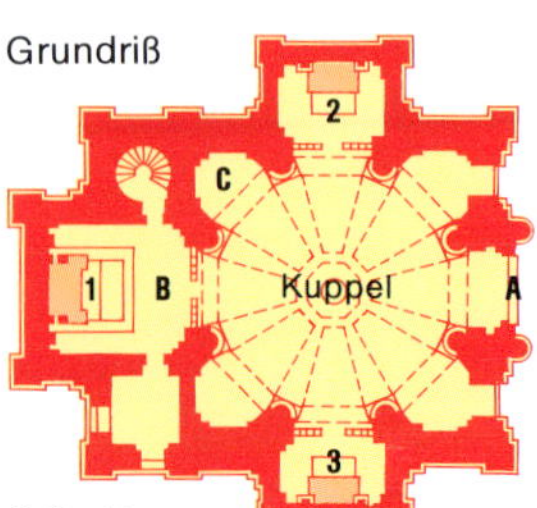

A Portal (ca. 1590)
B Chor: Gemälde des 16. Jh.s (Kreuzauffindung, Sieg an der Milvischen Brücke)
C Nordturm (Laterne, ca. 1590)

GEMÄLDE von Camillo Procaccini (16./17. Jh.)
1 Hl. Helena am Hauptaltar
2 Altarbild in der Nordkapelle
3 Altarbild in der Südkapelle

Riva San Vitale: Gesamtansicht

Sehenswert sind ferner die Casa Comunale (Gemeindehaus) und der Palazzo Della Croce, zwei Renaissancepalazzi der Della Croce, sowie die Kapelle S. Rocco (urspr. 16. Jh., 1665 barockisiert) am südlichen Ortsrand.

Riva San Vitale (Fortsetzung) Palazzi

Von Riva San Vitale zieht eine Fahrstraße am Ufer vom ⟶ Luganer See entlang zu dem idyllisch am Fuße des waldreichen Monte San Giorgio (1100 m ü.d.M.) gelegenen Fischerdorf Brusino-Arsizio (276 m ü.d.M.), das zwar verwaltungsmäßig zu ⟶ Lugano gehört, touristisch jedoch als Teil des ⟶ Mendrisiotto betrachtet wird.
In der Kirche S. Michele (16./17. Jh.) befindet sich ein den Seregnesi zugeschriebenes Fresko, das ursprünglich eine Hauswand schmückte.

Uferstraße nach Brusino-Arsizio

Von Brusino-Arsizio führt eine Seilbahn hinauf zu dem von schönen Wäldern umgebenen Luftkurort Serpiano (650 m ü.d.M.), von wo sich ein prächtiger Blick über den ⟶ Luganer See bietet.

Serpiano

*Aussicht

Carona **E 6**

Höhe: 602 m ü.d.M.
Einwohnerzahl: 600

Das malerische alte Städtchen Carona (Fahrstraße von ⟶ Lugano und von ⟶ Morcote), in beherrschender Aussichtslage auf einer Terrasse zwischen Monte San Salvatore (s. S. 160) und Monte Arbòstora (822 m ü.d.M.) hoch über dem ⟶ Luganer See gelegen, hat sein spätmittelalterliches Ortsbild gut erhalten.

*Lage

*Ortsbild

Vom Kirchenvorplatz bietet sich ein einzigartiger Panoramablick über den See und das ⟶ Malcantone zu den Zentralalpen.

**Aussicht

Carona

Geschichte

Erstmals im Jahre 926 urkundlich erwähnt, war Carona im Mittelalter eine unabhängige Republik.

Künstlerheimat

Berühmte Künstler- und Architektenfamilien wie die Aprile, die Scala, die Casella und die Solari waren hier beheimatet und haben den noch heute sichtbaren Wohlstand des Ortes begründet.

Sehenswertes

Pfarrkirche S. Giorgio

Die ursprünglich romanische Pfarrkirche S. Giorgio wurde mehrfach umgestaltet und erweitert. Die dreischiffige Pfeilerbasilika mit achteckiger Tambourkuppel und markantem barocken Turmaufsatz (18. Jh.) ist innen reich mit Skulpturenschmuck der Gotik, der Renaissance und des Barock ausgestattet.
Im Chor bemerkenswerte Fresken (16. Jh.; von Domenico Pezzi aus Valsolda), darunter eine zeitgenössische Nachschöpfung von Michelangelos Jüngstem Gericht aus der Sixtinischen Kapelle im Vatikan (Rom).

Loggia del Commune

Vom Turm der Pfarrkirche führt die zweigeschossige Loggia del Commune (von 1591) hinüber zum Pfarrhaus.
Die Fassade zieren die gemalten Wappen der zwölf eidgenössischen Orte der Landvogtei Lugano.

Patrizierhäuser

Unter den zahlreichen, teils mit Fassadenmalereien geschmückten alten Patrizierhäusern verdienen besonders die spätmittelalterliche Casa Andreoli, die Casa Solari, die Casa Clemente Cattaneo und die Casa Constanza Beachtung.

Observatorium

Südlich außerhalb von Carona befindet sich das Osservatorio Calina (Calina-Observatorium) mit einem Gästehaus (Astronomiekurse).

Fernblick über Carona

Botanischer Garten San Grato bei Carona

Umgebung von Carona

Oberhalb von Carona erstreckt sich am Hang der Botanische Garten San Grato mit südländischer Pflanzenpracht und hervorragender Aussicht.

*Botanischer Garten San Grato

Westlich oberhalb von Carona liegt die Kirche S. Marta (urspr. romanisch; im 17. Jh. erweitert) mit den Seregnesi zugeschriebenen Malereien des ausgehenden 15. Jahrhunderts.

Kirche S. Marta

Von Carona führt eine Waldstraße südwestlich zu der barocken Wallfahrtskirche Madonna d'Ongero (18. Jh.). Im Inneren bemerkenswert sind der prächtige Stukkaturen- und Skulpturenschmuck von Alessandro Casella sowie die Malereien von Giuseppe Antonio Petrini aus Carona.

Kirche Madonna d'Ongero

An der Waldstraße folgt weiterhin die Kirche S. Maria Assunta di Torello (13. Jh.) eines 1217 gegründeten und bereits 1389 aufgehobenen Augustinerklosters, dessen Stifter Guglielmo della Torre, Bischof von Como, hier beigesetzt wurde. Das Anwesen ist heute in Privatbesitz und kann nicht besichtigt werden.

Kirche S. Maria Assunta di Torello

Nördlich von Carona, in Ciona, befindet sich die Kapelle Madonna delle Grazie (18. Jh.).

Ciona

Weiterhin nördlich liegt das Dorf Carabbia (526 m ü.d.M.; 400 Einw.) an der Stelle einer römischen Siedlung. In der Kirche S. Siro (16./17. Jh.) befindet sich ein Chorfresko von Petrini.

Carabbia

Von Carona bieten sich zahlreiche schöne Wandermöglichkeiten in dem waldreichen Gebiet um den alten Vulkankegel des Monte Arbòstora (826 m ü.d.M.) sowie weiter nach Vico Morcote und → Morcote (1 1/2 bis 2 Std.). Ferner schöner Abstieg nach → Melide (1/2 Std.) und nach → Lugano-Paradiso (1 Std.).

Wanderwege um Carona

Centovalli

C/D 4/5

Lage

Das Centovalli (= 'Talschaft der hundert Täler') ist der östliche Teil einer zwischen Val d'Ossola und ⟶ Maggia-Tal verlaufenden tiefen Längstalfurche, deren westlicher, italienischer Teil Val Vigezzo heißt und die von einer niedrigen Wasserscheide sowohl nach Westen als auch nach Osten von Bächen des gleichen Namens Melezza entwässert wird. In seinem Verlauf nimmt das Centovalli das ⟶ Onsernone-Tal mit dem Val di Vergeletto sowie zahllose tief eingeschnittene Seitentäler, Schluchten und Wildbäche auf.

**Landschaftsbild

Alpine Bergformen, von Kastanienwäldern bedeckte Steilhänge, altertümliche Dörfer und eine bereits südliche Pflanzenwelt vereinen sich im Centovalli zu einem besonders malerischen Bild.

Geschichte

Zwischen 1912 und 1923 wurde die Eisenbahnlinie ('Centovalli-Bahn'; s. nachstehend) gebaut, die in teils abenteuerlicher Höhe über der Schlucht verläuft und die Verbindung zwischen Simplon- und St.-Gotthard-Linie herstellen sollte. Dennoch vermochte diese technische Neuerung die Abwanderung der Bevölkerung nicht aufzuhalten. Die Bewohner verdingten sich vorzugsweise als Kaminfeger in Italien und finden heute bessere Arbeitsbedingungen in den Industrie- und Fremdenverkehrszentren des Sottoceneri.

Bürgerinitiativen

Zu Erhaltung der alten Bausubstanz und des kulturellen Erbes haben sich verschiedene Bürgerinitiativen entwickelt. Viele der ehemaligen Bergdörfer und Maiensässe werden in mühevoller Arbeit saniert und als Feriendomizile genutzt.
Mit der intensiven Pflege und dem Vertrieb traditionellen Kunstgewerbes ist man bemüht, wenigstens für die Frauen einträgliche Heimarbeit zu schaffen.

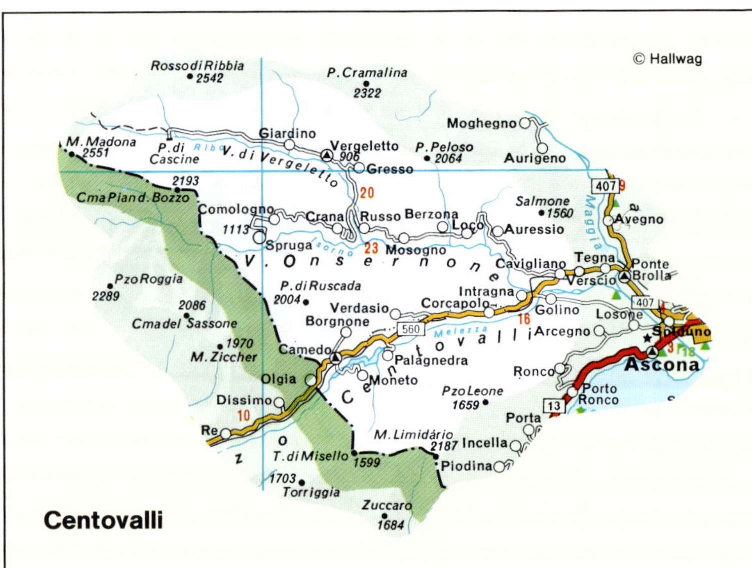

Brücken im Centovalli

*Von Locarno nach Domodossola

**Centovalli-Bahn

Ein besonderes Erlebnis ist die Fahrt mit der Centovalli-Bahn von Locarno nach Domodossola, die in zum Teil schwindelerregender Höhe über Felsabgründen und Schluchten hinweg führt und dabei atemberaubende Blicke öffnet.

Baugeschichte

Die Initiativen zur Schaffung einer Eisenbahnverbindung durch das Centovalli und das Vigezzo-Tal gehen auf das Jahr 1898 zurück; doch erst 1912 konnten sich die Schweiz und Italien zum Baubeginn entschließen, und es sollte elf lange Jahre dauern, bis am 25. November 1923 der offizielle Eröffnungszug von Locarno ins 52,2 Bahnkilometer entfernte Domodossola fahren konnte.

Technische Daten

Die Schmalspurstrecke (1000 mm Spurbreite) führt über insgesamt 83 Brücken und durch 31 Tunnel; mehr als die Hälfte der Gleise verläuft in Kurven. Von 204 m Meereshöhe in Locarno steigt die Centovalli-Bahn auf 816 m ü.d.M. bei Santa Maria Maggiore (32,9 km) an und senkt sich dann wieder auf 273 m ü.d.M. in Domodossola hinab; die maximale Steigung beträgt 61 Promille. Die mit 1200 V Gleichstrom elektrifizierte Eisenbahn wird gemeinsam von dem schweizerischen Verkehrsunternehmen 'Ferrovie Autolinee Regionali Ticinesi' (FART; 'Centovalli-Bahn') und der italienischen Eisenbahngesellschaft 'Società Subalpina Imprese Ferroviarie' (SSIF; 'Vigezzina') betrieben. Die Triebwagen haben Zugleistungen zwischen 320 und 720 kW.

Bahnhöfe

Nachdem der alte Bahnhof in Domodossola bereits 1961 durch einen Tunnelbahnhof unter dem dortigen FS-Bahnhof ersetzt worden ist, werden nun auch in Locarno, wo die Centovalli-Bahn im Stadtgebiet bisher straßenbahnartig durch die Hauptstraßen fuhr, die letzten 3 km bis zum Endbahnhof Locarno-Muralto unter die Erde verlegt (Verbindung mit dem SBB-Bahnhof durch Unterführungen). Die Fahrzeit der Eisenbahnzüge zwischen Locarno und Domodossola beträgt heute ca. 100 Minuten.

***Fahrstraße** Die Straße ins Centovalli verläßt Locarno in nordwestlicher Richtung auf der auch ins ⟶ Maggia-Tal führenden Strecke.

Ponte Brolla Nach 4 km führt sie auf 33 m hoher Brücke über die in ihrer Schlucht dahinbrausende Maggia und erreicht sodann Ponte Brolla (⟶ Maggia-Tal). Dahinter zweigt die ins Centovalli bzw. ins ⟶ Onsernone-Tal führende Straße ab, der man nunmehr folgt.

Tegna Etwa 5 km jenseits der Straßenteilung erscheint Tegna (258 m ü.d.M.; 450 Einw.), am Eingang der Terre di Pedemonte, der fruchtbaren Mündungsebene der Melezza (schöner Auenwald) gelegen.

Sehenswert ist hier die Pfarrkirche S. Maria Assunta (urspr. 14. Jh.; barokkisiert) mit freistehendem Glockenturm und anschließendem Pfarrhaus. An der reizvollen, von Bäumen beschatteten Piazza steht das Ristorante alla Cantina (17. Jh.) mit einem Fresko von Giuseppe Antonio Felice Orelli. Bemerkenswert sind auch die Casa Zurini und die Casa Zorbala (18. Jh.). Am westlichen Ortsrand ein reich bemalter Bildstock (18. Jh.).

Nordöstlich über dem Dorf auf einem Felsen die Reste einer keltischen sowie einer mittelalterlichen Burganlage.

Verscio
C 5

Die Straße zieht nun am Nordrand der Talweitung weiter und erreicht nach 1 km Verscio (277 m ü.d.M.; 800 Einw.), den schön inmitten fruchtbarer Landschaft gelegenen Hauptort des Pedemonte.

Den mittelalterlichen Chor der barocken Pfarrkirche S. Fedele (von 1748), der heute eine Seitenkapelle bildet, schmücken Fresken des 12., 15. und 16. Jahrhunderts. Die Piazza (Freiheitsobelisk) umstehen ansehnliche Häuser des 17. und 18. Jahrhunderts. Sehenswert sind ferner der Loggienhof der Croce Federale sowie die Casa Leoni (17. Jh.), in dem das Teatro Dimitri (⟶ Kunst und Kultur: Literatur, Theater, Film) untergebracht ist.

Teatro Dimitri

Schöne Wanderungen führen über Streccia und Dunzio nach Aurigeno im ⟶ Maggia-Tal.

Talviadukt

Im Inneren von San Fedele in Verscio

Salmone

Lohnend, aber anstrengend ist die Besteigung des aussichtsreichen Berges Salmone (1560 m ü.d.M.; 4 1/2 Std.)

Cavigliano

Etwa 1 km weiter folgt Cavigliano (296 m ü.d.M.; 500 Einw.) an der Einmündung des Centovalli in die fruchtbare Ebene des Pedemonte.
Cavigliano besitzt ein wohlerhaltenes Ortsbild mit hier typischen, freskenund skulpturengeschmückten Häusern sowie ein altes Backhaus. In der Pfarrkirche S. Michele (17. Jh.) Wandmalereien des 19. Jahrhunderts.
In Cavigliano zweigt die Straße ins wildromantische → Onsernone-Tal und ins Val di Vergeletto ab.

Intragna
C 5

Bei der Weiterfahrt überquert man den Isorno und erreicht nach 2 km das höchst reizvoll über dem Zusammenfluß von Melezza und Isorno am Beginn der wildromantischen Talschlucht des Centovalli gelegene stattliche Dorf Intragna (342 m ü.d.M.; 300 Einw.).
Der Ort mit seinen verwinkelten Gassen und engen Straßen drängt sich um die Pfarrkirche S. Gottardo (1722–1738) mit dekorativer Stucktribüne und schönem Rokokoretabel. Der markante Campanile ist 69 m hoch. Den kleinen malerischen Kirchplatz schmücken das ansehnliche Rathaus und ein klassizistischer Brunnen. An der Hauptstraße steht die barocke Casa Magnetti mit Loggia auf der Gartenseite.
Aus Intragna stammte Francesco Antonio Bustelli (1723–1763), der von 1754 bis zu seinem Tode Modellmeister der bayerischen Porzellanmanufaktur Nymphenburg war und dem meisterhafte Porzellanfiguren des Barock zu verdanken sind.
In der Casa Maghetti ist das Talschaftsmuseum Museo delle Centovalli e del Pedemonte eingerichtet (geöffnet Ostern bis Ende Oktober Di.–So. 10.00–11.30 und 14.30–17.30 Uhr).
Bei Intragna schwingt sich eine 72 m hohe Eisenbahnbrücke mit einer Spannweite von 90 m verwegen über den Isorno.

Golino

Gegenüber von Intragna liegt am rechten Ufer der Melezza das einst als Warenumschlagplatz für den Verkehr ins Centovalli wichtige Dorf Golino. Es besitzt noch reizvolle palaisartige Häuser aus dem 17. Jahrhundert. An der hübschen Piazza die Pfarrkirche S. Giorgio (urspr. 13. Jh., 1774 barokkisiert).
Von Intragna bzw. von Golino führen schöne Wanderwege über die Corona dei Pinci (1293 m ü.d.M.) nach Ronco sopra → Ascona; ferner über Pila und Vosa ins → Onsernone-Tal nach Loco, über Calezzo und Corcapolo nach Rasa oder über Calascio nach Verdasio.

*Aussicht

Nach knapp 2 km erreicht man einen Parkplatz mit herrlicher Aussicht. Nun beginnt die zunehmend kurvenreiche Strecke durch das enge und steile eigentliche Centovalli.

Corcapolo

Etwa 3 km hinter Intragna folgt Corcapolo (466 m ü.d.M.), wo eine mittelalterliche Brücke eine Schlucht der Melezza in kühnem Schwung überspannt. Über sie führt der alte Saumpfad nach Rasa (s. nachstehend).

Verdasio
D 4

Nach 2 km erscheint am Nordhang des Tales in sonnenreicher geschützter Lage das Bergdorf Verdasio (534 m ü.d.M.; 50 Einw.) mit gut erhaltenem, typischem Ortsbild. Sehenswert sind die spätbarocke Pfarrkirche SS. Giacomo e Cristoforo sowie mehrere stattliche Palazzi, darunter die Casa Tosetti (17. Jh.).

Rasa

Von Verdasio führt eine Luftseilbahn über die Melezza hinweg nach Rasa (898 m ü.d.M.), einem unverfälscht erhaltenen Tessiner Bergdorf (Kfz-frei!; Fahrradverleih) mit massiven, gut restaurierten Steinhäusern; Ausgangspunkt für schöne Wanderungen.

Palagnedra
D 4

Es folgt nach 1 1/2 km die Abzweigung nach Palagnedra (537 m ü.d.M.; 120 Einw.). Das von Kastanien- und Nußbaumhainen umgebene Bergdorf thront südlich oberhalb vom Palagnedra-See (s.S. 104) am Abhang des Gridone-Massives.

Palagnedra-Stausee in rauher Bergumgebung

Palagnedra (Forts.)
*Kirche S. Michele

In der weithin sichtbaren Pfarrkirche S. Michele (urspr. 13. Jh.; 1666 erneuert) sind farbenprächtige spätgotische Fresken (15. Jh.) erhalten, die Antonio da Tradate zugeschrieben werden.

Palazzi

Mehrere ansehnliche Palazzi (18. Jh.) zeugen vom Reichtum ehemaliger Auswanderer. Vor der Casa Mazzi ein Bildstock mit der Muttergottes von Pécs (Fünfkirchen, in Ungarn).

Abgelegene Bergdörfer

Von Palagnedra führen hübsche Wanderungen über das Dorf Bordei (schöner Blick ins Centovalli) nach Rasa bzw. nach Moneto (736 m ü.d.M.) mit dem ursprünglich mittelalterlichen, im 17. Jahrhundert barockisierten Kirchlein SS. Giacomo e Filippo. Die weitgehend verlassenen, schwer zugänglichen Bergdörfer dieses Gebietes werden heute unter großen Mühen saniert und finden Verwendung als Feriensiedlungen.
Lohnend ist die Besteigung des Limidario (2187 m ü.d.M.) im Gridone-Massiv (4 Std.).

Palagnedra-See

Hinter der zuvor genannten Abzweigung nach Palagnedra eröffnen sich links prächtige Blicke tief ins Tal der Melezza, die hier zu dem verzweigten Palagnedra-See (70 m hohe Staumauer), einem Ausgleichsbecken der Maggia-Kraftwerke, aufgestaut ist; darüber der Monte Limidario.

Camedo

Etwa 4 km hinter Verdasio erreicht man den Grenzort Camedo (552 m ü.d.M.; schweizerisches Zollamt), der mit unzähligen Treppenwegen, Stützbögen, Brücken und Terrassen am Steilhang emporklettert. In der Kirche S. Lorenzo (17. Jh.) Chormalereien des 18. Jahrhunderts.

Borgnone

Von Camedo führt eine Straße $^1/_2$ km nordwärts bergauf nach Borgnone (715 m ü.d.M.; 200 Einw.) mit der barockisierten Pfarrkirche S. Maria Assunta (urspr. 14. Jh.; mittelalterlicher Campanile). Malerisch ist der baumbestandene Kirchenplatz mit Friedhofssäule.

Costa

Etwa 1 km westlich über Borgnone liegt der verlassene, in Sanierung befindliche Weiler Costa mit dem malerischen Kirchlein S. Anna (17. Jh.; im Chor Wandmalereien).

Schließlich überquert man parallel zu einem Eisenbahnviadukt eine Brücke nach Ponte Ribellasca (562 m ü.d.M.), wo die schweizerisch-italienische Grenze erreicht wird (italienisches Zollamt).

Centovalli (Forts.)
Ponte Ribellasca
D 4

Jenseits der Staatsgrenze führen Centovalli-Bahn und Fahrstraße weiter im Tal der Melezza aufwärts zu dem Wallfahrtsort Rè (680 m ü.d.M.) und nach Santa Maria Maggiore (816 m ü.d.M.), dem Hauptort des weiten Hochtales Val Vigezzo.

Val Vigezzo
D 3

Bei dem Dorf Druogno (835 m ü.d.M.) überschreitet man die Wasserscheide und folgt dann dem Lauf der westlichen Melezza noch 13 km bis Domodossola (273 m ü.d.M., 20000 Einw.), einem Bergstädtchen mit freundlichem Marktplatz und beachtenswerter dreischiffiger Kollegiatskirche (freskengeschmückter Portalvorbau, 15. Jh.).

Domodossola
D 2

Chiasso E/F 7

Höhe: 239 m ü.d.M.
Einwohnerzahl: 9000 (im Großraum ca. 22000)

Lage und Bedeutung

Die unmittelbar an der schweizerisch-italienischen Staatsgrenze gelegene Stadt Chiasso ist aufgrund ihrer günstigen Verkehrssituation (Eisenbahn, Autobahn) an der großen europäischen Transitstrecke zwischen Deutschland, der Schweiz und Italien zu einem wichtigen Wirtschaftsplatz herangewachsen.
Der ökonomische Löwenanteil entfällt auf die Bereiche Handel und Verkehr (Verschiebebahnhof; wichtigste Zollstation zwischen der Schweiz und Italien; zahlreiche Speditionsunternehmen) sowie eine rege Industrie (Tabak-, Seiden- und Metall-, bes. Goldverarbeitung).

Pfarrkirche San Vitale in Chiasso

Alpenblick mit Colico am Nordende des Comer Sees

Chiasso (Fortsetzung) Geschichte

Urkundlich erstmals im Jahre 1127 als Vorstadt von → Como erwähnt, wurde Chiasso erst 1416 eine selbständige Gemeinde. Bereits seit dem Altertum war der von Hügeln umrahmte Durchgangsort Ziel von Reisenden. Ihren wirtschaftlichen Aufschwung aber verdankt die Stadt dem Ausbau der Verkehrswege über den → Sankt Gotthard.

Bemerkenswertes

Corso San Gotthardo

Hauptstraße der von neuzeitlichen Zweckbauten bestimmten Stadt ist der Corso San Gottardo mit zahlreichen Bürohäusern und etlichen Ladengeschäften.

Geschäftshäuser

Beachtung verdienen der Palazzo Camponovo (früher Palazzo Matti) im neoklassizistischen Stil des 18. Jahrhunderts, der 1906 von C. Brambilla entworfene Palazzo Züst, ein hervorragendes Beispiel für den ausgefeilten Liberty-Stil sowie die Magazzini Generali, 1924/1925 von den Schweizer Architekten R. Maillart und E. Brenni im Stil des Funktionalismus erbaute Lagerhallen.

Bahnhof

Das Wandgemälde "Die Auswanderer" (von P. Chiesa, 1933) in der Bahnhofshalle sowie die Figurengruppe "Italien und Schweiz" (von M. Osswald-Toppi, 1932) erinnern an die besondere Situation der Stadt und des Kantons Tessin.

Pfarrkirche S. Vitale (Abb. s.S. 105)

Die Pfarrkirche S. Vitale entstand 1934 anstelle eines mittelalterlichen, später barockisierten Gotteshauses. Im Inneren befinden sich noch die Altäre der Vorgängerkirche.

Kapelle S. Maria Assunta

Die klassizistische Kapelle S. Maria Assunta besitzt einen Flügelaltar aus dem beginnenden 18. Jahrhundert.

Umgebung von Chiasso

Pedrinate

Im 3 km südwestlich gelegenen Dorf Pedrinate stehen die barocke Pfarrkirche S. Croce (Ausstattung des 19. Jh.s) sowie die Kapelle S. Stefano (urspr. romanisch; später mehrfach grundlegend verändert).

Südlichster Punkt der Schweiz

Am Südrand der Gemeinde markiert der Grenzstein Nr. 75 B den südlichsten Punkt des Kantons Tessin und damit der gesamten Schweiz.

Comer See (Lago di Como) C 9 / E 9 – F 7

Italien
Region: Lombardei (Lombardia)
Wasserspiegel: 198 m ü.d.M.

Lage und Allgemeines

Der Comer See (italienisch Lago di Como), der Lacus Larius der Römer (italienisch auch Lario), liegt 50 km nördlich von Mailand zwischen den Luganer und den Bergamasker Alpen. Der gegabelte fjordartige See füllt das eiszeitliche Gletschertal der Adda, die ihn durchfließt. Der von seinem Nordende bis → Como 60 km lange, in der Mitte – zwischen Menaggio und Varenna – 4 km breite See bedeckt eine Fläche von 146 km² und ist mit 410 m maximaler Tiefe der tiefste der Oberitalienischen Seen.

*Landschaftsbild

Am südwestlichen Zweig, dem eigentlichen Lago di Como, liegen zahlreiche Villen, umgeben von Gärten und Weinbergen. Der südöstliche ernstere Teil, der Lago di Lecco, dem die Adda entströmt, ist von Fremden weniger überlaufen. An den steilen Uferbergen, die sich im Monte Legnone bis zu 2610 m ü.d.M. erheben, ziehen sich Edelkastanien und Nußbäume empor, deren dunkle Färbung in lebhaftem Gegensatz zu dem matten Graugrün der Oliven steht.

Erwerbsquellen

Die Anwohner leben von Fischerei, Wein- und Olivenbau sowie von Eisen-, Marmor- und Textilindustrie.

Schiffsverkehr

Auf dem Comer See besteht Schiffsverkehr (ab Belluno ganzjährig): zwischen Colico und Como mit wechselnden Zwischenstationen an beiden Ufern des Sees; zwischen Belluno und Como; zwischen Varenna und Lecco. Im Sommer werden auch Tragflügelboote eingesetzt.

*Rundfahrt um den Comer See (ca. 160 km)

Como

Man verläßt ⟶ Como in nordwestlicher Richtung auf der nach Lugano führenden Hauptstraße.

*Villa Olmo

Nach 2 km erreicht man die Abzweigung der S.S. 340, die nunmehr dem Westufer des Comer Sees folgt. Rechts der Straße die klassizistische Villa Olmo (1782–1797; Brandschaden 1983), in der heute Ausstellungen, Konzerte und Kongresse stattfinden; vom Park schöne Aussicht.

Cernobbio

Nach 3 km folgt Cernobbio (201 m ü.d.M.; 7500 Einw.), ein Villenort mit schönen Gärten und der palastartigen Villa d'Este (1568; jetzt Hotel). Von hier gelangt man auf windungsreichem Sträßchen 16 km aufwärts zum Monte Bisbino (1325 m ü.d.M.; Aussicht), auf dem eine Wallfahrtskirche steht.

Lenno

Nach 22 km erscheint Lenno (209 m ü.d.M.), die südlichste Gemeinde des vom Monte Crocione (1641 m ü.d.M.) überragten Uferstrichs der Tremezzina. Lohnend ist ein Abstecher zur weit in den See vorspringenden Punta di Balbianello (auch Punta d'Avedo), mit der Villa Arconati (16. Jh.; Zufahrt nur mit Boot).
Von der Terrasse bietet sich eine herrliche Aussicht.

Tremezzo

Etwa 3 km hinter Lenno liegt Tremezzo (225 m ü.d.M.), ein vielbesuchter Ort in der wärmsten Lage am See, umgeben von schönen Gärten.

*Villa Carlotta

Gut 500 m weiter folgt die Villa Carlotta (früher Villa Sommariva), benannt nach Charlotte, Herzogin von Meiningen, der Mutter des früheren Besitzers (jetzt Eigentum des italienischen Staates).
In dem 1747 erbauten Palast befinden sich u.a. Thorwaldsens berühmtes Marmorrelief des Alexanderzugs und Skulpturen von Canova.
Der Park zeigt die reichste südliche Pflanzenwelt (Azaleenblüte im Mai).

Cadenabbia

Nach rund 500 m erreicht man Cadenabbia (201 m ü.d.M.), einst als Erholungsort des ersten Kanzlers der Bundesrepublik Deutschland, Konrad Adenauer (1876–1967), bekannt geworden, mit einer romanischen Basilika, vielen Villen und einer hübschen Seepromenade.

Menaggio

Die westliche Uferstraße um den Comer See erreicht nach 4 km Menaggio (203 m ü.d.M.; 3000 Einw.), einen der meistbesuchten Orte am Comer See. Dahinter alsbald vorbei an der Felswand des Sasso Rancio.

Dongo

Vor dem 12 km nördlich gelegenen Ort Dongo (208 m ü.d.M.) wurden am 27. April 1945 der italienische Faschistenführer Benito Mussolini ('il Duce') und seine Geliebte Clara Petacci auf der Flucht in die Schweiz von Partisanen gefangengenommen und am folgenden Tag in Mezzegra bei Lenno erschossen.

Gravedona

Es folgt nach 4 km Gravedona (201 m ü.d.M.) mit der romanisch-lombardischen Kirche Santa Maria del Tiglio (12. Jh.).

Gera Lario

Etwa 10 km nordöstlich von Gravedona liegt Gera Lario (208 m ü.d.M.), der nördlichste Ort am Comer See.

Rund 6 km hinter Gera Lario erreicht man die S.S. 36, die von Chiavenna kommend am östlichen Seeufer hinzieht und weiter nach Mailand führt.

Rundfahrt (Fortsetzung)

An dieser Straße liegt 3 km südwestlich der genannten Straßeneinmündung das Städtchen Cólico (209 m ü.d.M.) am Fuße des mächtigen Monte Legnone (2609 m ü.d.M.).

Colico (Abb. s.S. 106/107)

Nach 3 km folgt die Abtei von Piona, ein altes Cluniazenserkloster. Sehenswert ist die Kirche (11. Jh.; restauriert) mit Fresken nach byzantinischer Art und einem schönen romanisch-gotischen Kreuzgang (1257).

Abtei von Piona

Dervio (202 m ü.d.M.), 8 km weiter, ist Ausgangspunkt für die lohnende Besteigung des Monte Legnone (2609 ü.d.M.; 18 km Straße, dann noch 4 Std. Aufstieg). Von oben bietet sich ein großartiger Rundblick.

Dervio

An der S.S. 36 folgt nach 8 km Varenna (220 m ü.d.M.), ein auf einer Landzunge an der Mündung der Valle d'Esino gelegenes Dorf, mit Gärten und Schwarz-Marmor-Brüchen.
Von hier bietet sich eine herrliche Aussicht auf das Vorgebirge von Bellagio und auf die drei Seearme.
In der Villa Monastero (Park) ist das italienische Institut für Hydrobiologie untergebracht.

Varenna

Nach ca. 11 km erscheint Mandello del Lario (214 m ü.d.M.; 10 000 Einw.), ein Städtchen auf weit vorspringendem Delta am Fuße der zackigen Grigna Meridionale (2184 m ü.d.M.). In Mandello del Lario hat eine der größten Motorradfabriken Italiens (Moto Guzzi) ihren Sitz.

Mandello del Lario

Die Straße erreicht nach 10 km Lecco (214 m ü.d.M.; 55 000 Einw.), eine Industriestadt in prächtiger Lage am südöstlichen Ende des Comer Sees, dem hier die Adda entströmt. Auf dem Largo Manzoni steht ein Denkmal des Dichters Alessandro Manzoni (1785–1873), dessen Roman "Die Verlobten" in der Gegend von Lecco spielt.
Von Lecco führt eine Schwebebahn ostwärts auf die Piani d'Erna (1329 m ü.d.M.; auch Straße) sowie nordwärts zum Piano dei Resinelli (1276 m ü.d.M.), von wo man in 2$^1/_2$ Stunden auf die Grigna Meridionale (2184 m ü.d.M.; Aussicht) steigen kann.

Lecco

Am südwestlichen Ortsende von Lecco verläßt man die S.S. 36 und fährt unterhalb der Steilhänge des Monte Moregallo (1276 m ü.d.M.) teils durch Tunnel hin.

Nach 22 km folgt Bellagio (229 m ü.d.M.), ein vielbesuchter Kurort am Westufer der Punta di Bellagio, einem der schönsten Punkte der Oberitalienischen Seen. Auf dem Vorgebirge steht die Villa Serbelloni, deren Park (Führungen) Aussicht auf die drei Arme des Sees bietet.
Weiterhin folgen an der Straße der Park der Villa Melzi und der Garten der Villa Trotti.

***Bellagio**

Die Straße wendet sich hinter Bellagio in südwestliche Richtung. Nach 14 km erreicht sie Nesso (275 m ü.d.M.), einen malerischen, an der Mündung der Val di Nesso gelegenen Ort mit 20 m hohem Wasserfall.

Nesso

Etwa 8 km weiter steht rechts unten am See, in der Bucht von Molina, die 1570 erbaute Villa Pliniana; in der Nähe eine schöne von Plinius d.Ä. erwähnte Quelle, die täglich ihren Stand verändert.

Villa Pliniana

Dann folgt nach 4 km Torno (225 m ü.d.M.), ein prächtig auf einem Felsvorsprung gelegenes, von Villen umgebenes Dorf. Am malerischen Hafen steht die Kirche S. Tecla mit Fresken aus dem 15. Jahrhundert.

Torno

Zuletzt noch 7 km zurück nach → Como.

Como

Como

F 7

Italien
Region: Lombardei (Lombardia)
Höhe: 200 m ü.d.M.
Einwohnerzahl: 95 000

Lage und Allgemeines

Como, die Hauptstadt der gleichnamigen italienischen Provinz, liegt umgeben von teilweise bewaldeten Felshöhen am Südende vom ⟶ Comer See, etwa 50 km nördlich von Mailand. An die ummauerte Altstadt, deren rechteckige Anlage auf ein römisches Lager zurückgeht, schließen sich Vororte an.

Como ist Sitz einer bedeutenden Seidenindustrie.

Domfassade

Tempio Voltiano

Geschichte

Como wurde im Jahre 196 v.Chr. von den Römern als Grenzfeste Comum gegen die Räter an der Stelle einer älteren Keltensiedlung gegründet. Aus Novum Comum, wie Como später hieß, stammen der römische Historiker Plinius d.Ä. (23/24–79) und sein Sohn, der Redner Plinius d.J. (61/62 bis um 111).

Im Mittelalter galt das seit 1058 von Mailand unabhängige Bistum als Schlüssel zur Lombardei; es war ein wichtiger Stützpunkt deutscher Kaiser. 1451 geriet die Stadt unter die Herrschaft Mailands.
In jüngster Zeit sind beträchtliche Bodenabsenkungen zu beobachten.

Sehenswertes

Piazza Cavour

Mittelpunkt des städtischen Lebens ist die Piazza Cavour am Hafen. Von diesem Platz führt die kurze Via Plinio südöstlich zum Domplatz. Dort befindet sich der Broletto (1215), einst Gerichtssaal, jetzt Festhalle.

**Dom

An der Südostseite des Domplatzes steht der ganz aus Marmor erbaute Dom (ursprünglich von 1396), der 1426–1596 im Renaissancestil vollendet wurde; die Vierungskuppel stammt von 1730–1770. Zu beiden Seiten des skulpturengeschmückten Hauptportals sieht man Statuen (1498) von Plinius d.Ä. und Plinius d.J. (⟶ Geschichte).

Via Vittorio Emanuele II

Südöstlich vom Dom, an der Via Vittorio Emanuele II, der Hauptstraße der Stadt, steht die romanische Kirche San Fedele (12 Jh.); gegenüber das Rathaus.

Stadtmuseum

Südlich, im Palazzo Giovio, ist das Stadtmuseum (Musei Civici) untergebracht; es zeigt archäologische Fundstücke und Dokumente zur Lokalgeschichte.

Como (Fortsetzung) Stadtmauer

Die Via Vittorio Emanuele II endet südlich an den Resten der Stadtmauer, die Como von drei Seiten umschließt. An der Südostseite der Altstadt drei wohlerhaltene Türme (12. Jh.).

Sant'Abbondio

Etwa 500 m südwestlich der Stadtmauer steht die zweitürmige Kirche Sant'Abbondio, eine lombardisch-romanische Basilika (11. Jh.; 1587 erneuert); im Chor Fresken des 14. Jahrhunderts.

Piazza Volta

Unweit südwestlich von der Piazza Cavour liegt die Piazza Volta mit dem Standbild des aus Como stammenden Physikers und Entdeckers auf dem Gebiet der Elektrizität Graf Alessandro Volta (1745–1827); sein Geburtshaus befindet sich an der Via Volta (Nr. 50).

*Tempio Voltiano (Volta-Museum)

An der Nordostecke des Giardino Pubblico steht, direkt am See, der klassizistische Tempio Voltiano ('Volta-Tempel'; 1927); er beherbergt das Volta-Museum mit einer umfangreichen fachwissenschaftlichen Sammlung (u. a. 'Volta-Säule', das erste Volta-Element).

Brunate

*Aussicht

Von der Piazza della Vittoria gelangt man auf einer Straße (auch Standseilbahn) zu dem Villenvorort Brunate (716 m ü.d.M.), der 5 km nördlich von Como auf einer Bergterrasse liegt. Von dort bietet sich eine schöne Aussicht auf Como, die Lombardische Tiefebene bis Mailand, die Voralpen und das Hochgebirge vom Monte Rosa bis zum Monviso.

**Fernsicht von San Maurizio

Etwa 600 m oberhalb von Brunate liegt der Ortsteil San Maurizio (871 m ü.d.M.), von dem man eine noch umfassendere Sicht hat.

Monte Boletto

Von Brunate führt ein Fußweg in zwei Stunden auf den Monte Boletto (1234 m ü.d.M.; Aussicht).

Faido B 5

Höhe: 725 m ü.d.M.
Einwohnerzahl: 1850

*Lage und Allgemeines

Das sehr reizvoll gelegene Städtchen Faido, seit Jahrhunderten Hauptort und wichtigster Warenumschlagplatz der → Leventina mit bereits südländischem Gepräge, wird als Sommerfrische und Ausgangspunkt für lohnende Ausflüge besucht.
Um die Jahrhundertwende entstanden hier ansehnliche Sommersitze inmitten schöner Parks.

Sehenswertes

Casa Selvini

Beachtenswert ist die Casa Selvini di Legno (auch Casa Gottardo), ein Holzstrickbau auf gemauertem Erdgeschoß. Die Fassade schmücken geschnitzte Flachreliefs (von 1582) mit religiösen Motiven.

Pfarrkirche S. Andrea

Die Pfarrkirche S. Andrea (1830 erneuert) besitzt noch ihren mittelalterlichen Campanile.

Kirche S. Francesco

Sehenswert sind ferner die Kirche S. Francesco des Kapuzinerklosters (17. Jh.) sowie die Kapelle S. Bernardino da Siena (16. Jh.).

Franscini-Denkmal

Ein Denkmal auf der Piazza erinnert an den Tessiner Staatsmann Stefano Franscini (1796–1857).

Umgebung von Faido

Etwa 4 km östlich von Faido liegt das Dorf Rossura (70 Einw.; 1060 m ü.d.M.) mit der Pfarrkirche S. Lorenzo (urspr. 13. Jh.; 1791 erneuert). Rossura

In dem unweit nördlich gelegenen Dorf Molare steht die barocke Pfarrkirche S. Giacomo (1750 erneuert) mit schönem Schnitzaltar (von 1733). Molare

Nördlich von Rossura erstrecken sich die neu erschlossenen Ferien- und Skigebiete von Campello (1360 m ü.d.M.) und Carì (1650 m ü.d.M.). Campello Carì
Von Carì führt eine Fahrstraße nordwestlich 7 km aufwärts über Predelp (1671 m ü.d.M.) nach Somprei (1848 m ü.d.M.), von wo man in einstündiger Wanderung die beiden reizvollen Chiera-Seen (Laghi Chiera, 2361 m ü.d.M.) erreichen kann.

Etwa 3 km nordwestlich von Rossura liegt Calpiogna (90 Einw.; 1143 m ü.d.M.) mit der klassizistischen Pfarrkirche S. Atanasio. Calpiogna

Jenseits von Faido, auf der rechten Talseite, stürzt die Piumogna in drei grandiosen Wasserfällen zu Tal. *Piumogna-Wasserfälle

Gambarogno D 5/6

Das Gambarogno ist die nordöstliche Uferlandschaft des Langensees (⟶ Lago Maggiore), die sich vom Fuß des Monte Ceneri über weite Teile der ⟶ Magadino-Ebene bis zur schweizerisch-italienischen Grenze und im Osten bis zum Monte Tamaro (1962 m ü.d.M.) erstreckt. Im Herzen der Region erhebt sich der namengebende Monte Gambarogno (1734 m ü.d.M.), der in tiefen Schluchten und Rinnen zum Langensee hin abfällt. Lage

Gambarogno: gebirgige Uferlandschaft am Lago Maggiore

Gambarogno

*Landschaftsbild

Das Gambarogno gehört zu den vom Tourismus noch nicht erdrückten Gebieten. Eine freundliche Uferlandschaft mit subtropischer Pflanzenpracht, schroffe Berge, großartige Ausblicke, reizvolle Wanderwege durch Kastanienwälder, Weinberge, Obstgärten und verträumte, urwüchsige Tessiner Dörfer entschädigen den Kunstliebhaber, der hier weniger auf seine Kosten kommt.

Geschichte

Erste Siedler in dieser Region dürften Ligurer gewesen sein, die später im keltischen Stamm der Lepontier aufgingen. Teile einer bei Vira gefundenen Grabstele (um 200 v.Chr.; jetzt im Montebello-Museum von Bellinzona), die nordetruskische Schriftzeichen trägt, sind die spärlichen Zeugnisse jener Zeit.
Der jahrhundertelangen Herrschaft der Römer folgte jene der Langobarden. Um 1000 n.Chr. unterstand das Gambarogno der Kirchenhoheit von Locarno, von der es sich 1487 lossagte, um einen eigenen Amtskreis zu bilden.

Riviera del Gambarogno

Vira
D 6

Vira (212 m ü.d.M.; 600 Einw.), der Hauptort des Gambarogno, zieht sich gegenüber von Locarno direkt am Ufer des Lago Maggiore hin. Es ist eine alte Siedlung, wie eine hier aufgefundene Stele aus vorchristlicher Zeit belegt.
An der wohlerhaltenen Seefront steht auf teils künstlicher Terrasse die im frühen Mittelalter gegründete und im 17. Jahrhundert erneuerte Pfarrkirche S. Pietro; vor den Chorstufen ein Renaissancetaufstein (von 1589); im linken Nebenaltar die Gebeine des Märtyrers Cosimus.
In der Ortsmitte steht die Kapelle S. Maria Maddalena mit einer Kreuzigung als Altargemälde. An mehreren Häusern sieht man Fresken, die 1970 von Teilnehmern der Scuola dell'Affresco gemalt wurden.

Etwa 3 km östlich von Vira liegt das Dorf Magadino (⟶ Magadino-Ebene).

Piazzogna

Südwestlich oberhalb von Vira liegt das aussichtsreiche Dorf Piazzogna (364 m ü.d.M. Einw.). Die barocke Pfarrkirche S. Antonio Abate (von 1755) steht an der Stelle einer älteren Kapelle.

San Nazzaro
D 5

Am Seeufer folgt 4 km südwestlich von Vira die Gemeinde San Nazzaro (200 m ü.d.M.) mit der Pfarrkirche SS. Nazzaro e Celso (urspr. 13. Jh.; 1789 umgestaltet). Auf dem Vorplatz der freistehende spätromanische Campanile sowie eine Friedhofssäule (von 1769).

Gerra

Etwa 2 km weiter südwestlich liegt die Gemeinde Gerra (224 m ü.d.M.; 250 Einw.). An der Pfarrkirche SS. Rocco e Sebastiano (17. Jh.; 1898 bis 1900 umgestaltet) eine Hochwassermarke des Jahres 1868. Ein Denkmal erinnert an den Wissenschaftler Serafino Balestra (1831–1886).

Ronco

In dem oberhalb von Gerra gelegenen Winzerdorf Ronco steht die Kapelle S. Bernardino mit Fresken aus dem 15.–17. Jahrhundert. Während der Überflutung des Jahres 1868 brachte man das Allerheiligste aus der Pfarrkirche von Gerra hierher in Sicherheit (Gedenkinschrift).

Sant'Abbondio

Weiterhin südwestlich Sant'Abbondio (329 m ü.d.M.), ein Dorf in schöner Aussichtslage. Die Pfarrkirche SS. Abbondio e Andrea (urspr. 13. Jh.; 1852 erneuert) steht auf den Grundmauern eines römischen Wachturmes.
Die Kreuzwegkapellen am Aufgang zum Oratorio della Madonna del Lauro wurden 1972 im Rahmen eines Kurses des 'Circolo di Cultura del Gambarogno' von verschiedenen Künstlern modern bemalt.

Caviano

Zur Gemeinde Caviano, an der schweizerisch-italienischen Grenze am Seeufer gelegen, gehören auch die Dörfer Scaiano (gut erhaltenes Ortsbild) und Dirinella mit der Kirche S. Maria Nascente (urspr. Antoniuskapelle; 1864 ausgebaut) sowie einem alten Waschhaus. — Caviano (Fortsetzung)

Von Caviano führen lohnende Wanderungen zu den Monti di Caviano (Cento Campi), einst bekannt wegen der eigenartigen, strohgedeckten Hütten, sowie zu den Monti di Sant'Abbondio. — Monti di Caviano, Monti di Sant'Abbondio

Von Vira nach Indémini

Fosano

Von Vira führt ein 17 km lange Paßstraße in nahezu 300 Windungen und Kehren nach Indémini. An ihr liegt 1 km südlich oberhalb von Vira, auf einer natürlichen Terrasse das Dorf Fosano (360 m ü.d.M.).
In der Kapelle S. Maria degli Angeli (urspr. S. Maria di Loreto, 15. Jh.; später mehrfach verändert) Fresken, wohl aus der Schule von Antonio da Tradate.

Alpe di Neggia

Etwa auf halbem Wege erreicht die Straße die Paßhöhe Alpe di Neggia (1395 m ü.d.M.; Wintersport), von wo schöne Wanderungen zum Monte Tamaro (2 Std.), zum Monte Gambarogno (1 Std.) und zum Monte Lema (5 Std.) ausgehen.

**Aussicht

Alle drei Gipfel bieten großartige Panoramablicke bis zu den Walliser, Bündner und Bergamasker Alpen.

***Indémini**
D 5/6

Jenseits der Alpe di Neggia senkt sich die Straße wiederum windungsreich nach Indémini (942 m ü.d.M.; 70 Einw.), einem im oberen Veddasca-Tal am Steilhang gelegenen Bergdorf, unweit der schweizerisch-italienischen Landesgrenze.
Dank seiner abgeschiedenen Lage – die Zufahrt von Vira wurde erst 1917 geschaffen – hat es sein altes Ortsbild mit steingedeckten Bürgerhäusern, Brunnen, Treppengassen und typischen Straßendurchgängen ('portigh') bis heute unverfälscht erhalten.
Besuchenswert sind das kleine Heimatmuseum (Museo) im ehemaligen Schlachthaus sowie die westlich außerhalb des Dorfes erhöht stehende Pfarrkirche S. Bartolomeo (um 1500; 1859 erneuert) mit freistehendem Campanile.

Dorfplan

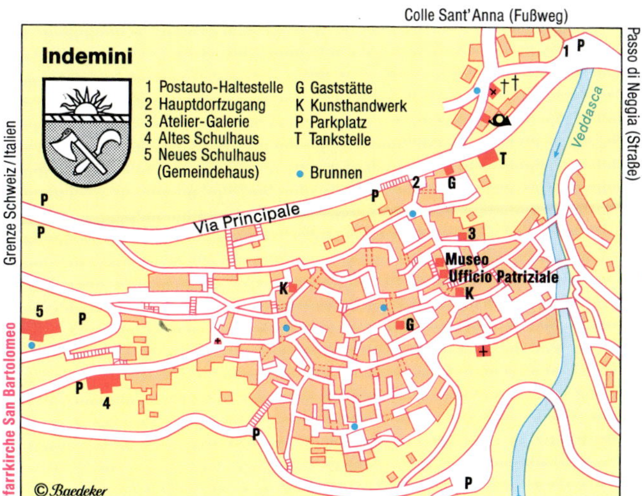

Gambarogno, Indémini (Fortsetzung)

Oberhalb von Indémini, auf der Alpe Cedullo, die Kapelle SS. Maria e Anna mit einem spätgotischen Altarfresko.
Das topographisch nach Italien ausgerichtete Dorf sollte um 1800 im Tausch gegen ⟶ Campione d'Italia an die damals von Napoleon Bonaparte neugeschaffene Cisalpinische Republik abgetreten werden.

Giornico B 6

Höhe: 394 m ü.d.M.
Einwohnerzahl: 1300

Lage

Das traditionsreiche Dorf Giornico erstreckt sich in einer tiefen, nach Süden geöffneten Gebirgsmulde zu beiden Seiten des Tessinflusses, den hier zwei einst durch Burgen gesicherte mittelalterliche Steinbogenbrücken überspannen.

Geschichte

Im Jahre 1478 konnten die Leventinesen gemeinsam mit den innerschweizerischen Eidgenossen bei Giornico das zahlenmäßig weit überlegene Heer der Mailänder besiegen. Als wichtige Station an der St.-Gotthard-Paßstraße und vorübergehende Residenz der kaiserlichen Vögte war es jahrhundertelang wirtschaftlicher und geistlicher Mittelpunkt der unteren ⟶ Leventina, bis es mit dem Gotthardbahnbau seine Bedeutung verlor.

Sehenswertes

**Ortsbild

Im alten Ortskern, auf dem linken Ufer des Flusses, bestimmen noch heute schöne alte Steinhäuser das Bild. Im 19. Jahrhundert kam eine Reihe klassizistischer Gebäude hinzu.

Heiligenfiguren im Inneren der Kirche San Nicolao

Atto-Turm

Im Atto-Turm (italienisch Torre Attone bzw. Torre di Attone Vescovo = Turm des Bischofs Atto), einem Wohnturm aus dem 9. und 10. Jahrhundert, ist ein Fresko der Seregnesi (15. Jh.) erhalten. Der Bau ist möglicherweise der Rest einer langobardischen Burganlage.

*Casa Stanga

Die Casa Stanga wurde im 16. Jahrhundert als Herberge erbaut; an der Fassade 50 Wappen berühmter Gäste.

Museum der Leventina

Das Haus beherbergt heute das Museum der Leventina (geöffnet: Ostermontag bis Ende Oktober Sa., So. und Fei. 15.00–17.00 Uhr oder nach Voranmeldung).

Casa Robertini-Spadaccini

Die Casa Robertini-Spadaccini (17. Jh.) besitzt eine schöne Rokokofassade von 1754.

Kapellen

Erwähnenswert sind im alten Ortskern ferner die schlichte Loreto-Kapelle (von 1680) sowie die 1631 zur Erinnerung an die überstandene Pest erbaute Kapelle S. Carlo.

Siegesdenkmal

Am Ortsende erinnert ein Denkmal an den Sieg, den 600 Leventiner und Urner über ein 10 000 Mann starkes Heer der Mailänder am 28. Dezember 1478 hier errangen.

*Steinbogenbrücken

Zwei romanische Steinbogenbrücken (11. Jh.) überqueren bei Giornico den Tessin, der sich hier in zwei Arme teilt. Den Brückenkopf der einen schmückt eine Kapelle mit hölzernem Kruzifix (15./16. Jh.). Hier, am rechten Ufer des Flusses, stehen die beiden Hauptkirchen des Ortes, deren eine zu den bedeutendsten romanischen Sakralbauten im Tessin zählt.

***Kirche S. Nicolao** (Außenansicht s.S. 39)

Die Kirche S. Nicolao geht auf das frühe 12. Jahrhundert zurück und stand im Zusammenhang mit einem inzwischen verschwundenen Benediktinerkloster. Der vollendet gegliederte, ruhig gestaltete Bau, mit einer schönen dreischiffigen Krypta, hat seine ursprüngliche Form fast unverändert erhalten. Beachtenswert sind insbesondere der schöne Skulpturenschmuck sowie spätmittelalterliche Freskenfragmente u.a. von Nicolao da Seregno (1478).

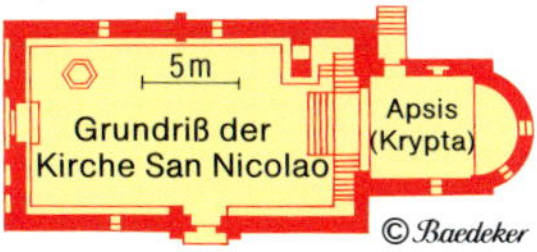

Pfarrkirche S. Michele

Unweit von S. Nicolao befindet sich die Pfarrkirche S. Michele, ein ebenfalls ursprünglich romanischer Bau, der jedoch seit dem späten Mittelalter mehrfach erweitert und grundlegend verändert wurde.

S. Maria del Castello

Etwas oberhalb von S. Nicolao steht am Fuße einer mächtigen Felswand die romanische Kirche S. Maria del Castello. Sie gehört zu einer 1518 von den innerschweizerischen Urnern zerstörten Burg, von der noch einige Mauerreste erhalten sind. Die im 12. Jahrhundert gegründete Kirche wurde mehrfach verändert und erweitert. Im Inneren besitzt sie eine bemalte Kassettendecke sowie Fresken des 15. und 16. Jahrhunderts (vielleicht der Seregnesi).

Umgebung von Giornico

Altirolo

Wallfahrtskirche S. Pellegrino

Im unweit nordwestlich von Giornico am rechten Tessinufer gelegenen Weiler Altirolo sind sehenswert die Kapelle S. Maria Maddalena mit rustikalen Malereien des 17. bis 19. Jahrhunderts sowie die etwa zehn Minuten außerhalb gelegene Wallfahrtskirche S. Pellegrino (16./17. Jh.). Sie gehört zu einer Quelle, die wohl schon in vorchristlicher Zeit als wundertätig verehrt wurde (Wallfahrten am dritten Sonntag im Mai). Das Äußere wie auch das Innere ist reich mit Renaissancemalereien (von 1589) von G.B. Tarilli

Giornico, Umgebung (Fortsetzung)

und Domenico Caresano geschmückt. Ein Portikus, der hier einst den Paßweg zum Gotthard überspannte, ist heute verschwunden. In einer nahegelegenen Grotte soll der Kirchenpatron gehaust haben.

Cramosina-Wasserfall

Unweit flußabwärts von Giornico bildet die Cramosina einen schönen Wasserfall. Noch weiter flußabwärts befindet sich das Kraftwerk Biaschina (30 000 kWh).

Giubiasco C/D 7

Höhe: 245 m ü.d.M.
Einwohnerzahl: 7000

Lage und Sehenswertes

Der etwa 3 km südlich von ⟶ Bellinzona gelegene alte, gewerbereiche Ort Giubiasco (245 m ü.d.M.; 7000 Einw.) besitzt zwei sehenswerte Kirchen: Die schön gelegene Pfarrkirche S. Maria Assunta fand bereits im 10. Jahrhundert erstmals Erwähnung. Der heutige Bau stammt aus dem 13. Jahrhundert mit gründlichen Veränderungen des 15. und 17. Jahrhunderts. Das Innere ist mit Fresken des 15. bis 17. sowie Stukkaturen des 17. und 18. Jahrhunderts ausgeschmückt.
In der Kirche S. Giobbe (von 1627; 1861 erneuert) Fresken und Stuck des 17. und 18. Jahrhunderts; dabei die Kapelle S. Anna mit Freskenschmuck (15./16. Jh.).
Im Ortskern sind mehrere barocke Bürgerhäuser mit Arkaden und Loggien erhalten.

Pedevilla

Im nördlichen Ortsteil Pedevilla verdienen die Kapelle S. Defendente (16./17. Jh.; Barockausstattung) sowie die Casa Tatti, ein typischer bellinzoneser Herrensitz des 17. Jahrhunderts Beachtung.

Motti

Der östliche Ortsteil Motti besitzt die im 16. Jahrhundert über einem romanischen Vorgängerbau errichtete Kapelle S. Maria degli Angeli. Sie ist innen mit Stukkaturen der Renaissancezeit sowie Barockmalereien geschmückt. Ferner ist hier sehenswert die Barockkapelle S. Rocco.

Von Motti führt eine steile Serpentinenstraße ins Valle Morobbia.

Morobbia-Tal (Valle Morobbia)

Lage und *Landschaftsbild

Das steile, von Kastanienwäldern bestandene Valle Morobbia ist ein von Osten nach Westen gerichtetes linkes Seitental des Ticino. Wegen seiner landschaftlichen Schönheit und wegen der guten Wandermöglichkeiten ist der Besuch lohnend.
Von Motti (s. zuvor) führt eine steile Serpentinenstraße am Nordhang der Talschlucht entlang, wo die teils malerischen Dörfer liegen. Wegen des südlich vorgelagerten Gebirgsriegels der Monti di Croveggia, des Pizzo Camoghè (2230 m ü.d.M.; prächtige Aussicht) und des Monte Gazzirola (2216 m ü.d.M.; Aussicht) erhalten sie in den Wintermonaten kaum Sonne.

Pianezzo

Nach 3 km erreicht man das Dorf Pianezzo (471 m ü.d.M.) mit der bemerkenswerten Pfarrkirche SS. Giacomo e Filippo (16. Jh.; Fresken).

Vellano
Sant'Antonio

Nach weiteren 3 km folgt Vellano; dann sind es noch 2 km bis Sant'Antonio (825 m ü.d.M.), dessen Pfarrkirche (16. Jh.) mit rustikalen Fassadenmalereien geschmückt ist.

Melera
Carena

Es folgen alsbald die typischen Bergdörfer Melera (2 km) und Carena (2 km; 958 m ü.d.M.) am Ende des Tales.

Auf dem Wege von Giubiasco zum Monte Ceneri

Von Carena führt ein Fußweg in 3½ Stunden über den Passo San Jorio (2014 m ü.d.M.; schweizerisch-italienische Grenze) hinweg nach Dongo am ⟶ Comer See. Passo San Jorio

Von Giubiasco in Richtung Monte Ceneri

Südlich oberhalb von Giubiasco und jenseits der von einer malerischen Steinbogenbrücke überspannten Morobbia, liegt in Reben gebettet der Ortsteil Camorino (288 m ü.d.M.). Hier befindet sich die romanische, mehrfach veränderte Kirche S. Bartolomeo (12. Jh.). Die 1888 neu erbaute Pfarrkirche S. Martino besitzt noch das Portal (von 1553) der Vorgängerkirche. Camorino
In der Umgebung sind noch Teile der Wehrmauer 'Fortini della fame' (s.S. 72) erhalten.

Von Camorino führt eine Seilbahn hinauf zu den Monti di Croveggia (1000 m ü.d.M.; Aussicht), von wo sich reizvolle Wandermöglichkeiten bieten. Monti di Croveggia

Etwa 3 km südlich von Giubiasco liegt am Fuße des Monte Ceneri das Dorf Sant'Antonino. In der Pfarrkirche S. Antonino ein Nicolao Seregno zugeschriebenes Altarbild. Sant'Antonino

Cadenazzo (248 m ü.d.M.; 1500 Einw.) ist ein zu Füßen des Monte Ceneri gelegener, gewerbereicher Ort mit der Pfarrkirche S. Pietro (um 1850). Cadenazzo

Gegenüber von Cadenazzo liegt am rechten Ufer des Ticino inmitten von Weinbergen das Dorf Gudo. Hier, auf uraltem Siedlungsboden, wurden bemerkenswerte Gräberfunde aus ligurischer, keltischer sowie aus römischer Zeit gemacht. Sehenswert sind die barocke Pfarrkirche S. Lorenzo Gudo

Giubiasco, Umgebung: Gudo (Fortsetzung)

(Turm von 1576) sowie im nahen Progero die romanische Kirche S. Maria di Progero (Apsismalereien des 15. Jh.s) und die Barockkapelle SS. Nazario e Celso (17. Jh.).

Robasacco

Etwa 2 km südlich von Cadenazzo erreicht man am Rande schöner Kastanienwälder das alte Dorf Robasacco (495 m ü.d.M.; 200 Einw.) mit der Pfarrkirche S. Lorenzo (16. Jh., im 19. Jh. verändert). Die Fassade trägt Freskenschmuck aus der Entstehungszeit.

Cima di Medeglia

Von Robasacco führt eine lohnende Wanderung in 2½ Stunden auf die Cima di Medeglia.

Lago Maggiore (Langensee) C 6 – E 3 / F 4

Schweiz und Italien
Wasserspiegel: 194 m ü. d. M. (am 14.10.1993: 197,23 [!] m ü. d. M.)

Lage

Der deutsch 'Langensee' genannte Lago Maggiore, der 'Lacus Verbanus' der Römer (nach der keltischen Wassergottheit 'Verbeia'; italienisch auch Verbano), liegt in Norditalien. Nur der nördlichste Abschnitt mit → Brissago, → Ascona und → Locarno, der etwa ein Fünftel des Sees ausmacht, gehört zum schweizerischen Kanton Tessin, das Ostufer des italienischen Teils zur Lombardei (Provinz Varese), das Westufer zu Piemont (Provinz Novara).

Allgemeines

Der Lago Maggiore ist das Becken des eiszeitlichen Tessingletschers, dessen Endmoränen den See im Süden abschließen. Mit 212 km^2 Fläche, 65 km Länge, 2–4,5 km Breite und bis zu 372 m Tiefe ist er nach dem Gardasee der zweitgrößte der Oberitalienischen Seen.

**Landschaftsbild

Weniger gegliedert als der → Comer See und ohne die jäh zum See abfallenden Felswände des nördlichen Gardasees, bietet der Lago Maggiore doch großartige Bilder südlicher Pracht, die den anderen Seen kaum nachstehen, sie an Lieblichkeit vielleicht sogar übertreffen.
Im Norden des Langensees erheben sich schützend die Tessiner und die Walliser Alpen; die Ufer sind hier von hohen, meist waldbedeckten Bergen eingefaßt. Die südlichen Ufer flachen zur Lombardischen Tiefebene hin ab.

Zuflüsse

Der Lago Maggiore wird vom Ticino (Tessin) durchflossen, der unweit nördlich von Magadino (→ Magadino-Ebene) in den See einmündet und ihn an der Südspitze, bei Sesto-Calende, wieder verläßt. Weitere wichtige Zuflüsse sind nördlich die Maggia (→ Maggia-Tal) sowie die Verzasca (→ Verzasca-Tal), westlich der Toce (Tosa) und im Osten die vom → Luganer See kommende Tresa.
Das Wasser erscheint bei klarem Wetter im nördlichen Teil grün, im südlichen tiefblau.

Klima

Dank der geschützten Lage am Südfuß der Alpen erfreut sich der Lago Maggiore eines ausgeglichenen, insubrischen Klimas, d.h. es ist mediterranen Einflüssen ebenso ausgesetzt wie atlantischen und osteuropäischen.
Die Winter sind mild, trocken und nebelarm, die Sommer angenehm warm mit ergiebigen, schauerartigen Niederschlägen (2050 mm im Jahresdurchschnitt) und hoher Sonnenscheindauer (2100 Stunden im Jahresdurchschnitt).
Am regenreichsten sind die Monate Mai und Oktober, am trockensten der Januar und Februar. In der Nacht bis zum Morgen weht meist der von der Magadino-Ebene einfallende 'Tramontana', in der Mittagszeit bildet sich der von Südwesten kommende Seewind 'Inverna' (auch 'Invernone' oder 'Marenca').

Vegetation

Das ausgeglichene, warme und feuchte Klima (⟶ Zahlen und Fakten: Insubrisches Klima) in unmittelbarer Seenähe läßt eine überaus üppige, subtropische Pflanzen- und Blütenpracht gedeihen. Sie weicht im hügeligen Hinterland und im Hochgebirge subalpiner und alpiner Flora. So trifft man hier auf relativ engem Raum zugleich mediterrane und viele exotische Gewächse wie Feigen, Oliven, Granatäpfel, Mandel-, Zitronen- und Orangenbäume, Mimosen, Kamelien und Eukalyptusbäume, Sagopalmen, Johannisbrotbäume und Korkeichen, aber auch Alpenrosen, Saxifraga und Enzian.

Wirtschaft	Die wichtigste Einkommensquelle der Anwohner des Lago Maggiore ist der Tourismus. Die meistbesuchten Teile des Sees liegen im Schweizer Gebiet um Locarno, Ascona und Brissago sowie auf italienischer Seite an der westlichen Bucht zwischen Pallanza und Stresa, in der die großartigen Borromäischen Inseln mit ihren subtropischen Parkanlagen die Hauptattraktion bilden. Neben dem Tourismus haben Seidenindustrie, Marmorabbau sowie Gemüse- und Weinbau wie auch die Fischerei eine gewisse Bedeutung.
*Schiffsverkehr	Sehr empfehlenswert ist die Fahrt mit dem Schiff (ganzjähriger Betrieb) zwischen Locarno und Arona (im Sommer auch 'Aliscafi' = Tragflügelboote), wobei abwechselnd die Orte des westlichen und des östlichen Ufers angelaufen werden. Eine Autofähre verkehrt zwischen Intra und Laveno.

**Rundfahrt rings um den Lago Maggiore (ca. 150 km)

Uferstraße	Die nachstehend umrissene Route folgt der schön angelegten Uferstraße rings um den Langensee. Sie nimmt ihren Ausgang auf Schweizer Boden im mittleren Tessin, verläuft im wesentlichen auf italienischem Staatsgebiet und kehrt nach Verfolgung der gesamten Seeuferlinie im Gambarogno wieder auf Schweizer Territorium zurück.
Locarno	⟶ dort
Ascona	⟶ dort
Brissago und **Brissago-Inseln**	⟶ jeweils dort
***Cannobio**	Der malerische alte Ort Cannobio (214 m ü.d.M.) liegt auf einem Vorland in der breiten, kühlen Talspalte des Valle Cannobina, etwa 5 km südlich der schweizerisch-italienischen Grenze am italienischen Westufer des Lago Maggiore. Sehenswert sind der Palazzo della Ragione (von 1291) und der neben der Landebrücke befindliche Santuario della Pietà, eine Renaissancekirche im Stil Bramantes; am Hochaltar eine "Kreuztragung" von Gaudenzio Ferrari (um 1525). Autofähre zwischen Cannobio und Stresa (s.S. 124).
Cannero Riviera	Etwa 7 km südlich von Cannobio folgt am Westufer des Langensees die reizvoll zwischen Wein-, Obst- und Olivengärten gelegene Ortschaft Cannero Riviera (226 m ü.d.M.). Das hiesige Klima ist das mildeste am See, so daß hier Zitronen- und Orangenbäume sogar im Freien den Winter überstehen können. Der Ort hat einen schönen Strand.
*Castelli di Cannero	Unweit nordöstlich von Cannero Riviera, auf Felsklippen im See, die Ruinen der beiden Castelli di Cannero, die Lodovico Borromeo 1519 an der Stelle von Raubburgen errichten ließ.
Verbania	Rund 16 km südlich von Cannero Riviera erreicht man die reizvoll auf einer Landspitze situierte Stadt Verbania (205 m ü.d.M., 32000 Einw.; Pilotanlage zur Müllverbrennung 'Thermoselect'). Die aus den Ortschaften Intra und Pallanza sowie zahlreichen kleineren Gemeinden entstandene Stadt wird wegen ihres milden Klimas und der schönen Umgebung – in Sichtweite der Borromäischen Inseln (s.S. 124) – gern besucht.
Intra	In Intra, dem nördlichen, zwischen dem Torrente San Giovanni und dem Torrente San Bernardino gelegenen industriereichen Ortsteil von Verbania, verdient die Kirche S. Vittore Beachtung. Autofähre zwischen Intra und Laveno am östlichen Seeufer (s.S. 126).

Wallfahrtskirche Madonna del Sasso ob Locarno am Nordende des Lago Maggiore

Premeno

Von Intra führt eine Panoramastraße 13 km nördlich zu dem als Sommerfrische besonders von den Mailändern geschätzten Dorf Premeno (840 m ü.d.M.).

Monte Zeda

Ferner kann man von Intra den lohnenden Aufstieg nördlich (7 Std.) zum Monte Zeda (2157 m ü.d.M.) unternehmen, von dem sich eine umfassende Rundsicht bietet.

*Pallanza

Pallanza, der südliche Ortsteil von Verbania, liegt zu beiden Seiten der Punta della Castagnola, wo sich vom Park des ehemaligen Hotels Eden Palace eine prächtige Aussicht bietet. Unweit westlich im See die kleine Insel San Giovanni.

An der Uferstraße befinden sich der Kursaal und der Kurpark (Aussicht). Dahinter steht am See das große Grabdenkmal des Generals Cadorna (1850–1928), der im Ersten Weltkrieg Oberbefehlshaber des italienischen Heeres war. Nördlich gegenüber erhebt sich die Pfarrkirche S. Leonardo (16. Jh.; erneuert). Weiter westlich der Palazzo di Citta (Rathaus) und die Landebrücke, von wo sich ein guter Blick auf die Borromäischen Inseln (besonders nahe die Isola Madre) und den Monte Mottarone bietet.

Madonna di Campagna

Rund 1½ km nördlich von Pallanza steht am Fuße des Monte Rosso (693 m ü.d.M.), die Kuppelkirche Madonna di Campagna, ausgestattet mit Fresken u.a. von Lanino und den Procaccini.

San Remigio

Rund 1 km nördlich der Punta della Castagnola liegt auf einem Hügel der Park der Villa San Remigio (unzugänglich); unweit oberhalb das romanische Kirchlein S. Remigio (11. Jh.).

**Villa Taranto

Nördlich anschließend folgt der nach dem Zweiten Weltkrieg angelegte großartige Park der Villa Taranto (Zutritt April–Oktober; empfehlenswerter Führer mit Plan; Schiffsanlegestelle) mit botanischen Forschungslaboratorien und einer Fülle seltener, vor allem exotischer Pflanzen.

Baveno

Südwestlich von Verbania liegt jenseits der westlichen Seebucht, des Borromäischen Golfes, der vielbesuchte Kurort Baveno (205 m ü.d.M.) mit beachtenswerter Pfarrkirche.
Von der Seepromenade bietet sich ein schöner Blick auf den See mit den Borromäischen Inseln (s. unten).
Am Südende des Ortes die große Villa Branca des gleichnamigen Mailänder Spirituosenfabrikanten (Magenbitter 'Fernet Branca'), umgeben von einem herrlichen Park (unzugänglich).

***Stresa**

Etwa 4 km südöstlich von Baveno liegt am Südeingang der westlichen Seebucht des Lago Maggiore, nahe den Borromäischen Inseln (s. unten), das Städtchen Stresa (210 m ü.d.M.; 5000 Einw.). Es ist nächst dem schweizerischen Locarno der bedeutendste Kurort am Lago Maggiore. Kühler und windreicher als die übrigen Seeorte, wird Stresa in der wärmeren Jahreszeit bevorzugt.
Touristischer Mittelpunkt von Stresa ist die Uferpromenade, die schöne Ausblicke auf den See und die Borromäischen Inseln bietet. An ihr liegen die Pfarrkirche und die meisten großen Hotels.

Collegio Rosmini

Etwa 1km südlich über dem Landungsplatz befindet sich das Collegio Rosmini (267 m ü.d.M.), eine Erziehungsanstalt der Rosminianer; in der Kirche das Grabmal des priesterlichen Philosophen A. Rosmini (1797 bis 1855).

*Park der Villa Pallavicino

Rund 500 m weiter kommt man zu dem prachtvollen Park der Villa Pallavicino (im Winter geschlossen), der wegen seiner reichen Vegetation und des Tiergartens einen Besuch lohnt.

Monte Mottarone

Von Stresa aus gelangt man auf der mautpflichtigen Straße 'Borromea' (ca. 30 km; auch Schwebebahn) aufwärts über Gignese (707 m ü.d.M.), einen Ort mit orginellem Schirmmuseum, zum Gipfel des Monte Mottarone (1491 m ü.d.M.), von wo sich eine umfassende Sicht auf die Alpenkette vom Monte Viso bis zum Ortler bietet (im Westen der Monte Rosa, besonders prächtig bei Morgenbeleuchtung).

**Alpensicht

*Giardino Alpinia

Auf halber Strecke zweigt bei der Häusergruppe Alpino (768 m ü.d.M.) ein Weg zu dem 500 m nördlich gelegenen Giardino Alpinia (807 m ü.d.M.) ab, in dem rund 2000 Pflanzenarten der südlichen Alpenregion wachsen (prächtige Aussicht).

****Borromäische Inseln**

Von Stresa führt eine äußerst lohnende Bootsfahrt zu den Borromäischen Inseln (Isole Borromee).

**Isola Bella

Man kommt zunächst zur vielbesungenen Isola Bella (= Schöne Insel). Die Insel verdankt ihr Aussehen dem Grafen Vitaliano Borromeo, der 1650–1671 auf den flachen Schieferfelsen, mit Pfarrkirche und einigen Häusern, fruchtbare Erde hoch aufschütten ließ und einen prächtigen Sommersitz anlegte. In dem unvollendet gebliebenen Schloß gibt es glänzende Festsäle, zahlreiche Gemälde, darunter einige gute der Lombardischen Schule des 16./17. Jahrhunderts, und eine Galerie mit flandrischen Wandteppichen (17. Jh.). Der in italienischem Stil angelegte Garten (herrliche Aussicht) steigt in zehn Terrassen 32 m hoch auf und entfaltet die volle Pracht der südlichen Pflanzenwelt: Zitronen, Orangen, Kirschlorbeer, Zedern, Magnolien, Korkeichen, Sagopalmen, Johannisbrotbäume, Kamelien, Oleander und vieles andere.

*Isola dei Pescatori

Rund 500 m nordwestlich der Isola Bella liegt die Isola dei Pescatori (= Fischerinsel) – auch als Isola Superiore (= Obere Insel) bezeichnet – mit einem malerischen Fischerdorf.

*Isola Madre

Zwischen Isola dei Pescatori und Pallanza (s.S. 123) befindet sich die Isola Madre (= Insel Mutter). Sie ist wie die Isola Bella Eigentum der Familie Borromeo. Ihre reizvollen Gartenanlagen englischer Art übertreffen noch den

Borromäische Inseln: Isola dei Pescatori

Prachtgarten und ...

... Schloß auf der Isola Bella

Isola Madre (Fortsetzung)

Reichtum an schönen Bäumen, Sträuchern und Blütenpflanzen der Isola Bella. Oben ein unbewohntes Palais (Aussicht).

Meina

Etwa 13 km südlich von Stresa erreicht man den Ort Meina (214 m ü.d.M.). Sehenswert ist hier die prächtige Villa Farragiana (Museum).

San Carlone

Auf halbem Wege zwischen Meina und Arona steht auf einer Anhöhe der weithin sichtbare 'Colosso di San Carlone', ein 23 m hohes Standbild des hl. Karl Borromäus (Besteigung gegen Gebühr), des um die sittliche Erneuerung des Katholizismus verdienten Kardinalerzbischofs von Mailand (1538–1584).

Arona

Gut 3 km südlich von Meina folgt die gewerbereiche Stadt Arona (Eisenbahnknotenpunkt). In der Pfarrkirche S. Maria (15.–19. Jh.) ein Flügelaltar von Gaudenzio Ferrari. Sehenswert ist auch die barocke Stiftskirche SS. Gratiniano e Felino.

Vom Burgfelsen (Geburtsstätte des hl. Karl Borromäus), oberhalb der Stadt, bietet sich ein schöner Blick auf das gegenüberliegende Seeufer mit Angera (s. unten).

Sesto-Calende

Am südlichsten Ausläufer des Lago Maggiore liegt das Städtchen Sesto-Calende (198 m ü.d.M.), wo der Tessinfluß (Ticino) dem See entströmt. Die Rundfahrt erreicht hier ihren südlichsten Punkt und folgt nun dem östlichen Seeufer.

Angera

Der Ort Angera ist östlich gegenüber vom Standbild des hl. Karl Borromäus (s. oben) gelegen und besitzt eine alte Viscontiburg (Aussicht) auf dem Monte San Quirico (412 m ü.d.M.).

Ispra

Rund 6 km nördlich von Angera erreicht man Ispra mit dem etwas abseits vom See befindlichen ersten italienischen Atomforschungsinstitut, heute eines der insgesamt fünf Kernforschungszentren der Europäischen Atomgemeinschaft (EURATOM; unzugänglich) mit einem Reaktor (1959) und dem 120 m hohen Turm einer meteorologischen Beobachtungsstation.

S. Caterina del Sasso

Bei der Weiterfahrt am östlichen Seeufer kommt man etwa 10 km nördlich von Ispra an der Felsenkirche S. Maria del Sasso vorüber (prächtige Aussicht über den See).

Laveno

*Seeblick

Oberhalb des industriereichen Städtchens Laveno erhebt sich der Sasso del Ferro (1062 m ü.d.M.; Seilbahn) mit großartigem Blick über den Lago Maggiore. Von dort weiter nordöstlich in 1½ Stunden zum Monte Nudo (1235 m ü.d.M.), von dem sich zugleich der Blick nach Osten zum Luganer See öffnet.

Luino

Das 16 km nordöstlich von Laveno an der Mündung des vom Luganer See kommenden Flusses Tresa in den Lago Maggiore gelegene lebhafte Städtchen Luino (213 m ü.d.M.; 15000 Einw.) besitzt einen berühmten Wochenmarkt (Mittwoch).

Sehenswert sind die Kirche Madonna del Carmine (15. Jh.), mit Fresken aus der Schule von Bernardino Luini, sowie die Kapelle S. Pietro (urspr. romanisch; im 17. Jh. erneuert).

Gambarogno → dort

Magadino-Ebene → dort

Langensee

→ Lago Maggiore

Leventina (Valle Leventina) A 4/5 – B 5/6

Lage und Allgemeines

Das Valle Leventina, kurz 'die Leventina' genannt (deutsch Livinental), ist das 34 km lange Tal des jungen Tessin (Ticino), das von der Stalvedro-Schlucht, unterhalb von ⟶ Airolo, bis zur Einmündung des Brenno bei ⟶ Biasca in mehreren Stufen absteigt: Airolo (1200 m ü.d.M.), Ambri-Piotta (1000 m ü.d.M.), ⟶ Faido (700 m ü.d.M.), ⟶ Giornico (400 m ü.d.M.). Eingefaßt von Gotthardmassiv im Norden, Adula-Gruppe (Rheinwaldhorn) im Osten und Tessiner Alpen im Südwesten mündet es südöstlich bei ⟶ Biasca in die ⟶ Riviera.

*Landschaftsbild

Die steilen Talhänge sind in ihrem unteren Teil von grünen Matten und Bergwäldern bedeckt, südlich von Faido aber auch mit Edelkastanien, Nußbäumen und Weinreben bestanden. Malerische Wasserfälle stürzen allenthalben von den Felswänden herab. Die Leventina ist nur wenig besiedelt. Die Ortschaften liegen auf Schwemmlandterrassen hoch über dem Talboden und bieten meist prachtvolle Ausblicke.

Geschichte

Der Name 'Leventina' leitet sich von den Lepontiern ab, die um die Zeitenwende die Tessiner Alpentäler bewohnten. Als eines der drei ambrosianischen Täler teilte die Leventina weitestgehend die Geschicke des ⟶ Blenio-Tales und der ⟶ Riviera. Im Mittelalter unterstand sie dem Domkapitel von Mailand, kam 1441 pfandweise an Uri und wurde 1803 dem neugegründeten Kanton Tessin eingegliedert. Heute bildet sie gemeinsam mit dem Val Bedretto (⟶ Bedretto-Tal), dem Val ⟶ Piora und dem Val Cadlimo (⟶ Piora) die Region Leventina mit 21 Gemeinden, dem Hauptort ⟶ Faido und rund 12 000 Bewohnern.

Wirtschaft

Die wirtschaftliche Entwicklung des Livinentales ist eng mit der Geschichte des Gotthardpasses verbunden. Im Mittelalter stand die Strecke wegen

Prato in der Leventina

Übersichtskarte

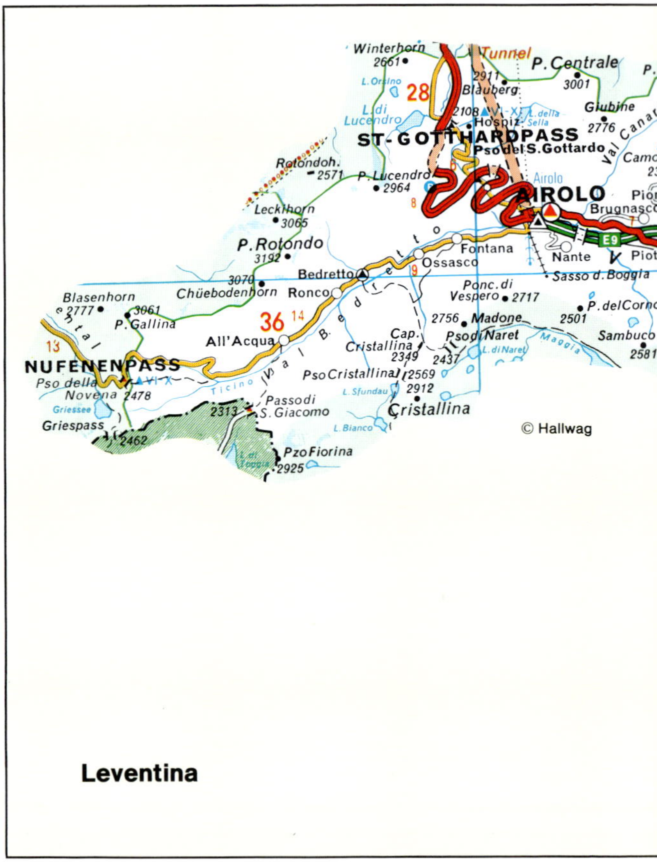

Wirtschaft (Fortsetzung)

ihrer schwierigen Begehbarkeit der Route über den Lukmanierpaß an Bedeutung nach. Dennoch entstanden auch hier in Abständen Hospize und Warenstapelplätze. Erst mit dem Bau einer befestigten Paßstraße (1820–1830) und der Fertigstellung des Eisenbahntunnels durch das Gotthardmassiv (1872–1882) verlagerte sich Ende des 19. Jahrhunderts der Personen- und Warenverkehr rasch auf die neue bequeme Verbindung. Die Bewohner des Tales gaben die traditionelle Alpwirtschaft auf, zogen in die städtischen Ballungsräume und verdienten ihren Lebensunterhalt im Dienstleistungsbereich.
Gemeinsam mit dem Blenio-Tal und der Riviera gehört die Leventina zur Wirtschaftsregion 'Tre Valli'.

Tourismus

Obwohl die Leventina mit ihren reizvollen Seitentälern (mehrere Naturschutzgebiete) hervorragende Wander- und Erholungsmöglichkeiten bietet, hat sie für den Tourismus hauptsächlich als Transitstrecke (Autobahn N 2/E 9; Eisenbahn) im Nord-Süd-Verkehr Bedeutung. Allein Airolo konnte sich zu einem bedeutenden Kur- und Wintersportzentrum aufschwingen.

Übersichtskarte

Von Airolo nach Biasca

Airolo

⟶ dort

Piotta

Bei Piotta (1012 m ü.d.M.), etwa 5 km südlich von Airolo, liegt inmitten einer Talweitung am linken Ufer des Tessin das Kraftwerk Ritom. Der hier erzeugte elektrische Strom (155 Mio. kWh Jahresleistung) wird größtenteils an die Unterwerke Göschenen, Giornico und Melide weitergeleitet und dient dem Betrieb der Gotthard-Eisenbahnlinie.

Standseilbahn Piotta–Ritom

Vom Ritom-Kraftwerk führt eine im Jahre 1921 angelegte Standseilbahn (1369 m lang, 786 m Höhenunterschied, 72% mittlere, 88% maximale Steigung) nordöstlich an dem malerischen Bergdorf Altanca (1346 m ü.d.M., auch Straße von Piotta), mit der freskengeschmückten Kirche SS. Cornelio e Cipriano (von 1603), vorbei in 24 Minuten zur Bergstation Ritom (1795 m ü.d.M.). Von hier gehen schöne Wanderwege im Naturschutzgebiet des Alpenparkes ⟶ Piora aus.

Quinto

Das stattliche Dorf Quinto (1014 m ü.d.M.; 1400 Einw.), etwa 3 km südlich von Piotta über dem linken Ufer des Tessin gelegen, besitzt die sehenswerte Pfarrkirche SS. Pietro e Paolo, die, im 17. Jahrhundert mit den Quadern des Vorgängerbaus neu aufgeführt, noch ihren schönen romanischen Campanile erhalten hat; im Inneren Stukkaturen des 18. Jahrhunderts.

Deggio

Etwas südlich außerhalb des Dorfes Deggio (etwa 1 km oberhalb von Quinto) steht die romanische Kapelle S. Martino di Deggio, eines der ältesten Gotteshäuser im Tessin, mit Fresken aus dem 15. Jahrhundert.

Rodi-Fiesso

Der Doppelort Rodi-Fiesso (945 m ü.d.M.), in reizvoller Lage zwischen steilen, mit Lärchen und Tannen bewachsenen Hängen, wird vornehmlich im Sommer von Urlaubern besucht. Eine lohnende Fußwanderung (auch Seilbahn) führt von hier in südwestlicher Richtung in drei Stunden bergauf zum Tremorgio-See (Lago Tremorgio, 1828 m ü.d.M.; bewirtschaftete Hütte), der malerisch in einen tiefen Felsentrichter eingebettet liegt.

*Tremorgio-See

Von hier gelangt man in weiteren zwei Stunden über die Alpe Campolungo (2086 m ü.d.M.) sowie am Leit-See (2260 m ü.d.M.; im Sommer bewirtschaftete Hütte), dem größten der insgesamt sieben Leit-Seen vorbei zu dem kleinen idyllischen Lago Varozzeira (2405 m ü.d.M.).

Prato Leventina

Ferner zieht von Rodi eine schmale Bergstraße 2 km südöstlich hinauf zu dem auf einer Terrasse hoch über dem Tessintal gelegenen Bergdörfchen Prato Leventina (455 Einw.; 1046 m ü.d.M.) mit der Pfarrkirche S. Giorgio (17. Jh.), deren romanischer Campanile noch vom Vorgängerbau stammt.

Dalpe

4 km weiter thront das Dorf Dalpe (1140–1200 m ü.d.M.; 175 Einw.) über der Schlucht der Piumogna.

*Campo Tencia

Von hier empfiehlt sich der Aufstieg in knapp drei Stunden zur Campo-Tencia-Hütte (2140 m ü.d.M.) und in weiteren 3½ Stunden (mit Führer) zum Campo Tencia (3072 m ü.d.M.).

*Piottino-Schlucht

Unweit südlich von Rodi-Fiesso, bei dem alten Zollhaus Dazio Grande (949 m ü.d.M.), erreicht man die wildromantische Piottino-Schlucht mit mehreren Felsentunneln, zwischen denen rechts die Wasserfälle des Tessin zu sehen sind.

Mairengo

Das typische Tessiner Dorf Mairengo (919 m ü.d.M.; 375 Einw.), über dem linken Ufer des Tessin gelegen, besitzt mit seiner romanischen Pfarrkirche S. Siro (11./12. Jh.; im 16. Jh. erweitert) eines der ältesten Gotteshäuser der Leventina. Im Inneren (Schlüssel im nahen Restaurant) sind sehenswert die schönen Renaissancemalereien von Gerolamo Gorla da Milano in beiden Chören sowie der spätgotische Flügelaltar (um 1510) aus Süddeutschland.

Osco

Nördlich oberhalb von Mairengo liegt das Dorf Osco (150 Einw.; 1160 m ü.d.M.); die Pfarrkirche S. Maurizio hat noch ihren romanischen Campanile.

Faido

→ dort

Chiggiogna

In Chiggiogna (430 Einw.; 680 m ü.d.M.), 2 km südöstlich von Faido, steht zwischen Berghang und Eisenbahnlinie die ursprünglich romanische Pfarrkirche S. Maria Assunta (13. Jh.; im 16. Jh. verändert) mit anschließendem Beinhaus. In der Nähe die Felsgrotten 'Casa dei Pagani', in denen angeblich im 12. Jahrhundert Sarazenen gehaust haben sollen.

Lavorgo

Der Ort Lavorgo (622 m ü.d.M.) ist von eindrucksvollen Bergmassiven umgeben. Östlich erstreckt sich der lange Rücken des Monte di Sobrio, westlich kommen zahlreiche Querkämme vom Campo Tencia und von der Cima Bianca (2630 m ü.d.M.) herab.

◀ *Tremorgio-See südlich oberhalb der mittleren Leventina*

*Schleierfall der Cribiasca	Unter den zahlreichen Wasserfällen ist besonders eindrucksvoll der Schleierfall der Cribiasca am rechten Talhang.
Calonico	Von Lavorgo führt eine Straße etwa 6 km östlich aufwärts nach Calonico (945 m ü.d.M.; 50 Einw.), einem charakteristischen Tessiner Dorf mit der weithin sichtbar auf steilem Fels stehenden Pfarrkirche S. Martino (urspr. 13. Jh.; mehrfach umgestaltet). In der Kapelle S. Giovanni Battista (von 1641) Fresken aus dem 16. und 17. Jahrhundert.
Anzonico	Ebenfalls östlich oberhalb von Lavorgo liegt Anzonico (987 m ü.d.M.; 110 Einw.) mit der schönen Pfarrkirche S. Giovanni Battista, die 1670 südlich außerhalb des Dorfes für eine ältere, von einer Lawine zerstörte Kirche entstand. In der Kapelle S. Antonio di Padova (17. Jh.) bemerkenswerte Malereien des 17. bis 19. Jahrhunderts.
Monte Agone	Auf dem Monte Angone die Kapelle S. Maria Addolorata mit schöner Pietà (18. Jh.).
Cavagnago	2 km südlich von Anzonico liegt der Weiler Cavagnago (1023 m ü.d.M.; 80 Einw.), dessen Pfarrkirche S. Anna (16. Jh.) innen und außen mit Fresken (16./17 Jh.) geschmückt ist. In Segno die Kapelle S. Ambrogio (urspr. 13. Jh.) mit Außen- und Innenfresken (14./15. Jh.).
Sobrio	Von Cavagnago gelangt man 3 km südlich zu dem malerischen Dorf Sobrio (1098 m ü.d.M.; 85 Einw.). Beachtenswert ist hier die reich mit Stukkaturen und einem prächtigen Tempietto-Hochaltar (17. Jh.) geschmückte Pfarrkirche S. Lorenzo (18. Jh.).
Chironico	Von Lavorgo führt ein Sträßchen über den Tessinfluß hinweg zu dem 4 km südlich auf einem mächtigen prähistorischen Bergsturz gelegenen urwüchsigen Bergdorf Chironico (400 Einw.; 800 m ü.d.M.). Die einstige Relaisstation an der Gotthardroute besitzt die beachtenswerte romanische Kapelle S. Ambrogio (12./13. Jh.; Fresken des 14./15. Jh.), die Pfarrkirche S. Maurizio mit mittelalterlichem Campanile sowie den mittelalterlichen Wohnturm Torre dei Pedrini (14. Jh.).
*Biaschina-Schlucht	Unweit talabwärts bricht der Tessin in der Biaschina-Schlucht mit einem schönen Wasserfall zur unteren Talstufe der Leventina durch.
Giornico	⟶ dort
Bodio	Das Dorf Bodio (1500 Einw.; 330 m ü.d.M.) ist Sitz der Stahlwalzwerke Monteforno. Die Pfarrkirche S. Stefano, ein historisierender Bau aus dem 19. Jahrhundert ersetzt das 1868 durch einen Bergsturz zerstörte ältere Gotteshaus aus dem 15. Jahrhundert.
Personico	Etwa 1 km südwestlich von Bodio liegt am rechten Ufer des Tessin das Dorf Personico (328 m ü.d.M.; 380 Einw.). Die Pfarrkirche SS. Nazaro e Celso wurde 1727 anstelle eines älteren Gotteshauses erbaut und im 19. Jahrhundert ausgeschmückt.
Faidàl	Die Kapelle S. Rocco (um 1600) im nahen Faidàl besitzt noch einige alte Fresken.
Pollegio	In Pollegio (309 m ü.d.M.; 720 Einw.) steht die Pfarrkirche SS. Innocenti, die ursprünglich als Grabkirche für die Gefallenen der Schlacht von Giornico (1478) erbaut wurde. Der heutige Bau entstammt dem 17. Jahrhundert, erfuhr jedoch mehrere spätere Veränderungen. Das angeschlossene Beinhaus wurde 1808 bei Bau der Gotthardstrecke abgerissen.
Biasca	⟶ dort

*Strada alta Valle Leventina

Der auf der linken Seite des Tessintales verlaufende Höhenwanderweg 'Strada alta Valle Leventina' läßt sich am bequemsten in drei Tagesetappen (Airolo – Osco, in 5 Std.; Osco – Anzonico, in 3½ Std.; Anzonico – Biasca, in 5 Std.) bewältigen. Dabei öffnen sich dem Wanderer in besonders eindrucksvoller Weise die landschaftlichen und kulturellen Reize dieser Region. Von den meisten Ortschaften an der 'Strada alta' führen Wanderwege (z.T. Autobusverbindung) zu den Eisenbahnstationen im Tal, so daß die Strecke auch nur in Teilen begangen werden kann.

Höhenwanderung

Locarno

C/D 5

Höhe: 205 m ü.d.M.
Einwohnerzahl: 17 000 (im Großraum ca. 38 000)

Die alte Tessiner Stadt Locarno (früher deutsch 'Luggarus'), liegt prächtig am Nordende des ⟶ Lago Maggiore (Langensee), von dessen Nordufer sie mit Landhäusern, Gärten und Weinbergen an den Hängen hinaufsteigt, während sich regelmäßig angelegte neuere Stadtteile im Süden und Westen über den flachen Mündungsfächer der reißenden Maggia (⟶ Maggia-Tal) erstrecken.

*Lage

Locarno ist nach Lugano das wichtigste Zentrum für den Tessiner Fremdenverkehr. Wegen des milden Klimas (mit jährlich annähernd 2300 Stunden die längste Sonnenscheindauer der Schweiz), in dem Feigen-, Oliven-, Mandel- und Granatbäume gedeihen und im August die Myrten blühen, wird Locarno besonders im Frühling und Herbst als Kurort viel besucht.

*Touristenzentrum

Das hier seit 1946 alljährlich im August veranstaltete Internationale Filmfestival ist nach jenem von Venedig das älteste europäische Filmfestspiel.

Filmfestival

Locarno am Lago Maggiore: Panorama mit Wallfahrtskirche Madonna del Sasso

Geschichte

Altertum

Das Gebiet um den Lago Maggiore war bereits während der Bronzezeit besiedelt. Der Name 'Locarno' soll sich von 'Leukera' (= 'die Weiße'), dem keltischen Namen der Maggia herleiten. Reiche archäologische Funde belegen, daß Locarno bereits in römischer Zeit eine blühende Siedlung und vermutlich ein Zentrum der Glasherstellung war.

Mittelalter

Der verkehrsgünstigen Lage am Nordende vom Langensee und an der Durchgangsroute zu den wichtigen Alpenpässen verdankt die Stadt ihre wirtschaftliche Bedeutung. Im Mittelalter beherrschten die lombardischen Adelsfamilien Orelli, Muralti und Magoria die Stadt. Im Jahre 1164 verlieh ihr Kaiser Friedrich Barbarossa das Marktrecht und 1186 die Reichsunabhängigkeit. Es folgte die Herrschaft der Mailänder Visconti, die in der Mitte des 14. Jahrhunderts das Castello, das damals noch einen eigenen Hafen gehabt haben soll, zu einer mächtigen, als uneinnehmbar geltenden Festung ausbauen ließen.

In der Folgezeit begann die Bedeutung Locarnos allmählich zu schwinden. Der verheerende Bergsturz 'Buzza di Biasca' von 1512 (⟶ Biasca) machte die traditionellen Handelswege über den St.-Gotthard-Paß und den Lukmanier-Paß für längere Zeit unpassierbar.
Im Jahre 1513 eroberten die Eidgenossen die Stadt und ließen die Burg 1532 zum größten Teil schleifen.

Locarner Handel

Zudem wurde Locarno von den Wirren der Reformation heftig erschüttert. Im Jahre 1554 zwang der sog. Locarner Handel etwa 150 reformierte Bürger, die Stadt zu verlassen; sie gründeten später in Zürich die Seidenindustrie, die während des Mittelalters neben dem Handel mit Salz und Getreide im Locarnese geblüht hatte (⟶ Das Tessin in Zitaten: Heinrich Zschokke über die Vertreibung der Reformierten aus Locarno).

Mediterrane Vegetation im Stadtgarten

Schiffsanleger Debarcadero am Seeufer

Unter Napoleon I. teilte sich Locarno im sechsjährigen Wechsel mit Lugano und Bellinzona in die Aufgabe einer Hauptstadt des Tessin. In der zweiten Hälfte des 19. Jahrhunderts kam es zu einer zweiten Auswanderungswelle, diesmal nach Amerika und Australien. Mit der Wende vom 19. zum 20. Jahrhundert setzte der stürmisch aufblühende Tourismus ein, dem eine rasche Entwicklung der gesamten Region zu verdanken war.

Geschichte (Fortsetzung) Neuzeit

Weithin bekannt wurde die Stadt durch den sog. Locarno-Pakt von 1925: Auf der hier vom 5. bis zum 16. Oktober 1925 abgehaltenen Konferenz wurden die Locarno-Verträge zwischen Belgien, Deutschland (vertreten durch G. Stresemann), Frankreich (vertreten durch A. Briand), Großbritannien, Italien, Polen und Tschechoslowakei ausgehandelt (am 16. 10. 1925 in Locarno paraphiert, am 1. 12. 1925 in London unterzeichnet).
Dieser Pakt sah eine gemeinsame Bürgschaft der Vertragspartner für die deutschen Westgrenzen und der Entmilitarisierung des Rheinlandes, ein Verbot von Angriffskriegen sowie eine friedliche Regelung jeglicher Streitigkeiten vor; er bewirkte eine internationale Entspannung und machte den Eintritt des Deutschen Reiches in den Völkerbund möglich.
Gustav Stresemann und Aristide Briand wurde gemeinsam der Friedensnobelpreis des Jahres 1926 zuerkannt.

Locarno-Pakt von 1925

Der außergewöhnlich weit über die Ufer tretende Lago Maggiore hat in Locarno 1993 verheerende Überschwemmungsschäden verursacht.

Hochwasserkatastrophe 1993

Sehenswertes

Piazza Grande

Hauptplatz und Mittelpunkt des städtischen Lebens ist die langgestreckte Piazza Grande, die einst Teil der alten Hafenmole war und auf der donnerstags der traditionsreiche Wochenmarkt abgehalten wird.

Hauptplatz

An der Nordseite des Platzes die Torre del Comune (14. Jh.), das Rathaus (Municipio), der ehemalige Palazzo Marcacci, sowie Arkadenhäuser (19. Jh.) im lombardischen Stil mit Läden, Cafés und Restaurants.
An der Südseite der Piazza Grande der Palazzo Governatico (19. Jh.), einst Sitz der Tessiner Regierung.

Torre del Comune
Municipio
Palazzo Marcacci

Am Südrand der Piazza Grande zieht der Stadtgarten (Giardini Pubblici) mit dem 1909/1910 von G. Pagani errichteten Kursaal-Gebäude (Teatro) bis zu den Anlegestellen am Seeufer hin.

Giardini Pubblici

An der durch den Stadtgarten südwärts zu dem Platzbrunnen Fontana Pedrazzini führenden Via della Pace steht der Palazzo della Conferenza (Pretorio), in dem 1925 die Friedenskonferenz der europäischen Mächte abgehalten wurde.

Palazzo della Conferenza

*Altstadt

Die Piazza Grande endet im Westen an der geschwungenen Via Francesco Rusca, von der vier kleine Gassen in die Altstadt hinaufziehen. Der im 16./17. Jahrhundert entstandene historische Stadtkern besitzt zahlreiche stattliche ehem. Adelssitze, wie die Häuser der Negromante, der Rusca, der Orelli, der Bellerio, das Domherrenhaus oder den Palazzo Morettini.
Ursprünglich umspülte der Lago Maggiore den Südrand der Altstadt und reichte westlich bis zur Gemeinde Solduno. Im Laufe der Jahrhunderte hat die Maggia ihre Deltamündung weit in den See vorgeschoben und der Stadt wie auch der Nachbargemeinde ⟶ Ascona einen beträchtlichen Geländezuwachs beschert.

Historischer Stadtkern

Stadtplan

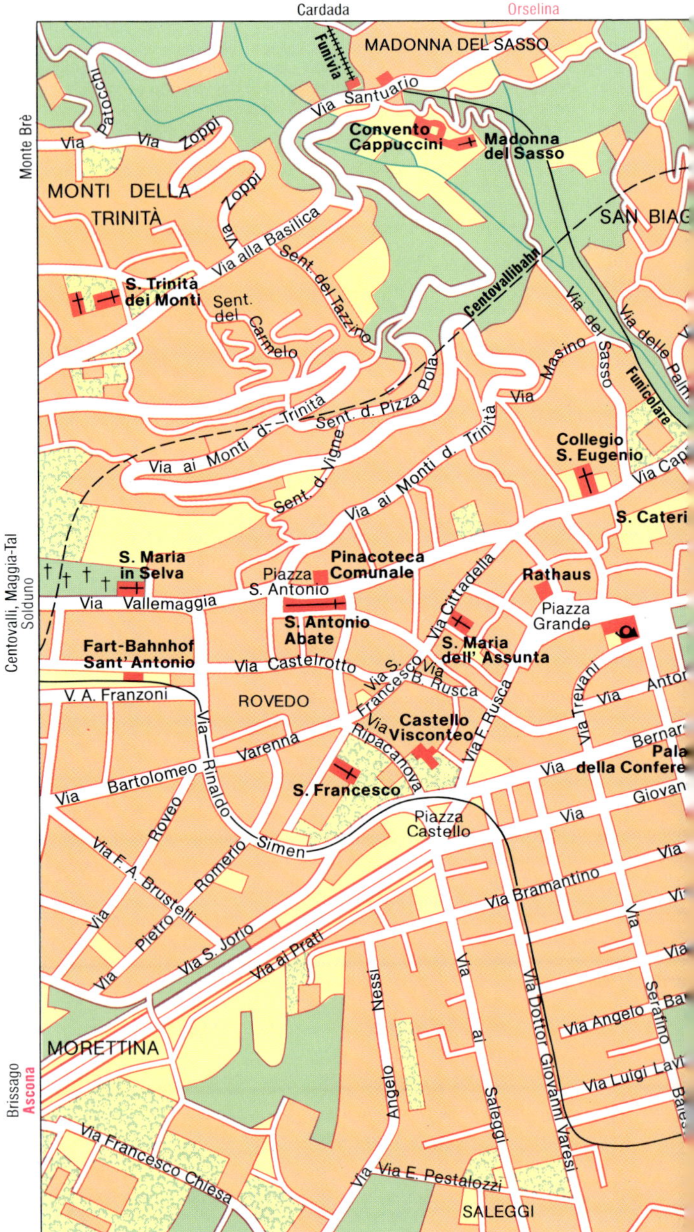
Cardada
Orselina
Monte Brè
Centovalli, Maggia-Tal
Solduno
Brissago
Ascona
MADONNA DEL SASSO
Funivia
Via Santuario
Convento Cappuccini
Madonna del Sasso
Via Patocchi
Via Zoppi
MONTI DELLA TRINITÀ
Via alla Basilica
Sent. del Tazzino
S. Trinità dei Monti
Sent. del Carmelo
Centovallibahn
Via del Sasso
Via delle Palme
Funicolare
Via Masino
Sent. d. Pizza Pola
Via ai Monti d. Trinità
Sent. d. Vigne
Collegio S. Eugenio
S. Maria in Selva
Piazza S. Antonio
Pinacoteca Comunale
Rathaus
Via Vallemaggia
S. Antonio Abate
Via Cittadella
Piazza Grande
Fart-Bahnhof Sant' Antonio
Via Castelrotto
S. Maria dell' Assunta
Via S. Francesco
Via B. Rusca
V. A. Franzoni
ROVEDO
Via Trevani
Castello Visconteo
Via F. Rusca
Via Rinaldo Simen
Via Varenna
Via Ripacanova
Via Bartolomeo
Via Roveo
S. Francesco
Piazza Castello
Via F. A. Brustelli
Via Romerio
Via Pietro
Via S. Jorio
Via Bramantino
Via ai Prati
Via Angelo Nessi
Via al Saleggi
Via Dottor Giovanni Varesi
Via Angelo
Via Serafino
Via Luigi Lavi
MORETTINA
Via Francesco Chiesa
Via E. Pestalozzi
SALEGGI

Orselina
Brione
Bellinzona, Lugano
Elisarion
Rivapiana, Minusio
Lido, Parco della Pace
Maggia-Delta
Via Att. Balli
Via Cap. Decio Bacilieri
Vicolo del Lupo
Via del Sole
Via S. Carlo
Via Ticino
V. Buetti
Via G. Mariani
Via San Francesca Gottardo
Via Sociale
Via Sempione
Via Ballerini
V. dei Cipressi
Via G. G. Nessi
MURALTO
Bhf. Centovallibahn
S. Vittore
V. Franscini
Via Rivapiana
Via della Stazione
Hauptbahnhof SBB/FFS
Piazza Stazione
Via dei Pescatori
Viale Verbano
V. F. Balli
F. Zorzi
Debarcadero
Giardini Pubblici
Kursaal
Lago Maggiore
(Verbano)
Stadtplan
Lungolago Giuseppe Motta
Orelli
Bramantino
Franscini
Ballerini
Bosco Isolino
Via della Pace
Porto d. Darsena
Viale dell' Isolino
Viale al Lido
Stadio Lido
Locarno
200 m
© Baedeker

Stadtplan

Wehrhaftes Visconti-Schloß

*Castello Visconteo

Den westlichen Eckpfeiler des Stadtkerns bildet das Castello Visconteo, das Schloß der Mailänder Herzöge Visconti, auch Castello Rusca genannt. Im 15. Jahrhundert über einer älteren, direkt am Seeufer mit eigenem Hafen gelegenen Festung der Orelli (13. Jh.) erbaut, wurde es in der Folgezeit mehrfach verändert, erweitert und verstärkt, so daß sie lange Zeit als uneinnehmbar galt. 1532 ließen die Eidgenossen den größten Teil der Anlage schleifen. Allein der Westturm und der Palas aus dem 13. Jahrhun-

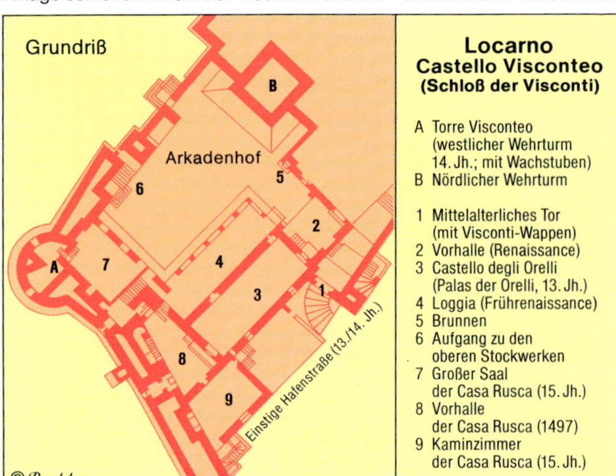

Castello Visconteo (Fortsetzung)

dert blieben als Sitz der Landvögte erhalten. Dieser Teil des Schlosses wurde 1923–1929 im Stil der Renaissance restauriert und rekonstruiert. Im Inneren gibt es bemerkenswerte geschnitzte Balkendecken und einige Fresken aus der Landvogtzeit (spätes 15. Jh.) sowie teilweise schönes Mobiliar.

Museo Civico e Archeologico

Im ersten Stockwerk des Visconti-Schlosses ist heute das Museo Civico e Archeologico (Städtisches und Archäologisches Museum; geöffnet von April bis Oktober Di.–So. 10.00–12.00 und 14.00–17.00 Uhr) untergebracht, das u.a. eine bemerkenswerte Sammlung in der Umgebung gefundener römischer Gläser besitzt sowie eine interessante Dokumentation zum Locarno-Pakt des Jahres 1925 (vgl. Geschichte) zeigt.

Casorella

An das Visconti-Schloß nördöstlich anschließend steht die Casorella (= Casa degli Orelli), das schöne Patrizierhaus der Orelli aus dem 17. und 18. Jahrhundert mit Barockportal und Deckengemälde von Giuseppe Antonio Felice Orelli im Inneren.

Kirche S. Francesco

Unweit westlich oberhalb vom Visconti-Schloß steht die Kirche S. Francesco des 1848 aufgehobenen Franziskanerklosters, die heute den deutschsprachigen Katholiken als Gotteshaus dient. Erstmals Anfang des 13. Jahrhunderts erwähnt, wurde sie 1528–1572 von dem Architekten Giovanni Orelli erneuert. In die Renaissancefassade sind vom Castello Visconteo abgetragene Steine verbaut.
Den dreischiffigen Innenraum gliedern fünf toskanische Säulenpaare aus Granit; die illusionistischen Wandmalereien schuf Giuseppe Antonio Felice Orelli aus Locarno.
Im Refektorium des ehemaligen Klosters (jetzt Kantonsschule) Fresken von Baldassare Orelli (u.a. "Abendmahl"; 18. Jh.).
Vor der Kirche steht das Grabmal für Giovanni de Orello (von 1347).

Kollegiatkirche S. Antonio Abate

Am nordwestlichen Rand der Altstadt befindet sich die Kollegiatkirche S. Antonio Abate (1668–1674; im 19. Jh. verändert), jetzt die Hauptkirche von Locarno. Im nördlichen Querschiff eine "Kreuzabnahme" von Giovanni Antonio Orelli, in der südlichen Querschiffkapelle ein perspektivisches Gemälde von Giuseppe Antonio Felice Orelli.

*Pinacoteca Comunale in der Casa Rusca

Die Casa Rusca an der Piazza Sant' Antonio (Nr. 5; 17. Jh.) beherbergt heute die Pinacoteca Comunale (Städt. Gemäldegalerie; geöffnet Di.–So. 10.00–12.00 und 14.00 bis 17.00 Uhr), in der die Collezione Marguerite e Jean Arp sowie die Donazione Nesto Giacometti zusammengefaßt sind.

Sammlung Arp

Die Arp-Sammlung umfaßt etwa 100 Gemälde sowie 40 Reliefs und Plastiken des elsässischen Dada-Künstlers Hans Arp (⟶ Berühmte Persönlichkeiten) sowie Werke u.a. von Hans Richter, George Segal, Max Ernst, Jules Bissier, Victor Vasarély, Francis Picabia, Max Bill und Valenti.

Stiftung Giacometti

Zur Giacometti-Stiftung gehören rund 2500 Radierungen und 100 Ölgemälde der zeitgenössischen Pariser Schule, darunter Werke von Pablo Picasso, Marc Chagall, Hans Hartung, Maurice Utrillo, Massimo Campigli, Karel Appel und Gentilini.

Casa del Negromante

Die aus dem 14. Jahrhundert stammende Casa del Negromante an der Contrada Borghese (Nr. 14), eines der ältesten Häuser der Stadt, wurde im 16. Jahrhundert ausgestattet und diente als Gesellschaftshaus des Adels.

Casa Simona

Die Casa Simona (16. und 18. Jh.) besitzt einen Innenhof mit dreigeschossiger Loggia.

S. Maria in Selva

Westlich der Kirche S. Antonio und außerhalb der Altstadt liegt der Friedhof von Locarno mit dem Chor und dem Turm der 1884 abgerissenen ehemaligen Klosterkirche S. Maria in Selva (15./16. Jh.). Im Chorgewölbe bedeutende Fresken (Szenen aus dem Leben Christi; 15. Jh.) der lombardischen Schule. Auf dem Friedhof das skulpturengeschmückte Grab von Hans Arp (1887–1966).

Santa Maria dell'Assunta: Christophorus

Piazza Stazione (Bahnhofsplatz)

*Kirche S. Maria dell'Assunta (Chiesa Nuova)

Östlich der Kirche S. Antonio steht an der Via della Cittadella die kleine, aber bemerkenswerte Barockkirche S. Maria dell'Assunta (um 1630), auch Chiesa Nuova genannt.
Die Fassade beherrscht eine mächtige Statue des hl. Christophorus, das Innere birgt reichen Stukkaturen- und Freskenschmuck sowie kostbare intarsierte und vergoldete Reliquienschreine.

Casa dei Canonici

An die Chiesa Nuova schließt die Casa dei Canonici, der einstige Palazzo Orelli, mit Arkadenhof aus dem 17. Jahrhundert an.

Ehem. Kloster SS. Rocco e Sebastiano

Im Norden der Altstadt befindet sich das ehemalige Kapuzinerkloster SS. Rocco e Sebastiano (jetzt Collegio S. Eugenio).
Gegenüber steht der barocke Palazzo Franzoni (18. Jh.).

Kloster S. Caterina

Südöstlich von SS. Rocco e Sebastiano liegt das Augustinerinnenkloster S. Caterina; in der Klosterkirche reiche illusionistische Malereien.

Seeufer

*Uferpromenade

Die Bucht des Lago Maggiore wird von der schönen Uferpromenade Lungolago Giuseppe Motta umzogen. Sie verläuft südwärts zum Strandbad Lido (Campingplatz) sowie weiter zum Parco della Pace (mit Plastiken von Hans Arp) und zum Messegelände am Maggia-Delta.
Ostwärts führt sie unter dem Namen Viale Verbano über Muralto und Rivapiana zu dem Vorort Minusio.

Schiffslände

Der Debarcadero am Lungolago Giuseppe Motta ist die Anlegestelle für den Schiffsverkehr auf dem ⟶ Lago Maggiore. Motorschiffe (im Sommer auch Tragflügelboote) verkehren zwischen Locarno und den wichtigsten Uferorten sowie den Borromäischen Inseln (s. S. 124).

Giuseppe-Cattori-Denkmal am Seeufer von Muralto

Muralto

Nachbargemeinde

An der Nordseite der Langenseebucht von Locarno erstreckt sich die Gemeinde Muralto, die längst mit Locarno zusammengewachsen ist.

Piazza Stazione

Unweit nördlich vom Schiffsanleger liegt der Bahnhofsplatz (Piazza Stazione) mit dem SBB-Bahnhof (Stazione FFS), der durch Unterführungen mit der Endstation der im Stadtbereich neuerdings unterirdisch verlaufenden Centovallibahn (⟶ Centovalli) verbunden wird.
Rund 250 m südwestlich vom SBB-Bahnhof befindet sich an der Via Ramogna die Talstation der nach Orselina zur Wallfahrtskirche Madonna del Sasso (s.S. 142) hinaufführenden Standseilbahn.

***Kirche S. Vittore**

Von der Piazza Stazione gelangt man ostwärts durch die Via Stazione und die Via della Collegiata zur Stiftskirche S. Vittore (einst Pfarrkirche; im 17. und 19. Jh. unter Einbeziehung alter Bauteile erneuert).

****Krypta**

Von dem im Jahre 901 erstmals urkundlich erwähnten Vorgängerbau ist nur die schöne romanische Hallenkrypta (12. Jh.) mit bemerkenswerten Kapitellen erhalten geblieben.

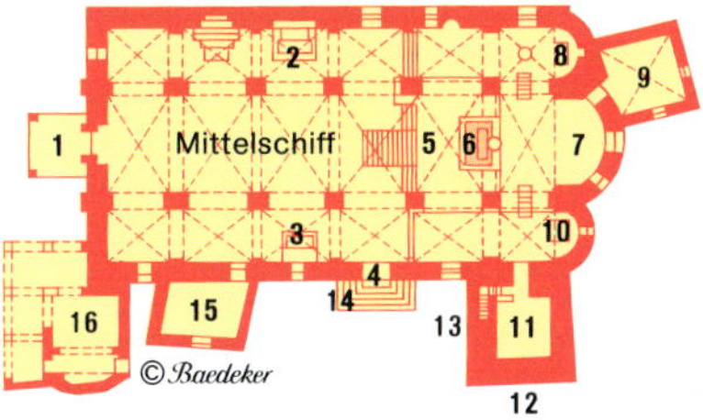

Stiftskirche San Vittore in Muralto

Grundriß

1 SW-Portikus (1856)
2 Josefskapelle
3 Borromäuskapelle (ca. 1643)
4 SO-Portal (ca. 1520)
5 Hallenkrypta unter dem erhöhten Chor
6 Hochaltar (1781)
7 Hauptapsis
8 Nordapsis
9 Sakristei (ca. 1590)
10 Südapsis
11 Turm (Renaissance)
12 St. Viktor zu Pferde (Marmorrelief, 1460)
13 Lebensmittelpreise von 1527
14 Römische Spolie
15 Bruderschaftskapelle
16 Beinhaus (1745)

S. Vittore (Fortsetzung), Relief des hl. Viktor

An dem 1524 begonnenen, dann aufgegebenen und erst 1932 vollendeten Campanile ist ein marmornes Reiterrelief des hl. Viktor (1460; von Marino Berazoni) angebracht, das ursprünglich vom Visconti-Schloß stammt.

Minusio

Kirche S. Quirico in Rivapiana

In dem sich östlich von Muralto anschließenden, zu Minusio gehörenden Ortsteil Rivapiana befindet sich die sehenswerte Barockkirche S. Quirico (1795–1801).
Der romanische Glockenturm (13./14. Jh.) mit Freskenresten aus dem 15. und 16. Jahrhundert diente einst als Wachturm.

Ca' di Ferro

Weiter östlich am Seeufer steht die imposante festungsartige Ca' di Ferro (= Eisernes Haus; von 1580), eine von dem Urner Landvogt Peter à Pro erbaute Kaserne zur Ausbildung seiner für Frankreich bestimmten Söldner. Später nutzte er sie als Lager für seinen Getreidehandel. In der Folgezeit auch Sitz der Urner Landvögte, befindet sich das Anwesen heute in Privatbesitz.

Stefan-George-Grab

Auf dem neuen Friedhof von Minusio befindet sich rechts vom Nordosteingang an der Mauer das Grab des deutschen Dichters Stefan George (1868–1933; ⟶ Berühmte Persönlichkeiten).

Elisarion

In Minusio ferner beachtenswert ist das Elisarion ('Sanctuarium Artis Elisarion', Via Rinaldo Simen 3; geöffnet von Ostern bis Oktober Di.–Fr. 9.00–11.00 Uhr), ein Kulturzentrum mit der ominösen Kunstsammlung und Bibliothek des baltischen Malerdichters Elisar von Kupffer (1872 bis 1942) und seines Freundes, des westfälischen Philosophen Eduard von Mayer, der die Lehre vom 'Klarismus' vertrat.

Brione sopra Minusio

*Aussichtslage

Oberhalb von Minusio in prächtiger Aussichtslage situiert ist der Ferienort Brione (428 m ü.d.M.). Im Ortskern gibt es noch einige typische Tessiner Steinhäuser.

Kirche S. Maria di Loreto

An der Piazza steht die Kirche S. Maria di Loreto (urspr. 16. Jh.; 1914 erneuert); im Inneren illusionistische Malereien von Giovanni Antonio Vanoni.
Oberhalb von Brione ein hübscher Bildstock aus dem 19. Jahrhundert.

Tendrasca Cordonico

Von Brione führen einfache Wanderungen entweder in einer Stunde nordöstlich nach Tendrasca (710 m ü.d.M.) oder in etwa zwei Stunden nördlich nach Cordonico (1025 m ü.d.M.).

**Madonna del Sasso

**Lage

Auf halber Höhe über Locarno thront auf einem bewaldeten Felsen (355 m ü.d.M.) im Ortsteil Orselina die als eine Art Wahrzeichen weithin sichtbare Wallfahrtskirche S. Maria Assunta, allgemein bekannt als Madonna del Sasso (= Felsenmadonna); dabei ein Kloster der Kapuziner, welche die Wallfahrtstätte betreuen.

Standseilbahn

Stationenweg

Man erreicht das Sanktuarium der Madonna del Sasso entweder mit einer 825 m langen, von der Via Ramogna (zwischen Piazza Grande und SBB-Bahnhof Locarno-Muralto) ausgehenden Standseilbahn (technische Details ⟶ Praktische Informationen: Bergbahnen) in sechs Minuten Fahrzeit oder zu Fuß auf dem Stationenweg (Via Crucis = Kreuzweg) in 30–45 Minuten.

Madonna del Sasso mit Blick auf Magadino-Ebene und Alpen

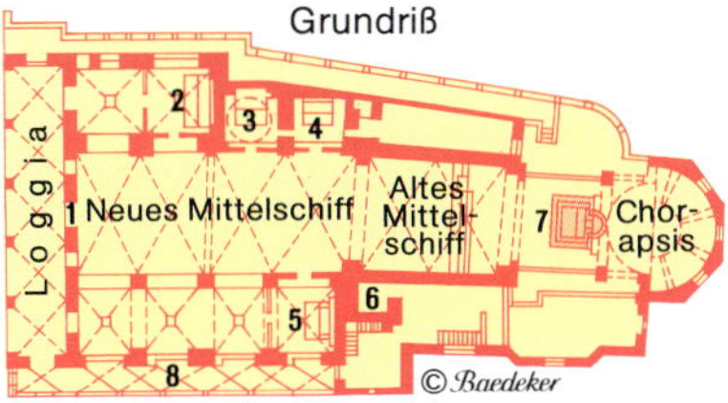

Madonna del Sasso
Wallfahrtskirche Santa Maria Assunta in Orselina ob Locarno

1 Hauptportal (Fresken des 16./17. Jh.s)
2 Altarbild von Antonio Ciseri (ca. 1870)
3 Kapelle der Unbefleckten Empfängnis
4 Kapelle des hl. Franziskus
5 Altarbild von Bramantino (ca. 1570)
6 Glockenturm (16./17. Jh.)
7 Hochaltar (1792) mit Gnadenbild (ca. 1487)
8 Arkadengalerie (17. Jh.; Aussicht)

Fahrstraßen

Fahrstraßen führen hinauf vom westlichen Altstadtrand über Monti della Trinità oder von Muralto über Orselina (3,5 km).

*Klosterkirche

Die nach der Überlieferung im Jahre 1480 aufgrund einer Marienerscheinung von dem Franziskaner Bartolomeo d'Ivrea gegründete, 1616 erneuerte Kirche ist im 17. Jahrhundert mit Stukkaturen und Fresken sowie auch im 19. Jahrhundert überladen ausgestaltet worden. Unzählige Votivtafeln und vielfältige andere Gnadenbezeugungen sind überall in der Kirche verteilt.
Beachtung verdienen im Inneren rechts vom Eingang die "Flucht nach Ägypten", ein Hauptwerk von Bramantino (Bartolomeo Suardi; 1520), sowie in der zweiten Seitenkapelle die "Grablegung Christi" von Antonio Ciseri aus Ronco sopra Ascona (um 1865).

Kirchenmuseum

Im angeschlossenen Kirchenmuseum (Museo Casa del Padre) sind zahlreiche Votivgaben ausgestellt; ein Saal ist dem im 19. Jahrhundert hochverehrten Maler Antonio Ciseri gewidmet.

**Aussicht

Prächtige Aussichten über Locarno und den Lago Maggiore bieten sich von der seitlichen Arkadengalerie der Kirche sowie von der Terrasse.

Monti della Trinità

Villenort

Westlich der Wallfahrtskirche Madonna del Sasso erstreckt sich auf dem aussichtsreichen Berghang der Villenvorort Monti della Trinità (404 m ü.d.M.), auch kurz Monti genannt, mit der Kirche S. Trinità dei Monti (17. Jh.).

Monte Brè

Von Monti della Trinità führt ein vielgewundenes Sträßchen (8 km) ziemlich steil bergan durch Wald zu dem Bergdörfchen Monte Brè (1004 m ü.d.M.).

San Bernardo

Von Monte Brè gelangt man noch 1 km weiter eben am Hang hin nach San Bernardo (1096 m ü.d.M.), das eine freskengeschmückte Kapelle aus dem 17. Jahrhundert besitzt; von beiden Orten prächtige Aussicht.

*Orselina

Villenort

Östlich vom Sanktuarium der Madonna del Sasso dehnt sich in prächtiger Aussichtslage der Villenvorort Orselina (456 m ü.d.M.) aus. In der Pfarrkirche S. Bernardo (16. Jh.; mehrfach verändert) ein Chorfresko von Giovanni Antonio Vanoni.

*Höhenweg 'Collina Alta'

Lohnend ist die Wanderung auf dem Höhenweg 'Collina Alta' von Monti della Trinità über Orselina nach Brione sopra Minusio (s.S. 142).

Umgebung von Locarno

*Cardada

Von der Wallfahrtskirche Madonna del Sasso führt eine rund 2 km lange Luftseilbahn in zehn Minuten hinauf nach Cardada (Alpe Cardada; 1350 m ü.d.M.); oben prachtvolle Aussicht.

*Cimetta

Von Cardada kann man weiter mit einer 869 m langer Sesselbahn in sechs Minuten (zu Fuß in 1 Std.) zur Cimetta (1676 m ü.d.M) inmitten eines gut erschlossenen Skigebietes (mehrere Liftanlagen) gelangen.

**Cima della Trosa

Von der Cimetta lohnender Aufstieg (1 Std.) zur Cima della Trosa (1871 m ü.d.M.) mit großartiger Aussicht. Abstieg von dort über die Alpe Bietri nach Mergoscia (s. nachstehend).

Solduno

Im Westen von Locarno liegt an der Stelle der ursprünglichen Maggia-Mündung der alte Ort Solduno. Die barocke Pfarrkirche S. Giovanni Battista empfindet in vereinfachter Form die Jesuitenkirche Il Gesù in Rom nach.

Bei Solduno wurden eisenzeitliche und römische Friedhöfe entdeckt.

*Contra

Etwa 8 km nordöstlich von Locarno breitet sich auf zwei rebenbestandenen Sonnenterrassen hoch über dem Eingang zum → Verzasca-Tal das Dorf Contra (486 m ü.d.M.) aus mit prächtigem Blick über den Lago Maggiore und die → Magadino-Ebene. In der spätmittelalterlichen Kirche S. Bernardo sieht man schöne Stukkaturen und alte Fresken.

***Mergoscia**

Zu dem Bergdorf Mergoscia (735 m ü.d.M.; 150 Einw.) führt von Contra eine schmale und kurvenreiche Straße (5 km; sehr lohnend), die sich auf kühnen Steinbogenbrücken über die Schluchten der Verzasca-Zuflüsse schwingt. Der im geographischen Mittelpunkt des Kantons Tessin gelegene Ort befindet sich in aussichtsreicher Hanglage hoch über dem Stausee von Vogorno (→ Verzasca-Tal). Er bietet besonders im Ortsteil Rivapiana ein reizvolles geschlossenes Gesamtbild mit typischen granitgedeckten Steinhäusern an engen, steilen Treppengassen.

In beherrschender Lage mit Blick auf die Verzasca-Talsperre und auf den Pizzo di Vogorno (2446 m ü.d.M.) erhebt sich über dem Ort die Pfarrkirche SS. Carpoforo e Gottardo (urspr. 14. Jh.; mehrfach verändert) mit bemerkenswertem Portal, freistehendem Campanile, Pfarrhaus, Karner und barocker Friedhofssäule. Im Kircheninneren beachtenswert sind Reste eines Freskos aus der Schule da Tradates sowie Gewölbemalereien von Giovanni Antonio Vanoni.

Locarno, Umgebung: Mergoscia (Fortsetzung)

Valle Maggia

⟶ Maggia-Tal

Val Verzasca

⟶ Verzasca-Tal

Val Onsernone

⟶ Onsernone-Tal

Luganer See (Lago di Lugano) D/E 6/7

Schweiz und Italien
Wasserspiegel: 271 m ü.d.M.

Lage und Allgemeines

Der stark gegliederte Luganer See, italienisch Lago di Lugano (nach der Stadt ⟶ Lugano) oder Ceresio (wohl nach dem keltischen Wort 'keresios' = der Gehörnte) genannt, erstreckt sich in geschützter Lage am Südfuß der Schweizer Alpen.
Der überwiegende Teil des Sees gehört zum schweizerischen Kanton Tessin, der nordöstliche Seearm und das äußerste Südwestufer zu den italienischen Provinzen Como bzw. Varese.
Mit einer Fläche von 48,7 km^2 und einer maximalen Tiefe von 288 m ist der Luganer See wesentlich kleiner als die benachbarten Seen ⟶ Lago Maggiore und Lago di Como (⟶ Comer See).
Im Norden von den Flüssen Magliasina, Vedeggio, Cassarate und Cuccio gespeist, wird er nach Westen durch die Tresa zum Langensee hin entwässert.

Blick in den fjordähnlichen Südwestarm des Luganer Sees

Luganer See (Fortsetzung) Entstehung

Der Luganer See erfüllt ein verzweigtes eiszeitliches Gletschersytem: Hier vereinigten sich der vom Gotthardmassiv herabkommende mächtige Tessin-Gletscher, der den Lago Maggiore wie auch den westlichen Teil des Luganer Sees geschaffen hat, und der vom Rheinwaldhorn (Adula) kommende Adda-Gletscher, von dem der Comer See wie auch der Porlezza-Arm des Ceresio übrig geblieben sind. Die Moränen beider Gletscher bilden heute das Hügelland des ⟶ Mendrisiotto und die Capriasca (s.S. 163).

**Landschaftsbild

Den Luganer See umrahmen waldreiche Bergrücken, die meist steil zum Wasser hin abfallen und eine Bebauung erschweren oder gar unmöglich machen. Die Siedlungsschwerpunkte liegen in den Mündungsbereichen der größeren Zuflüsse, die hier mit ihren Schwemmlandebenen flache Uferzonen ausgebildet haben.
Durch seine starke Gliederung eröffnet der See immer wieder neue Aspekte und bietet recht abwechslungsreiche, zuweilen überraschende Landschaftsbilder. Wohl am reizvollsten ist die Bucht von Lugano.

Klima

Das Klima am Luganer Sees trägt deutlich mediterrane Züge. Warme, sonnenreiche Sommer mit regelmäßigen kräftigen Schauern und milde trockene Winter lassen eine Vegetation von großer Vielfalt und Üppigkeit gedeihen. Wegen der geschützten, windarmen Lage ist der Luganer See zum Segeln und Surfen weniger geeignet.

Vegetation

Die Steilhänge des Seeufers sind von Laubmischwäldern bedeckt, in welchen Buche, Eiche, und Edelkastanie vorherrschen. Im übrigen hat die Flora der submontanen Stufe bereits deutlich mediterrane Prägung.
Die Parkanlagen und Gärten zieren Palmen, Oleander und exotische Sträucher von überraschender Mannigfaltigkeit.

Geschichte

Das Ufer des Luganer Sees war bereits von Etruskern und Kelten besiedelt. Reichhaltiger sind Funde aus der Zeit der Römer, Langobarden und Franken. Im Mittelalter wiederholt in die Auseinandersetzungen zwischen Mailand und Como verstrickt, gelangten große Teile der Region 1512 unter eidgenössische, in napoleonischer Zeit vorübergehend auch unter französische Herrschaft.

*Schiffsverkehr

Sehr lohnend sind Fahrten auf dem See von Lugano entweder mit Motorbooten zu den Ortsteilen Paradiso und Castagnola oder nach Gandria, ferner zu den Ausflugsorten Caprino und Cavallino am Fuße des Monte Caprino, oder mit Motorschiffen über Gandria in den fjordartigen italienischen Nordostarm des Sees nach Porlezza, südwärts über Campione d'Italia, durch den Ponte Diga nach Melide und weiter bis ans Ende des Südarmes bei Capolago (= 'Seehaupt') sowie über Morcote nach Porto Ceresio und weiter in den westlichen Seearm nach Ponte Tresa bzw. Agno.

Keine durchgehende Uferstraße

Eine durchgehende Uferstraße für den Kraftfahrzeugverkehr, wie sie rings um den Lago Maggiore oder den Comer See besteht, gibt es am Luganer See nicht. Größere Abschnitte, besonders am Südufer des Porlezza-Armes, sind nur zu Fuß erreichbar.

Lugano — D/E 6

Höhe: 272 m ü.d.M.
Einwohnerzahl: 29 000 (im Großraum ca. 55 000).

**Lage und Bedeutung

Die äußerst reizvoll am Nordufer vom ⟶ Luganer See gelegene betriebsame Bezirksstadt Lugano (früher deutsch 'Lauis') ist die größte und bedeutendste der Tessiner Städte, wirtschaftlicher Schwerpunkt (Textil-, Tabak- und Schokoladenfabriken) mit großem Gewicht auf dem Dienst-

Lugano am Fuße des Monte Brè

Lage und Bedeutung (Fortsetzung)

leistungssektor (rund 80 Banken; Versicherungswesen; Fremdenverkehr) und kulturelles Zentrum (Sitz der Rundfunk- und Fernsehanstalt Radio-Televisione della Svizzera Italiana / RTSI) des Kantons Tessin sowie einer der beliebtesten und meistbesuchten Schweizer Ferienorte, besonders während der wärmeren Jahreszeit.
Wegen des wunderschönen Landschafts- und Ortsbildes auch 'Perle am Luganer See' genannt, schmiegt sich Lugano um die weite Mündungsbucht des Flüßchens Cassarate und steigt anmutig an den Hängen der markanten Bergkegel von Monte San Salvatore und Monte Brè empor. Der zentrale Stadtbereich mit der Altstadt findet fast nahtlos seine Fortsetzung in den neueren Wohnvororten Paradiso (im Süden; bes. zahlreiche Hotels und Apartmenthäuser) sowie Cassarate und Castagnola (im Osten; prächtige Villen).
Vegetation, Bauweise und Lebensart von Lugano strahlen südländisches Flair aus. Zudem trifft man hier ein buntes Sprachen- und Völkergemisch, was der Stadt erfrischende Weltoffenheit, anregende Lebendigkeit und mondäne Eleganz verleiht.

Klima

Lugano gehört zu den Kurorten des Alpenvorlandes und der südalpinen Zone mit ausgesprochenem Schonklima, das durch beträchtliche Sonnenscheindauer (jährlich ca. 2100 Stunden) bei mäßiger Strahlungsintensität und milden Lufttemperaturen mit geringer Tagesschwankung gekennzeichnet ist. Die Sommer sind warm mit ergiebigen episodischen Regenschauern, die Winter mild und trocken.

Fernverkehr

Stadt und Region liegen direkt an der wichtigen europäischen Nord-Süd-Verkehrsachse der Gotthardroute (Eisenbahn, Autobahn). Alternativ kann man über die gut ausgebaute San-Bernardino-Straße auf die Alpensüdseite gelangen.
Crossair-Flüge verbinden Lugano (Flugplatz Agno) mit Zürich, Genf, Bern, Basel/Mulhouse, Paris, Nizza, Venedig und Florenz.

Lokalverkehr

Kraftfahrzeuge werden am besten in den Parkhäusern des Stadtzentrums (Wegweiser) abgestellt.
Eine Standseilbahn (Funicolare) verbindet den Bahnhof mit der Altstadt (Piazza Cioccaro) in zwei Minuten.
Trolleybusse verkehren zwischen Paradiso und Castagnola, zwischen Pregassona und Breganzona, zwischen dem Stadtzentrum und Vezia, ferner zwischen dem Bahnhof und Viganello sowie Cornaredo.
Omnibusverbindung zwischen Lugano und Brè (Dorf).
Überlandstraßenbahn zwischen Bahnhof Lugano und Ponte Tresa.
Expreßboote pendeln tagsüber alle 15 Minuten zwischen Lugano und Paradiso.

Ferienabonnement

Zum Besuch der vielfältigen Ausflugsziele in der näheren und weiteren Umgebung von Lugano empfiehlt sich das preisgünstige regionale Ferienabonnement, welches zwischen 1. März und 31. Oktober für sieben Tage ausgegeben wird. Es ist bei allen Verkehrs- und Reisebüros erhältlich und gilt für die Fahrzeuge der städtischen Verkehrsbetriebe, Eisenbahn, Postauto und Schiffe.
Ausflüge zu Wasser ⟶ Luganer See (Schiffsverkehr).

Geschichte

Altertum

Wegen der verkehrstechnisch wichtigen Lage an der Paßstrecke über den Monte Ceneri spielte das Gebiet um Lugano von jeher eine bedeutsame Rolle. Siedlungsreste aus der Antike lassen sich in und um die Stadt nachweisen. In römischer Zeit war sie ein selbstverwaltetes Gemeinwesen.

Mittelalter

Bereits im 9. Jahrhundert hatte Lugano durch seinen Wochenmarkt überregionale Bedeutung. Im Mittelalter unterstand die Stadt der Rechtsprechung des Bischofs von Como und wurde dadurch mehrfach in dessen Auseinandersetzungen mit Mailand verwickelt. Seit dem 15. Jahrhundert unter dem Herzog von Mailand, der 1498 direkt am See eine Burg errichten ließ, und später unter französischer Herrschaft, nahmen 1512 die Eidgenossen die Stadt ein und machten sie bis 1798 zu einer Gemeindevogtei der Zwölf Orte. Unter Napoleon I. war Lugano im sechsjährigen Wechsel mit Bellinzona und Locarno Hauptstadt des Tessin und ist seit 1884 Bischofssitz.

Neuzeit

Mit der Eröffnung der Gotthardbahn (1882) nahm die Stadt einen raschen wirtschaftlichen Aufschwung. Besonders der Tourismus wurde bald zu einer der wichtigsten Erwerbsquellen. Kehrseite dieser Entwicklung ist eine stellenweise hemmungslose Bebauung und Zersiedlung. Trotzdem hat die Stadt kaum von ihrer Anziehungskraft verloren, zumal Ursprünglichkeit, Natur und Ruhe jederzeit unschwer in der näheren Umgebung zu finden sind.

Sehenswertes

*Altstadt

Fußgängerzone

Drei ineinandergreifende Plätze bilden den Kernbereich des pulsierenden Lebens von Lugano: Piazza della Riforma, Piazza Rezzonico und Piazza Manzoni. Sowohl dieses Platzareal als auch die gesamte restliche Altstadt ist frei von Kraftfahrzeugverkehr. Am Rande dieses ausgedehnten Fußgängerbereiches stehen Parkhäuser und Parkplätze zur Verfügung.

***Piazza della Riforma**

Hauptplatz und Brennpunkt des Fremdenverkehrs ist die weite Piazza della Riforma (Platz der Reformation; ganzjährig Di. und Fr. 8.00–12.00 Uhr Wochenmarkt, im Sommer Sa. 8.00–16.00 Uhr Kunst- und Antiquitäten-

Arkadenblick auf das Rathaus an der Piazza della Riforma

markt). Sie ist umgeben von repräsentativen Bürgerhäusern des 19. Jahrhunderts, unter deren Arkaden Straßencafés, Restaurants und Ladengeschäfte eingerichtet sind.

Piazza della Riforma (Fortsetzung)

Municipio

Die Seeseite des Reformationsplatzes nimmt der imposante, 1844/1845 als Regierungsgebäude errichtete Palazzo Civico ein, der heute als Rathaus (Municipio oder Palazzo Comunale) dient; im Innenhof Vincenzo Velas pathetisches Standbild "Spartacus", im Gebäudeinneren weitere Skulpturen und Wandbilder.

Piazza Rezzonico
Piazza Manzoni

Südwestlich an die Piazza della Riforma schließt die kleine Piazza Riziero Rezzonico an, nordöstlich die Grünanlage der Piazza Alessandro Manzoni mit dem Palazzo Riva (jetzt Sitz der Banca della Svizzera Italiana), einem von drei gleichnamigen barocken Patrizierhäusern des 18. Jahrhunderts (die beiden anderen an der Piazza Cioccaro bzw. Via Pretorio Nr. 7).

Debarcadero

Auf der Höhe der drei Plätze befinden sich am Ufer des Sees die Hauptanlegestellen (Debarcadero) für die Schiffe zu anderen Uferorten und für Rundfahrten.

*Seepromenade

Die lange, von Cassarate bis Paradiso reichende Seepromenade wird von gepflegten subtropischen Blumenanlagen gesäumt, in denen man modernen Plastiken u.a. von G. Genucchi, O. Zadkine und P. Selmoni begegnet.

Via Nassa & Via Pessina

Die Altstadt drängt sich mit ihren engen, z.T. arkadengesäumten Gassen um die Piazza Riforma und steigt von dort nach Westen hin bergan. Hauptgeschäftsstraßen sind die Via Nassa (sie führt südwärts bis zur Piazza Bernardino Luini, s.S. 158) und die nördlich anschließende Via Pessina, beide mit eleganten Boutiquen (u.a. bekannte italienische Modemacher), Juwelier- und Uhrengeschäften sowie Lebensmittel- und Feinkostläden (zur Geschäftszeit Angebote vielfach davor auf der Straße).

Fortsetzung s.S. 152

Autostrada Locarno, Bellinzona
Tesserete
Ponte Tresa
Flugplatz Agno
Chiasso
Monte San Salvatore
Melide
Lugano
Lago di Lugano
Basilica del Sacro Cuore
Banca del Gottardo
Chiesa dei Cappuccini
Bahnhof SBB FFS
San Lorenzo
Ferrovia Ponte Tresa
Palazzo dei Congressi
S. Rocco
Parco Civico
Villa Ciani
Biblioteca
Museo di Storia Naturale
Kursaal
Palazzo Riva
Rathaus
Porto Comun
Parco Tassino
Piazza B. Luini
Santa Maria degli Angioli
Loreto
LORETO
Villa Malpensata
Bagno Pubblico
CASSARINA
Imbarcatoio Paradiso
Giardino Pubblico
PARADISO
Lido di Paradiso
Piscina Comunale Paradiso
Autostrada Lugano Sud
Piazzale di Basso
Via Genzana
Via San Gottardo
Via al Ponte
Via Coremmo
Via Besso
Via Moncucco
Via Tomaso
Via Basilea
Via Sorengo
Via Aprica
Via Montarina
Via Clemente Maraini
Via Giuseppe Motta
Via Nassa
Riva V. Vela
Via A. Galli
Via Cantonale
Via M. Ceneri
Via Dufour
Via Pretorio
Viale S. Franscini
Via C. Maderno
Corso Elvezia
Via A. Fusoni
Viale Cassarate
Via Serafino Balestra
Via E. Bossi
Via Luigi Canonica
Corso Pestalozzi
Viale C. Cattaneo
Auto-silo
Riva Antonio Caccia
Via Mazzini
Via Giuseppe
Via A. tonio Riva
Via S. Calloni
Via Casserinetta
Via G. Cattori
Via Geretta
Via delle Scuole
Via F. Zorzi
Via E. Bosia
Stretta Riva Paradiso
Boggia
Via Guidino Superiore
Via Carona
Via Calprino
Stretta Boggia
Via agli Orti
Via al Chios
Via Magg
Via C. Ma
Centro Esposiz
Pisc
Cassarate
Via Paolo Reggazoni
Piazzale d. Stazione
Bahnhof SBB
Bhf. Ponte Tresa
Funico
Catte San Lo
Via A. Galli
Via Bertac
Via Carlo Bossoli
Salita
Via Clemente Maraini
Via T. Tasso

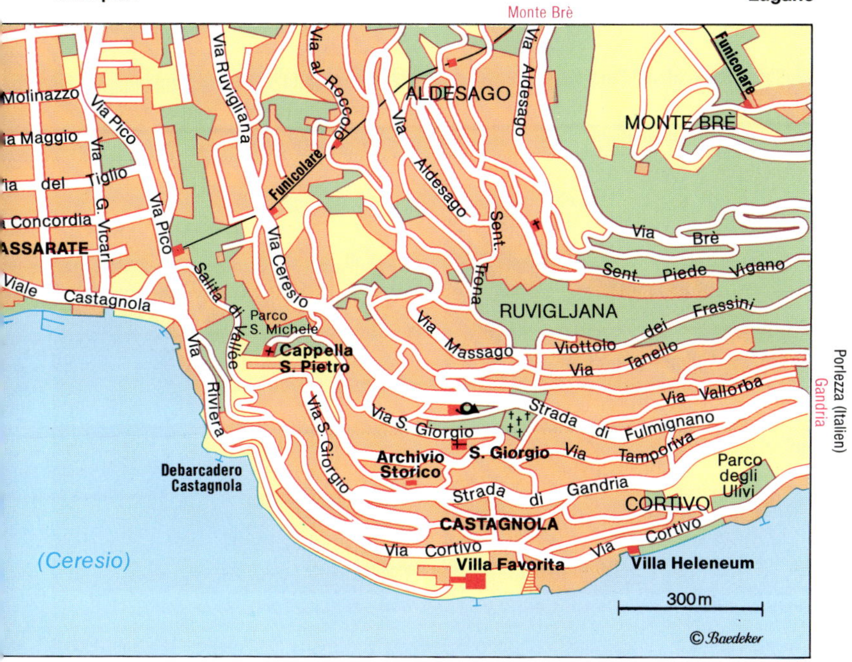
Monte Brè
Porlezza (Italien)
Gandria
ALDESAGO
MONTE BRÈ
Funicolare
Via Ruvigliana
Via al Rocco
Via Aldesago
Via Aldesago
Molinazzo
Via Pico
Maggio
Via del Tiglio
Concordia
Via G. Vicari
ASSARATE
Viale Castagnola
Via Pico
Funicolare
Via Ceresio
Salita di Vallee
Sent. Trona
Via Brè
Sent. Piede Vigano
Parco S. Michele
Cappella S. Pietro
Via Massago
RUVIGLJANA
Viottolo dei Frassini
Via Tanello
Via Riviera
Via S. Giorgio
Via S. Giorgio
Strada di Fulmignano
Via Vallorba
Via Tamporiva
Archivio Storico
S. Giorgio
Parco degli Ulivi
Debarcadero Castagnola
Strada di Gandria
CORTIVO
CASTAGNOLA
Via Cortivo
Via Cortivo
Villa Favorita
Villa Heleneum
(Ceresio)
300 m
© Baedeker

S. Giuseppe
Via Pretorio
V. G. B. Pioda
Via C. Frasca
Corso Pestalozzi
Corso Elvezia
V. P. Lucchini
V. Lavizzari
V. Landriani
CASSARATE, CASTAGNOLA
Viale Carlo Cattaneo
Via P. Peri
Palazzo Riva
Piazzetta della Posta
Chiesa dell'Immacolata
V. G. Carducci
Quartiere Maghetti
Piazza Indipendenza
Palazzo dei Congressi
Chiesa Protestante
Piazza Dante
Sant' Antonio
Via M. Magatti
V. della Posta
San Rocco
Via Canova
Parco Civico
Villa Ciani
Naturgeschichtsmuseum
Palazzo Riva
Via Pessina
Palazzo Riva
Via Camuzio
Palazzo Albertolli
Via Marconi
Kursaal
Biblioteca Cantonale
Piazza della Riforma
Piazza A. Manzoni
Riva Giocondo Albertolli
Rathaus
Debarcadero Giardino
Piazza R. Rezzonico
Carlo
Riva Vincenzo Vela
Debarcadero Centrale
Lago di Lugano (Ceresio)
Lugano Stadtkern
100 m
© Baedeker
Debarcadero Vedetta
B. Luini

Brunnen auf der Piazza Rezzonico

Turm der Kathedrale San Lorenzo

Kirche S. Carlo Borromeo

In der Kirche S. Carlo Borromeo (von 1640–1642), an der Via Nassa, das Giuseppe Antonio Petrini zugeschriebene Gemälde “Schlüsselübergabe an Petrus” (um 1730).

Kirche S. Antonio

Unweit nördlich der Piazza della Riforma steht an der Piazza Dante die ehemalige Klosterkirche S. Antonio (urspr. 1334; 1633–1652 erneuert); im Inneren ein Altarbild von Giuseppe Petrini (1734).

‘La Piccionaia’

An der Kreuzung der von der Piazza Dante nordwärts führenden Via Pretorio mit dem Corso Pestalozzi steht das reizvolle Haus ‘La Piccionaia’ (= der Taubenschlag; 15. Jh.), ein gutes Beispiel lombardischer Architektur mit reichem Außenschmuck.

*Moderne Bauten

Im Norden der Altstadt sei auf zwei beachtenswerte Bauten des modernen Tessiner Architekten Mario Botta hingewiesen, nämlich auf das wabenartig strukturierte Geschäftshaus Palazzo Ransila (1985) am Corso Pestalozzi und den mächtigen, festungsartigen Komplex des Hauptverwaltungsgebäudes der Banca del Gottardo (1988; interessante Lichtwirkung) am Viale Stefano Franscini (Nr. 8; Abb. s.S. 45).

Via Balestra

In krassem Kontrast zu der verwinkelten Altstadtbebauung stehen die funktionalistischen Geschäftsgebäude (v.a. Banken und Versicherungen) aus den siebziger und achtziger Jahren entlang der Via Serafino Balestra, die nur etwa 500 m nördlich vom Seeufer in Ost-West-Richtung verläuft.

Hinweis für Liebhaber moderner Architektur

Bei der kantonalen Tourismusorganisation ‘Ente ticinese per il turismo’ (⟶ Praktische Informationen: Auskunft) ist ein sorgfältig zusammengestelltes Faltblatt erhältlich, das unter dem Reihentitel “Auf den Spuren der modernen Architektur im Tessin” zwölf interessante Beispiele moderner Architektur in Lugano vorstellt, die man anhand der detaillierten Karte auf dem Deckblatt leicht lokalisieren kann.

Grundriß

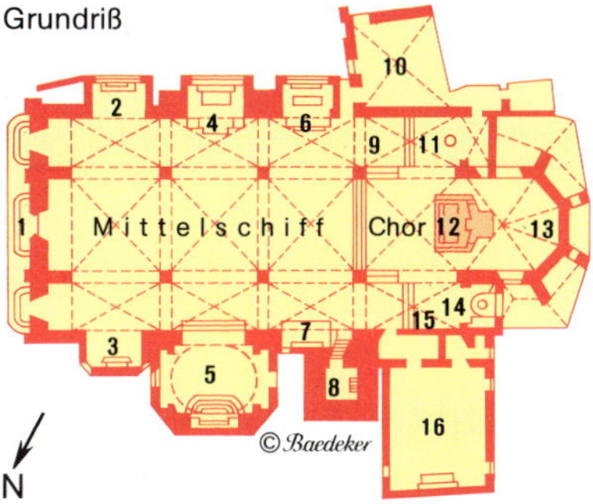

Kathedrale San Lorenzo

1 Schaufassade (lombard. Renaissance, 1500–1517)
2 Nikolauskapelle (18. Jh.)
3 Kapelle der hll. Crispinus & Crispianus (18. Jh.)
4 Kapelle der hll. Apollonia & Lucia (18. Jh.)
5 Kapelle der Santa Maria delle Grazie (15. & 18. Jh.)
6 Stephanskapelle (18. Jh.)
7 Kapelle der hll. Petrus (d. Märtyrer) & Vincenzo Ferrer (18. Jh.)
8 Romanischer Turm (Glockengeschosse ca. 1640)
9 Orgelprospekt (16. Jh.)
10 Sakristei (18. Jh.)
11 Gotischer Taufstein (1430)
12 Hochaltar (ca. 1690; Marmorstatuen von 1708)
13 Apsismalereien von G. & A. Torricelli (1764)
14 Taufstein mit Holzaufsatz (16. Jh.)
15 Wandtabernakel (16. Jh.)
16 Ludwigskapelle (17./18. Jh.)

***Kathedrale S. Lorenzo**

Auf einer Terrasse westlich oberhalb der Altstadt erhebt sich in prächtiger Aussichtslage die Kathedrale S. Lorenzo, einst Kollegiatkirche, seit 1884 Bischofskirche. Erstmals im Jahre 818 erwähnt, wurde der romanische Grundbestand im 13./14. Jahrhundert erweitert und im 15. Jahrhundert erneuert.

Die dreischiffige Pfeilerbasilika besitzt eine prächtige lombardische Renaissancefassade (von 1500–1517) und reichen Freskenschmuck im Inneren. In der im 18. Jahrhundert angefügten barocken Südkapelle zieren Gemälde von G.B. Carloni den schönen Altar, umgeben von Rokokostatuen als Symbole der Tugenden.

Kloster S. Trinità

Etwa 500 m nördlich der Kathedrale liegt an der Salita dei Frati das 1654 gegründete Kapuzinerkloster S. Trinità mit einem Altarbild von Fra Semplice da Verona (1650) in der Klosterkirche und einer umfangreichen Klosterbibliothek.

*Museo Cantonale d'Arte im Palazzo Reali

Nordöstlich der Piazza della Riforma befindet sich im Palazzo Reali an der Via Canova (Nr. 10) das Museo Cantonale d'Arte (Kantonales Kunstmuseum; geöffnet Mi.–Sa. 10.00–12.00 und 14.00–18.00 Uhr, So. und Di. 14.00–18.00 Uhr) mit einer Sammlung von Gemälden aus dem 19. und 20. Jahrhundert: Werke von Tessiner Künstlern (Vela, Ciseri, Franzoni, Gonzato, Genucchi, Filippini, Huber, Toroni u.a.), anderen Schweizern und Europäern (Hodler, Amiet, Klee, Jawlensky, Werefkin, Nicholson, Bill, Oppenheim, Carrà, Morandi, Sironi, Morlotti u.a.) sowie französischen Impressionisten (Renoir, Degas u.a.).
Im Kantonalen Kunstmuseum finden das ganze Jahr über themenbezogene Wechselausstellungen statt.

Kirche S. Rocco

Von der Piazza della Riforma gelangt man nordostwärts durch die Via Canova zu der Kirche S. Rocco (Rochuskirche, Ende 16. Jh.; öfters Orgelkonzerte), die ihre neubarocke Fassade zu Beginn des 20. Jahrhunderts erhielt.

Palazzo Albertolli

Südlich gegenüber von S. Rocco, zwischen Via Canova und Via Marconi, befindet sich an der Stelle eines im 19. Jahrhundert abgetragenen Franziskanerklosters der stattliche Palazzo Albertolli, in dem heute die Banca Nazionale untergebracht ist.

Quartiere Maghetti

Zwischen Rochuskirche und Corso Pestalozzi (im Norden) liegt das um die Mitte des 19. Jahrhunderts als kirchliches Sozialzentrum (Waisenhaus u.a.) entstandene Maghetti-Viertel (Quartiere Maghetti), ein verwunschen anmutendes Labyrinth von Passagen und Galerien mit Gaststätten und Einkaufsläden.

Villa Ciani im Parco Civico

Blick von Paradiso auf Cassarate am Fuße des Monte Brè

Am Ostrand der Altstadt liegt die anlagengezierte Piazza Indipendenza (= Unabhängigkeitsplatz) mit einem Freiheitsdenkmal (Obelisk aus dem 18. Jh.) zur Erinnerung an den Kampf der 'Volontari luganesi' gegen die 'Cisalpini' (Februar 1798) und ihre Anschlußbestrebungen.

Piazza Indipendenza

Südlich des Unabhängigkeitsplatzes, an der Seepromenade Riva Giocondo Albertolli, befindet sich das große Kursaal-Gebäude mit dem Teatro Apollo.

Kursaal

*Parco Civico

Im Osten der Altstadt erstreckt sich entlang dem Seeufer der weitläufige prächtige Stadtpark (Parco Civico, 63000 m² Fläche; im Sommer Kurkonzerte) mit alten Baumbeständen, subtropischen Pflanzen, Skulpturen (u.a. "La Desolazione" von Vincenzo Vela, "Sterbender Sokrates" von Mark Antokolskij), Voliere und kleinem Tiergehege.

Stadtpark

Den nordwestlichen Teil des Parkes (Piazza Castello) nimmt der 1965 bis 1975 nach Plänen von Rolf Otto errichtete Palazzo dei Congressi (Kongreßzentrum) ein.

Palazzo dei Congressi

Unmittelbar südlich an den Kongreßpalast anschließend steht die 1759 erbaute und 1839 für die Gebrüder Giacomo und Filippo Ciani im Stil des Klassizismus umgestaltete Villa Ciani (Renovierung geplant).

*Villa Ciani

Sie beherbergt heute neben Kongreßräumen das Museo Civico di Belle Arti (Städtisches Kunstmuseum; geöffnet Di.–So. 10.00–12.00 und 14.00 bis 18.00 Uhr) mit Gemälden Tessiner Künstler (Serodine, Mola, Petrini, Bossoli, Ciseri, Vela u.a.), europäischer Altmeister (Cranach d.Ä., Bronzino, Palmezzano, Giampietro; Tintoretto: "Christustaufe", um 1500), Impressionisten (Monet, Cézanne, Rousseau, Pissarro, Derain) sowie von Hodler, Amiet, Giacometti u.a.; Skulpturen von Marini, Martini und Messina.
Im Städtischen Kunstmuseum finden regelmäßig Wechselausstellungen zu verschiedenen Sonderthemen statt.

Museo Civico di Belle Arti (Fondazione Caccia)

Im Ostteil des Stadtparkes befinden sich südlich der Protestantischen Kirche (Chiesa Evangelica Riformata) die Kantonsbibliothek (Biblioteca Cantonale) sowie das didaktisch vorbildlich aufgestellte Museo Cantonale di Storia Naturale (Kantonales Naturgeschichtsmuseum; geöffnet Di.–Sa. 9.00–12.00 und 14.00–17.00 Uhr) mit zoologisch-botanischen, paläontologischen und geologisch-mineralogischen Sammlungen, wobei der Schwerpunkt auf den Naturerscheinungen im Kanton Tessin liegt.

Biblioteca Cantonale & *Museo Cantonale di Storia Naturale

Cassarate

Östlich jenseits des hier von Norden vorgeschoben in den Luganer See mündenden Flusses Cassarate (im Stadtbereich kanalisiert) dehnt sich die Vorstadt Cassarate mit schönen Wohngebieten (Villen) und Hotels aus.

Vorstadt

Unmittelbar jenseits der Brücke über den Cassarate liegt an der Nordseite des breiten Viale Castagnola das Ausstellungs- und Messegelände (Centro Esposizione).

Messegelände

Im Seeuferbereich südlich vom Viale Castagnola erstreckt sich das große Stadtbad von Lugano (Piscina Comunale) mit gedeckter Schwimmhalle, offenen Schwimmbecken und Lido sowie Tennisplätzen.

Lido

Ferner befinden sich dort der Gemeindehafen (Porto Comunale), ein Segelzentrum (Circolo Velico) und die Schiffswerft (Cantiere Navale) der Societa Navigazione del Lago di Lugano (SNL).

Gemeindehafen

Funicolare Cassarate – Monte Brè

Vom Viale Castagnola zweigt rund 400 m östlich jenseits des Messegeländes die kurze Via Funicolare nordöstlich zur Talstation der Standseilbahn auf den Monte Brè (s.S. 160) ab.

Cappella di S. Pietro delle Erbette

Unweit südöstlich von der Standseilbahnstation, im aussichtsreichen Parco San Michele, sind in der Cappella di S. Pietro delle Erbette (nationales Denkmal) die Fresken vom Anfang des 16. Jh.s beachtenswert.

*Castagnola

Villenvorort

Im Osten von Cassarate schließt der vornehme Villenvorort Castagnola an, der sich mit schönen alten Anwesen, üppigen Parks und Gärten am Seeufer entlang und am Abhang des Monte Brè hinaufzieht.

Archivio Storico

An der Strada di Gandria (Nr. 4) befindet sich das Historische Archiv (Archivio Storico) der Gemeinde Lugano mit Räumen für die Werke des lettischen Dichter- und Freiheitskämpferpaares Jānis Rainis (1865–1929) und Aspazija (1868–1943), die von 1905 bis 1920 in Castagnola als Exulanten gelebt haben, sowie des italienischen Politikers Carlo Cattaneo (1801–1869; ⟶ Berühmte Persönlichkeiten).

Kirche S. Giorgio

Im oberen Ortsteil von Castagnola steht in beherrschender Aussichtslage die Barockkirche S. Giorgio (17. Jh.) mit Fresken und Stuckarbeiten aus dem 18. Jahrhundert.

Caracciola-Grab

Auf dem Friedhof von Castagnola befindet sich das Grab des deutschen Autorennfahrers Rudolf Caracciola (1901–1959; ⟶ Berühmte Persönlichkeiten).

***Villa Favorita**

Am Seeufer von Castagnola liegt, umgeben von einem prächtigen Park, die besonders Kunstfreunden bekannte Villa Favorita, ein ehemaliger

Südländische Szenerie in Castagnola

Castagnola, Villa Favorita (Fortsetzung)

Palazzo derer von Beroldingen aus dem 17. Jahrhundert, seit 1932 im Besitz der Familie Thyssen (⟶ Berühmte Persönlichkeiten: Heinrich Baron Thyssen-Bornemisza).

Sammlung Thyssen-Bornemisza

In einem Anbau der Villa Favorita war bis 1991 die gesamte aus der Sammlung Schloß Rohoncz des Barons Heinrich Thyssen Bornemisza hervorgegangene und von seinem Sohn Hans Heinrich erheblich bereicherte Kunstsammlung 'Collezione Thyssen-Bornemisza' untergebracht, eine der bedeutendsten privaten Gemäldegalerien überhaupt. Sie beinhaltete hauptsächlich ausgesuchte Meisterwerke der italienischen, flämisch-holländischen, spanischen, altdeutschen und französischen Schule vom Mittelalter bis zur Neuzeit sowie wesentliche Arbeiten aus dem 20. Jahrhundert, darunter gute Beispiele moderner amerikanischer Künstler.

787 Werke jetzt in Spanien

Nach fruchtlosen Diskussionen mit den zuständigen Kulturbehörden des Kantons Tessin und der Schweizerischen Eidgenossenschaft um eine angemessene und dauerhafte Unterbringung der Kunstschätze vor Ort hat sich Hans Heinrich Thyssen-Bornemisza entschlossen, einen großen und wichtigen Teil der Kunstsammlung (787 Gemälde) dem spanischen Staat anzuvertrauen; die Mehrzahl der Werke sind seit Herbst 1992 im Madrider Adelspalast Palacio de Villahermosa (in der Nachbarschaft des berühmten Prado), ein kleiner Teil (80 Meisterwerke mit überwiegend religiöser Thematik) im Kloster Pedralbes (Monestir de Pedralbes) im Nordwesten der katalonischen Hauptstadt Barcelona ausgestellt.

***Gemäldesammlung Villa Favorita**

Im Jahre 1993 wurde die innen gründlich renovierte, nun lichte Kunstgalerie wieder dem Publikum zugänglich gemacht (geöffnet von April bis Juni nur Fr.–So. Uhr sowie von Juli bis Oktober Di.–So. 10.00–17.00 Uhr). Sie wird jetzt von Erzherzogin Francesca von Habsburg (Tochter von Hans Heinrich Thyssen-Bornemisza) geleitet; ihr ist auch die Renovierung der Räumlichkeiten und die Neuhängung der Bilder zu verdanken.
Lag das Hauptgewicht der Exponate früher auf den alten und klassischen Meistern, so trägt die jetzige Präsentation den Thementitel 'Europa und Amerika · Gemälde und Aquarelle des 19. und 20. Jahrhunderts'.
Von den rund 150 gezeigten Werken ist rund ein Drittel der amerikanischen Malerei zwischen 1835 und 1900 gewidmet, und zwar der naturalistischen Landschaftsmalerei ('Luministen', Hudson River School), den amerikanischen Impressionisten (Landschaften und Porträts) und dem Thema 'Goldener Westen'.
Die anderen zwei Drittel der Ausstellung sind Werke des 20. Jahrhunderts von europäischen und amerikanischen Künstlern der Stilrichtungen Kubismus, Expressionismus, Russische Avantgarde, Dadaismus, Surrealismus, Action Painting, Pop Art und Photorealismus mit so prominenten Vertretern wie Arman (Fernandez), Giorgio de Chirico, Max Ernst, Lucian Freud, Winslow Homer, Edward Hopper, Fernand Léger, August Macke, Kasimir Malewitsch, Edvard Munch, Emil Nolde, Francis Picabia, Jackson Pollock, Man Ray, Karl Schmidt-Rottluff, Gino Severini, Ben Shahn, Tom Wesselmann und Andrew Newell Wyeth.

Kunstforschungsforum geplant

Für die Zukunft ist beabsichtigt, die Institution Villa Favorita um ein Kunstforschungsforum (samt Restaurierungsateliers) zu erweitern, das Brücken zwischen West und Ost schlagen soll und vor allem junge Wissenschaftler aus aller Welt zu Workshops einladen will.
Mit dieser Zielsetzung ist bereits im Jahre 1991 eine Stiftung gegründet worden, die sich um die Bewahrung bedeutender Kulturdenkmäler in Rußland und anderen Ländern des einstigen Ostblocks bemühen wird.
Geplante Ausstellungsschwerpunkte in Zusammenarbeit mit großen Museen und Kunstgalerien im Ausland sind 'Buddhistische Malerei des 11. und 12. Jahrhunderts aus Zentralasien', 'Alte Meister aus Kroatien', 'Russische Primitive' oder 'Rudolfinisches Prag'.

Villa Heleneum

Unweit östlich der Villa Favorita befindet sich am Fußweg entlang dem Ufer des Luganer Sees nach Gandria (Via Cortivo Nr. 24) inmitten eines schönen Parkes die in den zwanziger Jahren des 20. Jahrhunderts als Nach-

Castagnola (Fortsetzung)
Museum außereuropäischer Kulturen in der Villa Heleneum

empfindung des Versailler Trianonschlößchens erbaute Villa Heleneum (jetzt im Besitz der Stadt Lugano).
In der Villa wurde 1989 ein privates Museum außereuropäischer Kulturen (Museo delle culture extraeuropee; geöffnet Di.–Do., Sa. und So. 10.00 bis 12.00 und 14.00–18.00 Uhr, Fr. 14.00–21.00 Uhr) eingerichtet, dem die Schenkung des 1903 in Chiasso geborenen und heute in Bern ansässigen Malers, Bildhauers und Kunstsammlers Serge Brignoni zugrunde liegt. Die Sammlung umfaßt über 600 Objekte – Skulpturen, Masken, Kultobjekte und Gegenstände des täglichen Gebrauches – aus Afrika (Ibo, Bakuba, Senufo, Dan), Indonesien (Kalimantan/Borneo, Bali, Flores) und v.a. Ozeanien (Papua-Neuguinea, Melanesien, Polynesien).

Parco degli Ulivi

Von der Villa Heleneum gelangt man in Seeufernähe ostwärts zum Parco degli Ulivi (= Olivenpark), einer schönen Parkanlage mit dem Charakter eines botanischen Gartens.

★★ **Gandria**

siehe Seite 161.

Cavallino
Cantine di Caprino

Am anderen Seeufer gegenüber von Castagnola liegen zu Füßen des mächtigen Monte Caprino die Ausflugsstätten Cavallino und Cantine di Caprino (erreichbar per Boot) mit romantisch gelegenen Grotti.

Sehenswürdigkeiten südlich der Altstadt

★★ **Kirche S. Maria degli Angioli**

Im Süden der Altstadt steht an der seeufernahen Piazza Bernardino Luini (am Südende der Via Nassa, vgl. S. 149) die Kirche S. Maria degli Angioli (Hl. Maria von den Engeln) eines 1470 gegründeten und 1848 aufgehobenen Minoritenklosters. In den Jahren 1499–1515 erbaut, birgt sie im Inneren auf dem Lettner die berühmte Monumentaldarstellung der Passion und Kreuzigung Christi (von 1529), ein Hauptwerk von Bernardino Luini (1529); außerdem weitere bedeutende Renaissancefresken, darunter ein Abendmahl, sowie ein liebliches Madonnenbild.

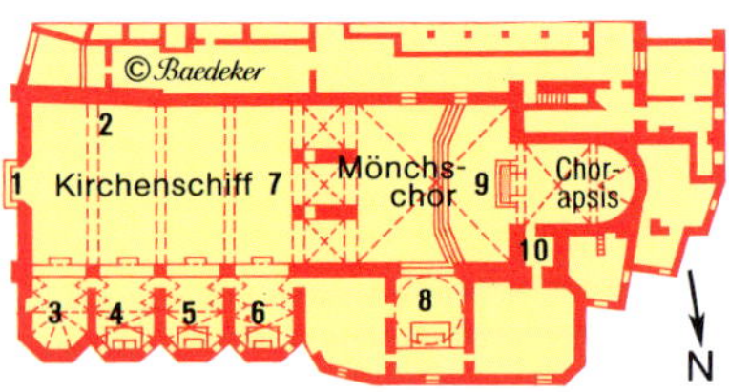

Kirche Santa Maria degli Angioli in Lugano

1 Portal (ca. 1510)
2 "Abendmahl" (Fresko von Bernardino Luini)
3 "Maria m. d. Knaben Jesus & Johannes" (Fresko von B. Luini)
4 Antoniuskapelle
5 Franziskuskapelle
6 Kapelle der Unbefl. Empfängnis (ca. 1525)
7 "Kreuzigung" (Großfresko von B. Luini, 1529) am Lettner
8 Theodorkapelle
9 Hauptaltar (17./18. Jh.)
10 Turm (16. Jh.)

★ Kirchenschatz

Sehenswert ist der Kirchenschatz (zugänglich nach Vereinbarung) in einem Seitenraum der Sakristei.
Die neben der Kirche von der Piazza Bernardino Luini hangaufwärts führende alte Standseilbahn Funicolare degli Angioli ist nicht mehr in Betrieb.

★ Parco Tassino

Oberhalb der Kirche S. Maria degli Angioli erstreckt sich jenseits der Via Clemente Maraini und des Gleiskörpers der Ferneisenbahn in prachtvoller Aussichtslage der Parco Tassino (Eingang von der Via Tassino oder der Via Basilea) mit einer umfangreichen Strauchrosensammlung sowie Kinderspielgeräten.

S. Maria di Loreto

In dem südwestlich anschließenden Ortsteil Loreto bildet die kleine Wallfahrtskirche S. Maria di Loreto (von 1524; einst Kirche eines Karlistenklosters) eine Oase der Ruhe inmitten moderner Wohn- und Hotelbauten. Reizvoll ist die schmucke Rokoko-Vorhalle sowie bemerkenswert im Inneren der reiche Stukkaturenschmuck und die Fresken aus dem 17. Jahrhundert.

Parco Florida

Unweit südlich von der Loretokirche erstreckt sich zwischen Via Mazzini und Via Gaggini der aus den Gärten zweier Villen der Jahrhundertwende gebildete, auf drei Ebenen angelegte Parco Florida mit exotischem Baumbestand und schönen Blumenrabatten (Rosen, Glyzinien u.a.) sowie prächtiger Aussicht.

Villa Malpensata

Gut 400 m südlich von der Piazza Bernardino folgt an der Seeuferpromenade die Villa Malpensata (Riva Caccia Nr. 5), ein Forum für wechselnde Ausstellungen neuerer Kunst und Architektur.

*Paradiso

Villenort

Im Süden des Kernbereiches von Lugano dehnt sich zwischen dem Seeufer (im Osten) und der Ferneisenbahnlinie (im Westen) der elegante Garten- und Villenvorort Paradiso (= Paradies) aus, im Süden überragt vom Monte San Salvatore (s. S. 160). Der Gesamteindruck ist stark geprägt von Hotel- und Apartmentbauten; besonders reizvoll sind die Lage in unmittelbarer Seenähe sowie die Aussicht über die gesamte Bucht von Lugano. Von der Lugano westlich umgehenden Autobahn N 2 führt der Zubringerzweig 'Autostrada Lugano Sud' direkt nach Paradiso hinein.

*Uferstraße

Trotz des starken Fahrzeugverkehrs hat sich die aussichtsreiche und zum See hin von Grünanlagen gezierte Uferstraße (Riva Caccia / Riva Paradiso) ihre Anziehungskraft bewahrt. Nördlich und südlich befinden sich Badeanstalten. Im Giardino Belvedere (Belvederegarten) bei der Bootsanlegestelle (häufige Expreßverbindungen mit Lugano-Stadt) sind zahlreiche Skulpturen bekannter Bildhauer aufgestellt.

Funicolare Paradiso – San Salvatore

In Geretta, dem zentralen Ortsteil von Paradiso, befindet sich die Talstation der Standseilbahn auf den Hausberg Monte Salvatore.

Blick von Castagnola auf Paradiso am Fuße des Monte San Salvatore

Umgebung von Lugano

**Hausberge

Sehr lohnend sind Halbtages- oder Tagesausflüge auf die beiden Hausberge Monte San Salvatore und Monte Brè.

**Monte San Salvatore E 6

Standseilbahn

Vom südlichen Luganer Stadtteil Paradiso (s. S. 159) führt eine 1658 m lange Standseilbahn mit 38–60 % Steigung in 10 Minuten zur Bergstation (884 m ü.d.M.; Restaurant und Aussichtsterrasse) des Monte San Salvatore (912 m ü.d.M.).
Vom Gipfel genießt man eine phantastische Rundsicht auf Lugano und den Luganer See, die Berner und Walliser Alpen (Monte Rosa und Matterhorn) sowie die Lombardische Tiefebene.

Wanderwege

Wanderwege führen nach → Carona, → Melide, → Morcote und Figino (s. S. 163). Die Rückkehr kann per Bahn, Postauto (ab Carona) oder Schiff (ab Melide) erfolgen.

**Monte Brè D 6

Standseilbahn

Vom östlichen Luganer Stadtteil Cassarate (s. S. 155/156) führt eine 1621 m lange Standseilbahn mit 47–60 % Steigung in 20 Minuten zur Bergstation des Monte Brè (925 m ü.d.M.; Restaurant).

Fahrstraße

Der beliebte Aussichtsberg kann auch mit dem Personenwagen (auch Autobus) auf einer kurvenreichen, schmalen Straße (11 km ab Lugano, über Castagnola, Ruvigliana und Aldesago) erreicht werden.

Monte Brè: Funicolare und Blick zum Monte San Salvatore

Monte Brè (Fortsetzung)

Von der Höhe des Berges genießt man eine prächtige Rundsicht bis zu den Walliser und Berner Alpen.
Vom Monte Brè führen schöne Wanderungen zum Monte Boglia (1517 m ü.d.M.), zur Alpe Bolla und zu den Denti della Vecchia (1491 m ü.d.M.) bis zur Pairolo-Hütte.

*Brè (Dorf)

Das prächtig über dem Luganer See gelegene Bergdorf Brè, mit seinen verwinkelten Gassen und großartiger Aussicht, besitzt die wohl mittelalterliche, 1591 urkundlich erwähnte Pfarrkirche SS. Simone e Fedele.

Museo Schmid

Im ehemaligen Wohnhaus des Schweizer Architekten und Malers Wilhelm Schmid (1892–1971), eines Vertreters der Neuen Sachlichkeit, ist ein Museum (geöffnet von Ostern bis Mitte Oktober Mi.–So. 13.30–17.00 Uhr) mit seinen Werken (Gemälde, Skulpturen, Keramiken) eingerichtet.

Gandria **D 7

Pittoreske Lage am Steilufer des Luganer Sees

Etwa 5 km östlich von Lugano klebt gleich einem Schwalbennest über dem steilen Felsufer des Luganer Sees das höchst malerische ehemalige Fischerdorf Gandria (300 m ü.d.M.; 200 Einw.). Man erreicht den Ort entweder per Ausflugsboot von Lugano oder auf der nördlichen Uferstraße (5 km; Richtung Porlezza und Comer See) bzw. auf einem idyllischen Fußweg (3 km), der von Castagnola unmittelbar am Seeufer entlangführt.
Die Bewohner des unterhalb der Fahrstraße gelegenen Dörfchens mit seinen engen Treppengassen, verwinkelten Bogengängen und schmalen Rebenterrassen leben heute ausschließlich vom Tourismus (Gaststätten direkt am Seeufer).
Sehenswert sind die Kirche S. Vigilio, ein ursprünglich spätmittelalterlicher Bau mit barockisiertem Inneren (der Renaissancealtar steht jetzt im Schweizerischen Landesmuseum Zürich), die Kapelle S. Rocco (17. Jh.) sowie mehrere freskengeschmückte Häuser aus dem 17. Jahrhundert.

Gandria: Malerische Uferpartie ...

... aus verschiedenen Blickwinkeln

Sasso della Predescia

Hoch über Gandria befindet sich der prähistorische Bildfelsen Sasso della Predescia (schöne Aussicht).

Cantine di Gandria E 7

Am gegenüberliegenden Seeufer (Bootsverbindung) befindet sich die Anlegestelle der Cantine di Gandria, der Wein- und Vorratskeller des Dorfes Gandria.

*Schweizer Zollmuseum

Hier sind in dem nahe der schweizerisch-italienischen Grenze gelegenen interessanten Schweizer Zollmuseum (Museo Doganale Svizzero; geöffnet Ende April bis Mitte Oktober 13.30–17.30 Uhr) ein Zollposten aus dem Jahre 1904, Zolldokumente, Schmuggelbehältnisse und Waffen ausgestellt. Auf der Terrasse ist ein Schlauchboot mit Unterwassermotor zu besichtigen, mit dem ein Schmuggler jeweils eine Tonne Salami unter der Wasseroberfläche über die Grenze bringen konnte.

Region Ceresio D/E 6

Halbinsel

Von Lugano zieht sich die vom Luganer See umspülte Landzunge der Region Ceresio weit nach Süden. Ihren östlichen Teil nimmt der vom Monte San Salvatore (s.S. 160) zum Monte Arbòstora (822 m ü.d.M.) reichende Bergrücken, den westlichen Teil die reizvolle Collina d'Oro (= 'Goldener Hügel'; im Monte Croce 654 m ü.d.M.) ein.
Zwischen beide Gebirge eingebettet ist die Ebene des Flüßchens Scairolo, die ihr ursprüngliches Gesicht durch die Autobahn und zahlreiche Industrieanlagen verloren hat. Das im übrigen landschaftlich höchst reizvolle, waldreiche Gebiet lädt zu geruhsamen Spaziergängen ein.

Sorengo

Etwa 3 km südwestlich von Lugano liegt Sorengo (385 m ü.d.M.) am Beginn der Collina d'Oro. Sehenswert sind hier die Villa Lampugnani, nach dem Vorbild eines römischen Landhauses angelegt und von hohen Mauern umgeben, sowie die Kirche S. Maria Assunta (urspr. romanisch; im 16./17. Jh. verändert) eines ehemaligen Kapuzinerklosters. Im Dachboden sind noch Fresken des 11. Jahrhunderts erhalten; wuchtiger Campanile.

Laghetto di **Muzzano**

Unweit westlich von Sorengo erstreckt sich der kleine Laghetto di Muzzano (337 m ü.d.M.; Naturschutzgebiet); über seinem Westufer das freundliche Dorf Muzzano (384 m ü.d.M.; 600 Einw.) mit der Pfarrkirche S. Maria dell'Annunziazione (17./18. Jh.) und mehreren schönen Wohnhäusern des 18. und 19. Jahrhunderts.

Gentilino

Unweit südlich von Sorengo liegt inmitten von Kastanienwäldern das malerische alte Dorf Gentilino (388 m ü.d.M.; 900 Einw.) mit graffitigeschmückten Häusern. Oberhalb des Ortes steht einsam die Barockkirche Sant'Abbondio (urspr. romanisch; im 16./17. Jh. barockisiert) mit anschließendem Beinhaus (von 1723).
Von der Kirche führt ein schöner Zypressenweg zum Friedhof, auf dem unter anderen prominenten Persönlichkeiten der Schriftsteller Hermann Hesse, der Dichter Hugo Ball und der Dirigent Bruno Walter ruhen. Mehrere Grabmale sind von dem Tessiner Bildhauer Vincenzo Vela gestaltet.

Pambio

Unterhalb von Gentilino, in der Scairolo-Ebene, das Dorf Pambio (350 m ü.d.M.), mit barocker Pfarrkirche S. Pietro.
Aus Pambio stammen die Familien Lucchesi, Ricca und Bernardazzi, die an den Höfen Osteuropas als Baumeister zu Ruhm kamen.

***Montagnola**

In dem Städtchen Montagnola (472 m ü.d.M., 1700 Einw.; Sitz der American School in Switzerland), in prächtiger Aussichtslage auf dem Rücken der Collina d'Oro, haben sich in der Vergangenheit zahlreiche Künstler niedergelassen, unter ihnen auch Hermann Hesse, der hier seit 1919 lebte. Sehenswert sind die Kirche SS. Nazario e Celso (urspr. gotisch; im 19. Jh. umgebaut) sowie der Palazzo Camuzzi, Hesses ehem. Wohnhaus.

Figino am Westarm des Luganer Sees

Agra

Im Süden der Collina d'Oro dehnt sich in erhabener Aussichtslage an der Südostflanke des sonnenreichen Monte Croce (654 m ü.d.M.) das Dorf Agra (559 m ü.d.M.) aus. Es wird beherrscht von der Pfarrkirche S. Toma (Malereien des 17. Jh.s); Sonnenuhr aus dem 17. Jahrhundert.

Centro Agra

In dem sog. Palazzo, einem Patrizierhaus aus dem 19. Jahrhundert, Nebengebäuden und der angeschlossenen Gutsdomäne (480 000 m^2; schöner Baumbestand) ist das Centro Agra eingerichtet, wo v.a. ältere Menschen Erholungsferien machen können.

Barbengo

Südöstlich unterhalb von Agra, am Rande der Scairolo-Ebene, liegt Barbengo (308 m ü.d.M. Einw.) mit der Kirche S. Ambrogio (Stukkaturen aus dem 18./19. Jh.).
Bei Barbengo wurden etruskische Grabungsfunde gemacht.

Figino

An der Ostseite des Ceresio, zu Füßen des Monte Arbòstora und an der Mündung des Scairolo gelegen ist das Uferdorf Figino (295 m ü.d.M.); reizvolle alte Häuser.

Rundfahrt durch das Capriasca-Tal **D 6**

Val Capriasca

Von Lugano zieht sich nach Norden das Val Capriasca, die dichtbesiedelte fruchtbare Tallandschaft des Flüßchens Cassarate. Unweit südlich von Tesserete mündet von Nordosten das Val Colla (Colla-Tal; s. S. 166), das Tal des oberen Cassarate.
Die im folgenden beschriebene Rundfahrt (etwa 40 km) verläßt Lugano in nördlicher Richtung und führt zunächst auf der westlichen Talseite hin.

Savosa

Nach etwa 2 km links am Talhang Savosa (437 m ü.d.M.), mit schlichter Kapelle (18. Jh.).

Capriasca-Tal (Forts.), Rovello

Im südlich von Savosa gelegenen Rovello steht die Kapelle S. Maurizio mit Fresken aus dem 15. Jahrhundert.

Porza

Etwa 1 km nördlich folgt das Dorf Porza (486 m ü.d.M.) mit herrlichem Blick auf das Cassarate-Tal. Ein hübscher Spaziergang führt zu der Kapelle S. Rocco mit Malereien des 18. Jahrhunderts.

Canobbio

Etwa 1½ km talaufwärts folgt Canobbio (394 m ü.d.M.), inmitten fruchtbarer Weinberge und Äcker im Cassarate-Tal gelegen.

Comano

Oberhalb von Canobbio liegt auf einer fruchtbaren Hochebene zwischen Cassarate- und Vedeggio-Tal das Dorf Comano (510 m ü.d.M.) mit dem neuen Sendezentrum des Fernsehens der italienischen Schweiz.
In der Kirche Fresken, Stukkaturen und illusionistische Malereien.

Sureggio

Nach 2 km folgt Sureggio (465 m ü.d.M.). Hier steht die romanische Kirche SS. Pietro e Paolo (urspr. 9. Jh.; später mehrfach verändert und erweitert), eines der ältesten Gotteshäuser im Cassarate-Tal, mit romanischem Campanile und Fresken (12. Jh.).

Lugaggia

Nach etwa 1,5 km gelangt man unweit nördlich der Einmündung des Val Colla (Colla-Tal; s. S. 166) in das Val Capriasca zu dem malerischen Ort Lugaggia (498 m ü.d.M.; 420 Einw.).
In der barocken Pfarrkirche S. Carlo schöne Stukkaturen (um 1700).

Tesserete

Nach 2 km erreicht man Tesserete (517 m ü.d.M.; 1300 Einw.), den Hauptort der Gegend.
Die ursprünglich romanische, im 15. Jahrhundert gotisch erneuerte Kirche S. Stefano besitzt einen im Barockstil ausgestatteten Chor, Fresken des 15. Jh.s und illusionistische Malereien (von 1792). Sie ist die einzige Kirche im südlichen Tessin, welche die ambrosianische Liturgie pflegt.
In dem 50 m hohen romanischen Campanile hängt ein wohlklingendes Glockenspiel.

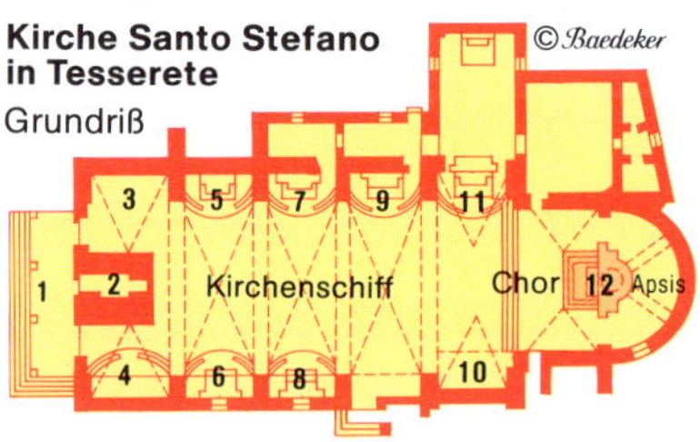

Kirche Santo Stefano in Tesserete
Grundriß

1 Vorhalle (roman. Säulen)
2 Roman. Turm (got. Dach)
3 Beichtkapelle
4 Taufkapelle
5 Heilig-Kreuz-Kapelle
6 Antoniuskapelle
7 Marienkapelle
8 Arme-Seelen-Kapelle
9 Hieronymuskapelle
10 Orgel
11 Kapelle des hl. Vincenzo Ferrer
12 Hochaltar (klassizistisch)

Campestro

In dem nordöstlich von Tesserete gelegenen Ort Campestro steht die Kirche S. Andrea (14. Jh.; im 16. Jh. erweitert); im Inneren beachtenswerte gotische Freskenreste.

Lopagno

Östlich unterhalb von Tesserete liegt nahe dem Fluß das Dorf Lopagno mit den beiden Barockkapellen S. Apollonia und S. Agata.

Curtina

Im Dorf Curtina (6 km nordöstlich) die Kirche S. Luigi di Francia (16. Jh.).

Cagiallo

Südöstlich unterhalb von Tesserete, am Cassarate, der Ortsteil Cagiallo mit der mittelalterlichen Kirche SS. Matteo e Maurizio (barockisiert).

Bigorio

Nordwestlich oberhalb von Tesserete liegt inmitten von Weinbergen am Abhang des Monte Bigorio (1188 m ü.d.M.) das Dorf Bigorio (607 m ü.d.M.; 300 Einw.); westlich oberhalb das Kloster S. Maria, das 1535 als erstes Kapuzinerkloster der Schweiz gegründet wurde. In der Klosterkirche S. Maria Assunta (im 18./19. Jh. umgestaltet) ein Marienbildnis aus dem 16. Jahrhundert.

Capriasca-Tal (Fortsetzung) Sala Capriasca

Etwa 1 km südwestlich von Tesserete liegt Sala Capriasca (548 m ü.d.M.; 800 Einw.) mit Pfarrkirche S. Antonio Abate (17./18. Jh., barockisiert; spätromanischer Campanile).
In der Kapelle S. Liberata Fresken des frühen 15. Jahrhunderts.
An einem Wohnhaus Marienfresko (von 1575).
Unweit südlich von Sala, in Vaglio, die Kapelle S. Maria di Castello (Mariengemälde, 16. Jh.).

Ponte Capriasca

Weiterhin südwestlich das malerische Dorf Ponte Capriasca (447 m ü.d.M.; 580 Einw.). In der Pfarrkirche S. Ambrogio (urspr. 13 Jh.; im 16. und 18./19. Jh. erweitert und verändert) eine gut erhaltene Kopie von Leonardo da Vincis "Abendmahl", der man heute viele wichtige kunsthistorische Details über das Original verdankt.
Beachtenswert sind ferner den Seregnesi und den Tarilli zugeschriebene Marienfresken (15. und 16. Jh.) an einem alten Wohnhaus.
Am östlichen Dorfende die Kapelle S. Rocco (15. Jh.; Renaissancefresken).

Val Capriasca

Von Tesserete führt eine schmale Fahrstraße nördlich aufwärts zum Talschluß des Val Capriasca bei Gola di Lago.

Sonvico

Südöstlich von Tesserete liegt jenseits des Zusammenflusses von Capriasca und Cassarate der bereits von Etruskern und Römern besiedelte, im Mittelalter befestigte Ort Sonvico (610 m ü.d.M.; 1200 Einw.) mit auffallend herrschaftlichen Bürgerhäuser. In der Pfarrkirche S. Giovanni Battista (15.–16.Jh.) gute Fresken aus der Entstehungszeit des Gotteshauses und Stukkaturen aus dem 17. Jahrhundert; spätromanischer Campanile.

Kapelle S. Martino sul Colle

Etwa 1 km nördlich oberhalb des Ortes steht einsam die romanische Kapelle S. Martino sul Colle mit mittelalterlichen Fresken und freistehendem romanischem Campanile.

*Kastanienwälder

Die Kastanienwälder um Sonvico gelten als die schönsten im Kanton Tessin.

Dino

Nach 2 km erreicht man den Ort Dino (480 m; 500 Einw.). In der Kirche S. Nazzaro romanisch-byzantinische Fresken und eine Bernardino Luini zugeschriebene "Kreuzigung" (16. Jh.) aus einem 1812 abgetragenen Luganer Franziskanerkloster.
In dem kleinen Ortsmuseum eine Nußpresse aus dem Jahre 1582.

Cadro

Etwa 1 km südlich folgt das alte Dorf Cadro (475 m ü.d.M.; 1000 Einw.). Die Kirche S. Agata wurde 1366 erstmals erwähnt und im 18. Jahrhundert mit beachtenswerten Rokoko-Stukkaturen ausgestaltet.

Villa Luganese

Das 2 km nördlich von Cadro gelegene Dorf Villa Luganese (596 m ü.d.M; 240 Einw.) mit der Kirche S. Maria Assunta (15. Jh.; später barockisiert) ist Ausgangspunkt für Bergwanderungen und Klettertouren im grenznahen Gebiet der Denti della Vecchia (im Sasso Grande bis 1491 m ü.d.M.).

Davesco-Soragno

Gut 1,5 km südwestlich von Cadro folgt Davesco-Soragno (424 m ü.d.M.; 900 Einw.). Sehenswert sind hier die Kirche S. Bartolomeo (14. Jh.; Ausstattung aus dem 18. Jh.) sowie die freskengeschmückte Casa Petrini (15. Jh.).
Von Davesco-Soragno gelangt man ins Val Solda.

Pregassona

Das 3 km flußabwärts gelegene Dorf Pregassona (381 m ü.d.M.), am Ostufer des Cassarate, ist heute als Vorort mit Lugano verwachsen.
Die Barockkirche S. Maria hat einen prächtigen Campanile.

Orlino

Im nördlichen Weiler Orlino steht die Kapelle S. Maurizio mit Fresken aus dem 15. und 16. Jahrhundert.

Capriasca-Tal (Forts.), Cureggia

Von Cureggia (656 m ü.d.M.; Kirche 15./16. Jh.), östlich oberhalb von Pregassona, bietet sich ein prächtiger Ausblick.

Lugano

Die Rückkehr nach Lugano erfolgt über Viganello und Albolago.

Colla-Tal D 6/7

Val Colla

Bei Tesserete (s. S. 164) zweigt man von der zuvor beschriebenen Rundfahrt durch das Capriasca-Tal ab und wendet sich in nordöstlicher Richtung dem lange Zeit schwer zugänglichen, recht ursprünglich gebliebenen Colla-Tal (Val Colla) zu, dem Tal des oberen Cassarate, dessen rechtem Ufer die Straße folgt.

Bidogno

Nach 4 km erscheint Bidogno (790 m ü.d.M.; 335 Einw.) mit reizvollem alten Ortsbild. Als Dorf der Kesselflicker und Kupferschmiede hat es sich einst einen Namen gemacht. Die Pfarrkirche S. Barnaba (15. Jh.; barockisiert) besitzt spätgotische Fresken über dem Portal.
Ein schöner Kreuzweg mit Bildstöcken des 18. Jahrhunderts führt hinauf zur Wallfahrtskapelle S. Maria delle Grazie (von 1646; im 19. Jh. erweitert).

Corticiasca

Nach 6 km gelangt man nach Corticiasca mit der Kapelle SS. Fermo e Rustico.

Colla

Etwa 6 km weiter folgt Colla mit der Pfarrkirche SS. Pietro e Paolo (urspr. romanisch; im 17. Jh. erneuert).

Cozzo

Die Route erreicht alsbald bei Cozzo das Talende und wechselt auf das linke Ufer des Cassarate, dem es nunmehr flußabwärts folgt.

Piandera
Cimedra

Nach 5 km erreicht man Piandera mit der Kapelle S. Maria Maddalena (von 1602), wo eine Straße zu dem 2 km südöstlich oberhalb am Steilhang klebenden Bergdorf Cimedra abzweigt. Das Dorf, von dem sich ein großartiger Blick ins Val Colla bietet, besitzt eine dem S. Antonio di Padova geweihte Kapelle aus dem 17. Jahrhundert.
Von Cimadera führt eine leichte Bergwanderung (etwa 3 Std.) über die Alp Pairolo (1344 m ü.d.M.) und den Weiler Cioascio (1027 m ü.d.M.), am Fuße der Felstürme der Denti della Vecchia, nach Villa Luganese (s.S. 165).
Etwa 7 km südwestlich von Piandera gelangt man zurück ins Cassarate-Tal.

Von Lugano durch das Vedeggio-Tal zum Monte-Ceneri-Paß D 6

Val Vedeggio

Das vom Monte Ceneri (⟶ Magadino-Ebene) südwärts verlaufende und bei Agno (⟶ Malcantone) in den westlichen Seearm des Lago di Lugano mündende Vedeggio-Tal (Val Vedeggio) ist als eine der Hauptadern im europäischen Nord-Süd-Verkehr (stark frequentierte Autobahn, Landstraße und Eisenbahnlinie) erheblich belastet. Dennoch haben sich an den Talhängen einige sehenswerte Ortschaften erhalten, die jedoch zumeist von Industrieanlagen bedrängt werden.
Die Straße (Autobahn oder Landstraße) ins Val Vedeggio verläßt Lugano in nordwestlicher Richtung und überquert den die Täler des Cassarate und des Vedeggio trennenden eiszeitlichen Moränenrücken.

Vezia

Nach 3 km erreicht die Straße Vezia (370 m ü.d.M.; 1300 Einw.) am östlichen Abhang des Val Vedeggio.
Sehenswert ist der Palazzo der Grafen Negroni Casati Morosini, inmitten eines schönen Parkes gelegen, mit Familienkapelle S. Maria delle Grazie (18. Jh.) und Mausoleum.

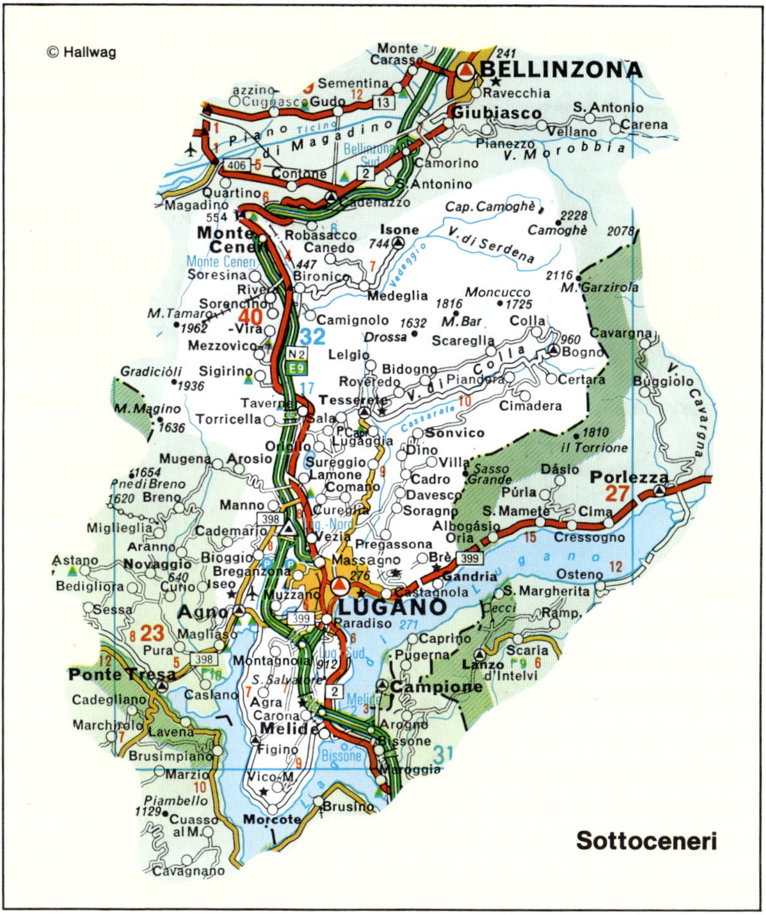

Hinter Vezia zweigt eine Straße nordöstlich ab nach Cureglia (429 m ü.d.M.), dem in aussichtsreicher Lage auf dem fruchtbaren Moränenrücken des eiszeitlichen Tessingletschers zwischen Cassarate- und Vedeggio-Tal gelegenen Heimatort der Malerfamilie Tarilli.

Vedeggio-Tal (Fortsetzung)
Cureglia

Sehenswert ist das freskengeschmückte Wohnhaus der Tarilli (16. Jh.), ferner die barocke Pfarrkirche S. Cristoforo (17. Jh.; im 19. Jh. umgestaltet) und die Barockkapelle S. Maria del Buon Consiglio (17. Jh.). Kunstausstellung in der Ca' de Neri.

Origlio

Unweit nördlich von Cureglia liegt das als Ferienort beliebte hübsche Dorf Origlio (450 m ü.d.M.). Seine ansehnlichen Villen (15.–17. Jh.) sind vielfach noch mit Loggien und Fresken geziert.
Über dem Dorf steht die Pfarrkirche S. Giorgio e S. Maria Immacolata, im 17. Jahrhundert über den Resten eines älteren Gotteshauses erbaut. Im

Vedeggio-Tal
Origlio (Forts.)

Inneren sind zu beachten die schönen Stukkaturen und der ursprüngliche Terrakottafußboden.

Lago d'Origlio

Südlich des Ortes erstreckt sich der reizvolle kleine Lago d'Origlio (Naturschutzgebiet).

Cadempino

Etwa 2 km nördlich folgt Cadempino mit der Pfarrkirche SS. Gervasio e Protasio (urspr. romanisch; im 17. Jh. barockisiert); erhalten sind noch der schöne romanische Campanile sowie spätgotische Fresken.

Lamone

Nach etwa 1 km gelangt man nach Lamone (321 m ü.d.M.; 1600 Einw.), ein hübsches Dorf mit malerischen Gäßchen und Plätzen.
In der Pfarrkirche S. Andrea (17. Jh.; im 19. Jh. umgestaltet) ein beachtenswerter Stuckaltar (von 1632) von Gabriele Quadri sowie andere Stuckarbeiten, wohl von demselben Meister.

Taverne Inferiore

Es folgt 4 km nördlich, am Ostufer des Vedeggio, das Straßendorf Taverne Inferiore (335 m ü.d.M.; 1000 Einw.) mit mehreren freskengeschmückten Häusern und spätmittelalterlicher Kirche S. Maria Maddalena.

Toricella

Westlich oberhalb von Taverne liegt inmitten von Weinbergen das Dorf Toricella mit schönen Steinhäusern (Rustici) und der barockisierten Pfarrkirche SS. Maurizio e Biagio.

Sigirino

Nordwestlich von Taverne Inferiore folgt ebenfalls am westlichen Talrand das Dorf Sigirino (447 m ü.d.M.; 240 Einw.). Malerisch präsentiert sich die Pfarrkirche S. Andrea (17./18. Jh.) mit freistehendem Campanile sowie Beinhaus und Friedhof.

Mezzovico

Unweit nördlich von Sigirino folgt Mezzovico (435 m ü.d.M.; 400 Einw.), ein sehr alter Ort, an dem schon eine Römerstraße vorüberführte. Abseits vom großen Durchgangsverkehr am Talrand gelegen, hat sich Mezzovico einiges von seinem ursprünglichen Charme bewahren können.
Oberhalb des Ortes steht die Pfarrkirche S. Abbondio (von 1423; im 17./18. Jh. erneuert) mit spätromanischem Turm und anschließendem Pfarrhaus. Im Inneren der Kirche Freskenreste (15. Jh.) und eine schöne Kreuzigungsgruppe (17. Jh.).
Unterhalb des Ortes die auf römischen Fundamenten ruhende romanische Kirche S. Mamete (1055 erwähnt; im 15.–17. Jh. verändert) mit freistehendem Campanile (11./12. Jh.); im Inneren Fresken des 13.–16. Jahrhunderts. Am Osttor der Friedhofsmauer Wandbilder eines Seregnesi (um 1470).
Nördlich von Mezzovico (20 Min. Fußweg) steht auf dem einst von einer 1518 geschleiften Rusca-Burg bekrönten Felsvorsprung Piazzeno die Kapelle S. Ambrogio.

Vira

An der Piazza von Vira, nördlich von Mezzovico, steht die Pfarrkirche S. Antonio (spätes 17. Jh.) mit reicher Ausstattung des 17./18. Jahrhunderts.

Camignolo

Etwa 3 km nordöstlich von Vira liegt an der Einmündung des Val d'Isone ins Val Vedeggio das Dorf Camignolo (433 m ü.d.M.; 470 Einw.) mit der Pfarrkirche SS. Pietro e Paolo (16./17. Jh.) sowie südlich über dem Ort der Kapelle S. Ambrogio (urspr. romanisch; barockisiert), die im Inneren durch Übermalung beeinträchtigte spätromanische Fresken besitzt. Dabei die Ruine einer 1518 von den Eidgenossen geschleiften Burg der Rusca.

Bironico

Etwa 1 km nördlich von Camignolo befindet sich am östlichen Talrand der alte Ort Bironico (455 m ü.d.M.; 400 Einw.), dem Industrieanlagen und Straßenverkehr stark zugesetzt haben.
Die spätromanische Pfarrkirche S. Martino geht möglicherweise auf einen älteren Bau des 8. Jahrhunderts zurück. Über dem Hauptportal ein beachtenswertes Fresko (15. Jh.). Die Innenausstattung stammt aus dem 16./17.

Autobahn N 2 südlich vom Monte Ceneri

Vedeggio-Tal, Bironico (Fortsetzung)

Jahrhundert; im Chor Stuckarbeiten und Malereien (von 1646/1647) von Salvator Pozzo aus Puria (Valsolda). Die Kirche leidet unter den Erschütterungen der Eisenbahn; der alte Campanile mußte wegen Einsturzgefahr bereits 1931 durch einen neuen ersetzt werden.
Südlich von Bironico die aus einer Wegkapelle des 13. Jahrhunderts hervorgegangene, innen reizvoll ausgestattete Kirche S. Maria in Prato Quadro (15./16. Jh.).

Isone-Tal
Medeglia

Von Bironico führt die Straße in dem vom Oberlauf des Vedeggio durchflossenen landschaftlich reizvollen Val d'Isone aufwärts nach Medeglia (707 m ü.d.M.; 350 Einw.), einem bei der Einmündung des Valle di Treccio förmlich am Talhang klebenden Dorf. Oberhalb des Ortes steht die Pfarrkirche S. Bartolomeo (15./16. Jh.) mit z.T. übermalten Fresken; innen ein Renaissancealtar mit Tempietto-Aufsatz (um 1630).
Von Medeglia beschwerliche aber lohnende Wanderung (4–5 Std.) im Treccio-Tal aufwärts zur Cima di Medeglia (1260 m ü.d.M.; Aussicht) und von dort weiter zum Monte Ceneri (⟶ Magadino-Ebene).

Isone

Weiterhin flußaufwärts gelangt man nach Isone (747 m ü.d.M.; 400 Einw.), dem am Talende gelegenen Hauptort des Val d'Isone. Sehenswert ist hier die ursprünglich romanische Pfarrkirche S. Lorenzo (1451 umgebaut) mit romanischem Campanile und 1927 neu ausgemaltem Inneren.
Isone ist Ausgangspunkt für den Aufstieg zum aussichtsreichen Monte Cima oder in etwa sechs Stunden auf den Camoghè (2228 m ü.d.M.; Panoramablick), den höchsten Gipfel der Region. Reizvoll sind auch die Wanderungen (ca. 4 Std.) über Gola di Lago nach Tesserete (s.S. 164).

Briccola

Unweit nordwestlich von Bironico liegt Briccola. In der äußerlich strengen Casa dei Landvogti (von 1576) stellten sich die Landvögte alljährlich den eidgenössischen Gesandten zur Überprüfung ihrer Amtsführung. Im Loggienhof über 100 Wappen von Landvögten und Gesandten. Der Haupt-

Lugano, Umgebung: zum Monte Ceneri, Briccola (Fortsetzung)

saal ist mit einer schönen Kassettendecke, Wandmalereien und einem Stuckkamin ausgestattet.
Schräg gegenüber steht die Barockkapelle S. Pietro alla Briccola (von 1653) mit reich verzierter Front.

Rivera

Auf der gegenüberliegenden Talseite, in Rivera, das durch Straßenbau veränderte Rasthaus der Landvögte (von 1600; wappengeschmückter Versammlungssaal).

Corte di Sopra

Vom nördlich gelegenen Ort Caslaccio führt eine Seilbahn hinauf nach Corte di Sopra (1530 m ü.d.M.); von dort gelangt man in beschwerlichem, aber lohnendem Fußmarsch in etwa 1½ Stunden auf den Monte Tamaro (1962 m ü.d.M.).

Monte-Ceneri-Paß

Zuletzt noch etwa 2 km bis zur Paßhöhe des Monte Ceneri (s.S. 172).

Lukmanier-Paß (Passo del Lucomagno) jenseits **A 5/6**

Paßhöhe: 1916 m ü.d.M.
Öffnungszeit: Mai–Oktober

Lage

Der Lukmanier-Paß (italienisch Passo del Lucomagno, rätoromanisch Cuolm Lucmagn) bildet den niedrigsten Straßenübergang über den Hauptkamm der Schweizer Alpen und liegt auf der Grenze zwischen den Schweizer Kantonen Graubünden und Tessin.

Geschichte

Wegen seiner problemlosen Überwindbarkeit wurde der Lukmanier-Paß schon von den Römern gern und rege benutzt. Im Mittelalter bauten die Stauferkaiser die rund 50 km lange Paßstrecke zum bedeutendsten

Lukmanier-Paßstraße

Verkehrsweg über die Alpen aus, der ihnen den Zugang zu den deutschen Besitzungen in der Lombardei sicherte. Ein Nachteil freilich war die langwierige Anreise über ostwestlich verlaufende Täler sowohl an der Nord- als auch an der Südseite.

Lukmanier-Paß Geschichte (Fortsetzung)

Noch bis weit ins 19. Jahrhundert hinein war der Lukmanier-Paß stark frequentiert. Dann verblaßte seine Bedeutung durch den Ausbau der Gotthard-Paßstraße und insbesondere des Gotthard-Eisenbahntunnels.

Heutige Bedeutung

Heute ist der Lukmanier-Paß angesichts der bequemen Möglichkeiten zur Alpenüberwindung durch die Straßentunnel des ⟶ Sankt Gotthard und des ⟶ San Bernardino fast nur noch von touristischer Bedeutung; das ehemalige Hospiz 'Sancta Maria in Luco Magno' ist inzwischen im Santa-Maria-Stausee (Staumauer 1967 vollendet) auf der Nordseite des Passes versunken.

*Lukmanier-Paßstraße

Dem geruhsam Reisenden allerdings erschließt die Anreise von Disentis/Mustér im Vorderrheintal über den Lukmanier-Paß eine zauberhafte alpine Parklandschaft sowie die beachtenswerten kulturellen Schätze im Valle di Blenio (⟶ Blenio-Tal).

Magadino-Ebene (Piano di Magadino) C/D 6/7

Lage

Die Magadino-Ebene (Piano di Magadino) ist die etwa 30 km² große Talebene des Tessinflusses (Ticino) zwischen ⟶ Bellinzona und ⟶ Lago Maggiore (Langensee).

Geschichte und Bedeutung

Das einst fruchtbare Tal wurde im Jahre 1515 durch die Folgen des Bergsturzes 'Buzza di Biasca' (⟶ Biasca) so nachhaltig verwüstet, daß keine Landwirtschaft mehr möglich war. Auwälder und gefürchtete Fieber-

Magadino-Ebene

Magadino am Nordostende des Lago Maggiore

Geschichte und Bedeutung (Fortsetzung)

sümpfe erfüllten danach die Schwemmlandebene. Erst die Regulierung des Flußlaufes (1885–1913) und die damit verbundene Landtrockenlegung machten die Magadino-Ebene zum wichtigsten Mais- und Gemüseanbaugebiet des Tessins (1993 folgenschwere Überschwemmungen). Außerdem liegt hier der 1939 eröffnete kantonale Flughafen.

Sehenswertes

Magadino
D 6

Namengebend für die Landschaft war das Dorf Magadino (196 m ü.d.M.; 1200 Einw.). Im Mittelalter war es der bedeutendste Handelsplatz des ⟶ Gambarogno und ein wichtiger Hafen am Nordostende des Lago Maggiore. Durch den Bau der Gotthardbahn verlagerten sich allerdings die Verkehrsströme, so daß der Ort allmählich in Vergessenheit geriet.
Etwas erhöht über dem Dorf steht die spätklassizistische Pfarrkirche S. Carlo (von 1847; alljährlich internationale Orgelfestspiele). Im Chorgewölbe Fresken von Richard Seewald; ferner sehenswert Tafelbilder aus der Schule des Bernardino Luini (16. Jh.) und eine Pietà von Antonio Ciseri.

*Bolle di Magadino

Nördlich vom Ort, im Mündungsdelta von Ticino und Verzasca, erstreckt sich das Naturschutzgebiet Bolle di Magadino. In einem Rest der früheren Sumpflandschaft hat sich ein einzigartiges Pflanzen- und Vogelparadies entfaltet (markierte Wege nicht verlassen!).

Quartino

Das etwa 3 km östlich von Magadino gelegene und zur Gemeinde gehörende Dorf Quartino (216 m ü.d.M.; Kapelle S. Nicolao von 1597) war bereits im Altertum ein bedeutender Verkehrsknotenpunkt.

***Monte Ceneri**
D 6

Noch heute führt von Quartino der alte, gepflasterte Römerweg zum Monte Ceneri (554 m ü.d.M.; gute Aussicht) hinauf, dem Scheidegebirge zwischen dem Sopraceneri (= oberhalb des Ceneri; Nordtessin) und dem Sottoceneri (= unterhalb des Ceneri; Südtessin).

Naturschutzgebiet Bolle di Magadino

Als wichtiger Paßübergang war der Monte Ceneri im Mittelalter ein gefährlicher, von Wegelagerern und Straßenräubern verunsicherter Punkt. Heute führt die Eisenbahn der Gotthardlinie auf dem Streckenabschnitt Bellinzona–Lugano in einem Tunnel durch den Berg. Im Bereich der Paßhöhe befinden sich die Sendeanlagen des Radio- und Fernsehsenders Monte Ceneri der italienischen Schweiz.
Vom Monte Ceneri gelangt man in drei Stunden südwestwärts zum Motto Rotondo (1928 m ü.d.M.; Berghütte).

Monte Ceneri (Fortsetzung)

Unweit östlich von Quartino liegt Contone (212 m ü.d.M.) mit der Malteserkirche S. Giovanni Battista (Gemälde von Joh. Dobler, Ende 17. Jh.).
In Contone startet alljährlich die 'Tour de Sol' (= 'Sonnentour'), eine Wettfahrt durch die Schweiz mit Spezialfahrzeugen, die allein von Solarenergie und menschlicher Muskelkraft angetrieben werden.

Contone

Cugnasco
C 6

Jenseits von Contone ist am Nordrand der Magadino-Ebene zwischen Weinbergen und Gemüsefeldern die Großgemeinde Cugnasco (232 m ü.d.M.; 650 Einw.) gelegen. Sehenswert sind die barocke Pfarrkirche S. Giuseppe (17. Jh.) sowie die ehemalige Servitenklosterkirche S. Maria delle Grazie (15. Jh.) mit Fresken aus dem 15. und 16. Jahrhundert.

Curogna

Die Kapelle SS. Anna e Cristoforo im Ortsteil Curogna besitzt Wandmalereien des 15. und 17. Jahrhunderts (Schlüssel beim Pfarrer in Cugnasco).

Ditto

Auf einer Anhöhe über der Magadino-Ebene liegt als höchster Ortsteil das Dorf Ditto mit geschlossenem Ortsbild und überragt von der ursprünglich mittelalterlichen Kirche S. Martino (Fresken des 15. Jh.s).

Monte di Ditto

Vom Monte di Ditto (870 m ü.d.M.) hat man einen großartigen Blick über die gesamte Magadino-Ebene und auf den ⟶ Lago Maggiore sowie ins Val Verzasca (⟶ Verzasca-Tal).

Giubiasco

⟶ Reiseziele von A bis Z: Giubiasco.

Maggia-Tal (Valle Maggia) B – D 4/5

Lage und Allgemeines

Das Valle Maggia, auch Vallemaggia oder Valmaggia genannt, ist das vom Cristallina-Gebiet (2912 m ü.d.M.) ausgehende und bis zum → Lago Maggiore (Langensee) hinabreichende, tief in die Südflanke der Alpen einschneidende glaziale Trogtal der Maggia, die, vom Naret-See (2438 m ü.d.M.) ausgehend, in ihrem 56 km langen Verlauf zahlreiche Zuflüsse und Seitenbäche aufnimmt. Die gewaltigen, regelmäßig von der Maggia und ihren Zuflüssen mitgeführten Schlamm- und Geröllmassen haben das Schwemmlandgebiet im Maggia-Delta um → Locarno und → Ascona gebildet.

Maggia-Energieverbund

Die 1950–1958 erbauten Maggia-Kraftwerke nutzen die Wasserkraft des gewaltigen Einzugsgebietes der Maggia. In unterirdischen Stollen werden die aufgestauten Wasser in mehreren Stufen zu den verschiedenen, miteinander in Verbindung stehenden Zentralen geleitet, bis sie zuletzt bei der Zentrale Verbano (→ Brissago) dem Lago Maggiore zufließen.

Landschaftliche Gliederung

Der untere, 25 km lange Teil des Maggia-Tales zwischen Ponte Brolla und Bignasco ist breit und von schroffen bewaldeten Felshängen eingefaßt; die Talsohle liegt hier zwischen 300 und 450 m Mereshöhe. Oberhalb von Bignasco verzweigt sich die Tälerlandschaft fächerförmig in verschiedene Hochgebirgstäler, deren Grund um rund 1000 m höher liegt:
Im Nordosten das von der oberen Maggia durchflossene Val Lavizzara (Lavizzara-Tal; s. S. 180), nach Nordwesten das Val Bavona (Bavona-Tal; s. S. 181) und westlich das Val Rovana (Rovana-Tal; s. S. 183). Von allen gehen zahlreiche kleinere Seitentäler aus.

**Landschaftsbild

Das Maggia-Tal gehört zu den noch recht ursprünglich erhaltenen Landschaften des Tessin.

Unteres Tal

Nach Süden geöffnet und nach Norden durch Gebirgswände geschützt, besitzt das Untere Tal (Bassa Valle) ein recht mildes und sonnenreiches Klima. Die Vegetation ist vielfältig und verbindet mediterrane mit alpinen Arten: Kastanienwälder, Eichen, Eschen, Birken und Linden bedecken die Talflanken.

Obere Täler

Viel rauher sind die Täler der Oberen Maggia: Typische Bergdörfer nisten über steilen Abhängen, Gebirgsbäche und malerische Wasserfälle stürzen aus grauen Felsmassen hervor. Ganz oben (über 2000 m ü.d.M.) glitzern Bergseen zwischen grauem Gestein.

Geschichte

Das untere Maggia-Tal war bereits von Kelten und Römern besiedelt; im frühen Mittelalter setzte die Besiedlung der oberen Talschaften ein. Die Bewohner lebten fast ausschließlich von der Landwirtschaft, doch waren die Lebensbedingungen stets hart, beschwerlich und gefahrvoll. Überschwemmungen und Bergrutsche, begünstigt durch übermäßige Rodungen, suchten die Täler immer wieder heim und richteten große Verwüstung an; Häuser wurden zerstört, und fruchtbares Ackerland verschwand unter Schlamm- und Geröllmassen. Arbeitslosigkeit und Not zwangen hier wie auch in anderen Hochgebirgsregionen die Bewohner zur Auswanderung. Seit die Wassermassen der Maggia und ihrer Zuflüsse im Sambuco- und anderen Stauseen zurückgehalten und reguliert abgegeben werden, sind Überschwemmungen selten geworden.

Bauten

Während im unteren Maggia-Tal das Tessiner Bruchsteinhaus mit offener Holzgalerie unter steingedecktem Dach vorherrscht, überwiegt in den oberen Tälern der Holzstrickbau auf Mäusesteinen, wie er im Gotthardgebiet und im Wallis (Valais) gebräuchlich ist. Ungewöhnlich groß ist die Zahl der meist reich ausgeschmückten Kirchen, Kapellen, Oratorien und Bildstöcke.

◂ *Uriger Treppenweg in Boschetto bei Cevio*

Von Locarno durch das Maggia-Tal nach Bignasco

Man folgt zunächst nordwestwärts der auch in das → Centovalli führenden Strecke.

Ponte Brolla

Nach 4 km erreicht man Ponte Brolla (260 m ü.d.M.), das 'Tor zum Maggia-Tal' am Zusammenfluß von Valle Maggia und Centovalli. Hier hat sich die eiszeitliche Maggia eine tiefe, enge Schlucht (Orrido di Ponte Brolla; zugänglich über einen Treppenweg) mit mächtigen Strudellöchern und Gletschermühlen in den grauen Fels geschnitten. Sie wird in 33 m Höhe von einer alten Römerbrücke überspannt.

Hinter Ponte Brolla zweigt man von der Straße ins Centovalli links ab und folgt, jenseits der Brücke, dem linken Ufer der Maggia flußaufwärts.

Avegno

Etwa 2 km nördlich von Ponte Brolla liegt an der alten Straße die Gemeinde Avegno mit den Ortsteilen Avegno di Fuori (schöne Tessiner Steinhäuser), Avegno Chiesa (Barockkirche S. Abbondio) und Avegno di Dentro.
In der Umgebung gibt es zahlreiche freskengeschmückte Kapellen und Bildstöcke.

Gordevio

An der alten Straße folgt nach 3 km in sonnenreicher Hanglage das Dorf Gordevio (335–350 m ü.d.M.; 550 Einw.) mit wohlerhaltenem Ortsbild.
Die Kirche SS. Giacomo e Filippo (14. Jh.; mehrfach umgestaltet), im Ortsteil Villa, steht an einem schmucken Kirchplatz; Beinhaus mit Wandmalereien von Giuseppe Antonio Felice Orelli (von 1751).
Am nördlichen Ortsende befindet sich das sog. Landhaus, ein Wohnbau des 17. Jahrhunderts mit Arkaden und Holzgalerie; in der Gartenmauer ein schöner, von Orelli gemalter Bildstock.

Antrobbio

Im nahen Weiler Antrobbio, unweit der Hauptstraße, steht die Cappella di Antrobbio, die wohl älteste Kapelle des Tales. Im Inneren des kleinen Gotteshauses spätgotische Fresken und von Gläubigen in die Wände geritzte Fürbitten.

Aurigeno

Gegenüber von Gordevio liegt am rechten Maggia-Ufer das stille Dorf Aurigeno (341 m ü.d.M.; 200 Einw.), Geburtsort von Giovanni Antonio Vanoni (1810–1896), dessen rustikale Malereien viele Kirchen und Häuser im Locarnese schmücken. Beachtenswert sind die barocke Pfarrkirche S. Bartolomeo (Chorfresken von Vanoni) auf den Resten einer romanischen Vorgängerkirche sowie einige stattliche Wohnhäuser.

*Höhenwanderung

Von Aurigeno führt eine lohnende Höhenwanderung über den Weiler Ronchi, dann vorbei an der Kapelle S. Antonio Abate mit spätgotischen Fresken (von 1508) nach Dunzio (517 m ü.d.M.). Auf dem Weg öffnen sich immer wieder großartige Blicke ins Valle Maggia und auf das Madone-Massiv.

*S. Maria delle Grazie in Campagna

Gut 7 km hinter Ponte Brolla erscheint oberhalb der alten Steinbrücke die Kirche S. Maria delle Grazie in Campagna (Besichtigungszeiten beim Verkehrsamt in Maggia erfragen), das vermutlich älteste und bedeutendste Kulturdenkmal im Maggia-Tal. Das Innere samt der Holzdecke wurde 1528 mit bäuerlichen Malereien ausgeschmückt; im 18. Jahrhundert erhielt die Seitenkapelle ihren Stuckschmuck.

Moghegno

Am rechten Maggia-Ufer liegt Moghegno mit einer reizvollen, brunnengeschmückten Piazza und gut erhaltenem Ortsbild. Sehenswert sind die Pfarrkirche S. Maria Vergine di Natività (16. Jh.; später mehrfach verändert) und die Casa Ramelli (schöner Innenhof) sowie, südlich außerhalb, die Kapelle S. Maria Annunziata (von 1850) mit illusionistischen Wandmalereien.

Blick auf Maggia

Maggia
C 5

Das nur etwa 500 m entfernte kleine Haufendorf Maggia (347 m ü.d.M.) liegt inmitten ausgedehnter Weinberge. Besonders reizvoll wirken vor allem die Lauben, malerischen Innenhöfe und typischen Holzbalkone an den alten steingedeckten Häusern des Pfarrdorfes. Die hochgelegene Kirche S. Maurizio, zählt zu den ältesten Gotteshäusern des Tales und beeindruckt durch die schönen Stuckarbeiten und Heiligenstatuen (18. Jh.) im Inneren.
Etwa 1 km nördlich von Maggia steht oberhalb eines Wasserfalls des Rio del Salto am ehemaligen Paßweg über den Passo di Nimi ins ⟶ Verzasca-Tal die Kapelle S. Maria della Pioda mit spätgotischen Fresken.

Coglio

Etwa 3 km nördlich von Maggia folgt das hübsche Dorf Coglio mit der Kirche S. Maria di Monte Carmelo (Wandmalereien von Vanoni; 1866); am Beinhaus eindrucksvolle Fresken zum Thema Tod.

Giumaglio

Nach 1 km folgt das Winzerdorf Giumaglio, dessen Natursteinhäuser mit Holzgalerien unter steingedeckten Dächern typisch für die Bauweise in der Bassa Valle sind.

Someo

Das Dorf Someo, 2 km nördlich von Giumaglio, wurde 1924 durch einen Bergrutsch verwüstet. Sehenswert sind die etwas außerhalb stehende Barockkirche S. Eustachio (mit freistehendem Campanile), sowie mehrere ansehnliche Häuser, die sich in die Heimat zurückgekehrte Emigranten im 19. Jahrhundert bauen ließen.
Auf der gegenüberliegenden Talseite (über eine Hängebrücke zu erreichen) ein Bildstock von 1760; im Giebel ein Trivultus von Richard Seewald.
Von Someo führen lohnende Bergwanderungen ins Alzasca-Gebiet.

Sasso Trolcia
Cascata del Soladino

Bei der Weiterfahrt passiert man linker Hand die Felswand des Sasso Trolcia, über die der Soladino in dem 100 m hohen Wasserfall Cascata del Soladino zu Tal stürzt.

Wallfahrtskirche Madonna del Ponte an der Rovana-Brücke bei Cevio

Riveo

Alsbald erscheint im Talgrund das Dorf Riveo, ein Zentrum der Granitverarbeitung. In der Umgebung befinden sich die großen Steinbrüche, in denen der in Fachkreisen bekannte 'Granito biondo' gebrochen wird.

Cevio
C 4

Cevio (418 m ü.d.M.; 400 Einw.), seit 1403 Hauptort des Maggia-Tales und einst Sitz der Statthalter der mailändischen Visconti bzw. der eidgenössischen Landvögte, liegt etwa 3 km nordwestlich von Riveo an der Einmündung des Rovana-Tales (s. S. 183) ins Valle Maggia.
Von der einstigen Bedeutung des Ortes zeugen noch mehrere schöne freskengeschmückte Herrenhäuser der Familie Franzoni, die im 17. Jahrhundert großen Einfluß auf die Geschicke des Tales hatte. Sehenswert sind an der Piazza das Landvogteihaus (Pretorio; wappengeschmückte Fassade) aus dem 17. Jahrhundert und die Casa Respini, einst Wohnsitz der Landvögte, mit prunkvollem Barockportal.

*Museo di Vallemaggia im Palazzo Franzoni

Im Museum des Maggia-Tales (Museo di Vallemaggia; geöffnet April bis Oktober Di.–Sa. 10.00–12.00 und 14.00–18.00 Uhr, So. 14.00–18.00 Uhr) im Palazzo Franzoni (17. Jh.) sind Gebrauchsgegenstände, Trachten, Volkskunst sowie ein traditioneller Grotto (Vorratskeller) zu sehen; ferner Gemälde des aus Aurigeno stammenden Malers G.A. Vanoni.
Bei der Pfarrkirche S. Assunta e S. Giovanni (urspr. 13. Jh.; mehrfach verändert) ein Beinhaus mit Totentanzdarstellung.

*Wallfahrtskirche Madonna del Ponte

Südlich außerhalb des Ortes steht nahe der Brücke über die Rovana die reich mit Stukkaturen und Malereien ausgeschmückte Wallfahrtskirche Madonna del Ponte (von 1615).

Boschetto (Abb. s. S. 174)

Südwestlich von Cevio liegt über dem rechten Rovana-Ufer am Hang das malerische Dorf Boschetto mit der Kirche S. Antonio Abate (von 1673) und Tessiner Bruchsteinhäusern.

Bignasco
B 4

Knapp 3 km nördlich von Cevio liegt reizvoll an der Einmündung der Bavona in die Maggia das Pfarrdorf Bignasco (447 m ü.d.M.; 200 Einw.).

Bignasco (Fortsetzung)

Bignasco hat sein mittelalterliches Ortsbild, besonders in Bignasco vecchio (jenseits der Maggia; Steinbogenbrücke), gut erhalten. Der Campanile der Pfarrkirche S. Michele (19./20. Jh.) stammt vom Vorgängerbau aus dem 15. Jahrhundert; im Kircheninneren befindet sich ein prächtiger Altar aus dem 18. Jahrhundert.
Einen Besuch verdienen ferner die Kapelle S. Rocco (nahe der Maggia-Brücke; 16./17. Jh.) und die Kapelle S. Maria del Monte (östlich oberhalb; von 1512) mit schönen Fresken.

Bignasco ist Ausgangspunkt für zahlreiche schöne Ausflüge und Wanderungen.

Von Bignasco ins Bavona-Tal siehe Seite 181.

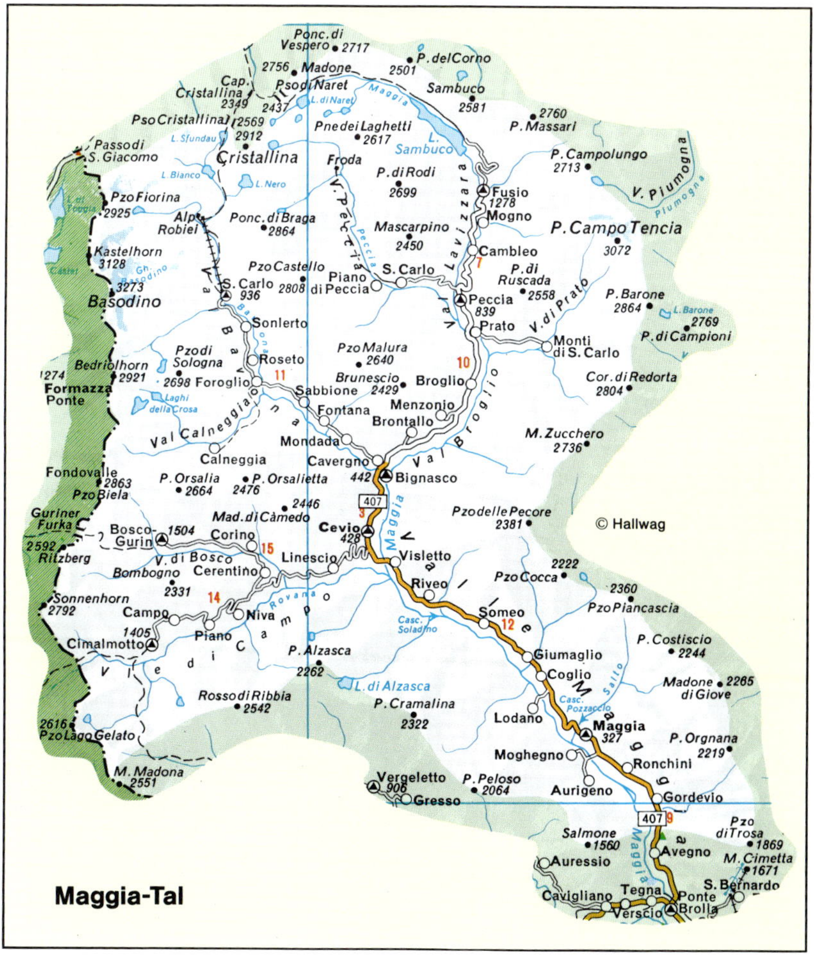

Lavizzara-Tal B 4/5

Val Lavizzara

Oberhalb von Bignasco (s. S. 178/179) bis zum Sambuco-See heißt das Tal der Maggia Val Lavizzara. Seinen Namen verdankt es dem 'Lavezstein', der hier schon von den Römern gebrochen und zu steinernem Kochgeschirr ('Topfstein') verarbeitet wurde. Eine Spezialität im Tal ist der strohverpackte Käse 'La Paglia'.

Broglio

Rund 7 km hinter Bignasco folgt das Dorf Broglio (710 m ü.d.M.), Geburtsort des Tessiner Dichters Giuseppe Zoppi (1896–1952). Die Dorfkirche stammt aus dem 16. Jahrhundert.

Rima

Zu dem nördlich oberhalb von Broglio gelegenen Bergkirchlein von Rima kommen Gläubige aus den umliegenden Ortschaften alljährlich an jenem Sonntag, der dem Mariä-Schnee-Fest (5.8.) am nächsten liegt, in einem bekannten Prozessionszug.

Prato Sornico

Nach 2 km folgt das romantische Dörfchen Prato Sornico (750 m ü.d.M.), an der Einmündung des vom Campo Tencia herabkommenden Val di Prato. Sehenswert sind das Gerichtshaus sowie die Casa Berna, der ehemalige Wohnsitz der Luzerner Familie Pfyffer mit Kapelle und Bibliothek.

Peccia

Im 2 km entfernten Peccia (839 m ü.d.M.) haben die Überschwemmungen von 1834 und 1840 nur wenige Häuser und die mittelalterliche Pfarrkirche S. Antonio Abate (barockisiert) verschont. Im Turbinenhaus des Kraftwerkes 'Piano di Peccia' sind aus den Fluten geborgene Renaissancefresken angebracht.

Peccia-Tal

Bei Peccia mündet das wilde, vom Lago di Naret herabkommende Val di Peccia in das Val Lavizzara. Hier wird seit alters echter Marmor gebrochen.

Fusio im Val Lavizzara

Lavizzara-Tal (Fortsetzung)
Fusio

Nach 7 km folgt Fusio (1281 m ü.d.M.; 50 Einw.), das einst als Stützpunkt an den Paßstrecken in die Leventina und ins Bedretto-Tal eine gewisse Bedeutung hatte. Das malerisch am Steilhang gelegene Dorf besitzt die reizvolle Barockkirche S. Maria Assunta. Im Ortsbild fallen typische Tessiner Steinhäuser neben den im Val Lavizzara sonst gewohnten Gotthardhäusern auf.

Maggia-Quellseen

Fusio ist Ausgangspunkt für schöne Bergwanderungen, besonders in das Cristallina-Gebiet zu den Laghetti, den Quellseen der Maggia, und über den Naret-Paß ins ⟶ Bedretto-Tal oder über den Campolungo-Paß in das Gebiet um den Campo Tencia und zum Lago Tremorgio (⟶ Leventina).

Sambuco-Stausee
B 4

Oberhalb von Fusio erhebt sich die mächtige Staumauer des Sambuco-Stausees (63 Mio. m^3; Ende der öffentlichen Fahrstraße). Es ist der größte Stausee des Kraftwerk-Verbundsystems im Maggia-Tal, das bei ⟶ Brissago am ⟶ Lago Maggiore (Langensee) endet.

Bavona-Tal

B 4

Val Bavona

Das einsame, nur im Sommer bewohnte Bavona-Tal (Val Bavona) ist von besonderer, wilder Schönheit. Eiszeit, Hochwasser und Bergstürze haben das Tal gezeichnet.

Cavergno

Die Straße ins Bavona-Tal verläßt Bignasco (s. S. 178/179) in nordwestlicher Richtung und erreicht alsbald das freundliche, fast südländisch anmutende Dorf Cavergno (459 m ü.d.M.) mit arkadengeschmückter Piazza und spätbarocker Pfarrkirche S. Antonio di Padova (Hl. Antonius von Padua; reiche klassizistische Ausstattung).
Cavergno ist die Heimat des bedeutenden Tessiner Schriftstellers Plinio Martini (1923–1979; ⟶ Berühmte Persönlichkeiten), der hier als Volksschullehrer und Botaniker wirkte.

Cavergno im Val Bavona

Foroglio

Bavona-Tal (Forts.)
Fontana

Im 4 km talaufwärts gelegenen Weiler Fontana steht die hübsche Kapelle SS. Giacomo e Filippo (1780 barockisiert).

Foroglio

Etwa 4 km hinter Fontana folgt eingebettet in großartige Gebirgslandschaft das Sommerdorf Foroglio (690 m ü.d.M.). In der Kapelle S. Maria Assunta (urspr. 16. Jh.; barockisiert) befindet sich ein geschnitzter Flügelaltar von 1553. Von der Kapelle bietet sich ein schöner Ausblick auf den prächtigen Wasserfall der Calneggia.

Gannariente

Die Kirche S. Maria delle Grazie (von 1595) im unweit nördlich gelegenen Dorf Gannariente ist alljährlich im Mai Ziel einer von Cavergno ausgehenden traditionsreichen Prozession, während der jahrhundertealtes Brauchtum noch gut zu beobachten ist.

Sonlerto

Im Val Bavona folgt 4 km hinter Foroglio das Dörflein Sonlerto mit der spätbarocken Kapelle S. Giuseppe.

San Carlo

Nach weiteren 5 km erreicht man am oberen Ende des Val Bavona das Sommerdorf San Carlo (960 m ü.d.M.). In der Kapelle S. Carlo bemerkenswerte Fresken (von 1523).
San Carlo ist Ausgangspunkt für schöne Bergtouren ins Basodino- und ins Cristallina-Gebiet.

Robiei
B 4

Von San Carlo führt eine Seilbahn (nur im Sommer) hinauf zur Bergstation Robiei (2000 m ü.d.M.). Sehenswert sind hier der Basodino-Gletscher (3277 m ü.d.M.), mehrere Stauseen und das unterirdische Wasserkraftwerk, das zum Verbundsystem der Maggia-Kraftwerke gehört.

Von Robiei führen lohnende Bergtouren über den San-Giacomo-Paß oder über den Cristallina-Paß ins → Bedretto-Tal, ferner über Cristallina- und Naret-Paß ins Lavizzara-Tal (s. S.180/181).

Bosco Gurin

Rovana-Tal – Bosco Gurin – Campo-Tal

C 3/4

Val Rovana

Die Serpentinenstraße in das entlegene Tal der Rovana mit den beiden Quellarmen verläßt das Maggia-Tal in Cevio (s. S. 178) und führt zunächst über der düsteren Rovana-Schlucht aufwärts, wobei sich großartige Blicke ins Maggia-Tal öffnen.

Linescio

Nach 5 km zeigt sich verstreut am Steilhang das Dorf Linescio (664 m ü.d.M.) mit seiner Pfarrkirche aus dem 19. Jahrhundert.

Collinasca

Der freundliche Weiler Collinasca liegt am Zusammenfluß der beiden Quellarme der Rovana, die aus den Tälern von Campo und von Bosco herabkommen. Bei der Weiterfahrt steht unterhalb der Straße eine alte Sägemühle, in der heute Büttenpapier in traditioneller Weise hergestellt wird.

Cerentino

Cerentino ist Geburtsort des Festungsbaumeisters Pietro Morettini, der den Durchstich des 'Urner Loches' an der alten Gotthardstraße (⟶ Sankt Gotthard) schuf. Weithin sichtbar stehen am Hang die Pfarrkirche S. Maria mit Beinhaus und das mit fünf Marienbildern geschmückte Pfarrhaus. Im Inneren der Kirche Freskenreste aus der Renaissancezeit.
Bei Cerentino trennen sich die Straßen: Südwärts geht es weiter nach Campo (s. S. 184), nordwärts führt ein schmales Sträßchen (6 km) zu dem bemerkenswerten Gebirgsdorf Bosco Gurin.

***Bosco Gurin**
C 3

Bosco Gurin (1506 m ü.d.M.; 100 Einw.) ist das höchstgelegene, ständig bewohnte Dorf des Kantons Tessin. Es liegt im abgeschiedenen Valle di Bosco (= 'Waldtal'), einem Seitental des Val Rovana, das im 12./13. Jahrhundert durch deutschsprachige Walser aus dem Oberwallis besiedelt wurde. Ihre Nachkommen haben bis heute ihren walserdeutschen Dialekt

Bosco Gurin (Fortsetzung)

und die Kultur ihrer Vorfahren bewahrt. Die einst in Walliser Strickbauweise errichteten Häuser mit den typischen Mäusesteinen wurden nach einer Lawinenkatastrophe im 18. Jahrhundert zum großen Teil durch Tessiner Steinhäuser ersetzt.

Die hellen Häuser von Gurin drängen sich zu Füßen der Pfarrkirche St. Jakobus und Christophorus (13. Jh.; im 16./17. Jh. barockisiert), mit schlankem Turm.

*Museum Walserhaus

Die wichtigste Sehenswürdigkeit in Bosco Gurin ist das Museum Walserhaus (geöffnet Ostern bis Oktober Di.–Sa. 10.00–11.30 und 13.30–17.00 Uhr, So. und Fei. 13.30–17.00 Uhr) in einem typischen Holzstrickbau. Hier werden Exponate zu Wirtschaft und Kultur der Guriner Walser gezeigt, darunter ein 'Seelenbalken', mit dessen Hilfe die Seele gerade Verstorbener aus dem Haus entweichen sollte. Die Kapelle Maria zum Schnee gedenkt der wiederholten Lawinenunglücke.

Grossalp

Ein Skilift führt von Bosco Gurin auf die Grossalp (1980 m ü.d.M.), im Winter Skigebiet.

Campo
C 3

Die südliche Abzweigung der Talstraße führt von Cerentino (s.S. 183) im Campo-Tal (Valle di Campo) aufwärts nach Campo (1300 m ü.d.M.), einem reizvoll zwischen Wäldern und Wiesen gelegenen Weiler. Das Dorf ist mit seinem schönen geschlossenen Ortsbild und den stattlichen Palazzi der Pedrazzini und Franzoni (18. Jh.) leider vom Abrutschen bedroht. Durch übermäßige Abholzungen und unglückliche Eingriffe in den Wasserhaushalt während der vergangenen Jahrhunderte ist das Gelände der Umgebung in Bewegung geraten. Zahlreiche Häuser zeigen tiefe Risse, einige wurden bereits aufgegeben. In der ebenfalls einsturzgefährdeten Pfarrkirche S. Bernardo (1513) reicher Freskenschmuck von G.M. Borgnis (18. Jh.).

Cimalmotto

Ebenfalls vom Abrutschen bedroht ist der malerische Ort Cimalmotto (1405 m ü.d.M.), 1 km oberhalb von Campo. Die Kapelle S. Maria Assunta (16. Jh.) besitzt reichen Stuckschmuck (18. Jh.).

Valle di Campo: Holzstrickbauten

Malcantone D/E 5/6

Lage und Allgemeines

Die dicht besiedelte Landschaft Malcantone (von italienisch 'cantone dei magli' = Landschaft der Hammerschmiede) erstreckt sich im Westen des Sottoceneri, zwischen den Flüssen Ticino (Tessin) im Norden und Tresa im Süden, östlich begrenzt vom Vedeggio-Tal (Val Vedeggio; s. S. 166), westlich von einem mächtigen Gebirgsgrat, der sich vom Monte Clivio (südlich) über den Monte Rogoria (1183 m ü.d.M.) und den Monte Lema (1620 m ü.d.M.) zum Monte Tamaro (1962 m ü.d.M.) erstreckt.
Von Norden nach Süden durchschneidet das Tal des Flüßchens Magliasina die Region, an dem einst Bleiglanz, Pyrit und Zinkblende, bisweilen auch etwas Gold und Silber, abgebaut wurden und dem sie ihren Namen verdankt.

*Landschaftsbild

Das noch weitgehend ursprünglich gebliebene Gebiet Malcantone bietet mit seinem raschen Wechsel von Uferzonen sowie waldbedeckten Tälern und Höhen eine Vielfalt von Wander- und Erholungsmöglichkeiten.

'Strada Verde'

Der Rundwanderweg 'Strada Verde' (= Grüne Straße; ca. 10 Std.) führt durch das obere Malcantone – von Arosio über Novaggio, Beride, Astano, Miglieglia und Caroggio zurück nach Arosio.

Geschichte

Wie Grabungsfunde belegen, waren die Südhänge des Monte Lema und des Monte Tamaro schon in prähistorischer Zeit besiedelt. Ligurer, Kelten, Etrusker und Römer haben hier ihre Spuren hinterlassen.
Während des Mittelalters zu wiederholten Malen in die Auseinandersetzungen zwischen den Machthabern in Mailand und Como verwickelt, wurde das Malcantone 1170 dem Machtbereich des Bischofs von Como zugeschlagen und fiel schließlich gemeinsam mit dem Luganese an die Schweizerische Eidgenossenschaft.

Agno: Kollegiatkirche Santi Giovanni e Provino

Rundfahrt durch das Malcantone

Die im folgenden beschriebene Rundfahrt durch das Malcantone beginnt und endet in Agno.

Agno

D/E 6

Lage und Allgemeines

Das Städtchen Agno (280 m ü.d.M.; 2800 Einw.) liegt inmitten fruchtbarer Äcker und Weinberge an der Mündung des in seinem Unterlauf kanalisierten Flusses Vedeggio in den westlichen Arm vom ⟶ Luganer See.
Die Siedlung reicht in vorrömische Zeit zurück. Kaiser Otto II. (973–983) stiftete hier ein Domherrenkapitel. Agno ist Heimat des Architekten Luigi Rusca (1758–1822), der in Rußland für die Zarin Katharina die Große arbeitete.
Der Ort besitzt noch schöne, freskengeschmückte Häuser.
Alljährlich wird in Agno vom 8. bis 10. März der San-Provino-Jahrmarkt, ein vielbesuchtes Volksfest, abgehalten.

Kollegiatkirche SS. Giovanni e Provino

In beherrschender Lage steht die Kollegiatkirche SS. Giovanni e Provino, 1780 nach Plänen des einheimischen Baumeisters Antonio Boffa über den Resten eines frühmittelalterlichen Gotteshauses errichtet. Die neoklassizistische Fassade wie auch große Teile der Ausstattung stammen aus dem späten 19. Jahrhundert. Die Kuppelfresken (18. Jh.) schuf Giovanni Antonio Torricelli.

Museo Plebano

In dem kleinen angeschlossenen Museo Plebano (Besuch nach Voranmeldung) Funde aus etruskischer, römischer und langobardischer Zeit sowie verschiedene Dokumente zur Stadtgeschichte.

Serocca

In dem 2 km weiter nördlich gelegenen Ortsteil Serocca steht die Kapelle S. Giuseppe; die Innenausstattung stammt von Giuseppe Antonio Petrini (18. Jh.).

Bioggio – Cademario – Aranno – Iseo

D 6

Bioggio

Nach 1 km folgt im Vedeggio-Tal das alte Dorf Bioggio (292 m ü.d.M.; 1200 Einw.) mit herrschaftlichen Wohnhäusern aus dem 17./18. Jahrhundert, darunter Casa Riva und die Casa Staffieri.
Oberhalb des Ortes steht die Kapelle S. Ilario (urspr. romanisch; im 16. Jh. erneuert.).
In der Umgebung von Bioggio wächst ein beliebter Nostrano-Wein.
Von Bioggio führt eine Straße in Windungen hinauf ins Bergland.

Bosco Luganese

Die Bergstraße erreicht nach 2 km die prächtig gelegene, aus mehreren Weilern gebildete Gemeinde Bosco Luganese (443 m ü.d.M.). Sehenswert ist hier die Kirche S. Abbondio (17. Jh.).

Cademario

Weiterhin in Windungen steil bergauf nach Cademario (770 m ü.d.M.; 450 Einw.), einem Luftkurort in herrlicher Aussichtslage und umgeben von Kastanienhainen; Ausgangspunkt für erholsame Spaziergänge und Höhenwanderungen.
Die Kirche S. Ambrogio (wohl 12. Jh., später mehrfach verändert; jetzt Friedhofskapelle), besitzt einen schönen romanischen Campanile und im Inneren gotische Fresken (15. Jh.). Eine Votivtafel (von 1580), die an die "Pest von San Carlo" erinnert, sowie ein weiteres Gemälde des 17. Jahrhunderts wurden von S. Ambrogio in die Pfarrkirche Madonna del Popolo (17. Jh.), am oberen Ortsende, gebracht.

Waldlehrpfad

Von Cademario führt ein Waldlehrpfad in etwa 45 Minuten nach Aranno.

Aranno

Hinter Cademario geht es allmählich bergab. Nach 3 km erscheint Aranno (712 m ü.d.M.; 250 Einw.) über dem Tal der Magliasina. Aranno ist Geburtsort des Baumeisters Luigi Pelli, der im 18. Jahrhundert am russischen Zarenhof wirkte. Vier nordetruskische Inschriftentafeln sind in die Wand der Casa Pelli eingelassen.
Im Amphitheater von Aranno findet alljährlich im Juli/August die Veranstaltungsreihe 'Ars et Musica' (klassische Konzerte und Theateraufführungen) statt.

Waldlehrpfad

Ein Waldlehrpfad führt von Aranno nach Cademario (ca. 45 Min.).

Iseo

Die Straße führt nun über dem Magliasina-Tal hin und erreicht nach weiteren 3 km das beachtenswerte Dorf Iseo (687 m ü.d.M.; 50 Einw.) mit gut erhaltenem Ortsbild und der kleinen Barockkirche S. Rocco.
In beherrschender Aussichtslage hoch über dem Ort (30 Min. Fußweg) steht die Kirche S. Maria d'Iseo (urspr. gotisch, im 17./18. Jh. umgestaltet). Abstieg über Cimo (40 Min.) nach Agno (1 Std.) oder über Gaggio nach Bioggio ($1^1/_2$ Std.).

Cimo
Vernate
Cassina

Jenseits von Iseo umzieht die Straße den Hügel der Santa Maria (777 m ü.d.M.) in weitem Bogen und trifft nach 3 km auf eine Straße, die links über das hoch über Agno gelegene Dorf Cimo (559 m ü.d.M.; Josephskapelle mit Fresken, 16. Jh.) zurück nach Bioggio, oder über Vernate, ebenfalls hoch über Agno (Pfarrkirche SS. Sebastiano e Rocco, 16./17. Jh.), und Cassina (Kapelle SS. Carlo e Rocco, 16. Jh.; Ausstattung 18. Jh.) zurück zur Hauptstraße führt.

Übersichtskarte

Arosio – Breno – Miglieglia – Monte Lema – Novaggio – Curio D 6

Val d'Agno

Nördlich von Bioggio führt die Rundfahrtstrecke zunächst am Westrand des fruchtbaren Val d'Agno hin.

Manno

Nach 3 km links die Abzweigung nach Manno, mit malerischen Gäßchen, der Kapelle S. Rocco (von 1597) und der Casa Fraschina (von 1688).

Gravesano

Rund 1 km weiter folgt Gravesano (372 m ü.d.M.) am Rande vom Vedeggio-Tal. Bemerkenswert sind hier die eigenwillige Barockkirche S. Maria di Buon Consiglio (18. Jh.) und die spätmittelalterliche Pfarrkirche SS. Pietro e Paolo (barockisiert).

Bedano

Etwa 1,5 km nördlich von Gravesano liegt Bedano, das Heimatdorf der Künstlerfamilie Albertolli; an ihrem Wohnhaus erinnert eine Gedenktafel an den Durchzug der russischen Armee unter General Suworow im Juli 1799 während der napoleonischen Kriege.
In der Pfarrkirche S. Maria (urspr. mittelalterlich; 1636 umgestaltet) Freskenreste aus dem 15. Jahrhundert.
Nördlich des Ortes die Kapelle S. Rocco (16./17. Jh.).

Arosio

Von Gravesano führt die Straße in zahlreichen Serpentinen aufwärts und vorbei an der einsam im Wald gelegenen Wallfahrtskapelle Madonna di Cimaronco (Fresken 15. Jh.) nach Arosio (870 m ü.d.M.; 250 Einw.), der romantischen, höchstgelegenen Ortschaft im Malcantone. Zwischen oberem und unterem Dorf steht die Kirche S. Michele (1217 erwähnt, im 17. Jh. umgebaut), in der Fresken von Antonio da Tradate (von 1508) freigelegt wurden.

Von Arosio führen schöne Wanderungen über den Cervello (974 m ü.d.M.) nach Cademario (s. S. 186).

Mugena im Malcantone

Mugena

Etwa 1 km westlich folgt Mugena (818 m ü.d.M.) in waldreicher Lage. Die Kirche S. Agata (von 1683–1702) besitzt fünf schöne Altäre des späten Barock.
Ein folkloristisches Ereignis ist die Maifeier in Mugena.

Vezio

Die Straße führt jenseits von Mugena über die Magliasina nach Vezio (766 m ü.d.M.) mit klassizistischer Pfarrkirche S. Bartolomeo und Wallfahrtskapelle Madonna delle Grazie de Sassello, 1805 um einen Bildstock (wohl aus dem 16. Jh.) errichtet.

Fescoggia

Nach 1 km folgt das Dörfchen Fescoggia (840 m ü.d.M.) mit reizvoller Piazza und Barockkapelle (von 1760).

Breno

Gut 1 km weiter südlich liegt das malerische Dorf Breno (780 m ü.d.M.; 200 Einw.). Seine Häuser drängen sich um die Pfarrkirche S. Lorenzo (urspr. romanisch; im 16. Jh. verändert; Fassade erst von 1912). Östlich die Kapelle S. Rocco (um 1750).
Von Breno erfolgt der Aufstieg auf den Poncione di Breno (1653 m ü.d.M.; 3 Std.).

Miglieglia

Nach etwa 2 km erreicht man Miglieglia (741 m ü.d.M.; 180 Einw.). Dieses recht ursprünglich gebliebene Dorf steigt in Stufen am Abhang des Monte Lema empor. In der Ortsmitte steht die barocke Pfarrkirche S. Stefano.

*Kirche S. Stefano al Colle

Oberhalb des Ortes befindet sich, umgeben von Kastanienhainen, die spätromanische Kirche S. Stefano al Colle, eines der bedeutendsten Baudenkmäler der Region, mit romanischem Glockenturm; im Kircheninneren, mit eingewölbtem Langhaus, reicher Freskenschmuck (von 1511). Etwas unterhalb das Beinhaus mit Fresken (16. Jh.).

****Monte Lema**
D 5/6

Von Miglieglia führt eine 2690 m lange Sesselbahn in 18 Minuten hinauf zum Gipfel des Monte Lema (1624 m ü.d.M.), von wo sich ein überwältigender Rundblick über die Tessiner und die italienische Bergwelt bis in

Miglieglia: Fresken in Santo Stefano al Colle

Monte-Lema-Sesselbahn

Monte Lema (Fortsetzung) — die Walliser, Berner und Bündner Alpen bietet. An klaren Tagen reicht der Blick südlich über die Lombardische Tiefebene hinweg bis zu den Apenninen.

'Strada Verde' — Vom Monte Lema führt ein 'Strada Verde' genannter Gratwanderweg in etwa vier Stunden hinüber zum Monte Tamaro (⟶ Gambarogno).

Novaggio
D 6

Etwa 3 km südlich von Miglieglia folgt Novaggio (640 m ü.d.M.; 600 Einw.), eingebettet in Reben und in prächtiger Aussichtslage (von hier reicht der Blick bis hin zum Monte Rosa). Sehenswert sind hier die spätmittelalterliche Pfarrkirche S. Siro (barockisiert) und die stattliche Casa Bertoli sowie, außerhalb des Ortes, die Kirche S. Maria del Carmelo (16./17. Jh.).
Von Novaggio führt die Strecke im Magliasina-Tal abwärts.

Curio

Die stattlichen Häuser des malerischen Dorfes Curio (556 m ü.d.M.; 120 Einw.) besitzen schöne Innenhöfe und südwärts gerichtete Loggien. In der Pfarrkirche S. Pietro (im 17. Jh. erneuert) ein stukkiertes Tabernakel aus dem Jahre 1695.
Curio ist Hauptsitz der Accademia Artistica Malcantonese; im einstigen Zeichenschulhaus ist das Museum des Malcantone (Museo del Malcantone; geöffnet April–Oktober Do. und So. 14.00–17.00 Uhr) eingerichtet.
In der Umgebung von Curio befinden sich mehrere hübsche Kapellen und Bildstöcke: so etwa 1,5 km südlich, im Walde, die Wallfahrtskapelle S. Maria della Morella (urspr. spätmittelalterlich; im 17./18. Jh. barockisiert) oder auf dem Monte Montini (813 m ü.d.M.) die Kapelle S. Maria del Buon Pastore von 1895.
Unterhalb von Curio, am Magliasina-Zufluß Molge, eine alte Mühle.

Pura — Von Curio führt die Straße am rechten Talhang über der Magliasina hin und erreicht nach 3 km den am Fuße des Monte Mondini gelegenen ländlichen Ferienort Pura (390 m ü.d.M.). Von hier gehen viele hübsche Spaziergänge und Wanderungen aus.
Unterhalb von Pura, an der Magliasina, eine ehemalige Mühle (jetzt Fischzucht).
Zuletzt gelangt man abwärts in die Magliasina-Ebene und erreicht westlich von Magliaso (s. S. 192) die Hauptstraße.

Astano – Sessa – Ponte Tresa **D/E 5/6**

Banco — Etwa 2 km westlich von Novaggio folgt an der Rundfahrtstrecke der Ort Banco mit der ehemaligen Pfarrkirche S. Maria (barockisiert).

Biogno — Bedigliora — Von hier entweder über Beride (470 m ü.d.M.; Barockkapelle S. Fermo, Casa della Giovanna) oder über Biogno (514 m ü.d.M.; Barockkirche SS. Carlo e Sebastiano und Casa de Mattei von 1675) mit einem Abstecher nach Bedigliora (615 m ü.d.M.; Kirchen S. Rocco, 16. Jh. und S. Salvatore, 17. Jh.), am Fuße des Monte Bedeia (702 m ü.d.M.), nach Castelrotto.

Castelrotto — Das auf einer reizvollen Sonnenterrasse gelegene Dorf Castelrotto (= 'zerstörte Burg'; 416 m ü.d.M., 200 Einw.) wird beherrscht von der Pfarrkirche S. Nazzareno (1635–1670) an der Stelle einer 1116 von den Mailändern zerstörten Burg.
Im südlich unterhalb gelegenen Ortsteil Madonna del Piano eine Marienkapelle (16. Jh., barockisiert).

Croglio — Der Ort Croglio (350 m ü.d.M.) liegt im Tresa-Tal; in der Pfarrkirche SS. Nazzario e Celbo (17. Jh.) Fresken von 1440.

Zuletzt über Purasca nach Ponte Tresa (s. S. 192).

Bombinasco — Von Banco (s. zuvor) gelangt man über Bombinasco (Kapelle S. Trinità aus dem 17. Jh.), am Tresa-Zufluß Lisora, nach Astano.

Kirchlein im Bergdorf Astano

Astano
D 5

Astano (638 m ü.d.M.; 250 Einw.) ist ein charakteristisches Bergdorf, umgeben von Kastanienhainen und Obstgärten, das als Luftkurort gern besucht wird. Römische Funde belegen, daß der Ort schon früh besiedelt war. Bis ins 19. Jahrhundert wurden hier Edelmetalle abgebaut. Astano ist Geburtsort des Baumeisters Domenico Andrea Trezzini (um 1670–1734; ⟶ Berühmte Persönlichkeiten), der unter Peter dem Großen St. Petersburg mitgestaltet hat.
Die engen, steilen Gäßchen von Astano säumen rustikale Anwesen: Cà da Roma (Ende 16. Jh.), Casa Trezzini (16. Jh.), Casa Morandi (17. Jh.), Antico Negozio mit reicher Illusionsmalerei. – Westlich von Astano liegt der idyllische kleine Lago di Astano (Baden, Angeln).

Lago di Astano

Beredino

Von Astano 2 km weiter südostwärts gelangt man nach Beredino (479 m ü.d.M.) mit der schönen loggiengeschmückten Casa Rossi, der Casa Sguazzoni und der Kapelle S. Rocco (um 1600; klassizistisch umgestaltet).

Sessa
E 5

Etwa 1,5 km südwestlich von Beredino folgt Sessa (396 m ü.d.M.; 450 Einw.), einst Hauptort des Malcantone und Sitz der eidgenössischen Landvögte, mit uralter Geschichte.
Die winkligen Gassen säumen schöne freskengeschmückte Palazzi. Vier romanische Kapitelle an der Casa Bertolatti und an der Casa Marchesi sollen von einer inzwischen verschwundenen Stauferburg stammen. An der Piazza superiore die Casa dei Landvogti, die einstige Residenz der Landvögte. Am Ortseingang die Pfarrkirche S. Martino mit prunkvollem Holzschnitzaltar (17. Jh.). Die Kirche S. Orsola (Hl. Ursula; 15./16. Jh.), besitzt im Inneren einen Renaissance-Stuckaltar mit einer Darstellung der Kirchenpatronin. Nahe der Ursula-Kirche befindet sich das romanische Pfrundhaus sowie im Innenhof eines Wohnhauses eine mächtige alte Weinpresse aus dem 15. Jahrhundert. Das Kleine Museum (Piccolo Museo; geöffnet 1.5.–30.9. Sa. und So. 16.00–19.00 Uhr) dokumentiert Frauenheimarbeit, Landwirtschaft, Handwerk, Kunst und Emigriation.

Monteggio
Catsello

Unweit südwestlich von Sessa liegt Monteggio (433 m ü.d.M.; 700 Einw.) mit der loggiengeschmückten Casa Passera (17. Jh.). Im Ortsteil Castello ist die Kapelle SS. Alberto e Apollonia (17. bis 19. Jh.) sehenswert.
Von Sessa senkt sich die Straße hinab ins Tal der Tresa und führt dort weiter flußaufwärts nach Ponte Tresa.

Ponte Tresa
E 6

Am äußersten Westende vom ⟶ Luganer See liegt an der schweizerisch-italienischen Grenze das Städtchen Ponte Tresa (278 m ü.d.M.; 1400 Einw.); hier tritt der Fluß Tresa aus dem See aus und fließt westwärts dem Langensee (⟶ Lago Maggiore) zu.
Aufgrund seiner historischen Bedeutung am Kreuzungspunkt der Verkehrswege zwischen Luganer See und Lago Maggiore sowie von Norden kommend in die Lombardei hat Ponte Tresa viele moderne Veränderungen hinnehmen müssen. Nur noch wenig ist von dem alten Ortskern im lombardischen Stil mit Bürgerhäusern und Arkaden des 18. Jahrhunderts erhalten geblieben. Die Pfarrkirche S. Bernardino (urspr. 15. Jh.; mehrfach verändert) besitzt eine reiche Ausstattung des 17. und 18. Jahrhunderts.
Eine Überlandstraßenbahn verbindet Ponte Tresa mit ⟶ Lugano.

Caslano – Magliaso E 6

Bei Ponte Tresa wendet sich die Straße in nordwestliche Richtung und zieht zunächst am Nordufer der äußersten westlichen Seebucht des Lago di Lugano (⟶ Luganer See), später am Rande der fruchtbaren Schwemmlandebene des Flüßchens Magliasina hin. Ostwärts zweigen mehrere Stichstraßen nach Caslano ab.

Caslano

Der am Agno-Seearm des Luganer Sees südlich der Magliasina-Mündung gelegene Luftkurort Caslano (275 m ü.d.M.; 2400 Einw.) wird beherrscht von dem Bergstock des Monte Caslano (oder Sassalto; 526 m ü.d.M.). Aus dem einst bescheidenen Fischerdorf hat sich ein vielbesuchter Ferienort mit hübscher Uferpromenade und einem reichhaltigen modernen Freizeitangebot entwickelt. Im Schokoladenmuseum 'Schokoland Alprose' (Via Rompada; täglich 9.00–19.00 Uhr) kann man auch günstig einkaufen.
Sehenswert sind sie Pfarrkirche S. Cristoforo (17. Jh.; Inneres 17.–19. Jh.) und das Kirchlein S. Maria delle Grazie (oder Chiesuola di Mezzo), von dessen gotischem Vorgängerbau noch Freskenreste erhalten sind.
Schöne Spazierwege und Wandermöglichkeiten bieten sich entlang dem Seeufer und um den Monte Sassalto mit seiner reichen Flora und vielen Naturdenkmälern; von der Höhe schöner Blick über den Westarm des Luganer Sees.

Magliasina

Etwa 2 km nördlich von Ponte Tresa liegt Magliasina (284 m ü.d.M.), ein Straßendorf am Rande der fruchtbaren Mündungsebene der Magliasina. Am Ortseingang steht die Kapelle S. Maria del Rosario (im 17./18. Jh. verändert und erweitert); ebenfalls an der Straße die Kapelle S. Maria (15. Jh.) mit rustikalen Malereien im Stile Luinis. Die Casa Parini, in typischem Südtessiner Stil, besitzt weiße, leicht geschwungene Loggien.

Magliaso

Nördlich anschließend folgt der alte Ort Magliaso (284 m ü.d.M.; 1100 Einw.). Bereits 712 als 'Maliace' erwähnt, war er im Mittelalter von einiger Bedeutung. In seiner Residenz, der heute verfallenen Burg (11./12. Jh.) oberhalb des Ortes, wurde 1116 der Bischof Landolfo von Como gemeuchelt, was einen zehnjährigen Krieg zwischen Como und Mailand auslöste. An Stelle der einstigen Kapelle ließ der Urner Konrad von Beroldingen (seit 1667 Besitzer der Burg) die Pfarrkirche SS. Biagio e Macario (17. Jh.) mit achteckiger Vierungskuppel und ebenfalls achteckig bekröntem Turm errichten. In der Kirche werden die 1687 aus Rom hierher übergeführten Reliquien des Katakombenheiligen Makarios aufbewahrt.

Zoo

Magliaso besitzt einen kleinen Tierpark ('Zoo al Maglio'; täglich geöffnet) sowie die gepflegte Golfanlage von Lugano (18 Löcher).

Golfplatz für Lugano bei Magliaso

Malcantone (Fortsetzung) Neggio

Oberhalb von Magliaso liegt auf einer sonnenreichen Südterrasse über der Magliasina das Dorf Neggio (390 m ü.d.M.; 300 Einw.). In einer Häuserfront steht die Pfarrkirche S. Maria Annunciata (von 1611; barockisiert).

Kirche S. Giorgio

Die außerhalb, auf einem bewaldeten Hügel gelegene Kirche S. Giorgio ist mit Rokokostukkaturen von A. Soldati ausgeschmückt.

Agno

Von Magliaso noch etwa 2 km nordwärts am Ufer des Luganer Sees entlang nach Agno (s. S. 186).

Melide E 6

Höhe: 277 m ü.d.M.
Einwohnerzahl: 1400

Lage und Bedeutung

Etwa auf halbem Wege zwischen → Lugano und → Morcote liegt auf einer kleinen Landzunge an der Ostseite der Halbinsel Ceresio (s. S. 162) und zu Füßen des Monte Arbòstora (822 m ü.d.M.) der als Sommerfrische vielbesuchte ehemalige Fischerort Melide, der durch den verkehrswichtigen Melide-Damm weit über die Grenzen des KantonsTessin hinaus bekannt geworden ist.
Das bereits im Jahre 862 urkundlich erwähnte Städtchen ist der Geburtsort des berühmten Architekten Domenico Fontana (1543–1607; → Berühmte Persönlichkeiten), der das barocke Rom als Stadtbaumeister unter Papst Sixtus V. entscheidend mitgestaltete und in Neapel den Palazzo Reale erbaute.

Schiffsverbindung

Melide wird während der Sommersaison regelmäßig von den auf dem Luganer See verkehrenden Linien- und Ausflugsschiffen angelaufen.

Panorama von Melide am Luganer See

Nachbildung des Berner Bundeshauses in der Melider Freilichtanlage 'Swissminiatur'

Sehenswertes in Melide

Ortskern

Obwohl von den nahen Verkehrsbauten (Melide-Damm, Eisenbahn, Autobahn, Tunnel) scheinbar erdrückt, hat Melide einen Teil seines reizvollen alten Ortskerns mit freskengeschmückten Häusern bewahren können. Das Geburtshaus Domenico Fontanas allerdings fiel dem Straßenbau zum Opfer; sein Denkmal steht auf der Piazza Domenico Fontana.

Pfarrkirche SS. Quirico e Giulietta

Die Pfarrkirche SS. Quirico e Giulietta (urspr. 16. Jh.; im 19. Jh. umgebaut) besitzt ein Renaissanceportal wohl von Domenico Fontana mit dem ihm vom Papst verliehenen Wappen.
Im Kircheninneren befinden sich bedeutende Gemälde u. a. von Giuseppe Antonio Petrini (17. Jh.).

***Ponte Diga** (Melide-Damm)

Von Melide führt der 1848 in Betrieb genommene, 700 m lange Melide-Damm (Ponte Diga = 'Brückendamm') über den Luganer See nach ⟶ Bissone.

Anlage

In den Jahren 1843–1847 entstand unter dem Architekten Pasquale Lucchini ein 814 m langer Damm als feste Verbindung zwischen dem Luganese und dem ⟶ Mendrisiotto und damit zur Erleichterung des wichtigen Fernverkehrsweges zwischen der Innerschweiz über den ⟶ Sankt Gotthard und Norditalien. Als Fundament dienten die Rückzugsmoränen des Ceresio-Gletschers, die mit Granitfindlingen aus der Umgebung aufgeschüttet wurden.
Mehrfach verbreitert dient der Melide-Damm heute sowohl der Eisenbahn der Gotthardlinie als auch der Autobahn (N 2 / E 35) und der alten Landstraße. Zuvor bestand an dieser Stelle Fährverkehr über den See; ein mittlerer Brückenteil gestattet dem Schiffsverkehr die Durchfahrt.

****Swissminiatur**

Am Beginn des Melide-Dammes erstreckt sich unmittelbar südlich auf einem 11 000 m² großen Areal die 1959 eingerichtete Freilichtanlage 'Swissminiatur' (geöffnet Mitte März bis Ende Oktober 8.00–18.00 Uhr, Mitte Juli bis Mitte August bis 22.30 Uhr), eine einzigartige Darstellung der wichtigsten Anziehungspunkte der Schweiz – Städte, Burgen, Denkmäler, Verkehrsmittel, Gebirgsregionen – im Maßstab 1 : 25.
Während der Sommermonate Juli und August wird die Anlage abends illuminiert.

Mendrisio — E 6

Höhe: 354 m ü.d.M.
Einwohnerzahl: 6900

Lage

Die Bezirkshauptstadt Mendrisio liegt zu Füßen des Monte Generoso (⟶ Capolago) im Herzen der freundlichen Landschaft ⟶ Mendrisiotto, der südlichsten im Tessin und damit der gesamten Schweiz.

Bedeutung

Die verkehrsgünstige Lage an der Nord-Süd-Achse Innerschweiz – Sankt Gotthard – Oberitalien hat die Ansiedlung bedeutender Industrien gefördert, so daß die Bevölkerung heute günstige Arbeitsmöglichkeiten findet. Zugleich aber hat der rücksichtslose Bau von Verkehrs- und Produktionsanlagen dem Städtchen seinen Glanz und Liebreiz genommen. Dennoch lassen mehrere historische Baudenkmäler die einstige Bedeutung der Stadt erahnen.

Geschichte

Funde belegen eine Besiedlung schon zur Steinzeit. Im vierten nachchristlichen Jahrhundert errichteten die Kelten nahe dem heutigen Gemeindehaus eine Wehranlage, die 1242 von den Mailändern niedergerissen wurde. Im Jahre 791 findet der Ort als 'Locus Mendrici' Erwähnung; 1170

Geschichte (Fortsetzung)

fiel Mendrisio an die Herrschaft Como und wurde in der Auseinandersetzung mit Mailand 1242 zum großen Teil zerstört. Seit 1522 war es Sitz der eidgenössischen Landvögte.

**Prozessionen in der Karwoche

Ein eindrucksvolles Ereignis sind die seit dem 16. Jahrhundert alljährlich veranstalteten Gründonnerstags- und Karfreitagsprozessionen, die den Leidensweg Christi nachvollziehen.
Die Prozessionsteilnehmer erscheinen in historischen Kostümen mit schmuckvollen Lampions, und die Häuser werden mit Transparenten des 18. Jh.s illuminiert (⟶ Kunst und Kultur: Brauchtum, Prozessionen).

Sehenswertes

Pfarrkirche SS. Cosma e Damiano

Am Südrand der Altstadt erhebt sich an der Piazza del Ponte über einer monumentalen Freitreppe die Pfarrkirche (Propsteikirche) SS. Cosma e Damiano, 1870–1874 nach Plänen des Architekten Luigi Fontana aus Muggio an der Stelle eines älteren Gotteshauses in neoklassizistischem Stil errichtet; im Inneren gute Plastiken und Schnitzarbeiten aus der Vorgängerkirche.

Wehrturm

Unterhalb der Kirche sind die Reste eines romanischen Wehrturmes (12. Jh.; römischer Inschriftenstein) sichtbar, der später zum Campanile aufgestockt war.

Kirche S. Maria in Borgo

Unweit nördlich der Pfarrkirche steht die ursprünglich romanische, im 16. und 17. Jahrhundert erneuerte Kirche S. Maria in Borgo, die einst Teil eines Humiliatenklosters war; der romanische Campanile wurde 1845 überhöht.

Casa Torriani-Fontana

In der Nähe der Kirche S. Maria in Borgo, an der Via Santa Maria (Nr. 6), ist die Casa Torriani-Fontana (18. Jh.) bemerkenswert.

Ebrei (Juden) bei der Gründonnerstagsprozession

Weiter nördlich, an der Piazza S. Giovanni, befindet sich die Kirche S. Giovanni Battista (15. Jh.; barockisiert) mit schönen Stukkaturen und Malereien einheimischer Meister.

S. Giovanni Battista

Westlich anstoßend das ehemalige Hospiz und spätere Servitenkloster S. Giovanni (18. Jh.; im Kreuzgang Altaraufsatz von 1514), das heute das Museo d'Arte (Kunstmuseum / Pinakothek Grigioni; geöffnet Di, Sa. und So. 14.00–18.00 Uhr) beherbergt. Es ist zugleich Forum für Ausstellungen, Konzerte und andere kulturelle Veranstaltungen.

Museo d'Arte

An der Südwestecke die mittelalterliche, später mehrfach veränderte Kapelle Madonna delle Grazie, die um 1200 zum Hospiz gehörte.

Kapelle Madonna delle Grazie

Unter den zahlreichen historischen Profanbauten des 14.–18. Jahrhunderts verdienen besondere Beachtung der Palazzo Torriani (16.–18. Jh.) mit zwei malerischen Innenhöfen und reich ausgestatteten Räumen, der barocke Palazzo Pollini (1719–1721; schöne Deckenfresken), und der Palazzo Rusca (altes Amtsgericht, 15. Jh.).

Palazzi

Auf der unweit südlich gelegenen Anhöhe Torre steht die Kirche S. Sisinio alla Torre. Im 13. Jahrhundert als Teil einer Burganlage Kapelle der Patrizierfamilie della Torre, war sie von 1451 bis 1476 Kirche des anschließenden Servitenklosters und wurde um 1700 grundlegend umgestaltet.

Kirche S. Sisinio alla Torre

Südwestlich außerhalb der Altstadt befindet sich die Kapuzinerkirche S. Francesco (von 1635; gute Gemälde). Dabei das Ospedale Beata Vergine, 1623 als Kapuzinerkloster gegründet (1848 aufgehoben) und im 19. Jh. nach Plänen von Luigi Fontana im neoklassizistischen Stil umgebaut; im großen Saal eine Quercino zugeschriebene "Geburt des Erlösers".

Kirche S. Francesco

Das Kirchlein SS. Martino und Rocco (wohl aus dem 8. Jh.; im 11. und 18. Jh. erweitert), 1 km nordwestlich außerhalb der Altstadt, besitzt bemerkenswerte Gemälde. Hier wird alljährlich der Martinimarkt abgehalten.

Kirche S. Martino

Propsteikirche Santi Cosma e Damiano

Mendrisiotto E 6/7

Allgemeines

Das freundliche und heitere Mendrisiotto (so benannt nach seinem zentralen Hauptort ⟶ Mendrisio), die südlichste Landschaft der Schweiz, erstreckt sich im Süden vom ⟶ Luganer See, der seinen Südostarm weit in die Landschaft vorschiebt. Die Grundmoränen der eiszeitlichen Tessin- und Adda-Gletscher haben hier ein fruchtbares, von kleinen Wasserläufen durchzogenes Hügelland geschaffen, in dem sich Eichen- und Kastanienhaine mit saftigen Wiesen, Weinbergen und Gemüse- oder Tabakkulturen abwechseln. Menschen und Kultur haben sich hier bereits deutlich zur Lombardischen Tiefebene und nach Italien hin orientiert.

Bedeutung

Dank der Lage an der Nord-Süd-Verbindung über den ⟶ Sankt Gotthard sowie der Nähe zur italienischen Grenze hat sich das Mendrisiotto zu einem interessanten Industriestandort entwickelt. Wo einst die Seidenraupenzucht vorherrschte, sind heute Textil-, Tabak- und Nahrungsmittelindustrie sowie moderne Techniken bestimmend. Doch abseits der Wirtschafts- und Ballungsräume um Mendrisio und ⟶ Chiasso hat sich das Mendrisiotto noch immer bemerkenswert viel Ursprünglichkeit und Beschaulichkeit erhalten können.

Hinweis für Liebhaber moderner Architektur

Bei der kantonalen Tourismusorganisation 'Ente ticinese per il turismo' (⟶ Praktische Informationen: Auskunft) ist ein sorgfältig zusammengestelltes Faltblatt erhältlich, das unter dem Reihentitel "Auf den Spuren der modernen Architektur im Tessin" zwanzig interessante Beispiele moderner Architektur im Mendrisiotto vorstellt, die man anhand der detaillierten Karte auf dem Deckblatt leicht lokalisieren kann.

Sehenswertes

Hinweis

Bei der folgenden Darstellung der Sehenswürdigkeiten im Mendrisiotto wird weitgehend auf den Hauptort Mendrisio Bezug genommen, der sich als Standort für den Besuch anbietet.

Salorino

Etwa 3 km östlich oberhalb von Mendrisio liegt das Dorf Salorino (473 m ü.d.M.; 370 Einw.) mit der schönen Pfarrkirche S. Zenone (17. Jh.) und der Kapelle S. Rocco (17. Jh.).
Ferner erwähnenswert sind im Ortsteil Samozza die Kapelle S. Giuseppe (17./18. Jh.) sowie im Ortsteil Cragno die Kapelle S. Marco (oder Madonna del Buon Consiglio; 19. Jh.).

Castel San Pietro
E 7

Etwa 3 km südöstlich von Mendrisio liegt am Eingang zum Muggio-Tal (Valle di Muggio; s.S. 202) das Dorf Castel San Pietro (434 m ü.d.M.; 1650 Einw.), benannt nach einer heute verschwundenen Burg sowie deren noch bestehender Burgkapelle S. Pietro (oder Chiesa Rossa; urspr. 12./13. Jh., 1343 erneuert), in der es in der Weihnachtsnacht des Jahres 1390 zu einem blutigen Gemetzel zwischen Guelfen und Ghibellinen gekommen war. Das Burginnere birgt bedeutende frühgotische Malereien des 14. Jahrhunderts.
Im alten Ortskern steht die eindrucksvolle barocke Pfarrkirche S. Eusebio, die im 17. Jahrhundert nach Plänen von Agostino Silva errichtet wurde.

Obino

Im nordöstlich gelegenen Ortsteil Obino steht auf einer Anhöhe die Kirche S. Antonio (15. Jh.) mit einer Einsiedelei (17. Jh.).

Loverciano

Der Palazzo Turconi (frühes 17. Jh.) im Ortsteil Loverciano beherbergt jetzt das Kollegium S. Angelo; östlich des Palazzo die Kapelle S. Carlo.
In der Umgegend gibt es eine Reihe interessanter Höhlen.

Gorla
Corteglia

Sehenswert sind ferner die Kapelle Madonna del Caravaggio (15. Jh.) in Gorla und die Kapelle della Addolorata im Ortsteil Corteglia (16. Jh.) sowie zahlreiche andere Oratorien in der Umgebung.

Balerna
E 7

Etwa 6 km südlich von Mendrisio liegt auf dem Weg zur schweizerisch-italienischen Grenze die große Ortschaft Balerna (310 m ü.d.M.; 3500 Einw.), die bereits zum Einzugsbereich von ⟶ Chiasso gerechnet werden kann. Das Pfarrdorf war einst ein bedeutendes Kirchenzentrum.
Die Kollegiatkirche S. Vittore (urspr. romanisch; im 15. Jh. erneuert) wurde im 18. Jahrhundert weitgehend umgebaut; schöner Hochaltar aus rotem Marmor (18. Jh.). An der Südseite die Taufkapelle Beata Vergine e S. Giovanni Battista (16. Jh.; im 18. Jh. verändert) sowie nördlich das Beinhaus (18. Jh.; 1927 wegen Straßenbaus versetzt). Beachtenswert sind außerdem die ehemalige Nuntiatur (18. Jh.) hinter der Kirche sowie der Palazzo Belvedere (18. Jh.), die Sommerresidenz des Bischofs von Como, die beide innen prächtig ausgestattet sind.

Sant' Antonio

Im Ortsteil Sant' Antonio steht die Kapelle S. Antonio di Padova (von Padua; urspr. 17. Jh., 1931 umgebaut).

Pontegana

Im Ortsteil Pontegana ist noch die Ruine einer Burg aus dem 8. Jahrhundert (1124 zerstört) zu sehen, in deren Fundamenten römische Sarkophage verbaut sind. Die Barockkapelle S. Maria Addolorata (18. Jh.) ist innen reichlich ausgemalt.

Coldrerio

Nur 1 km südlich von Mendrisio liegt Coldrerio (351 m ü.d.M.; 2300 Einw.) mit noch bedeutender Landwirtschaft (kantonale Landwirtschaftsschule in der Villa di Mezzana , 17./18. Jh., im Ortsteil Mezzana).
Sehenswert sind die Pfarrkirche S. Giorgio (16. Jh., später erweitert) sowie die Kirche SS. Gregorio e Apollonia (17. Jh.; über romanischer Vorgängerkirche).
Coldrerio ist der Geburtsort des Barockmalers Pier Francesco Mola (1612 bis 1666), der in Norditalien und v.a. in Rom wirkte, wo er auch verstarb.

Villa

Im Ortsteil Villa die Kirche S. Maria del Carmelo (16. Jh.; Fresken von P.F. Mola) und die Kapelle Natività di Gesú (von 1674) der Familie Beccaria. In der Nähe der Kapelle findet sich der Palazzo Baccaria. Beachtenswert ist auch der Palazzo Cigalini (13. Jh.; barockisiert).

Costa di Sopra

Die Villa Malacrida im Ortsteil Costa di Sopra (15. Jh.; spätgotische Fresken) diente möglicherweise als Wallfahrerhospiz.

Novazzano
E 6

Weiter südlich liegt zwischen Faloppia-Ebene und Campagnadorna das Dorf Novazzano (349 m ü.d.M.; 2000 Einw.), das seine ländliche Struktur weitgehend erhalten hat. Die Pfarrkirche SS. Quirico und Giulietta wurde 1776–1779 an eine ältere Kirche des 14. Jahrhunderts angefügt, von der heute noch die Kapelle della Vergine mit schönen Renaissancefresken erhalten ist.
Weitere sehenswerte Gotteshäuser in der Umgebung sind die Kapelle S. Trinità in Castel di Sotto (12./13. Jh.), die Kapelle Beata Vergine (18. Jh.) in Boscherina sowie die Kapelle SS. Bartolomeo e Bernardo (17. Jh.) in

Brusata

Brusata, dem Geburtsort des großen Barockbaumeisters Carlo Fontana (1634–1714; sein Grab in der Kapelle).

Genestrerio

Rund 3 km südwestlich von Mendrisio liegt in der fruchtbaren Campagnadorna das Dorf Genestrerio (343 m ü.d.M.; 750 Einw.). Hier befindet sich die Pfarrkirche S. Antonio Abate, die im 17. Jahrhundert über einer älteren Kapelle (15./16. Jh.) errichtet und im 19. Jahrhundert erweitert wurde.

Rancate
E 6

Etwa 4 km westwärts von Mendrisio gelangt man zu dem reizvollen Dorf Rancate (359 m ü.d.M.; 1200 Einw.), in dem der Barockbaumeister Carlo Fontana zeitweilig lebte und wirkte. Rancate hat sein altes Ortsbild mit seinen engen Gäßchen und der Pfarrkirche S. Stefano (18. Jh.) gut erhalten.

*Pinakothek Züst

Sehenswert ist insbesondere die kantonale Pinakothek Giovanni Züst im ehemaligen Pfarrhaus (Kirchgemeindehaus; geöffnet von März bis November Di.–So. 9.00–12.00 und 14.00–17.00 Uhr) mit rund 200 Gemälden von Tessiner Künstlern (u.a. von Serodine).
Am südlichen Ortsende liegt inmitten eines schönen Parkes die Casa Züst, die Villa des aus Basel stammenden Kunstmäzens Giovanni Züst.
Von Rancate gelangt man nordwärts (4 km) nach Riva San Vitale (⟶ Capolago), westlich nach Besazio.

Besazio

Der kleine Ort Besazio (501 m ü.d.M.; 410 Einw.) ist bekannt durch den Abbau des wertvollen roten Brocatello-Marmors.
Auf einem Hügel steht die romanische Pfarrkirche S. Antonio.
In der Umgebung wurde eine vom Neolithikum bis in römische Zeit belegte Nekropole gefunden.

Arzo
E 6

Unweit westlich von Besazio liegt nahe der schweizerisch-italienischen Grenze das durch seine roten Marmorbrüche zu Wohlstand gelangte ansehnliche Dorf Arzo (503 m ü.d.M.; 760 Einw.). Es ist die Heimat der Bildhauerfamilie Rossi, die im 17. Jahrhundert am Ausbau der Dome von Mailand und Turin beteiligt waren.
Die Pfarrkirche SS. Nazaro e Celso (16. Jh.; im 17. Jh. erneuert) ist innen mit dem roten und schwarzen Arzo-Marmor verkleidet. Unter den schönen Wohnhäusern verdienen besondere Beachtung die Casa Allio (18. Jh.), das Geburtshaus des Barockmalers Salvatore Allio (1736–1786) und die Casa Bustelli (18. Jh.), beide mit kunstvollem Portal und Loggien.

Arzo (Fortsetzung)

Südlich des Ortes steht die Kirche S. Maria del Ponte (urspr. 15. Jh.; im 17. Jh. erneuert), nordöstlich die Kapelle S. Rocco (17. Jh.; Marmoraltar).

Tremona

Von Arzo gelangt man nördlich, vorbei an den berühmten, noch heute betriebenen Steinbrüchen, zu dem am Fuße des Monte Sant' Agata gelegenen, von Weinbergen umgebenen Dorf Tremona (577 m ü.d.M.; 300 Einw.) mit schönen alten Wohnhäusern. Sehenswert ist die Pfarrkirche S. Maria Assunta (17. Jh.) und die ursprünglich romanische, im 16. Jahrhundert veränderte Kirche S. Agata auf dem gleichnamigen Hügel.

Von Arzo oder Tremona führen Straßen bergauf nach ⟶ Meride und ins Gebiet des wegen der Fossilienfunde berühmten Monte San Giorgio.

Ligornetto
E 6

Von Rancate gelangt man südwestwärts zu dem reizvoll gelegenen Dorf Ligornetto (364 m ü.d.M.; 1300 Einw.), dem Heimatort der Künstlerfamilie Vela, deren wohl berühmtester Vertreter der Bildhauer Vinzenco Vela (1820–1891; ⟶ Berühmte Persönlichkeiten) war.

*Museo Vela

In Vincenzo Velas ehemaligem Wohnhaus, einer großen, vornehmen Villa des 19. Jahrhunderts (1983–1987 restauriert), ist heute das Museo Vela (geöffnet März bis Mitte November Di.–So. 9.00–12.00 und 14.00–17.00 Uhr) eingerichtet. Gezeigt werden Originalplastiken, Gipsabgüsse (Denkmäler, Stand- und Sitzbilder, Porträtbüsten, Grabmäler, Medaillons u.v.a.), Modelle und Skizzen von Vincenzo Vela sowie Skulpturen seines Bruders Lorenzo Vela (1812–1897), und Gemälde seines Sohnes Spartaco Vela (1854–1885).
Die Pfarrkirche S. Lorenzo (urspr. 12. Jh.) wurde im 18. Jahrhundert barokkisiert und reichlich mit Fresken ausgestattet.
Auf dem Friedhof von Ligornetto befindet sich das Marmorgrabmal (von 1893) für Vincenzo Vela, das mit Bronzearbeiten von Apollonio Pessina (1879–1958) geschmückt ist. Die Friedhofskapelle S. Giuseppe (wohl 16. Jh.; im 17./18. Jh. barockisiert) steht an der Stelle einer Vorgängerkirche des 9. Jahrhunderts.

Blick in das historische Museo Vincenzo Vela im Jahre 1883

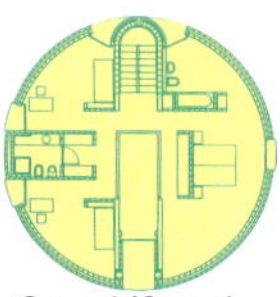

Grundriß und ...

Außenansicht der Casa Rotonda in Stabio

Stabio
E 6

Etwa 5 km südwestlich von Ligornetto liegt Stabio (375 m ü.d.M., 2800 Einw.) auf uraltem Siedlungsboden: Funde aus vorrömischer und römischer Zeit (zwei Nekropolen, drei etruskische Inschriftensteine, römische Waffen und Münzen, langobardischer Schild) belegen die Bedeutung des Ortes im Altertum. Ob bereits die Römer die kalten Schwefelquellen von Stabio (Kurbetrieb) nutzten, ist ungewiß. In die Wand der Pfarrkirche SS. Giacomo e Cristoforo (um 1200, im 16.–18. Jh. stark verändert) ist ein römischer Inschriftenstein eingelassen, vor dem Rathaus steht ein römischer Merkur-Altar.

Bei der Pfarrkirche die Kapelle S. Maria di Caravaggio (18. Jh.). Östlich der Piazza steht an der Stelle einer ehemaligen Burg die Kapelle S. Maria Assunta al Castello (16. Jh.).

*Casa Rotonda

In Fachkreisen bekannt geworden ist ein von dem Tessiner Architekten Mario Botta entworfenes modernes Wohnhaus: Die unkonventionelle Casa Rotonda (= Rundes Haus) an der Via Pietane (Nr. 12) ist ein Einfamilienhaus auf kreisförmigem Grundriß.

*Museum

Einen Besuch lohnt das Museo della civiltà contadina del Mendrisiotto (Museum der bäuerlichen Kultur im Mendrisiotto; geöffnet Di., Do., Sa. und So. 14.00–17.00 Uhr).

*Muggio-Tal (Museumsparcours im Aufbau) E 7

Lage und Allgemeines

Das von dem Fluß Breggia durchflossene Muggio-Tal (Valle di Muggio) zieht sich von der Südostflanke des Monte Generoso (⟶ Capolago) südwärts. Kleine Bauerndörfer nisten an den Steilhängen des tief eingeschnittenen sonnenreichen Tales.

Bis in die Mitte des 19. Jahrhunderts wurde hier auf schmalen, mühevoll angelegten Terrassen nahezu ausschließlich Alpwirtschaft betrieben. Dann setzte eine rasche Abwanderung insbesondere der jugendlichen Bevölkerung in die neu entstandenen Industriezentren ein.

Heute ist das Valle di Muggio wegen seiner Unberührtheit besuchenswert. *Landschaftsbild

Hinweis

Die im folgenden vorgeschlagene Erkundung des Tales führt zunächst am westlichen Talrand aufwärts und kehrt auf der östlichen Seite zurück. Die Strecke auf der wenig befahrenen Straße kann auch bequem zu Fuß zurückgelegt werden.

Monte

Von Castel San Pietro (s. S. 198) führt der Weg (3 km) zunächst nach Monte (675 m ü.d.M.; 50 Einw.), einem typischen Dorf mit schöner Aussicht hinab ins Tal. Zu sehen sind hier die Pfarrkirche S. Antonio Abate (16. Jh., später erweitert; Hochaltar des 18. Jh. aus Bergamo) mit anschließendem stukkiertem Beinhaus.
Oberhalb von Monte steht die klassizistische Kapelle S. Filippo Benizzi (1815–1823).
Von Monte Aufstieg zur Zwischenstation Bellavista der Zahnradbahn auf den Monte Generoso (⟶ Capolago) sowie auf den Dosso Bello (1139 m ü.d.M.).

Casima

Etwa 3 km talaufwärts folgt das kleine Dorf Casima (617 m ü.d.M.; 45 Einw.) mit klassizistischer Pfarrkirche SS. Maria e Carlo Borromeo von der Wende vom 18. zum 19. Jahrhundert.

Cabbio

Nach 4 km erreicht man Cabbio (671 m ü.d.M.; 160 Einw.), ein noch bewirtschaftetes Bergdorf. Zu beachten sind hier die Pfarrkirche S. Salvatore (auch Himmelfahrtskirche; 1740–1780), der klassizistische Dorfbrunnen von Luigi Fontana sowie die Casa Cantoni (12./13. Jh.).
In dem verlassenen Ortsteil Gaggio steht noch die Kapelle S. Antonio del Gaggio (von 1716).
Von Cabbio führen Wanderungen zur Alp Bonello und ins Val della Crotta.

Muggio

Nach etwa 1 km gelangt man nach Muggio (666 m ü.d.M.; 270 Einw.), dem ebenfalls noch bewirtschafteten malerischen Hauptort des Tales. Oberhalb des Dorfes wurden römische Reste gefunden. Muggio ist Geburtsort der Architekten des Klassizismus Simone Cantone (1739–1818), Pier Luigi Fontana (1763–1824) und Luigi Fontana (1812–1877).
Die Pfarrkirche S. Lorenzo wurde um 1760 an der Stelle einer älteren des 16. Jahrhunderts errichtet. Im Inneren illusionistische Gewölbemalereien wohl von Francesco Silva. Gegenüber der Kirche die Casa Cantoni-Fontana (Deckengemälde des 18. Jh.s von Domenico Pozzi). Am nördlichen Ortsrand ein klassizistischer Dorfbrunnen (um 1840).
Auf dem gegenüberliegenden Ufer der Breggia steht die Kirche S. Giovanni Battista (17. Jh.; im 18. Jh. erweitert).
Von Muggio gelangt man in die weiter oberhalb gelegenen Ortsteile Scudellate (923 m ü.d.M.; klassizistische Kirche S. Maria Addolorata, von 1802) und Roncapiano (970 m ü.d.M.; Kapelle Giuliana Falconieri, Anfang 19. Jh.). Hier endet die Straße; eine Verkehrsverbindung über die Grenze hinweg ins italienische Val d'Intelvi wird angestrebt.

Die Rückfahrt erfolgt auf der östlichen Seite des Muggio-Tales.

Bruzella

Etwa 3 km südlich von Cabbio (s. oben) erreicht man Bruzella (619 m ü.d.M.; 180 Einw.), ein typisches Bergdorf mit steingedeckten Bauernhäusern und alter Mühle (restauriert). Sehenswert ist die Pfarrkirche S. Siro (16. Jh.; später mehrfach verändert und erweitert).
Im Ortsteil Zocco (Zöch) steht die Wallfahrtskapelle Madonna di Loreto (wohl 16. Jh.) mit Stationenweg (1959 mit Fresken ausgeschmückt).
Von Bruzella lohnende Wanderung ins Val della Crotta und Aufstieg auf den Monte Bisbino (1325 m ü.d.M.).

Caneggio

Nach 3 km folgt talabwärts Caneggio (579 m ü.d.M.; 300 Einw.). Das Dorf wird beherrscht von der Pfarrkirche S. Maria Assunta (urspr. 16. Jh.; 1715 erneuert; gotische Freskenreste). Beachtenswert sind ferner die spät-

Muggio-Tal, Caneggio (Fortsetzung)

mittelalterliche Kapelle S. Antonio Patavino sowie die Casa Maggi (Fassade des 17. Jh.s), die Casa Cairoli und die Casa Canini.
Im Talgrund eine alte Mühle.

Campora Valsago

Auf der gegenüberliegenden Talseite steht im Ortsteil Campora die klassizistische Kapelle S. Fermo (von 1823).
In dem nahen Dorf Valsago wurde ein römischer Friedhof freigelegt.

Morbio Superiore

Die Ursprünge des Dorfes Morbio Superiore (453 m ü.d.M.; 560 Einw.), 4 km südwestlich von Caneggio im mittleren Muggio-Tal gelegen, reicht bis weit in die Römerzeit zurück. Erhalten sind die römische Brücke über die Breggia und ein Sarkophag, der heute als Dorfbrunnen dient. In beherrschender Lage über dem Ort erhebt sich die klassizistische Pfarrkirche S. Giovanni Evangelista (urspr. 13. Jh.; im 18. Jh. erneuert); unterhalb des Ortes steht die Kapelle S. Anna (17./18. Jh.).
Auf dem östlich des Ortes gelegenen Hügel S. Martino befindet sich die Kapelle SS. Martino e Abbondio (12. Jh.; auf noch älteren Fundamenten); sie besitzt im Inneren einen Inschriftenstein von Eutaricus, dem Schwiegersohn Theoderichs des Großen (6. Jh.).

*Sagno

Von Morbio Superiore Aufstieg zum Aussichtspunkt S. Martino über der prächtig gelegenen Ortschaft Sagno (707 m ü.d.M.; 220 Einw.) mit Pfarrkirche S. Michele Arcangelo (18. Jh.; romanischer Campanile); im Pfarrhaus wird die Bibliothek des Abtes Antonio Fontana mit meist religiöser Literatur aufbewahrt.

Monte Bisbino

Von Sagno führen mehrere Wege auf den Monte Bisbino.

***Morbio Inferiore**

Etwa 2 km südlich von Morbio Superiore liegt die schöne alte Ortschaft Morbio Inferiore, die Heimat der Bildhauer- und Stukkateurfamilie Silva und heute geschätztes Wohngebiet für ⟶ Mendrisio.
Die Häuser des wohlerhaltenen Ortskerns drängen sich in aussichtsreicher Lage um die Wallfahrtskirche S. Maria dei Miracoli (1595–1613), die zu den hervorragendsten Leistungen der Tessiner Barockbaukunst zählt und

Blick vom Morbio Superiore auf Balerna und Novazzano

Muggio-Tal, Morbio Inferiore (Fortsetzung)

trotz der überreichen Stukkierungen (der Familie Silva) und vielfältigen Malereien große Ruhe und Harmonie ausstrahlt. Die Kirche steht an der Stelle einer 1517 von den Eidgenossen geschleiften Burg des 12. Jh.s.
Die Kirche S. Giorgio (14. Jh.; mehrfach verändert) besitzt im Inneren gute Fresken des 16. Jahrhunderts; nahebei wurden mehrere römische Sarkophage gefunden.
Das Gebäude der Kantonalen Mittelschule ist ein Beispiel zeitgenössischer Tessiner Architektur (1977); es wurde von Mario Botta entworfen.
Unterhalb von Morbio Inferiore steht die Kapelle S. Rocco (urspr. 16. Jh.; im 18. Jh. erneuert); im Inneren illusionistische Malereien.

Valcallo

Etwa 2 km südöstlich von Morbio Inferiore liegt auf einem sonnenreichen Hügel Valcallo (363 m ü.d.M.; 2700 Einw.), einst Bauerndorf und heute zunehmend Wohngebiet von ⟶ Chiasso.
Der Ort besitzt noch seine alten Bauernhäuser und die Pfarrkirche SS. Simone e Giuda (17. Jh.). Beachtenswert sind die Casa Zanetta und die Villa Bertola.

Meride E 6

Höhe: 583 m ü.d.M.
Einwohnerzahl: 300

Lage und Allgemeines

Das stattliche Straßendorf Meride liegt landschaftlich reizvoll auf einer nach Süden geöffneten Terrasse des Monte San Giorgio (s.S. 206). Abseits der Touristenströme hat es sein unverfälschtes Aussehen bewahrt und ist heute unter Denkmalschutz gestellt.
Meride ist Geburtsort des Bildhauers Domenico Fossati sowie des Malers Francesco Antonio Giorgioli (1655–1725).

Meride: Gasse und ...

... Kirchturm von San Rocco

Sehenswertes in Meride

*Ortskern

Ländliche Anwesen des 16. bis 18. Jahrhunderts mit schönen Portalen und stimmungsvollen Loggienhöfen säumen die engen, von Bogengängen gegliederten Gassen. Besonders erwähnenswert sind die Casa Oldelli (Mitte des 18. Jh.s), die Casa Monti (mit Malereien von Giorgioli), die Casa Tettamanti und die Casa Poroli.

Kirche S. Rocco

An der kleinen, brunnengeschmückten Piazza steht die spätbarocke Kirche S. Rocco (urspr. 16. Jh.; im 18. Jh. erweitert).

Fossilienmuseum

In dem schönen alten Gemeindehaus befindet sich ein kleines Fossilienmuseum (Museo dei Fossili del Monte San Giorgio; geöffnet täglich 8.00–17.00 Uhr), das mit einigen Originalen, Abgüssen und Illustrationen einen ersten Überblick über die höchst bedeutenden Funde im Gebiet des Monte San Giorgio (s. unten) vermittelt.

Pfarrkirche S. Silvestro

Westlich oberhalb von Meride steht am Weg hinauf zum Monte San Giorgio, an der Stelle einer verschwundenen Burg die Pfarrkirche S. Silvestro (urspr. romanisch; im 16. Jh. verändert).
In dem dreischiffigen Inneren gibt es Stukkaturen und Wandmalereien von Antonio Giorgioli. Hinten im Schiff schildert ein Gemälde von Antonio Rinaldi die Geschichte eines Diebes, der im Jahre 1844 in die Kirche eingedrungen war, sich im Fenstergitter verfangen hatte und zur Strafe von den herbeigeeilten, schadenfrohen Bürgern für zwölf Stunden in dieser mißlichen Lage belassen wurde.

Monte San Giorgio

*Flora und Fauna

Nordwestlich von Meride erhebt sich der Monte San Giorgio (1100 m ü.d.M.), in dessen Bereich eine besonders artenreiche Flora und Fauna anzutreffen ist.

**Fossilienfunde

Weltberühmt ist dieser Berg jedoch wegen der dort gemachten Fossilienfunde, die als die bedeutendsten überhaupt gelten. Es handelt sich im wesentlichen um versteinerte Saurier, die hier vor schätzungsweise 220 bis 140 Millionen Jahren an Land oder im Wasser gelebt haben.
Die seit 1924 am Monte San Giorgio systematisch durchgeführten Grabungen und Forschungsarbeiten stehen unter der Leitung des Paläontologischen Institutes und Museums der Universität Zürich, wo auch die meisten und wichtigsten Originalfunde bewertet und gesichert werden.

Fossile Urtiere aus der Trias am Monte San Giorgio

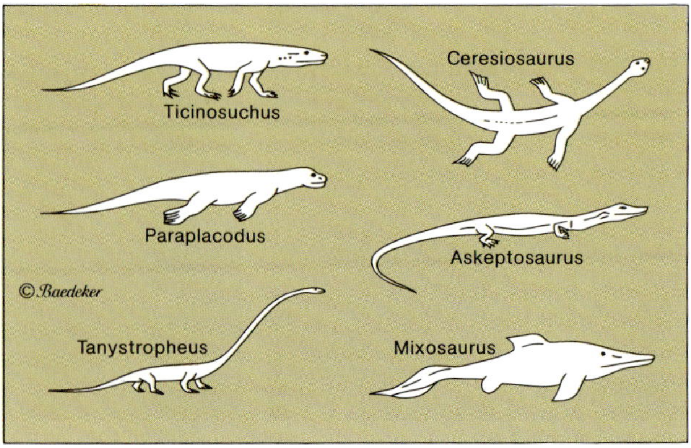

Das Gebiet des Monte San Giorgio steht seit 1975 unter Naturschutz. Es ist daher geboten, die markierten Wege nicht zu verlassen, und verboten, Blumen zu pflücken, Pflanzen auszureißen, Tiere zu töten oder Fossilien mitzunehmen.

Meride, Monte San Giorgio (Fortsetzung) Naturschutzgebiet

Ein 7 km langer Naturlehrpfad führt rings um den Berg, dessen geologische und biologische Besonderheiten an zehn Wegstationen auf Informationstafeln erläutert werden.

*Naturlehrpfad

Auf dem Monte San Giorgio steht die Wallfahrtskapelle S. Giorgio (16. Jh.), zu der am Pfingstmontag Wallfahrten stattfinden.

Wallfahrtskapelle S. Giorgio

Von Meride führt eine schöne Waldstraße (6 km) an der Westflanke des Monte San Giorgio entlang zu dem Kurort Serpiano (645 m ü.d.M.).
Von der Bergstation der von Brusino-Arsizio (⟶ Capolago) heraufkommenden Seilbahn bietet sich ein prächtiger Blick über den ⟶ Luganer See und seine Umgebung.

*Serpiano

Misox (Val Mesocco) A – C 7/8

Kanton Graubünden (Grischun/Grigioni)

Das zwar im Schweizer Kanton Graubünden verlaufende, jedoch italienischsprachige und damit zur italienischen Schweiz zu rechnende Val Mesocco (oder Valle Mesolcina), deutsch Misox oder Misoxer Tal genannt, ist das 42 km lange Tal der Moësa, die vom ⟶ San-Bernardino-Paß kommend südwärts fließt und unweit nordöstlich von ⟶ Bellinzona in den Ticino mündet.
Mit seinem wichtigsten Nebental, dem Val Calanca, wird die Region auch als das Moësano bezeichnet.

Lage und Allgemeines

Moësano

Bereits in vorgeschichtlicher Zeit siedelten Lepontier im Misox. In römischer Zeit war es wichtig als Zugang zum San-Bernardino-Paß. Im Mittelalter Besitztum der Herren von Sax, gelangte es im 15. Jahrhundert durch Kauf an die Mailänder Trivulzi. Unter großen Opfern gelang es der Bevölkerung, ihre Rechte freizukaufen und sich den Bündnern anzuschließen. Seither ist es gemeinsam mit dem Val Calanca, dem Bergell (Bregaglia) und dem Puschlav (Poschiavo) eines der italienischsprachigen Täler im Kanton Graubünden.

Geschichte

Von Splügen über den San Bernardino nach Bellinzona

Die San-Bernardino-Straße nach Bellinzona (69 bzw. 76 km) zieht an dem Dorf Splügen (italienisch Spluga) vorüber, wo die Strecke über den Splügen-Paß (2113 m ü.d.M.) nach Chiavenna und weiter in das landschaftlich reizvolle Bergell (Bregaglia) abzweigt.

Splügen

Die Straße zum San Bernardino verläuft weiterhin fast eben und ziemlich gerade in dem wiesengrünen Rheinwaldtal aufwärts mit schönen Ausblicken. Jenseits des Ortes Hinterrhein gelangt man zu der Abzweigung der alten Strecke über die Paßhöhe, während die Schnellstraße N 13 an einem Parkplatz (rechts; Kiosk-Gaststätte) vorbei und über den hier noch kleinen Hinterrhein zu der nördlichen Einfahrt (1613 m.ü.d.M.) des San-Bernardino-Tunnels führt.
Der 1967 fertiggestellte, 6,6 km lange, fast geradlinig verlaufende Tunnel (Fahrbahnbreite 7,50 m; Scheitelpunkt auf 1644 m ü.d.M.) endet unweit westlich des Ortes San Bernardino (s. S. 208), was eine Abkürzung von 7 km gegenüber der Paßstraße ausmacht und überdies wetterunabhängig den ganzjährigen Verkehr ermöglicht.

San-Bernardino-Tunnel

***San-Bernardino-Paßstraße**

Die San-Bernardino-Paßstraße steigt von der zuvor erwähnten Abzweigung in 18 scharfen Kehren an dem links vom Mittaghorn (2609 m ü.d.M.) überragten Steilhang aufwärts (9%), wobei sich immer wieder herrliche Rückblicke auf das Rheinwaldtal und die über 3000 m aufragenden Gipfel seiner nördlichen Umrahmung bieten.

Thälialp

Nach 4 km durchfährt man das kahle Hochtal der Thälialp (1920 m ü.d.M.), um dann in neun Kehren zum ⟶ San-Bernardino-Paß hinaufzufahren.

Jenseits der Paßhöhe erscheint bei der Weiterfahrt neben dem Marscholhorn das Zapporthorn (3149 m ü.d.M.) mit dem Muccia-Gletscher.
Die Straße umzieht den Lago Moèsola und führt, in 21 Kehren der aus dem See ausfließenden Moësa folgend, durch eine großartige Felsenlandschaft bergab, begleitet von dem eindrucksvollen Panorama der umliegenden Gipfel. Besonders imposant sind der schroffe Pan de Zucchero (='Zuckerhut'; 2600 m ü.d.M.) und links rückwärts der Pizzo Uccello (= 'Vogelsberg'; 2716 m ü.d.M.), der immer großartiger emporwächst, je tiefer die Fahrt geht. Östlich sieht man den Piz Lumbreda (2977 m ü.d.M) und den Piz Curciusa (2875 m ü.d.M.).
Hinter der letzten Kehre erscheint rechts der südliche Ausgang des San-Bernardino-Straßentunnels (1631 m ü.d.M.).

San Bernardino

Etwa 8 km südlich der Paßhöhe erreicht man San Bernardino (1607 m ü.d.M.), den als Luftkurort (Schwefel-Eisen-Quellen) und Wintersportplatz viel besuchten höchsten Ort des Misox. Er liegt in einem parkartigen Wald- und Wiesenhochtal, das von zahlreichen Wanderwegen durchzogen ist und vom Pizzo Uccello (Aufstieg in 3½–4 Std.) beherrscht wird. Eine Gondelbahn fährt von der Alpe Fracch (1630 m ü.d.M.) nach Confin (1953 m ü.d.M.; Bergrestaurant).
Von San Bernardino hübscher Spaziergang in ½ Stunde südöstlich zu dem waldumsäumten Lago d'Osso (1646 m ü.d.M.) oder südlich in etwa ¾ Stunden zu dem schönen Wasserfall der Moësa.
Etwa 2 km südöstlich erstreckt sich an der alten Straße der waldumsäumte Lago d'Osso (1646 m ü.d.M.).
Westlich führt ein Weg über den Passo Tre Uomini (2643 m ü.d.M.) in 4–5 Stunden zu dem großartigen Talkessel der Stabbio-Alp (2009 m ü.d.M.), der obersten Stufe des Calanca-Tales (s. S. 210).

Lago d'Isola

Die neue San-Bernardino-Straße zieht vom Tunnelausgang unweit nordwestlich oberhalb von San Bernardino über die moorige Hochfläche hinweg; rechts der Stausee Lago d'Isola (1604 m ü.d.M.). Dann führt sie im Bogen über die alte Straße hinweg und weiter bergab.

Pian San Giacomo

Nach etwa 11 km rechts die verstreuten Häuser von Pian San Giacomo (1172 m ü.d.M.), von wo die alte Straße rechts nach Mesocco hinunterführt.
Danach in großen Windungen und mehreren Kehren bergab mit prächtigen Ausblicken in das steilstufig abfallende Misoxer Tal (mehrere Kraftwerksbauten). Südöstlich ragt das Gipfelpaar Cima di Pian Guarnei (3015 m ü.d.M.) und Piz Corbet (3026 m ü.d.M.) empor.
Vor Mesocco kreuzt man die alte Straße, die durch den Ort führt, während die neue Straße westlich oberhalb vorbeizieht und in einer Kehre die Talsohle erreicht.

Mesocco

Hauptort des Misoxer Tales ist Mesocco (Misox; 769 m ü.d.M.; 1500 Einw.), ein früher Cremeo genanntes großes Pfarrdorf mit schönen Steinhäusern.

**Castello di Mesocco

Unterhalb von Mesocco erhebt sich auf hohem Felssporn mitten im Tal die stolze Ruine des Castello di Mesocco (748 m ü.d.M.), der Stammburg der Grafen Sax von Misox. Nach der Schlacht von ⟶ Giornico fand hier 1479 der Friedensschluß zwischen Mailand und den Bündnern statt. 1483 durch

Castello di Mesocco (Burg Misox)

Castello di Mesocco (Fortsetzung)

Kauf an die Trivulzi in Mailand gelangt, ließen sie die Bündner 1526 schleifen, um zu verhindern, daß sie den Mailändern als Stützpunkt diene. In den Jahren 1922–1926 wurde die Anlage durch Schweizer Studenten gegen den weiteren Verfall gesichert; zur Zeit sind umfangreiche Restaurierungsarbeiten im Gange.
Von oben bietet sich ein prachtvoller Blick in das tiefe Misoxer Tal.

Kirche S. Maria al Castello

Am Fuße des Schloßfelsens steht die Kirche S. Maria al Castello (12. Jh.) mit sechsgeschossigem romanischen Campanile und Fresken aus dem 15. Jahrhundert (Passionsbilder und Heiligendarstellungen). Die Balkendecke wurde rund hundert Jahre später eingezogen. An der Südseite des Turmes befindet sich ein gotisches Nischengrab aus dem 14. Jahrhundert.
Ebenfalls zur Burganlage gehört die Kirche S. Capofora (11. Jh.), von der nur noch der Campanile und Teile der Umfassungsmauer erhalten sind.

Kirche SS. Pietro e Paolo

Über dem Ort steht in aussichtsreicher Lage die Kirche SS. Pietro e Paolo (von 1611–1638), ein Barockbau über älteren Resten. Auf dem Friedhof eine Wand mit interessanten Grabsteinen.

Soazza

Talabwärts folgt nach 3 km das malerisch auf einer bewaldeten Anhöhe gelegene Dorf Soazza (623 m ü.d.M.; 350 Einw.) mit etlichen alten, freskengeschmückten Häusern (u.a. Palazzo a Marca; 17. Jh.) und überragt von der Kirche S. Martino (von 1639; reiche Barockausstattung).

Val Forcola
Buffalora-Fall

Es folgen talabwärts die schluchtartige Mündung der Valle della Forcola (links) und rechts der prächtige Wasserfall der Buffalora.

Cabbiolo

Weiter über Cabbiolo (450 m ü.d.M.), wo das Tal etwas breiter wird und die ersten Weingärten beginnen.

Lastello

7 km hinter Soazza erreicht man Lostallo (426 m ü.d.M.) mit alter Dorfkirche (von 1670–1680).

Cama — Dann folgt Cama (354 m ü.d.M.), ein Pfarrdorf an der Mündung der Val Cama, mit der alten Kapelle San Lucio.
Rechts oberhalb die Dörfer Verdabbio und Santa Maria mit Turmruine und Wallfahrtskirche des 17. Jahrhunderts.

Grono — Etwa 14 km südlich von Mesocco liegt Grono (336 m ü.d.M.) an der engen Mündung des malerischen Calanca-Tales (s. unten).
An der reizvollen Piazza steht die Kirche SS. Rocco e Sebastiano, oberhalb des Ortes die Pfarrkirche S. Clemente (bemalte Kassettendecke). Die Torre Fiorenzana (12. Jahrhundert) ist ein Überrest des ehemaligen Schlosses Sax-Misox.

S. Maria in Calanca
Castaneda — Von Grono führt ein Sträßchen hinauf zu dem prächtig gelegenen Dorf Santa Maria in Calanca, mit der schönen Barockkirche S. Maria Assunta. Ein Spaziergang führt durch Kastanienwälder nach Castaneda (kleines Etruskermuseum).

Roveredo — Unweit südlich erreicht man Roveredo (297 m ü.d.M.; 2000 Einw.), den lebhaften Hauptort im unteren Misox mit schönen Wohnhäusern aus dem 17. Jahrhundert. In dem links der Moësa gelegenen Ortsteil steht die Pfarrkirche S. Giulio.
Über die Steinbrücke gelangt man zur Schlucht der Traversagna, wo die schöne Barockkirche Madonna del Ponte Chiuso (16. Jh.) steht; im Inneren überreicher Stuckschmuck. Die Apsis sowie der Campanile stammen noch vom Vorgängerbau.
Nahebei die Ruine einer Burg der Grafen Trivulzi.

San Vittore — Weiterhin 2 km südwestlich folgt San Vittore (280 m ü.d.M.), das letzte zu Graubünden gehörende Dorf mit Stiftskirche (18. Jh.) und Kapelle S. Lucio (8. Jh.), einem karolingischen Rundbau; dahinter die Torre di Pala, im 13. Jahrhundert Besitz der Freiherren von Sax. Im Palazzo Viscardi (um 1680) ist heute das Museo Moësano (geöffnet von April bis Oktober Di. und Fr. 14.00–17.00 Uhr) eingerichtet, ein Museum zur ländlichen Kultur des Misoxer Tales.

Lumino — Nach etwa 4 km erreicht man Lumino (256 m ü.d.M.; 1100 Einw.), das inmitten von Weingärten gelegene erste Tessiner Dorf am Ausgang des Misox. Die Pfarrkirche San Mamete (16. Jh.) besitzt noch den romanischen Campanile der Vorgängerkirche; im Kircheninneren Stukkaturen des 16./17. Jahrhunderts.
Auf dem Hügel Bertè steht die Kapelle Madonna della Salute (urspr. aus dem 16. Jh.; im 19. Jh. verändert).

Arbedo-Castione — Die San-Bernardino-Paßstraße mündet im Bereich der geschichtsträchtigen Caninischen Felder bei Arbedo-Castione (⟶ Bellinzona, Umgebung) in die vom ⟶ Sankt Gotthard durch die ⟶ Leventina und die ⟶ Riviera herabkommende Autobahn N 2, die südwestwärts weiter nach ⟶ Bellinzona führt.

*Calanca-Tal — B/C 7

Val Calanca — Von Grono (s. oben) führt eine schmale und windungsreiche, aber landschaftlich sehr reizvolle und aussichtsreiche Fahrstraße ins Val Calanca, das malerische Tal der Calancasca, das vom Zapporthorn (3149 m ü.d.M.) ausgehend nach Süden zieht und sich bei Grono zum Val Mesocco (Misox) öffnet. Granitbrüche und zunehmend auch der Fremdenverkehr ernähren die meist Italienisch sprechende Bevölkerung; die traditionelle Alpwirtschaft ist stark rückläufig.

Arvigo — Gut 10 km talaufwärts liegt der Hauptort Arvigo (818 m ü.d.M.; Granitbrüche) mit reich ausgestatteter Kirche von 1611.

Mit Seilbahnen von Arvigo bzw. von Selma, unweit nördlich, gelangt man nach Braccio (östlich) bzw. nach Landarenca (westlich), zwei Dörfer, die noch keine Straßenverbindung haben.

Misox, Calanca-Tal, Arvigo (Fortsetzung)

Von Arvigo sind es noch 9 km bis zu dem stillen Bergdorf Rossa (1088 m ü.d.M.), wo die befestigte Fahrstraße endet.

Rossa

Morcote

E 6

Höhe: 277 m ü.d.M.
Einwohnerzahl: 650

Südlich von → Lugano liegt am Südfuß des sich in den südwestlichen → Luganer See vorschiebenden Monte Arbòstora (822 m ü.d.M.) das vielbesuchte altertümliche Städtchen Morcote, das dank seiner landschaftlich reizvollen Lage und der Geschlossenheit der Siedlung zu den malerischsten Orten der Schweiz zählt.

*Lage und Allgemeines

Der erstmals als 'Burgus de Morcoe' erwähnte Ort erlangte im 16. Jahrhundert als Fischlieferant für Lugano, mit eigener Gerichtsbarkeit sowie Zoll- und Steuerrecht, beachtlichen Wohlstand.

Geschichte

Sehenswertes

Entlang dem Seeufer und am Hang aufwärts zieht sich in weitem Bogen der überaus malerische alte Ortskern mit seinen winkligen engen Gassen. Die herrschaftlichen Palazzi und alten Bürgerhäuser der Renaissance- und Barockzeit besitzen Arkadenbögen, schöne Innenhöfe und stimmungs-

**Ortsbild

Morcote am Westarm des Luganer Sees

Parco Scherrer bei Morcote

Ortsbild (Fortsetzung)

volle Loggien. Besondere Beachtung verdienen der Palazzo Paleari (von 1537) und die Casa Buzzi, beide mit reichem Sgraffitoschmuck. An der Torre del Capitano (Municipio) das Ortswappen.

*Kirche S. Maria del Sasso

Ein monumentaler, 1723 von dem Kaufmann Davide Fossati gestifteter Treppenaufgang (408 Stufen) führt hinauf zu der in einzigartiger, beherrschender Aussichtslage über dem Ort thronenden Wallfahrtskirche Santa Maria del Sasso mit freistehendem Campanile. Das in seinem Kern auf das 13. Jahrhundert zurückgehende Gotteshaus wurde 1462 im Stil der Renaissance umgebaut und 1758 barockisiert; im Inneren hervorragende Renaissancefresken (16. Jh.) verschiedener Meister sowie eine kostbare Orgel.

Kapelle S. Antonio di Padova

Am anderen Ende des Vorplatzes steht die Kapelle S. Antonio di Padova (von 1676).

Friedhof

Auf dem Friedhof von Morcote liegen u.a. der Komponist Eugen d'Albert (1864–1932), der Dramatiker Georg Kaiser (1878–1945) und der Schauspieler Alexander Moissi (1880–1935) begraben.

**Parco Scherrer

Am westlichen Ortsrand liegt oberhalb der Straße der in den dreißiger Jahren dieses Jahrhunderts von dem Landschaftsgärtner und Kaufmann Arthur Scherrer angelegte, prächtige exotische Parco Scherrer (geöffnet von März bis Oktober täglich 9.00–17.00 Uhr; Di. und Do. Führungen).

Umgebung von Morcote

Vico Morcote

Von Morcote führt eine Bergstraße aufwärts in Richtung → Carona durch die ausgedehnten mondänen Villengebiete von Vico Morcote mit prächtigen Anwesen in traumhafter Aussichtslage.

Nufenen-Paß

In der Pfarrkirche des alten Weindorfes SS. Fedele e Simone befindet sich ein bemerkenswertes Altarbild aus dem 15. Jahrhundert.

Vico Morcote (Fortsetzung)

Östlich gegenüber von Morcote liegt am jenseitigen Ufer des Luganer Sees der von ⟶ Melide über Melano und ⟶ Capolago erreichbare Ort Brusino-Arsizio.

Brusino-Arsizio

Nufenen-Paß (Passo della Novena) B 3

Paßhöhe: 2478 m ü.d.M.
Öffnungszeit: Juni – Oktober

Lage und Allgemeines

Der zwischen den Gebirgsmassiven von Simplon und ⟶ Sankt Gotthard eingesenkte Nufenen-Paß, italienisch Passo della Novena, verbindet das Obere Rhône-Tal im Kanton Wallis (Valais) mit dem ⟶ Bedretto-Tal (Val Bedretto) im Kanton Tessin (Ticino).
Mit einer Höhe von 2478 m ü.d.M. ist der Nufenen-Paß einer der höchsten Alpenpässe und nach dem Umbrail-Paß (2501 m ü.d.M.) der zweithöchste Straßenpaß der Schweiz.

Geschichte

Den schon von den Römern benutzten Paßweg überschritt 1799 während der napoleonischen Feldzüge der russische General Alexander Suworow bei Schneetreiben mit 20000 Mann.
Die einst wildromantische, 19 km lange Strecke wurde seit 1969 für den modernen Straßenverkehr ausgebaut.

**Aussicht

Von der Paßhöhe (kleiner See; Restaurant) bieten sich schöne Ausblicke, besonders nordwestwärts auf das Finsteraarhorn und den Gipfelkranz rings um den Aletsch-Gletscher.

Nufenen-Paß (Fortsetzung)
*Wanderungen

Vom Nufenen-Paß kann man auf einer Werkstraße zu dem aufgestauten Gries-See gelangen, in den der gleichnamige Gletscher mündet.
Ferner führen lohnende Wanderungen durch grandiose Hochgebirgslandschaft über den Gries-Paß (2462 m ü.d.M.) ins italienische Val Formazza oder über den Corno-Paß (2203 m ü.d.M.) ins Val Corno.

Onsernone-Tal (Val Onsernone) C 4/5

Lage und Allgemeines

Das waldreiche Onsernone-Tal (Val Onsernone), das Tal des Isorno, eines linken Zuflusses der Melezza, erstreckt sich nördlich, weitgehend parallel zum ⟶ Centovalli, in welches es am Westrand der Ebene Pedemonte einmündet.
Das Val Onsernone war einst ein Zentrum der Strohflechterei. Modeartikel aus Stroh wurden von hier in alle Welt exportiert, bis um die letzte Jahrhundertwende billigere Anbieter aus anderen Ländern auf die internationalen Märkte drängten.
Die Häuser der Talschaft sind oft von hölzernen Laubenumgängen umgeben, die zum Trocknen des Strohs dienten.

Sehenswertes

Auressio

Auressio (615 m ü.d.M.; 60 Einw.), das erste Dorf im Val Onsernone, ist malerisch an einem Hang gelegen. Enge Gäßchen führen hinauf zur Pfarrkirche S. Antonio Abate mit schöner Barockausstattung. Bekannt wurde das Dorf durch die Aktion eines Berner Bürgers, der in den Wäldern der Umgebung zahllose mit Sinnsprüchen beschriftete Konservendeckel verteilte, die später von Souvenirjägern eingesammelt wurden.
An der Straße nach Cavigliano steht die Kapelle S. Maria delle Grazie (von 1765) mit schöner Madonna.

Loco

Museo Onsernonese

Loco (691 m ü.d.M.; 250 Einw.), der Hauptort des Tales, klebt regelrecht am sonnigen Steilhang. Sehenswert ist die Pfarrkirche S. Remigio (urspr. 13. Jh.; 1506 erneuert) mit dem Friedhof (Aussicht) sowie das kleine Museo Onsernonese (Museum des Onsernone-Tales; geöffnet April bis Oktober Di.–So. 10.00–11.30 und 14.00–17.00 Uhr) mit sehenswerten Dokumenten zur Ortsgeschichte und zur Strohflechterei. Ferner werden Werke des aus Loco stammenden Malers Carlo Antonio Meletta (1800–1875) gezeigt.

Niva

Lohnend sind Wanderungen über das verlassene Dorf Niva (Kirchlein S. Gioavanni Nepomuceno) nach Intragna, sowie über den Passo della Garina nach Aurigeno im ⟶ Maggia-Tal oder über Calascio (Aussicht) nach Verdasio im Centovalli.

Mosogno

Etwa 4 km westlich von Loco folgt das kleine Dorf Mosogno (787 m ü.d.M.; 75 Einw.), die Heimat der Politikersippe Rima. In der Pfarrkirche S. Bernardo (1597–1626) ein schöner Marmoraltar und bedeutende Silberarbeiten (18. Jh.).

Im tiefergelegenen Ortsteil Mosogno di Sotto die Kirche S. Maria Addolorata mit einem Monumentalbild ("Beweinung Christi"; von 1691) des Rubens-Schülers Pierre Bergaine.
Von Mosogno lohnende Wanderung in etwa 4 Stunden nach Verdasio im Centovalli. Auf der Paßhöhe steht die Kapelle Madonna della Segna (urspr. 15. Jh.), in der die Bewohner des Centovalli und des Onsernone-Tales gemeinsam die Messe feierten.

***Berzona**

Im 'Literatendorf' Berzona (764 m ü.d.M.), einem fast verlassenen typischen Tessiner Bergdorf in steiler Hanglage, haben sich verschiedene

Berzona (Fortsetzung)

Künstler, insbesondere Schriftsteller (u.a. Golo Mann, Max Frisch und Alfred Andersch) niedergelassen.
Sehenswert sind außer der Pfarrkirche S. Defendente (17. Jh.) einige ansehnliche Herrschaftshäuser (17./18. Jh.).
Oberhalb des Ortes eine zierliche Muttergotteskapelle von 1682.

Russo

Das Dorf Russo (802 m ü.d.M.; 100 Einw.), knapp 4 km westlich von Loco gelegen, hat sich sein typisches Gesicht gut bewahrt. Die Fassade der Pfarrkirche S. Maria Assunta (urspr. 14. Jh.; barockisiert) schmückt ein Christophorus-Fresko aus dem 15. Jahrhundert; im Kircheninneren eine gotische Balkendecke sowie Illusionsmalereien des 18. Jahrhunderts. Unter den schönen Häusern sind besonders erwähnenswert der Palazzo Moschini-Bezzola (jetzt Postamt) an der Piazza sowie die Casa Remonda und die Casa Garbani (um 1700), in der ein kleines Heimatmuseum eingerichtet ist.

Vergeletto-Tal

Hinter Russo zweigt das Val di Vergeletto, das unberührt gebliebene, düstere Tal des Ribo in nordwestlicher Richtung vom Onsernone-Tal ab. Besonders ungünstige Lebensbedingungen zwangen einst die Männer des Tales, sich vorzugsweise als Kaminfeger in Italien zu verdingen.
Der Hauptort Vergeletto besitzt eine barocke Kirche, eine alte Mühle am Fluß sowie eine Steinbogenbrücke über den Ribo. Hier wie im nahegelegenen Dorf Gresso findet man noch Zeugnisse der auch hier einst blühenden Strohflechterei.
Aus dem Vergeletto-Tal ist die Wanderung über den Passo della Cavegna (1978 m ü.d.M.) nach Cimalmotto im Campo-Tal (⟶ Maggia-Tal) sowie in sieben Stunden über die Capanna di Alzasca (1734 m ü.d.M.) nach Someo im ⟶ Maggia-Tal möglich.

Crana

Etwa 1 km westlich von Russo folgt im Onsernone-Tal das Dorf Crana mit Pfarrkirche aus dem 17. Jahrhundert.

Rustici im Onsernone-Tal

Nach weiteren 3 km gelangt man nach Comologno (1080 m ü.d.M.; 200 Einw.), dem bedeutendsten Dorf im oberen Onsernone-Tal, am Fuß des Pizzo Zucchero (='Zuckerspitze'; 1899 m ü.d.M.) gelegen. | Onsernone-Tal (Fortsetzung) **Comologno**

Schön sind die Bürgerhäuser der im 17. und 18. Jahrhundert in französischen Diensten reich gewordenen und geadelten Familie Remonda. Der Palazzo della Barca (von 1770) beherbergte im Zweiten Weltkrieg italienische Flüchtlinge vor dem Faschismus. Sehenswert sind auch die loggiengeschmückten Remonda-Anwesen Casa Carlo Francesco Remonda, Casa Guglielmo Antonio Remonda und Casa Remonda.

Stationenweg

Ein in den fünfziger Jahren von Tessiner Künstlern neu gestalteter Stationenweg führt hinauf zur Pfarrkirche S. Giovanni Battista (von 1688; später mehrfach verändert).

Spruga

Nach 1 km endet die Fahrstraße bei Spruga, dem letzten Dorf im Onsernone-Tal, das noch sein typisches Ortsbild erhalten hat.

Onsernone-Talschluß

Von Spruga führt ein Fußweg westwärts zum imposanten Talschluß und zur schweizerisch-italienischen Grenze.

Piora (Parco Alpino Piora)

jenseits **A 5**

Höhe: 1800–3016 m ü.d.M.
Ausdehnung: 37 km²

Naturgeschützter **Alpenpark

Das Naturschutzgebiet Parco Alpino Piora erstreckt sich östlich vom Massiv des ⟶ Sankt Gotthard über die Täler Val Piora (Val Piòra), Val Termine und Val Cadlimo (Val Cadlím). Es ist ein Gebiet von einzigartiger landschaftlicher Schönheit und reicher alpiner Vegetation. Pflege und Erhaltung dieses Naturschutzgebietes, in dem die genossenschaftlich organisierten Bergbauern das ausgedehnteste zusammenhängende Weidegelände des Tessins nutzen und noch traditionelle Alpwirtschaft betreiben, geht auf eine Stiftung des Dirigenten Hans Rosbaud (1895–1962) und seiner Frau Edeltraud Rosbaud-Schäfer (1899–1974) zurück, an die ein Gedenkstein im Parkgelände erinnert. Berühmt und weithin geschätzt ist der nach altem Rezept gewonnene Piora-Käse.

Hinweis

Die nachstehend in Klammer erscheinenden Namen sind dialektale Formen der Region, die vielfach auch in der Kartographie verwendet werden.

Anreisewege

Von Piotta (⟶ Leventina) mit der Standseilbahn zur Bergstation Ritom.
Fahrweg von Piotta über Altanca (⟶ Leventina).
Fußwege von Quinto/Deggio (⟶ Leventina), von Acquacalda oder Casaccia (⟶ Blenio-Tal) sowie vom ⟶ Lukmanier-Paß.

Geologie

Vor rund 200 Millionen Jahren erhob sich das Gotthardmassiv aus dem damals beträchtlich weiter ausgedehnten Mittelmeer. Vor 25 Millionen Jahren stieß die penninische Lukmanier-Decke von Süden her gegen das Gotthardmassiv vor und verschob es etwas gegen Norden. Dabei wurde der Meeresarm zwischen beiden Gebirgen zusammengeschoben, gehoben und dadurch trockengelegt. Die Ablagerungen des Meeresbodens mit ihren Schiefern und Dolomiten wurden zusammengepreßt und steilgestellt. Durch spätere Erosion sind die kalk- und gipshaltigen Sedimentgesteine stärker abgetragen worden als die Granite und Gneise der beiden Gebirgszüge, so daß zwischen beiden die Piora-Mulde entstand, die sich westlich im Bedretto-Tal und östlich im Lukmanier-Gebiet fortsetzt. Eiszeitliche Moränenzüge, junge Verschiebungen und Bergstürze haben das heutige Relief vervollständigt.

◀ *Im Parco Alpino Piora*

Gewässer

Das Parkgebiet ist reich an Seen und Bächen. Acht Seen haben mehr als einen Hektar Wasseroberfläche. Hinzu kommen zahllose kleinere und kleinste Seen und Moore, die alle von großartiger Gebirgsszenerie umgeben sind.
Die Europäische Wasserscheide verläuft längs dem mittleren Gebirgskamm im Park: Während alle Bäche im Val Piora zum Mittelmeer hin entwässern, gehören die Bäche des Val Cadlimo und des Val Termine zum Einzugsgebiet des Rheins. Eine Ausnahme bildet hier allein der Medelser Rhein (Reno di Medel), der seit 1931 durch einen 980 m langen künstlichen Stollen geführt wird, um den Ritom-See zu speisen.

Pflanzen und Tiere

Die große Zahl an Feuchtgebieten bestimmt den Lebensraum für eine artenreiche Flora und Fauna.
Die Arvenwälder um den Ritom-See gehören zu den wenigen natürlichen Arvenbeständen im Tessin. Alpenrosen bedecken die Berghänge; Feuerlilie, Schwefelanemone, der weißen Paradieslilie, Seidelbast, Alpenaster, Männertreu oder dem blauen und purpurnen Enzian begegnet der Wanderer allenthalben.
Gemse, Hirsch und Reh sind die größten, Murmeltiere die kleineren häufig anzutreffenden Säugetiere im Park. Unter den über 40 hier brütenden Vogelarten ist der Steinadler eine besondere Rarität. Groß ist die Zahl der Reptilien und Amphibien sowie die Vielfalt an Insekten.

**Rundwanderung durch den Alpenpark Piora

Von der Bergstation der Standseilbahn Piotta – Ritom erreicht man in etwa 20 Minuten den Ritom-See. Hier beginnt ein markierter Rundwanderweg (5 Std.), der die Schönheiten des Piora-Parkes erschließt.

Ritom-See

Größtes Gewässer in Piora ist der Ritom-See (Lèi Ritóm; 1850 m ü.d.M.). Er erfüllt ein glaziales Becken, das durch einen Granitriegel abgeschlossen ist. Seit 1907 liefert der Ritom-See das Nutzwasser für das Ritom-Kraftwerk der Gotthardbahn (⟶ Leventina). Hierzu mußte die natürliche Barriere durch einen künstlichen Staudamm mehrfach erhöht werden. Heute liegt der Wasserspiegel um 22 m über dem ursprünglichen Niveau. Die

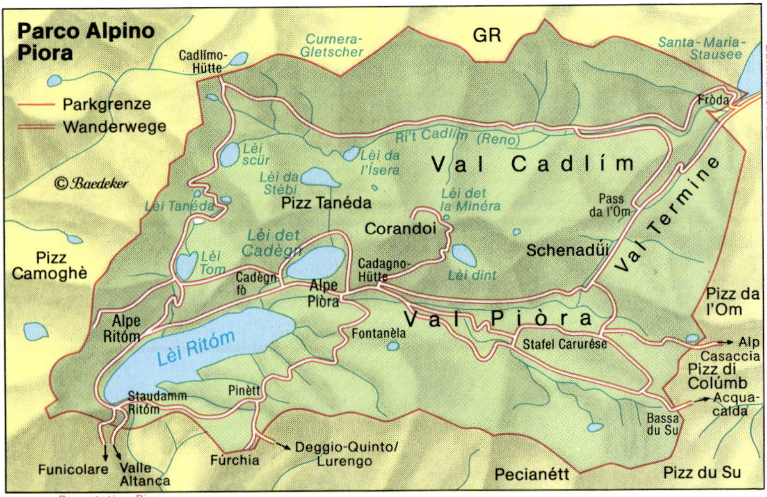

Felslandschaft im Piora-Alpenpark

Ritom-See (Fortsetzung)

Oberfläche schwankt zwischen 60 und 137 ha, das Fassungsvermögen des Sees beträgt 47 Mio. m³ Wasser.

Kapelle S. Carlo

Die Kapelle S. Carlo (1915 m ü.d.M.), zwischen Ritom-See und Cadagno-See gelegen, wurde 1622 dem hl. Karl Borromäus geweiht, der diese Gegend 1581 besucht haben soll.

Lago Cadagno

Der Lago Cadagno (Lèi det Cadègn; 1923 m ü.d.M.), zweitgrößter und landschaftlich reizvollster See in Piora, liegt unweit nordöstlich vom Ritom-See und wie dieser in einer glazialen Mulde. Seine Oberfläche schwankt zwischen 16 und 28 ha.
Die Siedlungen Cadagno di fuori (Cadègn fò) und Cadagno di dentro (Cadègn dint) zeigen noch ihre traditionelle Bebauung.

Lago di dentro

Der Lago di dentro (Lèi dint; 2298 m ü.d.M.; 6 ha Fläche) liegt in einer glazialen Vertiefung am Fuße des Pizzo Corandoni (2659 m ü.d.M.). Er entwässert unterirdisch.

Lago della Miniera

Der kleine Lago della Miniera (2525 m ü.d.M.), der höchstgelegene See im Park, verdankt seinen Namen aufgegebenen Silberminen.

Reno di Medel

Der Reno di Medel (Ri 't Cadlím; Medelser Rhein), einst ein Quellfluß des Rheins, durchfließt das Val Cadlimo (Val Cadlím). Heute wird er durch einen künstlichen Stollen dem Ritom-See zugeführt.

Lago dell'Isra

Der kleine Lago dell'Isra (Lèi da l'Ísera; 2322 m ü.d.M.; 2 ha Fläche) erstreckt sich in einer eiszeitlichen Moränenmulde.

Lago dello Stabbio

Der Lago dello Stabbio (Lèi da Stèbi; 2351 m ü.d.M., 7 ha Fläche) liegt südwestlich vom Lago dell'Isra, abseits des markierten Rundwanderweges in einer glazialen Felsmulde.

Piora (Fortsetzung) Lago Scuro

Der fast kreisrunde Lago Scuro (Lèi scür; 2451 m ü.d.M., 7 ha Fläche) ist eine der Quellen des Medelser Rheins. Er liegt in einem glazialen Felsbecken, 200 m nördlich der Europäischen Wasserscheide.

Laghetti di Teneda

Die beiden Laghetti di Teneda (2305 m bzw. 2248 m ü.d.M.) liegen unter dem aussichtsreichen Pizzo Teneda (2667 m ü.d.M.; Besteigung möglich).

Lago di Tom

Der Lago di Tom (Lèi Tom; 2021 m ü.d.M.; 9 ha Fläche) liegt in einem glazialen Kessel mit unterirdischer Entwässerung.

Wandervorschläge von Piora

Zum Lukmanier-Paß

Lohnende Wanderungen führen u.a. auf dem 'Sentiero alpino Piora' über den Passo dell'Uomo (Pass da l'Om; 2218 m ü.d.M.) bzw. über den Passo Colombe (Pass di Colúmb; 2381 m ü.d.M.) oder den Passo del Sole (Bassa du Su; 2376 m ü.d.M.) in etwa 4 Stunden zum → Lukmanier-Paß bzw. ins Valle Santa Maria (→ Blenio-Tal).

Nach Campello/Carì

Eine andere Wanderung geht über den Passo del Sole und den Passo de Predelp (2245 m ü.d.M.) in 6½ Stunden in das Erholungsgebiet oberhalb von Faido (→ Leventina).

Zum Sankt Gotthard

Von Piora gelangt man auf dem 'Sentiero alto Gottardo–Piora' in 4½ Stunden durch das Val Canaria, über die Alpe Pontino und über den Passo Scimfuss (2240 m ü.d.M.) zum Hospiz auf dem St.-Gotthard-Paß (→ Sankt Gotthard).

Riviera

B/C 6/7

Lage

Den lieblich klingenden Namen 'Riviera' trägt das sich südlich der → Leventina weitende, annähernd von Norden nach Süden verlaufende und von mächtigen Gebirgswänden eingefaßte Tal des Tessinflusses (Ticino) zwischen den Mündungen von Brenno (→ Blenio-Tal) und Moësa (→ Misox).

Landschaftsbild

Mit seinen Rebhängen und den von stetem Südwind gebeugten und zerzausten Edelkastanien-, Nuß-, Maulbeer- und Feigenbäumen zeigt es schon südländische Vegetation. Doch zugleich verleihen bedrohlich aufragende Felsmassen und der Anschein von Unwegsamkeit dem Tal einen eher rauhen Charme.

Geschichte

Bis zur Regulierung von Brenno und Ticino war das Gebiet der Riviera immer wieder von verheerenden Bergstürzen und Überschwemmungen heimgesucht worden. Die schrecklichen Verwüstungen des Frühsommers 1514, als der von der 'Buzza di Biasca' aufgestaute See im Blenio-Tal barst und sich gewaltige Wasser-, Schlamm- und Geröllmassen über das gesamte untere Tessin-Tal bis zum Lago Maggiore (Langensee) hin ergossen, haben das Gesicht der Landschaft und das Leben ihrer Bewohner nachhaltig geprägt. Damals fiel auch die Brücke bei Bellinzona den Fluten zum Opfer, wodurch die wichtige Straßenverbindung mit dem Langensee für Jahrhunderte unterbrochen war.
Zuletzt bedrohte im Jahre 1928 ein gewaltiger Bergsturz das Tal, entlud sich jedoch glücklicherweise in ein unbesiedeltes Seitental am Motto d'Arbino, unweit von Bellinzona.

Wirtschaft

Als einziger südlicher Zugang zu den Alpenpässen des → Sankt Gotthard und des → Lukmanier verliefen schon früh zu beiden Seiten des Ticino Verkehrswege, an welchen sich kleinere und größere Ortschaften aufreihten. Die Siedlungen entstanden auf geschützten Schwemmlandterrassen am Ausgang enger, von Wildbächen geschnittener Seitentäler. Wichtigste Erwerbsquelle ihrer Bewohner waren und sind noch immer die mehr als dreißig Steinbrüche, in denen als Baumaterial und zur Dachdeckung begehrter Zweiglimmergneis gebrochen wird. Sie wurden im 19. Jahrhundert zum Ausgangspunkt der Arbeiterbewegung im Tessin mit dem Gewerkschaftsorgan "Lo Scalpinello" (= "Der Steinmetz"). — Wirtschaft (Fortsetzung)

Die traditionelle Alpwirtschaft geht ständig zurück. Neue Industrieansiedlungen bieten leichtere und bessere Erwerbsmöglichkeiten. Der Fremdenverkehr ist noch kaum entwickelt, doch sind Bemühungen um eine touristische Aufwertung der Region im Gange (vgl. 'Tre Valli', S. 80 bzw. 128).

Sehenswertes

Biasca

⟶ dort

Iragna

Das Dorf Iragna (305 m ü.d.M.; 500 Einw.), etwa 4 km südlich von ⟶ Biasca am rechten Ufer des Ticino gelegen, besitzt noch die für die Region typischen steingedeckten Häuser. In der Rosenkranzkapelle der Dorfkirche sind die Fresken und Stukkaturen aus dem 17. Jahrhundert bemerkenswert.

Rodaglio

Die Kapelle San Giovanni in Rodaglio (297 m ü.d.M.; 20 Einw.), einem bescheidenen Dorf 2 km südlich von Iragna, ist mit Fresken aus dem 17. Jahrhundert geschmückt; dabei ein kleines Beinhaus.

Osogna

Rund 2 km südlich von Iragna liegt links vom Ticino am Eingang des gleichnamigen Seitentales das reizvolle Dorf Osogna (294 m ü.d.M.; 800 Einw.). Bis 1798 war es Sitz der eidgenössischen Landvögte der Riviera. In der Ortsmitte steht die Kapelle S. Rocco mit Wandmalereien des 17. Jahrhunderts. Die barocke Pfarrkirche SS. Felino e Gratiniano geht auf einen romanischen Vorgängerbau zurück, von dem noch der schlanke Campanile und Teile des Unterbaus erhalten sind.

Von der Pfarrkirche gelangt man auf einem Saumpfad aufwärts zu einem malerischen Wasserfall, der sich in einen kleinen See ergießt. Nicht weit davon steht an der Stelle einer zerstörten mittelalterlichen Burg die Kapelle S. Maria del Castello mit schönem, dem schwäbischen Bildhauer Ivo Strigel zugeschriebenen Schnitzaltar von 1494 und Fresken aus dem 17. Jahrhundert.

Lodrino

Das beschauliche Dorf Lodrino (310 m ü.d.M.; 1200 Einw.), jenseits von Osogna am rechten Ufer des Ticino gelegen, besitzt die spätbarocke Pfarrkirche S. Ambrogio. Vom romanischen Vorgängerbau ist noch der untere Teil des Nordturms erhalten. Beachtenswert ist das Seitenportal mit skulptierten Köpfen.

Pai

Von Lodrino erreicht man auf steilem Weg nördlich in 1/2 Stunde das auf aussichtsreicher Terrasse gelegene Maiensäss Pai (Palio) und die ursprünglich romanische Kapelle S. Martino. Das bereits 1215 urkundlich erwähnte Kirchlein ist außen und innen mit Fresken aus dem 15. und 16. Jahrhundert versehen.

Cresciano

Das kleine Dorf Cresciano (285 m ü.d.M.; 500 Einw.), 7 km südlich von Osogna, links des Ticino und am Fuße des Pizzo Claro (2719 m ü.d.M.) gelegen, besitzt die innen reich geschmückte barocke Pfarrkirche S. Vincenzo. Der Campanile stammt noch von dem romanischen Vorgängerbau.

Moleno

In Moleno (286 m ü.d.M.; 100 Einw.), südwestlich gegenüber von Cresciano am westlichen Ufer des Tessinflusses, verdient die Pfarrkirche S. Vittore Mauro einen Besuch. Sie entstand im ausgehenden 15. Jahrhundert an der Stelle eines romanischen Gotteshauses, von dem noch der Glockenturm erhalten ist. Auffallend sind außen das manieristische Christophorusfresko (18. Jh.) links vom Hauptportal sowie eine schöne thronende Maria (16. Jh.) über dem Westportal. Das Kircheninnere zieren Wandmalereien des 16.–18. Jahrhunderts und ein prächtiger Schnitzaltar (um 1600).

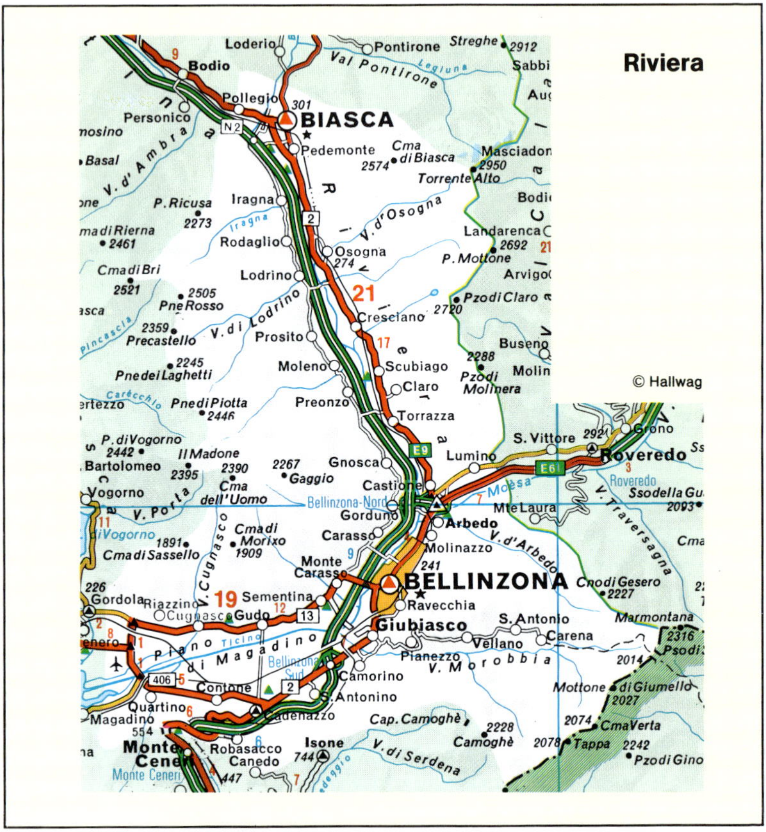

Preonzo

In dem ansehnlichen Dorf Preonzo (270 m ü.d.M.; 450 Einw.), nur 1 km südlich von Moleno, zeugen herrschaftliche Palazzi an der baumbeschatteten malerischen Piazza vom Wohlstand der Bewohner. Die Pfarrkirche SS. Simone e Giuda wurde 1533 an der Stelle einer älteren Kirche erbaut und im 17. Jahrhundert barock umgestaltet sowie reichlich ausgestattet. Im Inneren ein prächtig geschnitzter Tempietto-Hochaltar (um 1660).

Claro

Etwa 5 km nördlich von → Bellinzona liegt links des Ticino am Abhang des Pizzo di Molinera (2293 m ü.d.M.) das Dorf Claro (313 m ü.d.M.; 1250 Einw.) mit mehreren bemerkenswerten Gotteshäusern: Die erstmals im beginnenden 13. Jahrhundert urkundlich erwähnte Pfarrkirche SS. Nazario e Celso wurde im 16. und 17. Jahrhundert weitgehend umgebaut und erneuert. Die barocke Pfarrkirche SS. Rocco e Sebastiano ist im Chor reichlich mit Stuck und Wandmalereien des 17. Jahrhunderts ausgeschmückt. Die schlichte Friedhofskirche S. Lorenzo besitzt einen schönen romanischen Campanile.

Kloster S. Maria Assunta

Oberhalb von Claro befindet sich in prächtiger Aussichtslage am Abhang des Pizzo di Molinera das um 1490 gegründete Benediktinerinnenkloster S. Maria Assunta. In der Kirche spätgotische Fresken (um 1500).

Riviera (Fortsetzung)
Gnosca

Gegenüber von Claro liegt am rechten Ufer des Ticino das alte Dorf Gnosca (259 m ü.d.M.; 350 Einw.). Beachtung verdienen hier die schöne Pfarrkirche S. Pietro Martire (13. Jh.; im 18. Jh. umgestaltet), die stattliche Ruine der Kirche S. Giovanni Battista aus dem 12. Jahrhundert sowie die barocke Kapelle der Schmerzensmutter ('dell' Addolorata').

Arbedo-Castione

s. Umgebung von ⟶ Bellinzona

San-Bernardino-Paß (Passo del San Bernardino) A 8

Kanton Graubünden (Grischun/Grigioni)
Paßhöhe: 2065 m ü.d.M.
Öffnungszeit: Mai – Oktober

Lage und Allgemeines

Der im Schweizer Kanton Graubünden gelegenene San-Bernardino-Paß, deutsch Sankt-Bernhardin-Paß, verbindet das Rheinwaldtal des Hinterrheins mit dem ⟶ Misox.

Der 32 km lange Paßweg zwischen Marscholhorn (2902 m ü.d.M.) im Westen und Pizzo Uccello (2716 m ü.d.M.) im Osten wurde vermutlich bereits während der Bronzezeit, sicher aber von den Römern als Alpenübergang benutzt und von ihnen 'Mons Avium' genannt. Ursprünglich 'Vogelberg' geheißen, bezieht sich der heutige Name auf den hl. Bernhardin von Siena (1380–1444), der zu Beginn des 15. Jahrhunderts hier gepredigt haben soll.

*Paßstraße und Straßentunnel

Die reizvolle Fahrt von Splügen über den San-Bernardino-Paß und der das Bergmassiv unterquerende San-Bernardino-Straßentunnel sind unter dem Hauptstichwort ⟶ Misox beschrieben.

San-Bernardino Paßhöhe

Auf der San-Bernardino-Paßhöhe (2065 m ü.d.M.; einfaches Hospiz) mit ihren vom Eis glatt geschliffenen Felsbuckeln liegt in einsamer Bergwelt der stille Moësola-See mit einer kleinen Felsinsel.

Moësola-See auf der San-Bernardino-Paßhöhe

Sankt Gotthard (San Gottardo) jenseits A 4

Lage und Bedeutung

Das Sankt-Gotthard-Massiv, das Bindeglied zwischen Walliser und Graubündner Alpen, erhebt sich im Zentrum der Schweizer Alpen als gewaltige europäische Wasserscheide: Von hier gehen Rhône, Aare, Reuss, Rhein und Tessin (Ticino) aus.

Die tief eingreifenden Quertalfurchen von Reuss und Tessin ermöglichen an dieser Stelle die Überwindung des Alpenhauptkammes in einmaligem Auf- und Abstieg und bilden damit die kürzeste Verbindung zwischen Mitteleuropa und Oberitalien. So ist die Gotthardstrecke heute der meistbenutzte Alpenübergang.

Gestalt

Das aus Gneisen, Glimmerschiefern und Graniten bestehende Massiv ragt nur wenig über 3000 m auf (Pizzo Rotondo 3192 m, Piz Blas 3019 m, Pizzo Centrale 3001 m) und ist mäßig vergletschert.

Geschichte

Antike und Mittelalter

Bereits den Römern war der Weg über den 'Mons Elvelinus' bekannt, doch stand der besonders auf der Nordseite schwierige Alpenübergang bis ins Mittelalter im Schatten des bequemer zu überquerenden Lukmanier-Passes.
Im 12. Jahrhundert bestand auf der Paßhöhe eine dem hl. Godehard (960 bis 1038), dem Bischof von Hildesheim, geweihte Kapelle; bereits im 13. Jahrhundert herrschte reger Personen- und Warenverkehr, im 14. Jahrhundert kam es zur Gründung des ersten Hospizes.

Bedeutung für die Eidgenossenschaft

Der Sankt Gotthard als Kultur-, Sprach- und Klimascheide bildet den historischen Kern, um den sich der Paßstaat der Eidgenossenschaft entwickelt hat. Mit der Kontrolle des St.-Gotthard-Passes besaßen die innerschweizerischen Urner ein mächtiges Faustpfand im Kräftespiel der europäischen Großmächte, das sie stets zu verteidigen wußten und das den Eidgenossen letztlich die Expansion nach Süden ermöglichte.
Mehrfach wurde der strategisch wichtige Alpenübergang von Truppen überschritten, so u.a. 1799 von den unter Führung des Generals Suworow stehenden österreichisch-russischen Soldaten (Denkmal bei der 'Teufelsbrücke').

Ausbau der Paßstraße

In ständiger Konkurrenz zu anderen Paßübergängen entwickelte sich im Verlauf der Jahrhunderte der gefährliche und beschwerliche Saumpfad zur hochmodernen Verkehrsverbindung zwischen Nord- und Südeuropa. Bereits im 13. Jahrhundert gelang die Überwindung der Schöllenenschlucht ('Teufelsschlucht') durch die Hängebrücken 'Stiebender Steg' und 'Twärrenbrücke'.
Im Jahre 1708 erfolgte der Durchstich des als 'Urner Loch' bekannten, 64 m langen Tunnels durch den Kirchberg. Der schottische Naturkundler C.F. Greville überquerte den Paß 1775 erstmals mit einer Kutsche, die er jedoch mehrmals zerlegen und tragen lassen mußte. Johann Wolfgang von Goethe erreichte im November 1799 die Paßhöhe und fand dort "nur Felsen und Schnee" vor, François René de Chateaubriand hingegen sah im Sankt Gotthard "Weltende und Weltanfang in einem". Mit dem Ausbau des alten Saumweges zur Poststraße (1817 bis 1830) von Flüelen nach Bellinzona wurde die St.-Gotthard-Straße zum wichtigsten Verkehrsweg über die Alpen; 1833–1837 entstanden ein neues Hospiz und eine Wetterwarte.

Tunnelbauten

Die Eröffnung des Eisenbahntunnels im Jahre 1882 brachte der Region einschneidende Veränderungen: Die Paßstraße verlor zu Gunsten der Eisenbahn rasch an Bedeutung und die bäuerliche Bevölkerung fand neue Erwerbsquellen bei der Gotthardbahngesellschaft.

St.-Gotthard-Paß: Hospiz ...

... und Fliegerdenkmal

Geschichte, Tunnelbauten (Fortsetzung)

Im Zuge des zunehmenden Kraftfahrzeugverkehrs wurde nach dem Zweiten Weltkrieg die Paßstraße modernen Verkehrsverhältnissen angepaßt und 1972–1980 durch einen Straßentunnel ergänzt, der wetterunabhängig während des ganzen Jahres befahren werden kann.

**Gotthardbahn

Der Gipfel des Gotthardmassivs wird von einem 1872–1882 angelegten, 14 998 m langen Eisenbahntunnel (maximale Steigung 2,6 %; Scheitelhöhe auf 1154 m ü.d.M.) zwischen Göschenen und Airolo unterquert, wobei die erheblichen Höhenunterschiede im Zufahrtsbereich durch mehrfache Kehrtunnel bewältigt werden. Auf diese Weise wird für den Reisenden das Kirchlein von Wassen dreimal sichtbar.
Erbauer des gewaltigen Verkehrswerkes war der Westschweizer Louis Favre, der 1879 kurz vor der Vollendung im Tunnel einem Schlaganfall erlag (sein Grab auf dem Friedhof von Göschenen). Zur Finanzierung des Tunnelbaus schlossen die Schweiz und Italien 1869 einen Vertrag, dem sich 1871 auch das Deutsche Reich anschloß. Im Jahre 1909 wurde dieser durch den sog. Gotthardvertrag ersetzt, der die Schweiz zum jederzeitigen Betrieb der Strecke verpflichtet und den anderen Vertragspartnern den Transitverkehr gestattet.
Als schnellste Nord-Süd-Verbindung von der Zentralschweiz ins Tessin verkehrt die Gotthardbahn auf der Strecke von Basel oder Zürich durch den Gotthardtunnel nach Lugano in nur vier bzw. drei Stunden.

**Gotthard-Straßentunnel (graphische Darstellung s. S. 226)

Der 1972 begonnene und 1980 als längster Straßentunnel der Erde fertiggestellte zweispurige Gotthard-Straßentunnel (Autobahn-Vignette erfor-

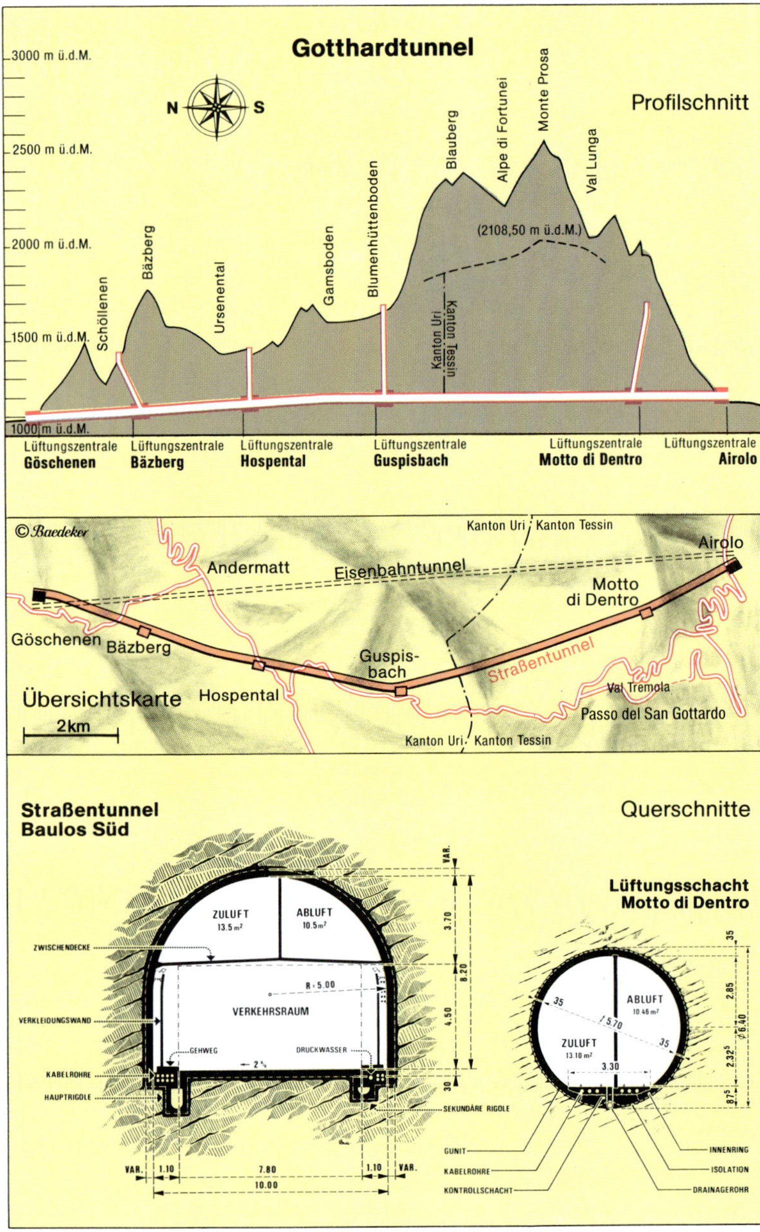
Gotthardtunnel
Profilschnitt
3000 m ü.d.M.
2500 m ü.d.M.
2000 m ü.d.M.
1500 m ü.d.M.
1000 m ü.d.M.
N
S
Schöllenen
Bäzberg
Ursenental
Gamsboden
Blumenhüttenboden
Blauberg
Alpe di Fortunei
Monte Prosa
Val Lunga
(2108,50 m ü.d.M.)
Kanton Uri
Kanton Tessin
Lüftungszentrale Göschenen
Lüftungszentrale Bäzberg
Lüftungszentrale Hospental
Lüftungszentrale Guspisbach
Lüftungszentrale Motto di Dentro
Lüftungszentrale Airolo
© Baedeker
Kanton Uri
Kanton Tessin
Andermatt
Eisenbahntunnel
Airolo
Motto di Dentro
Göschenen
Bäzberg
Guspis-bach
Straßentunnel
Übersichtskarte
Hospental
Val Tremola
Passo del San Gottardo
2km
Kanton Uri
Kanton Tessin
Straßentunnel Baulos Süd
Querschnitte
ZULUFT 13.5 m²
ABLUFT 10.5 m²
ZWISCHENDECKE
R = 5.00
VERKEHRSRAUM
VERKLEIDUNGSWAND
GEHWEG
DRUCKWASSER
2 %
KABELROHRE
HAUPTRIGOLE
SEKUNDÄRE RIGOLE
VAR.
3.70
8.20
4.50
30
VAR.
1.10
7.80
1.10
VAR.
10.00
Lüftungsschacht Motto di Dentro
ABLUFT 10.46 m²
ZULUFT 13.10 m²
35
5.70
35
3.30
35
2.85
⌀ 6.40
2.32⁵
87⁵
GUNIT
KABELROHRE
KONTROLLSCHACHT
INNENRING
ISOLATION
DRAINAGEROHR

derlich) zwischen Göschenen (Uri) und Airolo (Tessin) hat eine Gesamtlänge von 16,918 km (einschließlich Vortunnel). Die Fahrbahnbreite mißt 7,80 m, der Scheitelpunkt liegt bei 1175 m über Meereshöhe.

Gotthard-Straßentunnel (Fortsetzung)

Seit der Eröffnung des Straßentunnels und nach Fertigstellung der Autobahn N 2 im Jahre 1986, wodurch die Strecke zwischen Basel und Chiasso durchgehend befahrbar wurde, hat der jährliche Transitverkehr durch die Täler der Reuss und des Tessins stark zugenommen.

Die Besichtigung der Steuerzentrale des St.-Gotthard-Straßentunnels ist für Gruppen möglich (Voranmeldung: Werkhof Nationalstraße 2, CH-6487 Göschenen).

Besichtigung der Steuerzentrale

Weiteres Tunnelprojekt

Da inzwischen die Kapazität beider Gotthardtunnel gänzlich ausgelastet ist, im Hinblick auf den für 1992 vorgesehenen gemeinsamen Binnenmarkt der Europäischen Gemeinschaft (EG) jedoch noch mit einer beträchtlichen Ausweitung des Verkehrsaufkommens gerechnet wird, ist der Bau eines weiteren Eisenbahntunnels (Fertigstellung bis zum Jahre 2010 geplant) an der Basis des Gotthardmassives zwischen Amsteg im Reuss-Tal und Bodio auf der Tessiner Seite vorgesehen.

**Von Andermatt über den St.-Gotthard-Paß nach Airolo

Wer Zeit und Muße hat, sollte es sich nicht entgehen lassen, die landschaftlich großartige und hervorragend ausgebaute Paßstraße über den Sankt Gotthard zu benutzen.

Empfehlung

Die rund 27 km lange Strecke über den St.-Gotthard-Paß führt von Andermatt (1444 m ü.d.M.) zunächst fast eben in dem breiten Urserental ('Tal der Bärenjäger') hin mit Blick zur Furka.

Andermatt

Der Luftkurort Hospental (1484 m ü.d.M.), ein im Durchgangsverkehr sowie auch als Wintersportplatz (Skilift zum Winterhorn, auf 2000 m ü.d.M.) besuchtes altes Dorf (Hospitium = Herberge) liegt an der Vereinigung der Furka-Reuss und der Gotthard-Reuss zur Reuss und wird überragt von einer 1705–1711 erbauten Kirche sowie einem Burgturm aus dem 13. Jahrhundert.

Hospental

Jenseits der Abzweigung der Furka-Straße geht es weiter links auf der eigentlichen St.-Gotthard-Straße in fünf Kehren die Stufe zum öden Tal der Gotthard-Reuss hinauf. Der Rückblick auf das Urserental und seine nördliche Bergumrahmung vom Spitzigrat (2560 m ü.d.M.) bis zum Galenstock (3597 m ü.d.M.) zeigt ebenso wie die folgenden Blicke auf der Fahrt zur Paßhöhe den ernsten Landschaftscharakter des St.-Gotthard-Massivs: kahle und wenig vergletscherte, aber durch pleistozäne Überformung glatt geschliffene Felsen aus Gneis oder Granit (Fundstätte seltener Mineralien), zwischen deren Buckeln viele kleine Seen blinken.

***St.-Gotthard-Straße** (Öffnungszeit: Mai – November)

Die Straße zieht anschließend in dem langgestreckten, im Winter lawinengefährdeten Gamsboden (1640 m ü.d.M.) am Hang mäßig bergan. Links erstreckt sich das vom Pizzo Centrale und Guspis-Gletscher absinkende Guspistal.

Gamsboden
Guspistal

Nach 4 km erreicht man das Mätteli (1791 m ü.d.M.; Gasthaus), am Fuß des Winterhorns oder Piz Orsino (2661 m ü.d.M.; rechts, 3½ Std. von Hospental). Hier windet sich die Straße in einer Doppelkehre wieder stärker bergauf zum Brüggloch (1908 m ü.d.M.) über die Grenze des Kantons Uri in den Kanton Tessin, der nördlich etwas über die Paßhöhe hinausgreift. Im Vorblick erscheint die Fibbia.

Mätteli

Sankt-Gotthard-Paß

St.-Gotthard-Straße (Fortsetzung)

Weiter ziemlich geradlinig ansteigend an der Capanna di Rodont (1966 m ü.d.M.) vorbei geht die Fahrt zur Lucendro-Brücke (2015 m ü.d.M.) über die Reuss, die rechts aus dem für ein Kraftwerk in Airolo aufgestauten Lucendro-See (2077 m ü.d.M.; 30 Min. oberhalb, lohnend) herabkommt. Vom See aus kann man in 3 1/2 Stunden (mit Führer) auf den Piz di Lucendro (2964 m ü.d.M.; großartige Aussicht) aufsteigen.

***St.-Gotthard-Paß**

Dann fährt man in zahlreichen Windungen vollends hinauf zum St.-Gotthard-Paß (2108,50 m ü.d.M.), der eine flache und kahle Einsenkung mit mehreren kleinen Seen darstellt, überragt vom Monte Prosa (2471 m ü.d.M.; links, 2 1/2 Std.) und der Fibbia (2742 m ü.d.M.; rechts, 2 1/2 Std. mit Führer), die jäh in die Val Trémola (s. S. 229) abstürzt. Die Landschaft in der Umgebung des Passes mit ihren kahlen, vom Eis geschliffenen Felsen und den vielen kleinen Seen, ist von herber Schönheit.
Rund 100 m hinter der Paßhöhe folgt eine Straßenteilung: geradeaus die alte Straße, halbrechts die neue Trasse.

St.-Gotthard-Hospiz

An der alten Straße erreicht man einige hundert Meter jenseits der Paßhöhe das im 14. Jahrhundert gegründete, inzwischen mehrfach erneuerte St.-Gotthard-Hospiz (2095 m ü.d.M.) mit gleichnamigem Hotel, Jugendherberge 'Monte Prosa' und Wetterwarte; daneben die 1239 dem hl. Godehard (Gotthard) geweihte Kapelle.

Denkmal (Abb. s.S. 225)

Am Lago della Piazza, auch 'Lago del Monumento' genannt, dem größten Natursee des Gotthardgebietes, steht ein Denkmal für den 1927 in der Nähe abgestürzten jungen Militärflieger Adriano Gueux.

Nationales St.-Gotthard-Museum

In der 1833 als Herberge und Zollstation errichteten 'Alten Sust' befindet sich heute das Nationale St.-Gotthard-Museum (Museo Nazionale del San Gottardo; geöffnet Juli bis Oktober täglich 9.00–18.00 Uhr) mit einer Doku-

St.-Gotthard-Museum (Fortsetzung)

mentation über die Entwicklung der Straße und des Verkehrs über den Paß (u.a. Reliefdarstellungen, Mineralien, Waffen, Uniformen, Gemälde, Dokumente, Fotografien und Nachbildungen).

*Wanderungen

Vom St.-Gotthard-Hospiz führen Wanderwege ostwärts in ungefähr 45 Minuten zum Sella-See (2231 m ü.d.M.) und von dort weiter entweder in ca. drei Stunden (mit Führer) auf den Pizzo Centrale (3003 m ü.d.M.) oder in zwei Stunden auf den Giübin (2776 m ü.d.M.); westwärts zu dem 1942–1948 angelegten Lucendro-Stausee (auch Fahrstraße; 2134 m ü.d.M., Dammhöhe 73 m, Dammlänge 269 m, maximales Fassungsvermögen 154 000 m³) und von dort weiter in drei Stunden zu den kleineren Gletscherseen Lago d'Orsino, Laghi d'Orsirora und Laghi della Valletta oder auf die Fibbia (2739 m ü.d.M.) mit großartiger Aussicht.
Ferner gelangt man in 3¼ Stunden über den Lucendro-Paß (2532 m ü.d.M.) hinab nach Ronco im ⟶ Bedretto-Tal. Lohnend ist auch die Wanderung ins Val ⟶ Piora.

Val Trémola (Abb. s. S. 230, oben)

Die 1830 fertiggestellte alte Paßstraße führt kurz hinter dem Hotel in 38 gut ausgebauten Kehren, z.T. auf Stützmauern an den Hängen des wilden Val Trémola (= 'Tal des Zitterns') bergab.
Nach knapp 6 km passiert man die Cantoniera Val Trémola (1695 m ü.d.M.), wo sich ein fantastischer Tiefblick auf das ⟶ Bedretto-Tal und die ⟶ Leventina eröffnet.

**Neue Paßstraße (Abb. s. S. 230, unten)

Die 7,8 km lange neue Trasse (6–8 m breit; Gefälle max. 7 %) umgeht das Val Trémola westlich. Man fährt auf technisch interessanter Strecke mit großartigen Ausblicken in die ⟶ Leventina talwärts und passiert drei Tunnel. Zuletzt überquert sie die alte, aus dem Val Trémola kommende Straße und mündet alsbald in diese ein.

Alte Sankt-Gotthard-Straße im Val Tremola

Neue Sankt-Gotthard-Paßstraße vor Airolo

Die restliche St.-Gotthard-Paßstraße führt in weiteren dreizehn Kehren bergab mit immer neuen Blicken auf den von raumgreifenden Verkehrsbauten umgebenen Talort ⟶ Airolo.

Sankt-Gotthard-Straße (Forts.)
Airolo

Die beliebte Nostalgieroute Luzern – Lugano wird regelmäßig von Postautos und den Pferdekutschen der historischen Gotthardpost (fünftägige Reise) befahren.
Detaillierte Auskünfte ⟶ Praktische Informationen: Postautodienst).

***Historische Gotthardpost**

Val ...

⟶ Hauptnamen

Valle ...

⟶ Hauptnamen

Verzasca-Tal (Val Verzasca) B/C 5/6

Das Val Verzasca ist das 29 km lange, zu beiden Seiten von hohen Gebirgsketten eingefaßte Tal der Verzasca (von italienisch 'verde acqua' = 'grünes Wasser'), das vom Pizzo Barone (2864 m ü.d.M.) herabkommend in annähernd nord-südlicher Richtung verläuft und in einer tiefen Mündungsschlucht am Nordende des ⟶ Lago Maggiore (Langensee) endet. Es ist eine eiszeitliche Gletscherrinne, in die Eis und Wasser besonders im unteren Abschnitt des Tales eine großartige Erosionslandschaft in die Serizitgneise geschliffen haben. Die wenigen Seitentäler sind kaum erschlossen und nur zu Fuß zu erkunden.

Lage und Allgemeines

Der Bau der mächtigen Verzasca-Talsperre hat das Gesicht der Landschaft erheblich verändert.

Talsperre

Das Val Verzasca ist ein ausgesprochen herbes und rauhes Tal mit beschwerlichen Lebensbedingungen. Die Region scheint bereits in der Jungsteinzeit (um 1800 v.Chr.) besiedelt gewesen zu sein. Die Entdeckung einer römischen Nekropole (1./2. Jh. n.Chr.) in Tenero brachte zahlreiche beachtliche Funde zutage, die heute im Castello Visconteo von Locarno zu sehen sind.

Geschichte

Das Verzasca-Tal war niemals Durchgangsregion und somit auch nie von politischer Bedeutung. Die Bewohner lebten überwiegend von der Viehzucht, die im jahreszeitlichen Wechsel auf den hochgelegenen Almwiesen, den Maiensässen in Halbhöhenlage oder unten im Tal betrieben wurde. Wirtschaftliche Not trieb viele in die Ferne. Schon seit dem 15. Jahrhundert verdingten sich Verzaschesen besonders als Kaminfeger, Messerschleifer und Gepäckträger in der Lombardei oder als Glaser in Frankreich und Belgien.
Um die Mitte des 19. Jahrhunderts wandten sie sich der Goldsuche in Kalifornien und Australien zu. Die wenigen Glückhaften ließen sich nach ihrer Heimkehr ansehnliche Herrensitze bauen, die im auffallenden Widerspruch zu den bescheidenen granitgedeckten Bruchsteinhäusern der Dörfer stehen.

Entwicklung

Der Abgeschiedenheit des Tales verdanken wir heute ein recht unverfälschtes Bild der traditionellen Tessiner Gebirgskultur. Bis heute haben die Bewohner ihren eigentümlichen Dialekt und viel altes Brauchtum bewahrt.

**Landschaftsbild

*Von Locarno ins Verzasca-Tal

Route

Die Route bis Sonogno (30 km) verläuft über eine ordentliche, aber kurvenreiche Straße. Sie beeindruckt vor allem durch die herrliche Natur der abgeschiedenen Tessiner Landschaft und durch die südliche Bauweise der malerischen Dörfer, die häufig von einem Campanile überragt werden. Sehr empfehlenswert sind zudem die gut angelegten Wanderwege.
Zunächst folgt man von Locarno der Hauptstraße in Richtung Bellinzona.

Tenero

Nach 4 km erreicht man Tenero (206 m ü.d.M.; 2000 Einw.) am Westufer der Verzasca. Im Mittelalter verlief von der Anhöhe über Tenero bis hinab zum Castello in Locarno ein Schutzwall ('Fraccia') gegen Eindringlinge. In der Casa Pedrazzini hielten sich der Schriftsteller Gabriele d'Annunzio und der Bildhauer Marino Marini jeweils für längere Zeit auf. Einen Besuch verdient das Weinmuseum der Gebrüder Matasci.
In schöner Lage über dem Dorf steht die Kapelle della Fraccia (1639–1644; Schlüssel beim Pfarrer in Tenero).

Gordola

Nach 1 km folgt Gordola (238 m ü.d.M.), ein stattliches Dorf zu Füßen von Weinbergen an der Einmündung der Verzasca in die Tessin-Ebene (⟶ Magadino-Ebene). In der Pfarrkirche S. Antonio zwei Tafelbilder, Kopien nach dem niederländischen Maler Gerrit van Honthorst (1590 bis 1656) sowie ein abgelöstes Fresko (15. Jh.). Sehenswert sind auch die Casa Borradori und die Casa Badasci.

Übersichtskarte

Vogorno

Monti di Motti

Von Gordola führt eine windungsreiche Straße (auch Fußweg) über Agarone hinauf zu den Monti di Motti (1063 m ü.d.M.) mit weiter Sicht auf den Lago Maggiore und ins Verzasca-Tal. Von Monti di Motti gehen schöne Ausflüge aus nach Gordemo, Sassariente, Berzona und Vogorno.

In Gordola links in Windungen aufwärts und hoch über dem linken Ufer des Flusses am Hang des tief eingeschnittenen Verzasca-Tales hin.

Verzasca-Talsperre

Nach 3 km wird das Tal durch die gewaltige Staumauer der 1960 bis 1965 erbauten Verzasca-Talsperre ('La Selvatica'; 220 m hoch, 380 m lang, 105 Mio. m^3 Fassungsvermögen) abgeschlossen, an deren Fuß das Kraftwerk liegt (235 Mio. kWh Jahresleistung).

Dem Stausee fiel leider die großartige, von schwindelerregenden Brücken überspannte Ausgangsschlucht der Verzasca zum Opfer, die 200 m tief unter den Wasserspiegel hinabreicht.

Die Straße führt in Bogen durch sieben teils scharfkurvige Tunnel am Ostufer des ca. 7 km langen Lago di Vogorno aufwärts. Hoch oben, am anderen Ufer, liegt Mergoscia (s. Umgebung von ⟶ Locarno).

***Vogorno**

Nach 6 km erreicht man das malerische Dorf Vogorno (514 m ü.d.M.). Der ehemalige Haupt- und Gerichtsort des Verzasca-Tales liegt oberhalb des Vogorno-Stausees. In der oberen Kirche S. Bartolomeo, der ältesten des Tales, sind Fresken mit Heiligen aus dem 13. Jahrhundert erhalten (Schlüssel bei der Osteria Verzasca).

*Pizzo di Vogorno

Von Vogorno erfolgt die beschwerliche aber lohnende Besteigung des Pizzo di Vogorno (2442 m ü.d.M.; $5^{1}/_{2}$ Std.). Vom Gipfel großartiger Blick westlich über die Walliser Alpen zum Monte Rosa, östlich zu den Bündner Alpen mit dem Piz Bernina.

Lavertezzo: Flußbett der Verzasca und ...

... Gletschermühle

***Corippo**

Etwa 2 km hinter Vogorno zweigt links ein Sträßchen (1 km; auch Fußweg von Mergoscia) nach Corippo (565 m ü.d.M.; 50 Einw.) ab.
Das kleine denkmalgeschützte Dorf war einst Zentrum der Leinenweberei im Verzasca-Tal. Nach dem Niedergang des Gewerbes haben die Bewohner mit wenigen Ausnahmen den Ort verlassen, um neue Arbeit zu suchen. Geblieben ist ein intaktes historisches Ortsbild wie kaum sonst im Tessin. Die typischen Bruchsteinhäuser mit ihren gekalkten Fensterumrahmungen sind wie Schwalbennester in den Steilhang gebaut, die verschiedenen Stockwerke oft über verschiedene Gassenebenen zu erreichen. Die Kirche S. Maria del Carmine (17./18. Jh.) stifteten Auswanderer für ihr Heimatdorf. Heute ist die 'Stiftung Corippo' um die Erhaltung und Wiederbelebung des Ortes bemüht.

Von Corippo kann man auf schönen Waldwegen talabwärts nach Mergoscia (s. Umgebung von ⟶ Locarno) oder talaufwärts nach Brione Verzasca (s.S. 235) wandern.

***Lavertezzo**

Rund 5 km nordwestlich von Vogorno folgt Lavertezzo (548 m ü.d.M.; 600 Einw.) am Ausgang des weiten Val Lavertezzo. Der einstige Gerichtsort der eidgenössischen Landvögte hat sich ein reizvolles Ortsbild erhalten. Die Kirche S. Maria degli Angeli (urspr. 15. Jh.; im 18./19. Jh. erneuert) ist die einzige Barockkirche im Verzasca-Tal. Vor der Kirche ein Denkmal für den aus Lavertezzo stammenden Bischof Aurelio Bacciarini.

*Ponte dei Saltri

Berühmt ist die mittelalterliche Doppelbogenbrücke Ponte dei Saltri, fälschlicherweise als Ponte Romano = Römische Brücke bezeichnet. Von der Brücke kann man gut die vom Wildwasser geschliffenen Felsformationen und Gletschermühlen der Verzasca überblicken.

*Gletschermühlen

Badeverbot!

Es besteht hier striktes Badeverbot (Lebensgefahr!).
Bei Lavertezzo wird der begehrte grünliche Serizitgneis gebrochen.

Val Pincascia

Von Lavertezzo führt eine lohnende Wanderung in das wilde Val Pincascia.

Ponte dei Saltri bei Lavertezzo

Hinter Lavertezzo passiert die Straße, weiterhin ansteigend, die Dörfer Aquino (574 m ü.d.M.) und Motta (623 m ü.d.M.; Blick auf den Poncione d'Alnasca, 2300 m ü.d.M.) auf der östlichen sowie Chiosetto (645 m ü.d.M.) auf der westlichen Talseite, um dann auf das rechte Flußufer hinüberzuwechseln.

Aquino
Motta
Chiosetto

Etwa 8 km hinter Lavertezzo folgt Brione Verzasca (761 m ü.d.M.), der Hauptort im oberen Talabschnitt.

Brione Verzasca

Das malerische Dorf an der Einmündung des Valle d'Osola besitzt in der stattlichen Pfarrkirche S. Maria Assunta (urspr. von 1350), das bedeutendste Gotteshaus des Tales. Es ist außen mit einem Christophorus (14. Jh.), innen mit Wandbildern (14./15. Jh.) im Stile Giottos geschmückt. Der kostbare Schnitzaltar (von 1502) von Mathias Müller aus Lindau (Bodensee) befindet sich heute im Schweizerischen Landesmuseum in Zürich. Das viertürmige Schlößchen 'Castello dei Marcacci' am Kirchplatz wurde von der Adelsfamilie Marcacci aus Locarno im späten 17. Jahrhundert als Sommersitz erbaut.

Brione Verzasca ist Ausgangspunkt lohnender Wanderungen ins einsame Valle d'Osola (2½ Std.).

Weiterhin aufwärts durch die freundliche, inmitten von Kastanienwäldern gelegene Streusiedlung Gerra Verzasca (790 m ü.d.M.).

Gerra Verzasca

Zur Gemeinde Gerra Verzasca gehören auch die Weiler Agarone (Weinpresse von 1611) und Piandesso auf rebenbestandenem Höhenzug über der ⟶ Magadino-Ebene sowie Gerra Piano an deren Nordrand.

Etwa 2 km nördlich von Gerra Verzasca folgt das malerische Dorf Frasco (885 m ü.d.M.) mit gedrängt stehenden Tessiner Steinhäusern. Der Campanile trägt eine Markierung in Erinnerung an das schwere Lawinenunglück des Jahres 1951.

Frasco

Sonogno: Dorfidylle und ... *... Bergkirche*

Efra

Am Ortsrand von Frasco bildet die Efra einen Wasserfall.
Reizvoll ist die Wanderung (3½ Std.) durch die enge Schlucht der Efra aufwärts zur Alpe d' Efra und weiter zu dem kleinen Efra-See (1840 m ü.d.M.; 3½ Std.); von dort kann man über den Passo di Gagnone hinüber in die ⟶ Leventina gelangen.

Sonogno

Nach weiteren 2 km erreicht man Sonogno (920 m ü.d.M.; 100 Einw.), das letzte Dorf im Verzasca-Tal und der Endpunkt der Poststraße.
Das schön auf einem Felssporn zwischen den beiden Quellflüssen der Verzasca gelegene Bergdorf ist eine beliebte Sommerfrische und Ausgangspunkt für zahlreich mögliche Bergwanderungen. Stimmungsvoll sind die rauchgeschwärzten Granithäuser, sehenswert das noch in Betrieb befindliche alte Backhaus.

Museo di Val Verzasca

Am Ortseingang von Sonogno steht die Casa Genardini, in der das Museo di Val Verzasca (Verzasca-Tal-Museum; geöffnet Juli bis September täglich 13.30 bis 17.30 Uhr oder nach Vereinbarung) untergebracht ist. Es gibt Einblick in Kultur, Brauchtum und Wirtschaftsleben des Tales (v.a. Milch-, Woll- und Hanfverarbeitung).
In der Kirche S. Maria di Loreto (19. Jh.) befindet sich ein Fresko des hier geborenen Malers Cherubino Patà.

'Artigianato Pro Verzasca'

Im 'Artigianato Pro Verzasca' sind Artikel der traditionellen Talgewerbe (Wolle, Strickwaren, Schnitzereien u.a.) erhältlich. Durch die Wiederbelebung alter Volkskunst versucht man, der einheimischen Bevölkerung neue Einkommensquellen zu erschließen und zugleich die kulturelle Tradition belebend fortzuführen.

Jenseits Sonogno teilt sich das Verzasca-Tal in zwei Quelltäler, die beide in schönen Wanderungen durch Lärchenwald und vorbei an rauschenden Wasserfällen zu erkunden sind:

Nordostwärts verläuft das vom Pizzo Barone (2864 m ü.d.M.) überragte Val Vegorness (Vogorness), in dem noch weitere alte Maiensässe liegen und das zur Alpe Barone (2127 m ü.d.M.; 5 Std.) und zum Lago Barone (2391 m ü.d.M.) hinaufführt. Kurz vor Cabioi sind im Bachbett noch die Reste eines hölzernen Wehrs zu erkennen, mit dem Wasser zum Abflößen von Holz aufgestaut werden konnte.

Val Vegorness

Westwärts erstreckt sich das Val Redorta, durch das man am Wasserfall 'Froda' vorbei zum Passo di Redorta (2181 m ü.d.M.) aufsteigen und weiter ins ⟶ Maggia-Tal (4 Std.) gelangen kann.

Val Redorta

Praktische Informationen von A bis Z

Andenken

⟶ Einkäufe und Souvenirs

Angeln und Fischen

Erlaubnis

Das Angeln und Fischen in Flüssen und Seen (auch Stauseen) des Kantons Tessin ist mit Touristenpatent (gültig zehn Tage; erhältlich bei den Gemeindekanzleien) während folgender Zeiten erlaubt:
Juni und Juli: 5.00–22.00 Uhr
August: 6.30–21.30 Uhr
September: 6.30–20.00 Uhr
Oktober: 6.00–17.30 Uhr

Fischarten

Mit etwas Glück kann man die im einleitenden Kapitel 'Zahlen und Fakten' (⟶ Pflanzen und Tiere: Fauna, Fische) genannten Fischarten fangen.

Anreise

Mit dem Auto

E 35 / N 2: internationale Gotthardstraße von Basel über Luzern und den Sankt Gotthard (Autobahntunnel oder Paßstraße) ins Tessin (und weiter nach Italien).
E 43 / N 13: von Chur über den San Bernardino (Tunnel oder Paßstraße) nach Bellinzona.
N 19: von Chur im Vorderrheintal aufwärts bis Disentis, dann entweder über den Lukmanier-Paß und durch das Blenio-Tal nach Bellinzona oder weiter über den Oberalp-Paß (im Winter Autoverladung) nach Andermatt und von dort über den Sankt Gotthard (Tunnel oder Paßstraße).
N 6: von Bern bis Spiez (Autobahn), dann nach Kandersteg und durch den Lötschbergtunnel (Autoverladung) ins Wallis; von dort talaufwärts entweder zum Simplon-Paß bzw. -Tunnel (Autoverladung) oder über den Nufenen-Paß und durch das Bedretto-Tal nach Airolo am Südfuß des Sankt Gotthard (E 35 / N 13; s. oben).

Mit der Eisenbahn

Gotthardlinie (Zürich – Mailand) oder Lötschberg-/Simplon-Linie (Bern – Lötschberg-Tunnel – Simplon-Tunnel – Centovallibahn – Locarno).

Mit dem Flugzeug

Linienflüge des schweizerischen Luftfahrtunternehmens 'Crossair' von Zürich, Bern, Basel bzw. Genf (Genève) nach Lugano (Flugplatz Agno).

Auskunft

Schweizer Verkehrsbüros im Ausland

Deutschland

Kaiserstraße 23
D-60311 Frankfurt am Main
Tel.: 069/25 60 01-24

Automatischer Auftragsdienst
für Prospektbestellungen
Tel.: 069/23 96 66 (0.00–24.00 Uhr)

◀ *Nostalgische Dampflokomotive der Monte-Generoso-Zahnradbahn*

Schweizer Verkehrsbüros im Ausland: Deutschland (Fortsetzung)

Haus der Schweiz · Unter den Linden 24 / Friedrichstraße 155/156
D-10117 Berlin
Tel.: (nach Neueinrichtung 1994 bei der Auskunft erfragen)

Kasernenstraße 10
D-40213 Düsseldorf
Tel.: 0211/80913

Speersort 8/IV
D-20095 Hamburg
Tel.: 040/321469

Leopoldstraße 33
D-80802 München
Tel.: 089/333018

Österreich

Kärntner Straße 20
A-1010 Wien
Tel.: 01/5127405

Touristische Telefon-Information für die Schweiz

Von Mai bis November gibt ein automatischer Fernsprechdienst aktuelle Hinweise auf interessante Veranstaltungen, Ausstellungen, Führungen u.ä. sowie Sonderangebote verschiedenster Art in der gesamten Schweiz. Telefon (mit entsprechender Ländernetzkennzahl für die Schweiz): 1/120.

Überregionaler Touristikverband im Tessin

Ente Ticinese per il Turismo (ETT)
Villa Turrita
Via Lugano 12
CH-6501 Bellinzona
Tel.: 092/257056

Tessiner Regionalverbände

Regionen

Die fünfzehn touristischen Regionen des Kantons Tessin zeigt die Übersichtskarte auf Seite 10 dieses Reiseführers.

Adressen

Ente Turistico Ascona e Losone
Casa Serodine
CH-6612 Ascona
Tel.: 093/350090

TICINO
Tessin

Ente Turistico Bellinzona e Dintorni,
Via Camminata
Palazzo Civico
CH-6500 Bellinzona
Tel.: 092/252131

Ente Turistico Biasca e Riviera
Ufficio Turistico
CH-6710 Biasca
Tel.: 092/723327

Ente Turistico Blenio
CH-6716 Acquarossa
Tel.: 092/781765

Tessiner Regionalverbände (Fortsetzung)

Ente Turistico Brissago e Ronco sopra Ascona
CH-6614 Brissago
Tel.: 093/651170

Ente Turistico Ceresio
Via Pocobelli 14
CH-6815 Melide
Tel.: 091/686383

Ente Turistico Gambarogno
CH-6574 Vira
Tel.: 093/611866

Ente Turistico Leventina
CH-6760 Faido
Tel.: 094/381616

Ente Turistico Locarno e Valli
Largo F. Zorzi 1 / Casella postale
CH-6601 Locarno
Tel.: 093/310333

Ente Turistico Lugano e Dintorni
Riva Albertolli 5
CH-6901 Lugano
Tel.: 091/214664

Ente Turistico Malcantone
CH-6987 Caslano
Tel.: 091/712986

Ente Turistico Mendrisiotto e Basso Ceresio
CH-6850 Mendrisio
Tel.: 091/465761

Ente Turistico Tenero e Valle Verzasca
Via ai Giardini
CH-6598 Tenero
Tel.: 093/671661

Ente Turistico Vallemaggia
CH-6673 Maggia
Tel.: 093/871885

Ente Turistico Valli di Lugano
CH-6950 Tesserete
Tel.: 091/911888

Italienische Auskunftsquellen

Staatliches Italienisches Fremdenverkehrsamt (ENIT; in Umorganisation)

Berliner Allee 26
D-40212 Düsseldorf
Tel.: 0211/132232

Kaiserstraße 65
D-60329 Frankfurt am Main
Tel.: 069/237430

Goethestraße 20
D-80336 München
Tel.: 089/531317

Auskunft, Italienische Auskunftsstellen, ENIT (Fortsetzung)	Kärntner Ring 4 A-1010 Wien Tel.: 01/654374
	Uraniastrasse 32 CH-8001 Zürich Tel.: 01/2113633
	Rue du Marché 3 CH-1204 Genève (Genf) Tel.: 022/7282922
Fremdenverkehrsverbände italienischer Provinzen (EPT)	Für den Comer See und Como: Piazza Cavour 16 I-22100 Como Tel.: 031/262021
	Für den Lago Maggiore: Piazzale Europa 1 I-29049 Stresa Tel.: 0323/30150
	Für die Provinz Varese: Piazza M. Grappa 5 I-21100 Varese Tel.: 0332/283604

Autohilfe

→ Notdienste

Autoreisezüge

→ Eisenbahn

Autovermietung

→ Mietwagen

Bademöglichkeiten

Agno	Lido, Gemeindestrandbad; öffentliches Hallenbad im Hotel La Perla
Ascona	Lido und Freibad Ascona
Astano	Strandbad am Astano-See
Bellinzona	Gemeindeschwimmbad, Via Mirasole
Bissone	Gemeindeschwimmbad
Bosco Luganese	Thermalschwimmbad im Hotel Villa Margherita
Cadro	Öffentliches Hallenbad im Hotel Panoramica

Gemeindeschwimmbad Capolago	Bademöglichkeiten in Capolago
Gemeindeschwimmbad Carona	Carona
Gemeindestrandbad Caslano	Caslano
Verschiedene Kieselstrände am Lago Maggiore Strandbäder in den größeren Gemeinden	Gambarogno
Gemeindeschwimmbad in Valcallo	Chiasso
Strandbad Lido Öffentliches Hallenbad	Locarno
Strandbad Lido, am See (gedeckte Halle und mehrere Schwimmbecken im Freien) Öffentliches Strandbad, am See, Riva Caccia Gemeindestrandbad, am See, Riva Paradiso Lido Club Paradiso, im Hotel du Lac Lido San Domenico, am See, Castagnola Hallenschwimmbad Campo Marzio, Viale Castagnola 4 Hallenschwimmbad Savoy Acquatic Club, in Paradiso, Via San Salvatore 2 Öffentliche Hallenbäder in den Hotels Eden au Lac (Thermalwasser, 34 °C), Splendide, Admiral und Europa au Lac	Lugano
Gemeindeschwimmbad Valgersa	Massagno
Gemeindestrandbad Melide, Via alla Bola (am See)	Melide
Gemeindeschwimmbad Mendrisio	Mendrisio
Schwimmbad Blue River	Mezzovico
Hallenschwimmbad in Serfontana	Morbio Inferiore
Gemeindeschwimmbad Riva San Vitale	Riva San Vitale
Hallenschwimmbad	Stabio
Lido Tenero, Via Roggia	Tenero

Banken

⟶ Geld

Behindertenhilfe

SIB

Der Schweizerische Invalidenbund (SIB) gibt ein Verzeichnis der für Behinderte geeigneten Hotels der Schweiz heraus; die Adresse lautet:
Froburgstrasse 4, CH-4600 Olten
Tel.: 062/21 10 37

SAK

Weitere Auskünfte erteilt die Schweizerische Arbeitsgemeinschaft für Körperbehinderte (SAK), die auch einen "Ferienführer durch die Schweiz für Behinderte" publiziert; die Adresse lautet:
Feldeggstrasse 71,
Postfach 129
CH-8023 Zürich

Bergbahnen

Allgemeines

Von großer touristischer Bedeutung für die Bergwelt des Tessin sind die zahlreichen Bergbahnen, die zu den schönsten Aussichtspunkten hinaufführen und dabei zumeist großartige Wandergebiete erschließen.

Betriebsarten

Es gibt folgende Arten von Bergbahnen:
Die Standseilbahn (Funicolare) ist eine durch ein Drahtseil gezogene Schienenbahn.
Die Zahnradbahn (Ferrovia a cremagliera) greift mit ihrem Antriebsrad in die zwischen den Schienen verlaufende Zahnstange.
Seilschwebebahnen oder Luftseilbahnen (Teleferica) sind durch ein umlaufendes, frei schwebendes Drahtseil angetriebene Gondelbahnen.
Sesselbahnen oder Sessellifte (Seggiovia) sind Schwebebahnen, an deren Umlaufseil offene Sessel oder Doppelsessel hängen.

Dampflok der Monte-Generoso-Zahnradbahn

Während der Sommersaison wird zum Betrieb der Zahnradbahn zwischen Capolago und dem Gipfel des Monte Generoso zu gewissen Zeiten eine alte Dampflokomotive eingesetzt. Nähere Auskünfte erteilt die Bahnbetriebsleitung unter der Telefonnummer 091/481105.

Technische Details einer beispielhaften Standseilbahn im Tessin

Standseilbahn · Funicolare
Locarno – Madonna del Sasso

Erste Inbetriebnahme: 1906 · Umbauten 1927, 1948 und 1960

Spurweite: 1000 mm
Streckenlänge: 825 m
Höhendifferenz: 173 m

Elektrischer Antrieb: 140 PS bei 720 U/min
Höchstgeschwindigkeit: 3,50 m/sec
Fahrzeit: 6 Minuten

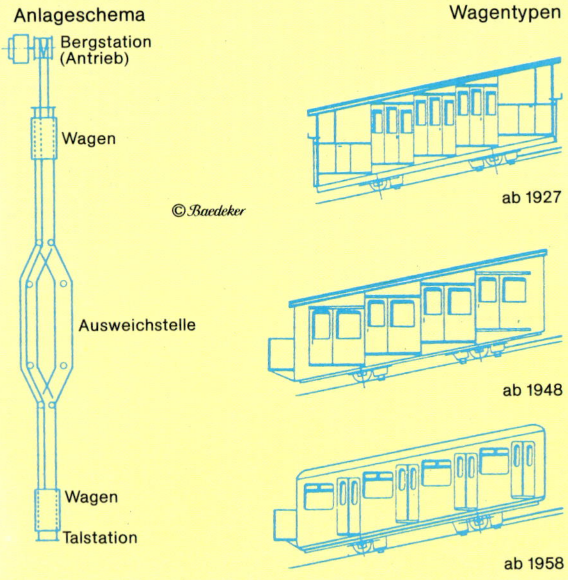

Bergbahnen
(Luftseil-, Standseil-, Gondel-, Sessel- und Schmalspurbahnen) im Tessin

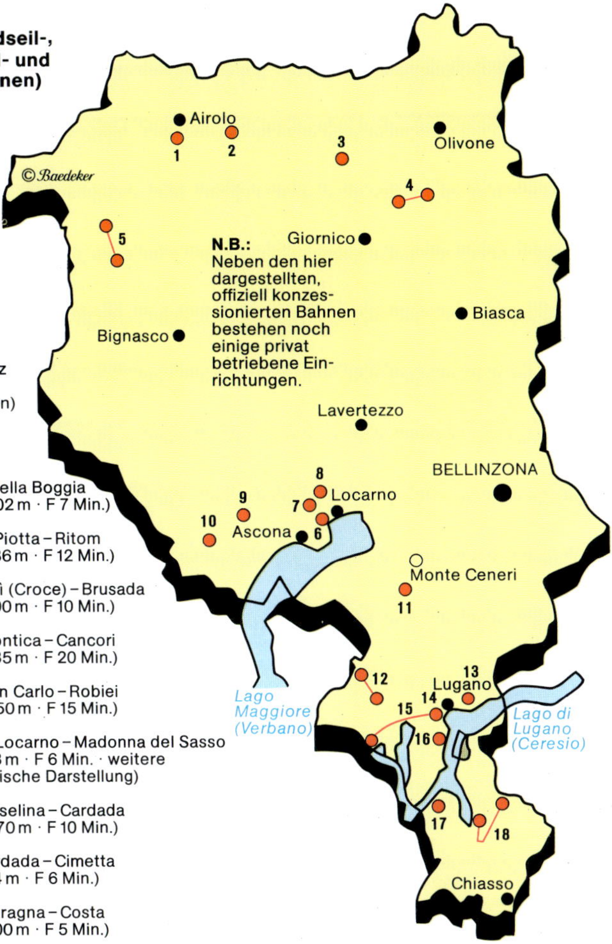

Abkürzungen:
L = Streckenlänge
H = Höhendifferenz
F = Fahrzeit
(Min. = Minuten)

1 Luftseilbahn Airolo – Sasso della Boggia (L 2200 m · H 902 m · F 7 Min.)

2 Standseilbahn Piotta – Ritom (L 1369 m · H 786 m · F 12 Min.)

3 Sesselbahn Carì (Croce) – Brusada (L 1050 m · H 300 m · F 10 Min.)

4 Sesselbahn Leontica – Cancori (L 1853 m · H 535 m · F 20 Min.)

5 Luftseilbahn San Carlo – Robiei (L 4033 m · H 850 m · F 15 Min.)

6 Standseilbahn Locarno – Madonna del Sasso (L 825 m · H 173 m · F 6 Min. · weitere Details s. graphische Darstellung)

7 Luftseilbahn Orselina – Cardada (L 2054 m · H 970 m · F 10 Min.)

8 Sesselbahn Cardada – Cimetta (L 869 m · H 314 m · F 6 Min.)

9 Luftseilbahn Intragna – Costa (L 1055 m · H 300 m · F 5 Min.)

10 Luftseilbahn Verdasio – Rasa (L 1105 m · H 358 m · F 5 Min.)

11 Gondelbahn Rivera – Alpe Foppa (Monte Tamaro) (L 2565 m · H 1055 m · F 15 Min.)

12 Sesselbahn Miglieglia – Monte Lema (L 2690 m · H 885 m · F 18 Min.)

13 Standseilbahn Cassarate – Monte Brè (L 1621 m · H 660 m · F 20 Min.)

14 Standseilbahn Lugano Città – Stazione (zwischen Piazza Cioccaro und Bahnhof) (L 220 m · H 53 m · F 2 Min.)

15 Elektrische Schmalspurstraßenbahn Lugano – Agno – Ponte Tresa (L 11 km · H unwesentlich · F 21 Min.)

16 Standseilbahn Lugano – Monte San Salvatore (L 1658 m · H 601 m · F 10 Min.)

17 Luftseilbahn Brusino Arsizio – Serpiano (L 935 m · H 365 m · F 4 Min.)

18 Elektrische Schmalspurzahnradbahn Capolago – Monte Generoso (L 9 km · H ca. 1425 m · F 35 Min.)

Berghütten

Allgemeines

Der Schweizer Alpen-Club (SAC/CAS), die Unione Ticinese Operai Escursionisti (UTOE) sowie mehrere andere Vereine und Verbände unterhalten Berghütten, die auch Nichtmitgliedern geöffnet sind. In einigen befinden sich einfache Sommerwirtschaften, in vielen ist kein Hüttenwart, so daß man sich im Talort erkundigen bzw. den Schlüssel mitnehmen muß. Die Tarife für die Übernachtungen sind in den Hütten angeschlagen. Nähere Auskünfte, auch über Ermäßigungen für Mitglieder korrespondierender Clubs oder Gruppen erteilen die regionalen und örtlichen Fremdenverkehrsämter (⟶ Auskunft).

Hüttenliste

Adula (Valle di Blenio; UTOE), 2393 m ü.d.M., Tel. 092/7001675, 100 B.
Adula (Valle di Blenio; SAC), 2012 m ü.d.M., Tel. 092/7031532, 50 B.
Albagno (Val Gorduno), 1870 m ü.d.M., Tel. 092/251373, 25 B.
Alpe Barone (Val Vorgonesso), 2172 m ü.d.M., 16 B.
Alpe Cava (Val Pontirone; UTOE), 2069 m ü.d.M., Tel. 092/761444, 50 B.
Alpe Cognora (Val Verzasca), 1938 m ü.d.M., 22 B.
Alpe Gariss (Valle Preonzo-Moleno), 1422 m ü.d.M., 17 B.
Alpe Osola (Valle Verzasca), 1418 m ü.d.M., Tel. 093/901135, 12 B.
Alpe Sponda (Valle di Chironico), 1997 m ü.d.M., Tel. 092/742352, 56 B.
Alpe Zotta, 900 m ü.d.M., Tel. 093/356802
Alzasca (Valle Onsernone; SAC), 1760 m ü.d.M., Tel. 093/961555, 35 B.
Arena (Valle Onsernone), 1687 m ü.d.M., Tel. 093/851831, 29 B.
Basodino (Valle Maggia; SAC), 1856 m ü.d.M., Tel. 093/991292, 80 B.
Biasagn (Val Pontirone), 2023 m ü.d.M., Tel. 092/721174, 6 B.
Bovarina (Valle di Campo; UTOE), 1870 m ü.d.M., Tel. 092/701697, 30 B.
Brogoldone (Pizzo di Claro; UTOE), 1910 m ü.d.M., Tel. 092/251373, 15 B.
Cadagno (Piora), 1987 m ü.d.M., Tel. 094/891323, 62 B.
Cadlimo (Piora; SAC und UTOE), 2570 m ü.d.M., Tel. 94/881833, 50 B.
Cambra Nara (Nara), 1900 m ü.d.M., Tel. 092/871675, 20 B.
Campo Tencia (Valle Leventina; SAC), 2140 m ü.d.M., Tel. 094/301544, 100 B.
Cardada, 1431 m ü.d.M., Tel. 093/332321
Cimetta (Cardada), 1645 m ü.d.M., Tel. 093/353433, 52 B.
Corno Gries (Val Bedretto; SAC), 2338 m ü.d.M., Tel. 094/881129, 80 B.
Cremorasco (Camorino), 1095 m ü.d.M., Tel.092/271088, 10 B.
Cristallina (Val Bedretto; SAC), 2349 m ü.d.M., Tel. 094/882330, 130 B.
Döttra (Valle del Lucomagno), 1748 m ü.d.M., Tel. 092/701129, 78 B.
Garzonera (Valle Leventina), 1973 m ü.d.M., Tel. 094/881177, 17 B.
Genzianelle (Valle Morobbia), 1400 m ü.d.M., Tel. 092/273802, 15 B.
Gesero (Alta Valle di Arbedo; UTOE), 1770 m ü.d.M., Tel. 092/821271, 60 B.
Ginestra (Roveredo Capriasca), 955 m ü.d.M., Tel. 093/912373, 40 B.
Gönerli (Val Bedretto), 2741 m ü.d.M., Tel. 091/516349, 20 B.
Gorda (Aquila), 1800 m ü.d.M., Tel. 092/701097, 30 B.
Grossalp (Valle Maggia; UTOE), 1980 m ü.d.M., Tel. 093/961498, 40 B.
Leit (Valle Leventina), 2260 m ü.d.M., Tel. 094/891920, 64 B.
Monte Bar (Alta Capriasca; SAC), 1620 m ü.d.M., Tel. 091/563322, 32 B.
Monte Generoso (Bellavista), 1160 m ü.d.M., Tel. 091/688961, 25 B.
Motterascio (Valle Blenio; SAC), 2183 m ü.d.M., Tel. 002/701622, 50 B.
Monti di Lego (s/Mergoscia), 1070 m ü.d.M., Tel. 093/674171, 8 B.
Nimi (s/Gordevio), 1718 m ü.d.M., Tel. 093/871885, 15 B.
Pairolo (Cimadera/Capriasca), 1344 m ü.d.M., Tel. 091/971156, 70 B.
Pian d'Alpe (Monti di Semione; UTOE), 1764 m ü.d.M., Tel. 092/761824, 25 B.
Piano delle Creste (Val Bavona), 2108 m ü.d.M., Tel. 093/961679, 21 B.
Piandios (Val Blenio), 1867 m ü.d.M., Tel. 092/782259, 60 B.
Piansecco (Val Bedretto; SAC), 1980 m ü.d.M., Tel. 094/881214, 44 B.
Poncione di Braga (Val Peccia), 2000 m ü.d.M., Tel. 093/991185, 20 B.

Berghütten (Fortsetzung)

Prodör (Valle Leventina; UTOE), 1745 m ü.d.M., Tel. 094/381833, 50 B.
Püsced (Monti di Ludiano), 1505 m ü.d.M., Tel. 092/781765, 39 B.
Scaletta (Valle Camadra), 2205 m ü.d.M., 12 B.
Tamaro (Valle del Trodo; UTOE), 1881 m ü.d.M., Tel. 091/951008, 60 B.
Tremorgio (Valle Leventina), 1850 m ü.d.M., Tel. 094/301252, 42 B.
Alpe Valmaggina (Valle Morobbia), 1149 m ü.d.M., Tel. 092/275379, 10 B.

Camping

Auskunft

Auskünfte über Campingmöglichkeiten und günstige Verkehrswege für Wohnwagengespanne erteilt der Touring Club der Schweiz (→ Notdienste: Autohilfe).

Erlaubnis

Das Campen ist außerhalb der hierfür vorgesehenen Plätze – mit Ausnahme der einmaligen Übernachtung an Autobahnraststätten – generell nicht erlaubt.

Campingplätze im Tessin

Acquacalda: Ai Cembri, Tel. 092/701157

Acquarossa: Acquarossa-Lottigna, Tel. 092/781603

Agno: Fünf Campingplätze

Ascona: Segnale, am Lido, Tel. 093/352970

Avegno: Piccolo Paradiso, an der Maggia, mit Schwimmbad, Tel. 093/811581

Bellinzona: Molinazzo TCS, beim Klettergarten, Tel. 092/291118

Biasca: Europa, mit Schwimmbad, Tel. 092/721217
Internazionale, am Ticino, Tel. 092/721293

Bignasco: Bignasco, bei der öffentlichen Badeanstalt, Tel. 093/961838

Cadenazzo: Cadenazzo TCS, mit Schwimmbad, Tel. 092/622653

Claro: Al Censo, mit Schwimmbad, Tel. 092/661753

Cugnasco: Riarena, Tel. 092/641688, Sb.

Gordevio: Bellavista, an der Maggia, mit Schwimmbad, Tel. 093/871444
Da Renato, an der Maggia, mit Schwimmbad, Tel. 093/871364

Gudo: Gudo, Tel. 092/641642
Serta, Tel. 092/641155

Locarno: Delta, am See, Via Respini, Tel. 093/316081
Mappo, in Minusio, Tel. 093/671437

Losone: Riposo, Tel. 093/351485
Zandone, Tel. 093/356563

Lottigna: → Acquarossa

Noranco: San Salvatore, Tel. 091/541946

Tenero: Lido Mappo, am See, Tel. 093/671437
Da Giorgio, am See, Tel. 093/672220

Campingplätze, Tenero (Fortsetzung)

Tamaro, am See, Tel. 093/672161
Miralago, am See, Tel. 093/671255, Sb.
Rivabella, am See, Tel. 093/672213
Verbano, am See, Tel. 093/671020
Lago Maggiore, am See, Tel. 093/671848
Campofelice, am See, Tel. 093/671417

ADAC-Camping-Führer

Detaillierte Informationen über Ausstattung und Lage ausgewählter Campingplätze in der Schweiz (und Italien) gibt der alljährlich neu erscheinende ADAC-Camping-Führer (Band 1: Südeuropa).

Delta-Fliegen

→ Flugsport

Devisenbestimmungen

→ Geld

Drachenfliegen

→ Flugsport

Einkäufe und Souvenirs

Souvenirs

Beliebte Souvenirs sind Uhren, Schmuck und Textilien (Wolle und Wollwaren, Spitzen, Stickereien) sowie die vielteiligen Schweizer Armeemesser. Ferner Mineralien, Kristalle und Fossilien, sofern sie im Handel legal erworben sind.

Lebens- und Genußmittel

Ein reiches und qualitativ hervorragendes Angebot besteht an Lebensmitteln. In erster Linie zu nennen sind Schokolade, Salamiwurst und Trockenfleisch (Coppa, Zampone), Tessiner Käse und getrocknete oder eingelegte Steinpilze und Morcheln. Als Mitbringsel eignen sich auch Spirituosen (Grappa Nostrano), Wein (Merlot) sowie Zigarren aus Brissago.

Eisbahnen

→ Wintersport: Kunsteisbahnen

Eisenbahn

Schweizerische Bundesbahn (SBB/CFF/FFS)

Das Netz der Schweizerischen Bundesbahnen (SBB/CFF/FFS), seit 1960 gänzlich elektrifiziert, umfaßt rund 2900 km Eisenbahnstrecken. Hinzu kommt eine erhebliche Zahl von Privatbahnlinien, welche die Strecken der SBB ergänzen, so daß insgesamt etwa 5000 km zur Verfügung stehen.

Zentralverwaltung der SBB

Zentralverwaltung der Schweizerischen Bundesbahnen (SBB)
Hochschulstrasse 6, CH-3030 Bern
Tel.: 031/601111

Fahrkarten

Bahnsteigsperren gibt es in der Schweiz nicht; man kontrolliert die Fahrkarten im Zug.

Für Schnellzüge (außer TEE) werden keine Zuschläge erhoben. Kinder fahren bis zum Alter von sechs Jahren kostenlos, zwischen sechs und 16 Jahren zum halben Beförderungspreis.

Fahrpreisermäßigungen

Fahrpreisermäßigungen gibt es u.a. für Familien, Reisegruppen, Jugendliche und Senioren.

Besondere Vergünstigungen bieten das 1/2-Preis-Abonnement (1 Jahr: 100 sfr; kombinierbar mit der Familienkarte), das Sechs-Tage-Kartenheft zu 1/2-Preis-Abonnements, der 'Swiss Pass' (s. unten), kombinierte Tageskarten (Tageskarte inkl. einem Messe- oder Ausstellungsbesuch), Tram/Bus-Tageskarten, der 'Schweizer Städteplausch' (Wochenendangebote in 15 Schweizer Städten, sowie Wilhelm-Tell-Express), 'Schweizer Bummler' (Alpenzug/-flug-Kombination innerhalb eines Monats) und regionale Ferienabonnements.

Nähere Auskünfte erteilen die Schweizer Verkehrsbüros (⟶ Auskunft).

Swiss Pass

Der 'Swiss Pass' (früher 'Schweizer Ferienkarte') ist eine Netzkarte, die für das gesamte Eisenbahn-, Postautobus- und Schiffahrtsnetz der Schweiz sowie für die Verkehrsbetriebe in 24 Schweizer Städten Gültigkeit hat. Hinzu kommen Ermäßigungen auf vielen Bergbahnen des Landes.

Ausgestellt wird der 'Swiss Pass' für 4, 8, 15 oder 30 Tage bei den Schweizer Verkehrsbüros (⟶ Auskunft) oder einigen Bahnhöfen in der Deutschland bzw. Österreich, an den Schweizer Grenzbahnhöfen und den Flughäfen von Zürich (Kloten) oder Genf (Genève-Cointrin).

Autoreisezüge

Aus Deutschland in die Schweiz verkehren Autoreisezüge von Hamburg und Hannover nach Chiasso; von Neu-Isenburg nach Biasca (nur im Sommer); von Bremen, Hamburg, Hannover und Karlsruhe-Durlach nach Lörrach (Basel); ferner von Berlin über Karlsruhe nach Lörrach (Basel).

Auskunft und Anmeldung bei allen Fahrkartenausgaben und Reisebüros mit amtlichem Fahrkartenverkauf sowie beim Auskunftsbüro der SBB in Zürich (Tel. 01/2453362).

Express-Verbindungen

Allgemeines

Vor Antritt der nachfolgend vorgestellten Reisen per Eisenbahn erkundige man sich im Falle der Grenzüberschreitung nach den Einreise- und Zollbestimmungen in den betreffenden Ländern.
Über Fahrpläne, Fahrpreisermäßigungen und Reservierungen erteilen die Schweizer Verkehrsbüros (⟶ Auskunft), die örtlichen Reisebüros sowie die nachstehend jeweils zusätzlich angegebenen Informationsstellen Auskünfte.

Centovallibahn (vgl. S. 101)

Fahrtstrecke: Locarno – Domodossola – Locarno.
Streckenlänge: 52 km.
Fahrtdauer: 100 Minuten.
Charakteristika: Diese Schmalspurbahn verbindet die großen europäischen Eisenbahnlinien von Simplon und Gotthard durch das wildromantische Centovalli, vorbei an idyllischen Dörfern und hinweg über Abgründe und Schluchten auf zahlreichen Brücken. Die Strecke überwindet Steigungen von bis zu 61 Promille.

Gotthardbahn

Fahrtstrecke: Basel oder Zürich – Gotthard-Tunnel – Lugano.
Streckenlänge: Basel – Lugano rund 300 km, Zürich – Lugano 216 km.

Eisenbahn, Express-Verbindungen: Gotthardbahn (Fortsetzung)

Fahrtdauer: ab Basel vier, ab Zürich drei Stunden.
Charakteristika: Mit der 1872–1882 erbauten Gotthardbahn verfügen die Schweizerischen Bundesbahnen über die schnellste Nord-Süd-Verbindung über die Alpen. Der Gipfel des Gotthard-Massivs wird von einem Eisenbahntunnel (15 km lang; Scheitelhöhe auf 1154 m ü.d.M.) unterquert. Eine Fahrt im Trans-Europa-Express (TEE; nur 1. Klasse, zuschlagpflichtig) "Gottardo" von Zürich nach Lugano empfiehlt sich allen Eisenbahnfreunden. Es können auch Teilstrecken mit Regional- und Schnellzügen zweiter Klasse gebucht werden.

Palm-Express

Fahrtstrecke: St. Moritz – Lugano – Locarno – Ascona (Übernachtung) – Domodossola – Brig – Visp – Zermatt oder in umgekehrter Richtung (jeweils nur in der Sommersaison).
Streckenlänge: rund 300 km.
Fahrtdauer: insgesamt zwei Tage.
Charakteristika: Die Fahrt mit dem Palm-Express, der das Engadin und das Oberwallis mit dem Tessin verbindet, fasziniert durch den raschen Wechsel von grandioser Berg- und Gletscherwelt mit subtropischer Seenlandschaft. Er ist eine Kombination von Postautobus und Eisenbahn; die Strecken werden vom Schweizer Postautodienst, den Ferrovie Autolinee Regionali Ticinesi (Centovallibahn, FART) und der Brig-Visp-Zermatt-Gornergrat-Bahn (BVZ) befahren.
Detaillierte Auskünfte erteilen die Schweizer Verkehrsbüros (⟶ Auskunft), wo man auch das Faltblatt "Palm-Express" beziehen kann; ferner die betreffenden Kurvereine, insbesondere von Ascona, St. Moritz und Zermatt, die Schweizerischen Bundesbahnen (SBB), die SBB-Auslandsvertretung in Stuttgart sowie der Schweizer Postautodienst (Dienststellen in allen größeren Orten der Schweiz).

Sonnenexpress

Fahrtstrecke: Ilanz – Disentis – Lukmanier-Paß – Blenio-Tal – Ascona (von Anfang Juli bis Ende September jeden Dienstag; in der Hochsaison auch donnerstags).
Rückfahrt: Ascona – St.-Gotthard-Paß – Andermatt – Surselva.
Fahrtdauert: zehn Stunden.
Auskünfte erteilen der Schweizer Postautodienst (Dienststellen in allen größeren Orten der Schweiz), ferner die Schweizer Reisepost in Chur (Tel.: 081/223823) sowie die Schweizer Verkehrsbüros (⟶ Auskunft) und die Schweizerischen Bundesbahnen (SBB).

Wilhelm-Tell-Express

Fahrtstrecke: Luzern – Flüelen – Sankt Gotthard – Locarno – Lugano oder in umgekehrter Richtung.
Charakteristika: Der Wilhelm-Tell-Express verbindet zwei der attraktivsten Gegenden der Schweiz, nämlich die Zentralschweiz mit dem Tessin. Von Mai bis Oktober kann man auf einem Raddampfer (außerhalb der Hochsaison teilweise Dieselmotorschiff) von Luzern am Vierwaldstätter See nach Flüelen fahren (im Salon des Schiffes wird ein Menü mit drei Gängen serviert); danach folgt eine Eisenbahnfahrt im Großraum-Salon- oder Panoramawagen der SBB durch das eindrucksvolle St.-Gotthard-Massiv bis zu den Tessiner Städten Locarno und Lugano.
Während der Fahrt mit dem Schiff wird die Strecke in mehreren Sprachen erklärt; eine Reiseleitung steht während der Eisenbahnfahrt zur Verfügung. Herzstück der Fahrt ist die Reise mit der Gotthardbahn. Die Exkursion mit dem Wilhem-Tell-Express läßt sich mit weiteren Fahrten und Ausflügen kombinieren. Wegen begrenzter Platzzahl sollten Reservierungen und Buchungen rechtzeitig vorgenommen werden.
Informationen erteilen u.a. die Schweizer Verkehrsbüros (⟶ Auskunft), die Schweizerischen Bundesbahnen (SBB) und deren Auslandsvertretung in Stuttgart, die örtlichen Reisebüros sowie die
Schiffahrtsgesellschaft des Vierwaldstätter Sees (SGV)
Werftestrasse 5, Postfach 4265
CH-6002 Luzern
Tel.: 041/404540

Die Nostalgieroute Luzern – Lugano wird zudem regelmäßig von Postautobussen und den Pferdekutschen der historischen Gotthardpost (fünftägige Reise) befahren.
Auskunft: Historische Reisepost, CH-6002 Luzern, Tel. 041/502233)

Eisenbahn (Fortsetzung) Historische Gottardpost

→ dort

Bergbahnen

Elektrizität

Die Schweiz und Italien haben sich der internationalen Normspannungsregelung IEC 38 ('IEC standard voltages') zur Vereinheitlichung der Nennspannung 230/400 V für 50-Hz-Niederspannung-Drehstromnetze angeschlossen und werden ihre Stromversorgung bis zum vereinbarten Jahr 2003 auf 230 Volt umstellen.

Stromspannung

Alle für den Betrieb mit 220-Volt-Spannung ausgelegte Geräte können jedoch weiterhin bedenkenlos benutzt werden.

Da die deutschen dreipoligen Schuko-Stecker weder in die schweizerischen noch in die italienischen Steckdosen passen, ist gegebenenfalls ein Adapter (Zwischenstecker) erforderlich, den man im Fachhandel erhält. Europanorm-Gerätestecker sind dagegen in beiden Ländern verwendbar.

Gerätestecker

Essen und Trinken

Die Römer brachten dem Tessin Weinstock, Olive, Walnuß und Eßkastanie. Sie alle haben für Jahrhunderte das Kochen bestimmt. Die Tessiner Küche zeigt unverkennbar italienischen Einfluß. Gleichwohl gibt es kaum eine Region oder Talschaft, die nicht ihre eigenen Eßtraditionen und Rezepte pflegte. Besonders typisch sind die Speisen in den oft romantisch gelegenen, urwüchsigen 'Grotti' (→ Restaurants und Grotti).
Restaurants der gehobenen Preisklasse servieren im allgemeinen Schweizer und internationale Kost mit italienisch-tessinerischem Einschlag.

Allgemeines

Speisen

Vorzüglich zubereitete Teigwaren, Risotto und Polenta bilden die Grundlage der Tessiner Küche. Begleitet werden sie von gebratenem und geschmortem Fleisch oder Geflügel, von Fisch, schmackhaften Würsten (Luganighetta) und immer wieder von Pilzen und geschmortem Gemüse. Groß ist die Zahl an wohlschmeckenden 'Armeleutegerichten', Suppen, Eintöpfen und Zusammengekochtem und -gebackenem.
Eine besondere Köstlichkeit ist Trockenfleisch (Coppa, Zampone) und Salami. Die Verwendung von Fohlenfleisch hat Tradition.

Hauptgerichte

Aus dem Tessin stammen mehrere geschätzte Käsesorten: Fromaggelli, kleine Weichkäse aus Schaf- oder Ziegenmilch, werden erst nach mehrtägiger Reifung gegessen. Die kleinen Fromaggini (Weichkäse) und der Vero Piora, ein halbharter Käse, werden aus Kuh- und Ziegenmilch hergestellt.

Käse

Getränke

Das Tessin ist das Weinland des 'Merlot', eines Rotweines von hoher Qualität. Die Bordeaux-Rebe, aus welcher der rubinrote Merlot gekeltert wird, ist zu Beginn des 20. Jahrhunderts eingeführt worden, um andere, krank-

Tessiner Wein Merlot

Getränke: Tessiner Wein Merlot (Fortsetzung)

heitsanfällige Qualitäten zu ersetzen. Inzwischen hat sich diese Rebe vollständig in ihrer Umgebung eingelebt. Mit etwa 2,2 Mio. Weinstöcken stellt der Merlot heute mehr als die Hälfte des gesamten Rebenbestandes im Tessin; jährlich werden rund 32000 hl Tessiner Merlot produziert: im wesentlichen trockener roter 'Merlot del Ticino' (bukettreich, fruchtig, gehaltvoll, harmonisch), daneben auch milder 'Merlot rosato del Ticino' (Rosé; frisch, fruchtig, harmonisch, leicht).
Abgesehen von einigen ausgewählten Crus und Spezialreserven großer Klassen wird ein guter Teil des Tessiner Merlot seit 1948 für den Handel mit der offiziellen Qualitätsmarke 'VITI' gekennzeichnet, die das Kantonale Landwirtschaftsdepartement für jene Merlotweine vergibt, die wenigstens ein Jahr alt sind und bei ihrer amtlichen Verkostung als erstklassig eingestuft wurden (ca. 8000 hl).

Nostrano

Die übrigen als 'Nostrano' (= 'Einheimischer') bezeichneten Tessiner Weine sind im Rückgang begriffen. Dennoch wird in den Grotti durchaus noch etwa der herbe 'Bondola' ausgeschenkt, ein frischer, bukettreicher dunkelroter Nostrano, den man ausschließlich im Sopraceneri herstellt. Weitere Nostrano-Weine werden aus Rebsorten wie Freisa, Nebiolo, Bonarda und Malbec zusammengekeltert.
Neben dem roten gibt es in kleineren Mengen auch den fruchtigen weißen Nostrano, vor allem im Mendrisiotto (Arzo, Meride, Tremona, Besazio).

Andere Weine

Es versteht sich, daß in den Restaurants neben den Tessiner Weinen auch andere Schweizer Kreszenzen sowie Weine und Schaumweine vor allem aus Italien und Frankreich angeboten werden.

Grappa

Der 'Grappa nostrano ticinese' ist ein kräftiger einheimischer Tresterschnaps.

Bier

Im Tessin werden neben den Bieren der beiden großen Schweizer Brauereien 'Feldschlösschen' (Rheinfelden) und 'Cardinal' (Fribourg) auch die bekannten internationalen Importbiere aus verschiedenen europäischen Ländern ausgeschenkt.
'Ex-Bier' ist praktisch alkoholfrei.

Tafelwasser

Zu den bekanntesten Tafelwassern der Schweiz gehören Adelbodener (BE), Elmer (GL), Eptinger (BL), Henniez (VD), Passugger (GR), Valser (GR) und Weissenburger (BE).

Kochrezepte für Tessiner Spezialitäten

Bürbora
(Kürbissuppe)

Zutaten:
1 kg frischer Kürbis, 1 l Milch, 1 Eßlöffel Weißmehl, 10 g Butter, zwei Hände voll Reis (eventuell zwei Hände voll frische Bohnen), eine Prise Salz.

Zubereitung:
Der gut ausgereifte, innen gelbe und außen graugrüne Kürbis wird geschält, in Stückchen geschnitten und in leicht gesalzenem Wasser ca. 15 Minuten gekocht. Danach abgießen, pürieren und mit der Milch in einen Topf geben. Zum Kochen bringen und dann langsam das Weißmehl zufügen. Etwa 15 Minuten unter langsamem Rühren kochen lassen. Dann den Reis hinzugeben und nochmals 15 Minuten kochen. Vor dem Auftragen mit etwas Butter verfeinern.

Minestrone
(Gemüsesuppe)

Zutaten:
2 Zwiebeln, 2 Knoblauchzehen, 3 Rübchen, 2–3 Stengel Lauch, 1 kleiner Weißkohl, 1 kleine Sellerieknolle, 2 Kohlrabi, 4–5 Tomaten, eine Handvoll weiße Bohnen, 2–3 Eßlöffel Reis, 250 g mageres Rindfleisch, 250 g geräucherter Speck, 1 Kalbsfuß, Rosmarin, Majoran, Petersilie und Basilikum, 2 Eßlöffel Öl, Salz, Pfeffer, 1½–2 l Wasser, geriebener Parmesan.

Kochrezepte: Minestrone (Fortsetzung)

Zubereitung:
Eine Minestrone muß lange kochen! Die weißen Bohnen über Nacht einweichen. Im Einweichwasser zum Kochen bringen, Fleisch, Speck und Kalbssfuß hinzugeben, mit etwas Wasser ergänzen und etwa 45 Minuten kochen lassen. Unterdessen Zwiebeln und Knoblauchzehen hacken, das Gemüse kleinschneiden und zusammen im heißen Öl andünsten. Die gekochten Bohnen und das in kleine Stücke geschnittene Fleisch samt Kochwasser hinzugeben, Kräuter und Gewürze beifügen und 1/2 Stunde kochen lassen. Zuletzt den Reis zufügen und etwa 20 Minuten kochen lassen. Nach Belieben mit Fleischbrühe oder Wasser verdünnen.

Die Minestrone darf recht dick sein; denn sie ist als eigenständige Mahlzeit gedacht. Serviert wird sie mit geriebenem Parmesankäse, den jeder nach Geschmack zufügen kann.

Busecca (Kuttelsuppe)

Zutaten:
400 g gekochte, in feine Streifen geschnittene Kutteln, 75 g Speckwürfel, 1 Eßlöffel Öl, 3 Kartoffeln, 3 Rübchen, 1/2 Sellerieknolle, 1 kleiner Wirsing, 2 Lauchstengel, 2 Zwiebeln, 2 Knoblauchzehen, 2 Eßlöffel Tomatenpüree oder 4 frische Tomaten, 2 l Fleischbrühe. 1 Teelöffel Kümmel, je eine Prise Safran, Majoran, Basilikum und Rosmarin, geriebener Sbrinz.

Zubereitung:
Zwiebeln und Knoblauchzehen fein hacken, das Gemüse fein schneiden. Speck, Zwiebeln, und Knoblauch im heißen Öl anrösten, das Gemüse und die Kutteln hinzugeben und dämpfen. Gewürze und Tomaten zufügen und mit Fleischbrühe aufgießen. Zugedeckt 30–40 Minuten kochen. Mit geriebenem Sbrinzkäse servieren.

Risotto (Reisgericht)

Im Tessin wird der Risotto als eigenständige Mahlzeit gegessen. In der übrigen Schweiz ist er als Beilage zu anderen Gerichten geschätzt.

Zutaten:
300 g Reis (Rundkornreis), 50 g Butter bzw. Öl oder halb Butter, halb Rindermark, 1 kleine Zwiebel, 1/4 l Tessiner Merlot, ca. 1 l Fleischbrühe, 100 g geriebener Parmesankäse.

Zubereitung:
Den Reis nicht waschen, sondern mit einem sauberen Tuch abreiben. Fett und Mark auslassen und darin die sehr fein gehackte Zwiebel glasig dünsten. Den Reis darin leicht anrösten und dann mit dem Wein ablöschen, der schließlich ganz verkochen muß. Zuletzt die kochende Fleischbrühe hinzufügen bis der Reis bedeckt ist und unzugedeckt so lange köcheln lassen (etwa 15–20 Minuten) bis alle Flüssigkeit aufgesogen ist. Zuletzt den geriebenen Käse unterziehen, den Risotto vom Herd nehmen und vor dem Servieren noch einen Augenblick ziehen lassen.

Risotto mit Grappa und Luganighetta

Zutaten:
250 g großkörniger Reis, 250 g Luganighetta (grobe Tessiner Schweinswurst), 1 cl Tessiner Grappa, 1 kleine Zwiebel, 2 Knoblauchzehen, 1 Handvoll gehackte Petersilie, 1 Löffel Tomatenmark, Fleischbrühe, 2 Löffel Öl, 50 g Butter, Parmesankäse nach Belieben.

Zubereitung:
Knoblauch, gehackte Zwiebel und Petersilie in heißem Öl hellgelb dünsten. Zerkleinerte Luganighetta und Tomatenmark zugeben. Wenn die Wurst gut durchgebraten ist, den Reis hinzufügen und mit Grappa ablöschen. Butter zugeben, bei kleinem Feuer 18 Minuten kochen und dabei laufend Fleischbrühe zugießen. Mit geriebenem Parmesankäse anrichten.

Polenta (Maisgericht)

Zutaten:
500 g Maisgrieß, 1 1/2 l Wasser, 1 Eßlöffel Salz.

Kochrezepte: Polenta (Fortsetzung)

Zubereitung:
Wasser und Salz aufkochen, den Mais langsam und immer in gleicher Richtung einrühren, damit sich keine Klumpen bilden. Hitze wegnehmen und langsam weiterrühren, bis sich nach etwa 30 Minuten am Topfrand eine dünne Kruste bildet. Von diesem Zeitpunkt an nochmals 10–15 Minuten weiterkochen. Die Polenta auf ein Holzbrett stürzen und erst bei Tisch mit einer Schnur oder hölzernem Polentamesser in Portionen schneiden.

Polenta mit Steinpilzen

Zutaten:
600 g frische Steinpilze, 400 g Maisgrieß, 40 g Butter, 1 dl trockener Weißwein, 1 Knoblauchzehe, 1 knappe Handvoll gehackte Petersilie, Oregano, 2 Eßlöffel Öl, Pfeffer und Salz.

Zubereitung:
Die geputzten Pilze in Scheibchen schneiden. In einem Topf Butter mit einigen Eßlöffeln Öl erhitzen, den gehackten Knoblauch und dann die Pilze zugeben. Bei starkem Feuer dünsten, mit Wein beträufeln, mit Pfeffer und Salz würzen und 30 Minuten bei mäßigem Feuer schmoren.
Die Polenta zubereiten, auf eine Platte stürzen und die Pilze darüber verteilen. Zuletzt mit Petersilie und Oregano bestreuen.

Coniglio (Kaninchen nach Bäuerinnenart)

Zutaten:
1 Kaninchen, 50 g Bratfett, 50 g Butter, 1 Becher flüssige Sahne, 1 dl Marsala, 1 Glas Wasser, Fleischbrühe, 10 Salbeiblätter, 1 Teelöffel Stärkemehl, 1 Teelöffel Fleischextrakt.

Zubereitung:
Das Kaninchen in mittelgroße Stücke schneiden und in dem heißen Fett anbraten. In zerlassener Butter weiterbraten. Hin und wieder mit Marsala beträufeln.
Inzwischen den Kaninchenkopf in Fleischbrühe auskochen. Das Fleisch mit dieser Brühe ablöschen, mit Salbei und Fleischextrakt würzen und zuletzt die Soße mit Stärkemehl und Sahne binden. Als Beilage eignet sich Polenta.

Uccelletti scappati ('Entwischte Vögelchen')

Zutaten:
8 große dünne Kalbsschnitzel zum Rollen, 4 Scheiben Schinken, 1 große Zwiebel, 8 Salbeiblätter, 50 g Butter, je 1 dl Weißwein und Fleischbrühe, 1 Becher Sahne, Salz, Pfeffer.

Zubereitung:
Die Schnitzel salzen und pfeffern, mit je einer halben Scheibe Schinken und einem Salbeiblatt belegen, einrollen und mit etwas Bindfaden oder Zahnstochern fixieren. Die Röllchen in etwas zerlassener Butter anbraten, Wein zufügen und leicht einkochen lassen. Nach und nach Fleischbrühe zufügen und bei schwacher Hitze etwa 45 Minuten schmoren lassen. Zuletzt die Soße mit Sahne binden. Als Beilage empfiehlt sich besonders ein Risotto con funghi.

Tessiner Brottorte

Zutaten:
500 g altbackenes Brot, 5 dl Milch, 300 g Zucker, 2 Eßlöffel Kakao, 100 g Rosinen, 500 g Pinienkerne, abgeriebene Schale und Saft einer Zitrone, 1 Päckchen Vanillezucker, Grappa nach Belieben, eine Prise Salz.

Zubereitung:
Das altbackene Brot zerkleinern und die kochende Milch darübergießen. Wenn das Brot genügend aufgeweicht ist, mit einer Gabel zu einem Brei zerdrücken oder durch ein Sieb streichen. Zucker, Vanillezucker, Kakao, Rosinen, Pinienkerne, abgeriebene Schale und Saft einer Zitrone gut untermischen. Den Teig in eine gebutterte Kuchenform geben und mit Pinienkernen bestreuen. Bei 200 °C etwa 90 Minuten backen und erst aus dem Ofen nehmen, wenn die Torte abgekühlt ist.

Ausdrücke der Tessiner Speisekarte

Italienisch	Deutsch
Aceto	Essig
Acqua	Wasser
Acqua da tavola	Tafelwasser
Acqua minerale	Mineralwasser
Affetato nostrano ticinese	Gemischter Tessiner Aufschnitt
Agnello al forno	Lammfleisch im Ofen gebraten
Agone	Maifisch
Albicocche	Aprikosen
Anatra all'arancia	Ente mit Orangen
Antipasti assortiti	Vorspeisen nach Wahl
Arancia	Apfelsine, Orange
Aranciata	Orangenlimonade
Arrosto	Braten
Asparagi	Spargeln
Birra	Bier
Bollito misto	Gemischtes Siedfleisch
Bottagio	Eintopf
Braciola	Schweinesteak
Brasato di maiale	Schweinsschmorbraten
Brasato di manzo	Rindsschmorbraten
Bresaola	Trockenfleisch
Brodo	Brühe
Brodo ristretto	Kraftbrühe
Bürbora	Kürbissuppe
Burro	Butter
Büscion	Zapfenkäse (kleine Ziegenkäse)
Busecca	Gemüsesuppe mit Kutteln
Caffè	Kaffee
Camoscio in salmì	Gemsragout
Capra	Ziegenfleisch
Capretto al forno	Zicklein im Ofen gebraten
Capriolo in salmì	Rehragout
Carne	Fleisch
Carne secca	Trockenfleisch (Bündnerfleisch)
Carpaccio	Rohes Rindfleisch mit Sbrinzkäse
Cazzöla	Kohleintopf mit Rippchen
Cena	Abendessen
Cervo in salmì	Hirschragout
Cicche del nonno	Spinatklößchen
Ciliegie	Kirschen
Cinghiale in salmì	Wildschweinragout
Cipolle	Zwiebeln
Colazione	Frühstück
Coniglio	Kaninchen
Corregione	Felchen
Cosce di pollo	Hühnerschenkel
Costate	T-Bone-Steak vom Rind
Costine di maiale	Schweinerippchen
Costolette	Kotelette
Cotechini	Gekochte Schweinswürste
Cotto	Gekocht
Crudo	Roh
Erbe	Kräuter
Fagiano	Fasan
Fagioli	Bohnen
Fagiolini	Böhnchen
Fegato	Leber
Fichi	Feigen

Ausdrücke der Tessiner Speisekarte (Fortsetzung)

Italienisch	Deutsch
Filetto	Filet
Formagella	Magerkäse
Formaggini	Kleine Ziegenmilchkäse
Formaggio	Käse
Fragole	Erdbeeren
Funghi	Pilze
Funghi porcini	Steinpilze
Galletto	Hähnchen
Gelato	Speiseeis
Gnocchi	Rundliche Nocken, Klößchen
Grappa	Tresterschnaps
Grigliate miste	Mixed Grill
Insalata	Salat
Lasagne	Sehr breite Bandnudeln
Latte	Milch
Lenticchie	Linsen
Lepre in salmì	Hasenragout
Lessata mista	Gemischtes Siedfleisch
Limonata	Limonade, Zitronensprudel
Limone	Zitrone
Lingua	Zunge
Lista	Speisekarte
Luganighe, luganighette	Schweinswürste
Lumache	Schnecken
Maiale	Schweinefleisch
Maialino	Spanferkel
Mandorle	Mandeln
Manzo	Rindfleisch
Marmotta in salmì	Murmeltierragout
Mela	Apfel
Melanzane	Auberginen
Melone	Melone
Minestra	Suppe
Minestrone	Gemüsesuppe mit Teigwareneinlage
Mortadella	Mortadellawurst
Mostarda	Senf
Nodino di vitello	T-Bone-Steak vom Kalb
Nostrano	Einheimischer Wein
Orzo	Gerste
Oss in bogia	Gesottene Schweinsrippchen
Ossobuco	Haxe
Pancetta	Speck
Panna	Sahne, Rahm
Panna montata	Schlagsahne
Panino	Brötchen, Semmel
Panzerotti	Gefüllte Teigwaren
Pasta	Teigwaren
Pasticceria	Konditorei
Patata	Kartoffel
Paté di cavallo	Pferdefleischpastete
Pesca	Pfirsich
Pesce	Fisch
Pepe	Pfeffer
Peperoni	Pfefferschoten
Pera	Birne
Pernice	Rebhuhn
Pesce persico	Eglifisch (Flußbarsch)
Porchetta	Spanferkel (gefüllt)
Polenta	Maisgrütze
Pollo	Huhn, Hühnchen

Ausdrücke der Tessiner Speisekarte (Fortsetzung)

Italienisch	Deutsch
Pomodoro	Tomate
Porcini	Steinpilze
Pranzo	Mittagessen
Prosciutto	Schinken
Prugne	Pflaumen
Puledro	Fohlen
Quaglie	Wachteln
Rane (cosce)	Froschschenkel
Ravioli, raviolini	Kleine gefüllte Teigtaschen
Risotto	Reisgericht
Salame	Salamiwurst
Sale	Salz
Salemrino	Lachsforelle
Salmì	Ragout
Salmone	Salm, Lachs
Saltinbocca	Kalbsplätzchen
Scaloppine	Schnitzel
Spezzatini	Kalbs- oder Rindsvoressen
Spugnole	Morcheln
Stinco	Ganze Haxe
Succo	Saft
Susine	Pflaumen
Tagliatelle	Bandnudeln
Teneroni di vitello	Gerollte Kalbsbrust
Trippa	Kutteln
Tortellini, tortelloni	Kleine, große Teigtaschen
Trota	Forelle
Uovo, uova	Ei, Eier
Uva	Weintrauben
Verdura	Gemüse
Vino bianco	Weißwein
Vino rosso	Rotwein
Vitello	Kalbfleisch
Zabaglione	Weinschaumcreme
Zambone	Gefüllte Schweinshaxe
Zuppa	Suppe

Fahrradverleih

→ Radwandern

Fallschirmspringen

→ Flugsport

Feiertage

Feiertage mit feststehendem Datum

1. Januar	Neujahrstag
6. Januar	Heilige Drei Könige
19. März	St. Joseph
1. Mai	Tag der Arbeit
29. Juni	Peter und Paul
1. August	Schweizer Nationalfeiertag
15. August	Mariä Himmelfahrt

Feiertage mit feststehendem Datum (Fortsetzung)	1. November 8. Dezember 25. Dezember 26. Dezember	Allerheiligen Mariä Empfängnis Weihnachten Stephanstag
Festtage mit beweglichem Datum	Ostermontag Christi Himmelfahrt Pfingstmontag Fronleichnam	
Lokale Feste	⟶ Veranstaltungen	

Feriendörfer

Albonago	CH-66962 Viganello (Lugano), Tel. 031/226633
Bosco della Bella	CH-6981 Ponte Cremenaga, Tel. 091/731366
Cadro Panoramica	CH-6965 Cadro, Tel. 031/516613, in schöner Lage mit Blick auf Lugano
Casette Roncaccio	CH-6575 San Nazzaro-Vairano (Gambarogno), Tel. 093/631905
Centro Cristiano	CH-6932 Breganzona, Tel. 091/571170
I Grappoli	CH-6981 Sessa (Malcantone), Tel. 091/731145
Il Grappolo	CH-6573 Magadino-Orgnana, Tel. 031/226622
La Campagnola	CH-6575 San Nazzaro-Vairano (Gambarogno), Tel. 093/632223
Magliaso	Evangelisches Zentrum für Ferien und Bildung, CH-6983 Magliaso, Tel. 091/711441
Miralago	CH-6579 Piazzogna, Tel. 093/611153
Palazzo Agra	CH-6927 Agra, Tel. 091/542581
Sureggio	CH-6951 Lugaggia, Tel. 091/911161
Rustici della Verzasca	CH-6611 Vogorno-Berzona, Tel. 093/671081; restauriertes Tessiner Dorf in prächtiger Lage über dem Lago di Vogorno
Viramonte	CH-66574 Vira (Gambarogno), Tel. 093/611127; in schöner Aussichtslage am Hang des Monte Gambarogno

Ferienwohnungen

Groß ist die Zahl der Ferienwohnungen im Tessin. Sie bieten im allgemeinen großen Komfort und meist sind alle Extras (Wäsche, Strom, Heizung, Wasser) im Preis inbegriffen. Ausführliche Listen erhält man auf Anfrage bei den regionalen Fremdenverkehrsämtern (⟶ Auskunft).

Fernsehen

⟶ Rundfunk und Fernsehen

Feste

→ Veranstaltungen

Fischen

→ Angeln und Fischen

Flugplätze

→ Zahlen und Fakten: Wirtschaft, Flugplätze

Flugsport

Segelflug · Sportflug · Rundflüge

Agno (Lugano)

Flugplatz Agno (Aerodromo), Tel. 091/591933
Rundflüge, Taxiflüge, Flugschule: AVILÙ, Tel. 091/593475
Rund- und Taxiflüge: GOFIR, Tel. 091/595155
Aero Club Svizzero: Tel. 091/593666

Ascona

Flugplatz Ascona (Aerodromo)
Rundflüge und Miete von Kleinflugzeugen: Tel. 093/352238

Gordola (Locarno)

Kantonaler Flughafen Gordola (Aeroporto cantonale) in der Magadino-Ebene, an der Straße Locarno–Lugano; Tel. 093/671386
Fallschirmspringen: Tel. 093/672651
Motor- und Segelfliegen: Aerocentro Ticinese, Tel. 093/672027
Segelfliegen: Gruppo Volo a Vela Ticino, Tel. 093/673777
Motor- und Kunstfliegen, Rundflüge, Taxiflüge, Flugschule:
Aero Locarno SA, Tel. 093/672027
Hubschrauberflüge: Helicopter-Taxi, Tel. 093/672222

Drachenfliegen · Gleitschirmfliegen · Fallschirmspringen

Locarno

Delta-Fliegerclub ‘Scorbat del Locarnes’,
Para-Centro SA (Fallschirmspringen): am Kantonalen Flughafen Gordola, Tel. 093/672651

Lugano

Gruppo Volo Delta: am Flugplatz Agno
Scuola Volo Libero Lugano: in Canobbio, Tel. 091/951047
Ferner Startmöglichkeiten vom Monte Tamaro und vom Monte Lema.

Galerien

→ Kunstgalerien

Gasthöfe

→ Hotels und Gasthöfe

Gaststätten

→ Restaurants und Grotti

Geld

Währung

Währungseinheit in der Schweiz ist der Schweizer Franken (sfr; italienisch 'franco svizzero') zu je 100 Rappen (italienisch 'centesimi').
Es gibt Banknoten zu 10, 20, 50, 100, 500 und 1000 sfr, Münzen zu 1, 2 und 5 sfr sowie 5, 10, 20 und 50 Rappen.

Devisenbestimmungen

Die Ein- und Ausfuhr in- und ausländischer Zahlungsmittel unterliegt keinerlei Beschränkungen.

Geldwechsel

Außer zu den regulären Schalterstunden der Banken (→ Geschäftszeiten) ist Geldwechsel bei Wechselstuben an den Grenzübergängen, auf Bahnhöfen und an Flughäfen (geöffnet im Regelfall zwischen 6.00 und 21.00 Uhr), in den Büros der Reiseagenturen und an den Rezeptionen großer Hotels möglich.
Es wird überall zum offiziellen Kurs getauscht, allerdings können sich die Wechselgebühren unterscheiden.

Wechselkurse (veränderlich)

1 sfr = 1,15 DM	1 DM = 0,87 sfr
1 sfr = 7,81 öS	1 öS = 0,12 sfr

Eurocheques

Die Mitnahme von Eurocheques, Travellerschecks oder anderen Reiseschecks ist empfehlenswert. Eurocheques können bis zu einem Betrag von maximal 300 sfr eingelöst werden.

Achtung!

Bei Verlust von Eurocheques und/oder Scheckkarten alarmiere man zur sofortigen Sperrung unverzüglich den rund um die Uhr erreichbaren Zentralen Annahmedienst für Verlustmeldungen von Eurocheque-Karten in Frankfurt am Main.
Telefon aus der Schweiz: 00/49/69/740987.

Kreditkarten

Banken, eine Vielzahl von Hotels und Restaurants, Einzelhandelsgeschäften sowie Autovermietern akzeptieren die meisten internationalen Kreditkarten (Eurocard, Visa, American Express, Diner's Club u.a.).
Am weitesten verbreitet ist in der Schweiz die Eurocard.

Postsparkasse

Inhaberinnen und Inhaber von deutschen Postsparbüchern können bei allen Postämtern der Schweiz pro Tag Schweizer Franken bis zum Gegenwert von 1000 DM, innerhalb eines Monats von höchstens 2000 DM abheben.
Bei der Auszahlung muß außer der Ausweiskarte zum Postsparbuch der Personalausweis bzw. Reisepaß vorgelegt werden.

Geschäftszeiten

Banken

In den größeren Schweizer Städten haben die Banken in der Regel montags bis freitags zwischen 8.30 und 16.30 Uhr geöffnet, während sie am Samstag geschlossen bleiben.
Auf dem Lande öffnen die Banken ebenfalls Mo.–Fr. ab 8.30, schließen im allgemeinen von 12.00 bis 14.00 Uhr und haben dann bis 16.30 Uhr, manche bis 17.30 Uhr geöffnet.
In den ländlichen Gegenden sind die Banken an Samstagen ebenfalls geschlossen.

In den auf Flughäfen und an Bahnhöfen eingerichteten Wechselstuben können zwischen 6.00 und 21.00 Uhr, oft auch bis 23.00 Uhr, Währungen, Reise- und Eurocheques zum Tageskurs gewechselt werden. — Geschäftszeiten (Forsetzung) Wechselstuben

Mo.–Fr. 8.00–12.00 Uhr und 14.00–17.00 bzw. 18.00 Uhr. — Behörden, Büros

Die Ladengeschäfte sind im Regelfall Mo.–Fr. von 8.00 bzw. 8.30 Uhr bis 18.30 Uhr, Sa. nur bis 17.00 Uhr geöffnet. — Ladengeschäfte
In größeren Städten bleiben Warenhäuser und andere Geschäfte am Montagvormittag geschlossen; an einem Tag in der Woche ist erst um 21.00 Uhr Ladenschluß.
Außerhalb der Stadtzentren und in kleineren Ortschaften wird über die Mittagszeit ein bis zwei Stunden geschlossen.
Abweichungen von den üblichen Geschäftszeiten findet man in den meisten Ferienorten, wo die Läden abends länger und an Sonntagen stundenweise geöffnet haben.

In größeren Städten Mo.–Fr. 7.30–18.30, Sa. bis 11.00 Uhr. — Postämter

⟶ dort — Feiertage

Getränke

⟶ Essen und Trinken

Gleitschirmfliegen

⟶ Flugsport

Golfplätze

Golf Club Patriziale (18 Löcher), Via al Lido 81; Tel. 093/352132 — Ascona

⟶ Menaggio — Cadenabbia (I)

Circolo Golf Villa d'Este (18 Löcher), 7 km südöstlich in Montorfano; Tel. 031/200200 — Como (I)
Golf Monticello (36 Löcher), 10 km südwestlich in Cassina Rizzardi; Tel. 031/928055
Golf Club La Pineta (18 Löcher), 12 km südwestlich in Appiano Gentile; Tel. 031/933202
Royal Sant'Anna Golf Club (18 Löcher), 15 km südlich in Annone Brianza; Tel. 0341/577551

Golf Club Lanzo (9 Löcher); Tel. 031/840169 — Lanzo d'Intelvi

Golf Club Magliaso (18 Löcher); Tel. 091/711557 — Lugano

Menaggio e Cadenabbia Golf Club (18 Löcher), zwischen Menaggio und Cadenabbia, Grandola e Uniti; Tel. 0344/32103 — Menaggio (I)

Grotti

⟶ Restaurants und Grotti

Hotels und Gasthöfe

Hinweise

Das Hotelgewerbe hat in der Schweiz große Tradition. Der Qualitätsstandard ist insgesamt höher als in den meisten anderen europäischen Ländern, und auch in Hotels der unteren Kategorien sind Ausstattung und Service meist zu loben. Abgesehen von Lugano überwiegen im Tessin mittlere und kleine Betriebe.

Schweizer Hotelverzeichnisse

Die regionalen Tessiner Fremdenverkehrverbände (⟶ Auskunft) geben regelmäßig Hotellisten für die von ihnen betreuten Orte heraus.
Der Schweizer Hotelier-Verein (SHV) veröffentlicht alljährlich (bereits gegen Ende des vorangegangenen Jahres) den sorgfältig zusammengestellten "Schweizer Hotelführer" mit allen wichtigen Detailangaben über dem Verein angeschlossene Hotels und Restaurants; er vermittelt selbst jedoch keine Unterkünfte. Dieses Verzeichnis ist direkt vom Schweizer Hotelier-Verein (Monbijoustrasse 130, CH-3001 Bern; Tel. 031/507111) zu beziehen oder bei den Schweizer Verkehrsbüros (⟶ Auskunft) erhältlich. – Im Berner Hallwag-Verlag erscheint der alljährlich neu aufgelegte ACS-Hotel- und Gaststättenführer.

Schweizer Hotelkategorien

Kategorie offiziell	in diesem Buch	Übernachtungspreise in sfr 1 Person	2 Personen
*****	A	160–390	210–560
****	B	110–190	170–380
***	C	70–160	110–270
**	D	60–100	90–180
*	E	40– 70	70–110

Bei dem Kategorienschlüssel handelt es sich um Endpreise, die Bedienung und Abgaben einschließen.

Saisonpreise

In ausgesprochenen Urlaubsorten kann das Preisniveau besonders in der Hauptsaison höher liegen; zudem ist es dort vielfach üblich, nur Halb- oder Vollpension anzubieten.

Tiermitnahme

Informationsschrift "Hier sind Tiere willkommen" bei Ente Ticinese per il Turismo (ETT; ⟶ Auskunft, S. 240).

Abkürzungen

B. = Bettenzahl · Hb. = Hallenbad · Sb. = Schwimmbad

Hotels und Gasthöfe im Tessin sowie im angrenzenden Italien

Acquacalda Ospizio Acquacalda, Tel. 002/701157, 19 B.

Acquarossa Simano, Tel. 092/781120, 20 B.; Stazione, Tel. 092/781123, 9 B.

Agarone Agarone, Tel. 092/641555, D, 30 B.; Romitaggio, Tel. 092/641600, E, 16 B.

Agno La Perla, Tel. 091/593921, B, 278 B., Hb., Sb., Tennis; Tropical, Tel. 091/591912, D, 40 B., eigener Strand; Cavagna, Tel. 091/591595, 23 B.; Balmelli, Tel. 091/591417, 15 B.; Soldati, Tel. 091/591520, 6 B.

Agra Palazzo Fondazione Agra, Tel. 091/542581, 70 B.; Agra, Tel. 091/541371, 18 B.; San Gottardo, Tel. 091/544651, 12 B.

Airolo Delle Alpi, Tel. 094/881722, D, 55 B.; Innovacanza, Tel. 094/881966, 70 B.; Forni, Tel. 094/881297, E, 36 B.; Airolo, Tel. 094/881715, 10 B.; Ramelli, Tel. 094/881380, 24 B.; Motto Bartola, 084/881172, 19 B.; Flora, Tel. 094/881249, 16 B.; Helvetia, Tel. 094/881555, 7 B.

Aldesago
Montefiore, Tel. 091/513621, C, 86 B., Sb.; Colibri, Tel. 091/514242, C, 40 B.

All'Acqua
All'Acqua, Tel. 094/881185, 20 B.

Alpe Cardarda
⟶ Locarno

Alpe di Neggia
Neggia, Tel. 093/612037, 13 B.

Altanca
Genziana, Tel. 094/891217, 14 B.

Ambrì
Monte Pettine, Tel. 094/891124, D, 30 B.; Internazionale, Tel. 094/891184, 15 B.; Croce, Tel. 094/891145, 6 B.; Stazione, Tel. 094/891232, 11 B.

Anzonico
Bellavista, Tel.094/391110, 13 B.; Anzonico, Tel. 094/391220, 8 B.

Aranno
Tiglio, Tel. 091/771171, 8 B.

Arbedo-Castione
Motel Castione, Tel. 092/291566, D, 64 B.

Arcegno
⟶ Ascona

Arosio
San Michele, Tel. 091/771938, 24 B.

Ascona
*Castello del Sole, Tel. 093/350202, A, 125 B., Sb., Hb.; *Giardino, am Golfplatz, Tel. 0 93/35 01 01, A, 130 B., Sb.; *Eden Roc, direkt am See, Tel. 093/350171, A, 100 B., Sb., Hb., Wasserskischule; *Delta, nahe dem Flugplatz, Tel. 093/351105, A, 90 B., Sb., Hb., Tennis; Ascona, auf der Collina, Via Collina, Tel. 0 93/35 11 35, B, 120 B., Sb.; Ascovilla, in Seenähe, Tel. 093/350252, B, 120 B., Sb.; Casa Berno, hoch über dem Lago Maggiore, Tel. 093/353232, B, 100 B., Sb.; Sasso Boretto, Via Locarno, Tel. 093/357115, B, 100 B., Hb.; Monte Verità, in 75000 m^2 großem Naturpark auf dem Monte Verità, Tel. 093/ 350181, B, 75 B., Sb., T, *Aussicht; Ascolago, am See, Tel. 093/352055, B, 40 B., Sb., Hb.; Schweizerhof, Tel. 093/351214, C, 80 B., Sb.; Tobler, Tel. 093/353157, C, 75 B., Sb.; Tamaro, in schönem Tessiner Patrizierhaus am See, Tel. 093/350282, C, 70 B.; Polo, Tel. 093/354421, C, 70 B.; Al Porto, am See, Tel. 093/351321, C, 65 B.; *Castello-Seeschloss, an See und Piazza, Tel. 093/350161, C, 65 B., Sb.; Bellaria, Tel. 093/351121, C, 65 B., Sb.; Moro, Tel. 093/351081, C, 65 B., Hb.; Riposo, Tel. 093/353164, C, 60 B., Sb.; La Perla, Tel. 093/353577, C, 60 B., Sb.; Elvezia, am See, Tel. 993/351514, C, 40 B.; Michelangelo, Tel. 093/358042, C, 34 B., Sb.; Piazza au Lac, am See, Tel. 093/351181, C, 30 B.; Schiff au lac, Tel. 093/352533, C, 30 B.; Villa Veratum (garni), ehemaliger Herrensitz mit schönem Park, Tel. 093/353577, 15 B., Sb.; Mulino, Via delle Scuole, Tel. 0 93/35 36 92, D, 61 B.; Arancio, Tel. 093/352333, D, 50 B.; Carcani (garni), am See, Piazza G. Motta, Tel. 093/351904, D, 50 B.; Panorama, am See, Tel. 093/351147, D, 48 B.; Luna (garni), Tel. 093/353607, D, 45 B.; Golf (garni), Tel. 093/353791, D, 44 B.; Mirador, Tel. 093/351666, D, 36 B.;Pergola, Tel. 093/353848, D, 35 B.; Ticino, Tel. 093/353581, D, 33 B.; Florida (garni), Tel. 093/354923, D, 30 B.; Dei Fiori (garni), Tel. 093/361352, D, 24 B.; Al Faro (garni), am See, Tel. 093/358515, C, 20 B.; Silvia (garni), Tel. 093/351314, E, 34 B.

Losone
*Losone, 093/350131, A, 140 B., Sb.; La Rocca, Tel. 093/355344, C, 40 B., Hb.; Alle Arcate, Tel. 093/354242, C, 30 B., Sb.; Elena, Tel. 093/356326, D, 40 B., Sb.; Tiziana (garni), Tel. 093/355563, D, 30 B., Sb.; Pension Eden, Tel. 093/355142E, 24 B.

Arcegno
Zelindo, Tel. 093/353446, E, 23 B.

Astano
Della Posta, Tel. 091/731881, C, 40 B., Sb., Tennis; Astano, Tel. 091/731445, E, 25 B.

Banco	Selvatica, in Bedigliora, Tel. 091/732623, E, 18 B., Sb.
Bedano	Carletti, Tel. 091/931214, 20 B.
Bedretto	Orelli, Tel. 094/881140, 7 B.
Bellagio (I)	*Grand Hotel Villa Serbelloni, A, 152 B., Sb.; Excelsior Splendide, C, 93 B., Sb.; Belvedere, C, 90 B., Sb.; Ambassador Metropole, C, 86 B.; Du Lac, C, 86 B.; Florence, C, 70 B.; Fiorini, C, 28 B.; Silvio, D, 38 B.
Bellinzona	Unione, Via General Guisan 4, Tel. 092/255577, C., 75 B.; Internazionale (garni), Piazza Stazione, Tel. 092/254333, C, 45 B.; Croce Federale, Viale Stazione 12, Tel. 092/251667, C, 29 B.; Gamper, Viale Stazione 29, D, Tel. 092/253792, D, 54 B.; Moderno, Viale Stazione 17b, Tel. 092/251376, D, 15 B.; Locanda Marco, Via Nocca 20, Tel. 092/251332, D, 14 B.; Ticino, Viale Portone 5, Tel. 092/253383, E, 20 B.; Rex, Via San Gottardo 41, Tel. 092/252292, 30 B.; San Giovanni, Via San Giovanni, 092/251919, 19 B.
Berzona	Feriendorf 'Rustici della Verzasca', Tel. 093/671081, 65 B., Sb.
Biasca	Della Posta, Tel. 092/722121, 30 B.; Svizzero, Tel. 092/721120, 20 B.; Lucomagno, Tel. 092/722135, 29 B.; Al Giardinetto, Tel. 092/721771, D, 35 B.; Nazionale, Tel. 092/721331, 20 B.
Bidogno	Federale, Tel. 091/911866, 4 B.
Bignasco	Posta, Tel. 093/961123, 32 B.; Turisti, Tel. 093/961165, 18 B.
Bioggio	Stazione, Tel. 091/591167, 9 B.
Bironico	Banfi, Tel. 091/951141, 20 B.; Bironico, Tel. 091/951235, 13 B.
Bissone	Lago di Lugano, Tel. 091/688591, B, 160 B., Sb., eigener Strand; Campione, Tel. 091/689622, C, 65 B., Sb.
Bodio	Monteforno, Tel. 092/741744, 35 B.; Eden, Tel. 992/742273, 11 B.; Giardinetto, Tel. 094/741208, 7 B.
Bogno	San Lucio, Tel. 091/971303, 28 B.
Bombinasco	Teresina, Tel. 091/731105, 50 B.
Bosco Luganese	Villa Margherita, Tel. 091/591431, B, 70 B., Hb., Sb.
Brè (Dorf)	⟶ Lugano
Breganzona	Vita Sanotel Kurhotel, Tel. 091/560341, C, 32 B., Sb.; Villa Marita, Tel. 091/560561, D, 38 B., Sb.; Tivoli, Tel. 091/571921, 38 B.
Brione	⟶ Locarno
Brione Verzasca	Ai Piée, Tel. 093/901544, 8 B.
Brissago	*Villa Caesar, direkt am See, Tel. 093/652766, A, 64 B., Hb., Sb.; Brenscino, Tel. 093/650121, C, 170 B.; Mirto au Lac, Tel. 093/651328, C, 46 B.; La Favorita, Tel. 093/652742, C, Sb.; Eden al Lago, Tel. 093/651255, D, eigener Strand; Sole, Tel. 093/651198, D, gegenüber dem Strandbad; Mirafiore, Tel. 093/651234, D, eigener Strand; Centrale, Tel. 093/652113, D, 29 B.; Camelia, Tel. 093/651241, E, 40 B.
Cademario	Kurhaus Cademario, Tel. 091/592445, C, 180 B., Sb.; Cacciatori, Tel. 091/592236, C, 35 B., Sb.; San Bernardo, Tel. 091/592386, 15 B., Sb.

Americana, Tel. 091/565679, 23 B.; Fedora, Tel. 091/566161, 18 B.; La Gerla, Tel. 091/564860, 15 B.	**Cadempino**
Bellevue, B, 240 B.; Britannia Excelsior, C, 293 B.; Riviera, D, 25 B.	**Cadenabbia (I)**
Monna-Lisa, Tel. 092/621306, D, 42 B., Motel al Bosco, 30 B.	**Cadenazzo**
Cadro Panoramica, Tel. 091/914501, B, 150 B., Sb., Hb., Tennis.	**Cadro**
Sorriso, Tel. 091/912209, 38 B.	**Cagiallo**
Cacciatori, Tel. 094/391583, 13 B., 40 Lager; Grotto Pro Bell, Tel. 094/391649, 13 B., 10 Lager	**Calonico**
La Baita, Tel. 094/381084, 23 B.; Ostello Strada Alta, Tel. 094/382206, 26 Lager	**Calpiogna**
Morobbia, Tel. 092/273271, E, 35 B.	**Camorino**
Tre Cervi, Tel. 094/382661, 18 B.	**Campello**
Grande Venezia, Tel. 092/701218, 19 B.; Ospizio Camperio, Tel. 092/701152, 11 B.	**Camperio**
Gran Hotel Campione d'Italia, 75 B.; Bellevue, 17 B.	**Campione d'Italia**
Porta, Tel. 093/961254, 16 B.	**Campo**
Genziana, Tel. 092/701193, 35 B.	**Campo Blenio**
Ristorante Campra, Tel. 092/701710, 10 B.	**Campra**
Svizzero, Tel. 091/481421, D, 55 B., Sb.; Del Lago, Tel. 091/481118, 16 B., Sb., eigener Strand	**Capolago**
⟶ Locarno	**Cardada, Alpe**
La Pineta, Tel. 094/382851, 50 B.; Alpino, Tel. 094/381366; Carì, Tel. 094/381327; Casa Maina, 094/381969, 34 Lager	**Carì**
Al Ticino, E, 4 B., Tel. 092/251493	**Carasso**
Villa Carona, Tel. 091/687055, C, 50 B.	**Carona**
Gardenia, Tel. 091/711716, B, 50 B., Sb.; Esterel, Tel. 091/714313, B, 20 B., Sb.; Allod Parco al Lago, Tel. 091/715626, C, 237 B., eigener Strand; Cà Mimosa, Tel. 091/711464, D, 65 B., Sb.; Pergola, Tel. 091/711158, D, 50 B.; Fonte dei Fiori, Tel. 091/714066, D, 30 B., Sb.; Popolo, Tel. 091/711154, 44 B.; Canva Malcantonese, Tel. 091/711584, 32 B.; Grotto della Valle, Tel. 091/711716, 10 B.	**Caslano**
⟶ Lugano	**Cassarate**
⟶ Lugano	**Castagnola**
⟶ Arbedo-Castione	**Castione**
Trattoria Bronner, Tel. 094/891166, 9 B.	**Catto**
Rosselli, Tel. 092/741305	**Cavagnago**
Centrale, Tel. 093/961262, 5 B.; Rovana, Tel. 093/961265, 4 B.	**Cerentino**

Cernobbio (I)	*Villa d'Este, A, 320 B., Sb.; Asnigo, B, 65 B.; Regina Olga Reine du Lac, B, 155 B., Sb.; Miralago, C, 56 B.
Cevio	Basodino, Tel. 093/961101, 38 B.; Posta, Tel. 093/961220, 9 B.
Chiasso	Touring-Mövenpick, Tel. 091/445701, C, 120 B.; Corso, Tel. 093/445701, C, 50 B.; Antico, Tel. 093/447221, 30 B.
Cimalmotta	Alpina, Tel. 093/961251, 17 B.
Claro	Motel San Gottardo, Tel. 092/661566, 70 B.; Motel Riviera, Tel. 092/661513, 55 B.
Comano	La Comanella, Tel. 091/516571, C, 44 B., Sb.
Como (I)	Como, Via Mentana 28, B, 140 B.; Barchetta, Piazza Cavour 1, B, 137 B.; Metropole e Suisse, Piazza Cavour 19, B, 127 B.; Villa Flori, Via Provinciale per Cernobbio 12, B, 85 B.; Firenze, Piazza Volta B, 50 B.; Continental, Via Innoccennzo XI 15, C, 114 B.; Park Hotel, Viale Rossellli 20, C, 77 B.; Plinius, Via Garibaldi 33, C, 50 B.; Engadina, Viale Rosselli 22, D, 39 B.; Tre Re, Via Boldoni 20, D, 54 B.
Contone	Monna Lisa, Tel. 092/621306, 42 B.; Centrale, Tel. 092/621263, 34 B.
Contra	Meister, Tel. 093/672923, D, 35 B., Sb.; Ticino, Tel. 093/671949, E, 10 B.
Corippo	Osteria Corippo, Tel. 093/671871, 4 B.
Croglio	Serena, Tel. 091/711550, 20 B.
Cugnasco	Riarena, Tel. 092/641557, E, 12 B.
Cresciano	Da Sandra, Tel. 092/661121, 21 B.
Cureglia	Roncaccio, Tel. 091/562746, 35 B.
Dalpe	Stefani, Tel. 094/301576, 18 B.; Delle Alpi, Tel. 094/301424, 30 B.
Deggio	Campagnole, Tel. 094/891260, 13 B.
Dino	Miramonti, Tel. 091/912581, 13 B.
Dirinella	Confine, Tel. 093/631319, 6 B., eigener Strand; Dirinella, Tel. 093/631822, 6 B.
Dongio	Rodesino, Tel. 092/781182, 13 B.; Stazione, Tel. 092/781105, 4 B.
Faido	Milano, Tel. 094/381307, C, 70 B.; Pedrinis, Tel. 094/381241, E, 35 B.; Faido, Tel. 094/381555; Centrale, Tel. 094/381258, 20 B.; Barudoni, Tel. 094/381244, 25 B.
Figino	Ceresio, Tel. 091/601129, 25 B.
Fusio	Pineta, Tel. 093/991258, 25 B.; Svizzero, Tel. 093/991138, 18 B.; Dazio, Tel. 093/991162, 4 B., 20 Lager
Gandria	Moosmann, Tel. 091/517261, C, 55 B., direkt am See.
Gentilino	Villa Rita, Tel. 091/546419, 21 B.; Al Bosco, Tel. 091/546776, 11 B.
Gerra Gambarogno	Panorama, Tel. 093/631173, 30 B.; Roccobello, Tel. 093/631619, 6 B.; Al Portico, Tel. 093/632212, 15 B.

Gerra Piano Del Ponte, E, Tel. 092/641106, 10 B.; Campagna, E, Tel. 092/641107, 11 B.

Gerra Verzasca Froda, Tel. 093/901452, 19 B.

Giornico Turista, Tel. 092/741319, 25 B.

Giubiasco Del Moro, Tel. 092/272436, D, 11 B.; Rusca, Tel. 092/271892, E, 20 B.; San Giobbe, Tel. 092/272972, E, 20 B.; Unione, Tel. 092/271616, 18 B.

Golino Cà Vegia, Tel. 093/811267, D, 27 B.

Gordevio La Pergola, Tel. 093/871928, 24 B.; Uno Piu, Tel. 093/871012, 14 B.

Gordola La Rotonda, Tel. 093/673635, C, 35 B.; Elisabetta, Tel. 093/671163, D, 24 B., Sb.; Posta, Tel. 093/671077, D, 24 B.; Borradori, Tel. 093/671275, 12 B.; Gordolese, Tel. 093/671115, 8 B.

Gorduno Aurora, Tel. 092/292164, D, 14 B.

Grancia Riposo, Tel. 091/542452, 20 B.

Gudo Anita, Tel. 092/641197, 21 B.; Brack, Tel. 092/641254, E, 20 B.; Cottini, Tel. 092/641351, E, 13 B.

Indemini Martini, Tel. 093/611467, 10 B.

Intragna Antico Ristorante, Tel. 093/811107, D, 54 B.; Garni Intragna, Tel. 093/811077, Sb.

Iragna Iragna, Tel. 092/722265, 14 B.

Iseo Vegetariana, Tel. 091/591044, 8 B.

Isone Camoghè, Tel. 091/952118, 9 B.; Vedeggio, Tel. 091/952388, 9 B.

Lamone Serta, Tel. 091/931698, 14 B.; Stazione, Tel. 091/572339, 9 B.

Lavertezzo Posse, Tel. 093/901286, 20 B.; Vittoria, Tel. 093/901581, 10 B.

Lavorgo Defanti, Tel. 094/391434, 50 B.; Elvezia, Tel. 094/391120, 9 B.

Lecco (I) Don Abbondio, Piazza Era 10, B, 33 B.; Giordano, Lungo Lanrio Cadorno 20, B, 28 B.; Croce di Malta, Via Roma 41, C, 84 B.; Moderno, Piazza Diaz 5, C, 58 B.

Leontica Gianora, Tel. 092/782430, 9 B.

Locarno *La Palma au Lac, Tel. 093/330171, A, 128 B, Hb., eigener Strand; Arcadia al Lago, Tel. 091/310282, B, 180 B., Sb.; Reber au Lac, Tel. 093/330202, B, 140 B., Sb., Tennis; Esplanade-Hotel, Tel. 093/332121, B, 120 B., Sb., Tennis; Muralto, Tel. 093/330181, B, 145 B.; Grand Hotel Locarno, Tel. 093/330282, B, 150 B., Sb., Tennis; Quisisana, Tel. 093/3301341, B, 110 B., Hb.; Remorino (garni), Tel. 093/331033, B, 44 B., Sb.; Pestalozzi (garni), Tel. 093/310292, C, 106 B.; Dell'Angelo, Tel. 093/318175, C, 100 B.; Beau-Rivage, Tel. 093/331355, C, 90 B.; Rosa Seegarten, Tel. 091/338731, C, 60 B.; Zurigo, Tel. 093/ 331617, C, 53 B.; Du Lac (garni), Tel. 093/312921, C, 52 B.; Excelsior (garni), Tel. 093/315655, C, 40 B.; Verbania au Lac, Tel. 093/336443, D, 130 B.; Montaldi (garni), Tel. 093/330222, D, 87 B.; Atlantico (garni), Tel. 093/311864, D, 70 B.; Schloss-Hotel, Tel. 093/312361, D, 62 B., Sb.; Camelia, Tel. 093/331767, D, 59 B.; Rondinella (garni), Tel. 093/316221, D, 55 B.; Palmiera,

Locarno (Fortsetzung)	Tel. 093/331441, D, 47 B.; Carmine, Tel. 093/336033, D, 45 B.; Delle Alpi, Tel. 093/312757, D, 45 B.; Vallemaggia, Tel. 093/312582, D, 40 B.; Fiorentina (garni), Tel. 093/319914, D, 40 B.; Piccolo Hotel, Tel. 093/330212, D, 39 B.; Alexandra, Tel. 093/332523, D, 36 B.; Elvetico, Tel. 093/318013, D, 36 B.; Rio (garni), Tel. 093/336331, D, 34 B.; Casa al Lago, Tel. 093/331505, D, 33 B.; America, Tel. 093/317635, D, 30 B.; Antico Giardinetto, Tel. 093/321832, D, 30 B.; Navegna au Lac, Tel. 093/332222, D, 30 B.; Corona, Tel. 093/314336, D, 20 B.; Astoria (israelitisch), Tel. 093/336761, D, 92 B.; Gottardo (garni), Tel. 093/334454, E, 80 B.; Alexandra, Tel. 093/332523, E, 36 B.; Vecchia Locarno, Tel. 093/316502, E, 35 B.; Sempione (garni), Tel. 093/313064, E, 34 B.; Monica (garni), Tel. 093/331346, E, 33 B.; Millefiori (garni), Tel. 093/313433, E, 31 B.; Reginetta (garni), Tel. 093/312354, E, 23 B.; Campagna, Tel. 093/332054, E, 20 B.; Elena al Lago (garni), Tel. 093/312684, E, 19 B.; Citta Vecchia (garni), Tel. 093/314554, 19 B.; Stazione (garni), Tel. 093/330222, E, 15 B.; Villa Messico (garni), Tel. 093/321140, E, 16 B.; Villa Daniela (garni), Tel. 093/334158, E, 15 B.
Monti	Della Posta, Tel. 093/311312, C, 50 B., Sb.; India, Tel. 093/311210, D, 30 B.; Eden, Tel. 093/311976, D, 30 B., Sb.; Müller (garni), Tel. 093/311971, E, 29 B.; Olanda, Tel. 093/314727, 16 B.
Orselina	Orselina, Tel. 093/330232, B, 140 B., Hb.; Mirafiori, Tel. 093/331877, C, 55 B., Sb.; Stella, Tel. 093/336681, D, 50 B.; Planta, Tel. 093/331022, D, 36 B.; Mon Désir, Tel. 093/334842, E, 46 B.; Monte Fiorito, Tel. 093/332772, E, 42 B.
Brione	Dellavalle, Tel. 093/330121, B, 85 B., Sb., Tennis.
Monte Brè	Monte Brè, Tel. 093/312358, D, 32 B.; Collinetta, Tel. 093/311979, E, 10 B.
Alpe Cardada	Cardada, Tel. 093/315591, E, 32 B.; Colmanicchio, Tel. 093/311825, E, 14 B.
Losone	⟶ Ascona
Ludiano	Beltrami, Tel. 092/761137, 8 B.
Lugaggia	Del Sole, Tel. 091/911216, 18 B.
Lugano	*Splendide-Royal, Riva A. Caccia 7, Tel. 091/542001, A, 204 B., Hb.; *Principe Leopoldo, Via Montalbano 5, Tel. 091/558855, A, 48 B., Sb., Tennis; Excelsior, Riva Vela 4, Tel. 091/228661, B, 147 B.; De la Paix, Via Cattori 18, Tel. 091/544321, 140 B. B, Sb.; Pullman Commodore, Riva Caccia 6, Tel. 091/543921, B, 130 B.; Bellevue au Lac, Riva Caccia 10, Tel. 091/543333, B., 120 B., Sb.; Lugano-Dante (garni), Piazza Cioccaro 5, Tel. 091/229561, B, 102 B.; Arizona, Via S. Gottardo 58, Tel. 091/844179, B, 100 B., Sb.; Montalbano, Via Montalbano, Tel. 093/558811, B, 88 B., Sb., Tennis. Ceresio, Via Balestra 19, Tel. 091/231044, C, 184 B.; Continental-Beauregard, Via Basilea 28, Tel. 091/561112, C, 180 B.; Cristallo-Centro, Piazza Cioccaro 9, Tel. 091/229922, C, 120 B.; International au Lac, Via Nassa 68, Tel. 091/227541, C, 120 B.; Béha, Via G. Mazzini 22, Tel. 091/541331, C, 100 B.; Holiday Select, Via G. Zoppi 4, Tel. 091/236172, C, 100 B.; Everest (garni), Via Ginevra 7, Tel. 091/229555, C, 85 B.; King's-Centro, Via Greina 3, Tel. 091/239771, C, 82 B.; Delfino, Via Casserinetta 6, Tel. 091/545333, C, 80 B., Sb.; Federale, Via Regazzoni 8, Tel. 091/2205 51, C, 75 B.; Kocher's Washington, Via San Gottardo 55, Tel. 091/564136, C, 70 B.; Lux-Centro (garni) Piazza Dante, Tel. 091/229771, C, 70 B.; Scandinavia, Via Besso 1, Tel. 091/561922, C, 68 B.; Gottardo-Terminus, Via Cl. Maraini 1, Tel. 091/227777, C, 65 B.; Walter au Lac, Piazza Rezzonico 7, Tel. 091/227425, C, 64 B.; Colorado, Via Clemente Maraini 19, Tel. 091/541631, C, 62 B.; Besso-Centro (garni), Via Besso 24, Tel. 091/572312, C, 60 B.; Dan (israelitisch), Via Fontana 1, Tel. 091/541061, C, 60 B.; Plaza (garni), Via Magatti 1, Tel. 091/227423, C, 56 B.; Nassa (garni), Via Nassa 62, Tel. 091/232833, C, 54 B.; Casa Santa Birgitta, Via

Lugano (Fortsetzung)

Calloni 14, Tel. 091/541212, C, 47 B.; Romantic-Hotel Ticino, Piazza Cioccaro 1, Tel. 091/227772, C, 45 B.; Patio-Centro, Via Motta 7a, Tel. 093/228701, C, 40 B.
Pestalozzi, Piazza Indipendenza 9, Tel. 091/229595, D, 84 B.; Panorama, Via, Cl. Maraini 7, Tel. 091/229433, D, 74 B.; Aurora, Via Galli 2, Tel. 091/233767, D, 65 B.; Zurigo (garni), Corso Pestalozzi 13, Tel. 091/234343, D, 50 B.; San Carlo (garni), Via Nassa 28, Tel. 091/227107, D, 43 B.; Roma (garni), Via Pessina 10, Tel. 091/229851, D, 42 B.; Felix au Lac, Piazza Rezzonico 6, Tel. 091/237933, D, 40 B.; Roxi (garni), Via Loreto 13, Tel. 091/543441, D, 40 B.; City (garni), Crocicchio Cortogna 7, Tel. 091/236244, D, 38 B.; Astro (garni), Via Landriani 3, Tel. 091/229020, D, 32 B.; Genzana, Via Cantonale 7, Tel. 091/228557, D, 30 B.
Rosa (garni) Via Landriani 2, Tel. 091/229286, E, 57 B.; Montarina, Via Montaria 1, Tel. 091/567272, E, 40 B.; Lucerna-Jura, Via Basilea 22, Tel. 091/561072, E, 34 B.; Rex (garni), Viale C. Cattaneo 11, Tel. 091/227608, E, 31 B.; Monte Ceneri, Via Nassa 44, Tel. 091/233340, E, 30 B.; Cattedrale (garni), Via Cattedrale 9, Tel. 091/237861, E, 30 B.; Stella (garni), Via Borromini 5, E, Tel. 091/563370, E, 30 B.; Rio (garni), Via Cantonale 9, Tel. 091/228144, E, 28 B.

Lugano-Paradiso

*Grand Hotel Eden, Riva Paradiso 7, Tel. 091/550121, A, 230 B., Sb., Hb., eigener Strand; Europa Grand Hôtel, Via Cattori 1, Tel. 091/550171, B, 170 B., Hb.; Admiral, Via Geretta 15, Tel. 091/542324, B, 150 B., Sb., Hb.; Meister, Via S. Salvatore 11, Tel. 091/541412, B, 130 B., Sb.; Du Lac-Seehof, Riva Paradiso 3, Tel. 091/541921, 90 B., Sb., eigener Strand; Alba, Via delle Scuole 11, Tel. 091/543731, B, 42 B.; Calipso e Calipso Park, Via delle Scuole 3, Tel. 091/543341, C, 290 B., Sb., Hb.; Cristina, Via Zorzi 28, Tel. 091/543312, C, 150 B., Sb.; Carioca, Via Geretta 11, Tel. 091/543081, C, 140 B.; Canva Riviera au Lac, Riva Paradiso, Tel. 091/547575, C, 98 B.; Conca d'Oro au Lac, Riva Paradiso 7, Tel. 091/543131, 72 B. eiger Strand; Parkhotel Nizza, Via Guidino 14, Tel. 091/541771, C, 68 B., Sb.; Schmid, Via delle Scuole 9, Tel. 091/549121, C, 62 B.; Flora, Via Geretta 16, Tel. 091/541671, D, 85 B.; Dischma, Vic. Geretta 6, Tel. 091/542131, D, 72 B.; Victoria au Lac, Via Gen. Guisan 3, Tel. 091/542031, D, 67 B.; Domus (garni) Rica Paradiso 24a, Tel. 091/543421, D, 60 B.; Posthotel Simplon, Via Gen. Guisan 12, Tel. 091/544441, D, 50 B.; Flamingo, Via S. Salvatore 10, Tel. 091/541321, D, 40 B.

Lugano-Cassarate

Villa Castagnola au Lac, Viale Castagnola 31, Tel. 091/512213, B, 120 B, Hb., Tennis; Cassarate-Lago, Viale Castagnola 21, Tel.091/522412, B, 82 B., Sb.; Strandhotel Seegarten, Viale Castagnola 24, Tel. 091/512321, C, 130 B., Sb., eigener Strand; La Residenzia, Piazza Riscossa 16, Tel. 091/521831, C, 76 B.; Diana, Via Pico 8, Tel. 091/514141, C, 67 B.; Marina (garni), Via Gen. Arcioni 20, Tel. 091/514512, C, 60 B.; Elite (garni), Via del Tiglio 13a, Tel. 091/527161, D, 65 B.; Du Midi au Lac, Piazza E. Bossi 7, Tel. 091/511021, 60 B.; Ester (garni), Via Maggio 13, Tel. 091/524239, D, 38 B.; Atlantico (garni), Via Concordia 12, Tel. 091/512921, D, 33 B.; La Lucciola (garni), Via Concordia 11, Tel. 091/514721, 30 B.; Villa Sole (garni), Via al Chioso 9, Tel. 091/516162, E, 33 B.

Lugano-Castagnola

Belmonte, Via Serenella 29, Tel. 091/514033, A, 80 B., Sb.; Carlton Villa Moritz, Via Cortivo 9, Tel. 091/513812, C, 100 B., Sb.; Aniro, Via Violetta 1, Tel. 091/525031, C, 70 B., Sb.; Vallée (garni), Via Ceresio 17, Tel. 091/518948, C, 20 B.; Elvezia al Lago, Sentiero di Gandria 21, Tel. 091/514451, C, 15 B.; Helvetia (garni), Via San Giorgio 16, Tel. 091/514121, D, 52 B.; Fischer's Seehotel, Sentiero di Gandria 10, Tel. 091/515571, D, 36 B.; Locanda Castagnola (garni), Via Municipio 1, Tel. 091/512226, E, 26 B.. – Eldorado, Via Serenella 27, Tel. 091/525673, 84 B., Sb.

Brè (Dorf)

Brè Paese, Tel. 091/514761, D, 30 B.

Massagno

Camelia, Via Sione 2, Tel. 091/563179, E, 30 B.; Selva, Via Tesserete 36, Tel. 091/236017, E, 26 B.

Lumino	Motel Lumino, Tel. 092/291252, E, 43 B.
Magliaso	Golf/Villa Magliasina, Tel. 091/713471, B, 38 B., Sb., Golf; Sporting, Tel. 091/711135, D, 30 B.; Centro Evangelico, Tel. 071/1441, E, 183 B., Sb., eigener Strand; Del Sole, Tel. 091/711451, 15 B.
Magadino	Favini, Tel. 093/611552, 32 B.; San Gottardo, Tel. 093/611076, 20 B.; Elvezia, Tel. 093/611428, 8 B.
Maggia	Poncini, Tel. 093/872233, 8 B.; La Pineta, Tel. 093/871077, 6 B.
Malvaglia	Posta, Tel. 092/761267, 14 B.; Notari, Tel. 092/761130, 7 B.
Melano	Motel Lido, Tel. 091/687971, C, 80 B., Sb.; Biodola, Tel. 091/688119, 20 B.; Dei Pini, Tel. 091/482543; Siesta Bella (garni), Tel. 091/482419, 15 B.
Melide	Parc Palace, Tel. 091/687795, C, 100 B., Sb.; Batello, Tel. 091/687142, 60 B., C, eigener Strand; Riviera, Tel. 091/687912, C, 50 B., Sb., eigener Strand; Generoso Strandhotel, Tel. 091/687071, D, 65 B., Sb., eigener Strand; Ceresio, Tel. 091/687580, D, 32 B.; Del Lago, Tel. 091/687041, D, 32 B., eigener Strand; La Gondoletta, Tel. 091/687761, D, 30 B., eigener Strand; Florida (garni), Tel. 091/687059, E, 30 B.; Brandner (garni), Tel. 091/688602, E, 33 B.; Boccalino, Tel. 091/687767, E, 21 B.; Renz (garni), Tel. 091/687243, E, 18 B.; Giardino, Tel. 091/687051, E, 12 B.; Villa Pace, Tel. 091/687592, 15 B.; Bellavista, Tel. 091/689835, 8 B.
Menaggio (I)	Grand Hotel Victoria, B, 99 B., Sb.; Grand Hotel Menaggio, B, 97 B., Sb.; Bellavista, C, 70 B.; Royal, C, 19 B.; Corona, D, 50 B.
Mendrisio	Milano, Tel. 091/465741, C, 55 B., Sb.; Stazione, Tel. 091/462244, C, 50 B.; Morgana, Tel. 091/482355, C, 35 B.; Lanterna, Tel. 091/468022, 9 B., Sb.; Sport, Tel. 091/461560, 32 B.; Commercio, Tel. 091/463877, 22 B.; Del Gallo, Tel. 091/461533, 9 B.; Grüstli, Tel. 091/461860, 9 B.
Meride	San Silvestro, Tel. 091/461172, 12 B.
Mezzovico	Diamante Blue River, Tel. 091/952731, C, 177 B., Sb., Tennis; San Uberto, Tel. 091/951101, 10 B.
Molare	Molare, Tel. 094/381306
Montagnola	Bellevue-Bellavista, Tel. 091/546541, D, 36 B.
Monte	La Montanara, Tel. 091/461479, 5 B.
Monte Brè	⟶ Locarno
Monte Ceneri	Delle Alpi, Tel. 091/951123, 24 B.
Monte Generoso	Vetta, Tel. 091/687722, 14 B., 72 Lager
Monti	⟶ Locarno
Morcote	❄Olivella au Lac, Tel. 091/691001, A, 150 B., Hb., Sb., eigener Strand, Wasserski; Carina-Carlton, Tel. 091/691131, C, 40 B., Sb., eigener Strand; Rivabella, Tel. 091/691314, D, 30 B., eigener Strand; Iris (garni), Tel. 091/691242, D, 48 B.; Posta, Tel. 091/691127, E, 4 B.; Oasi, Tel. 091/691161, 22 B.
Muzzano	La Piodella, Tel. 0915463 06, 8 B.; Villa Sole, Tel. 091/561449, 21 B.
Nante (Airolo)	Belvedere, Tel. 094/881247, 23 B., 55 Lager

Belcantone, Tel. 091/711323, E, 20 B.	**Novaggio**
Cà del Sole, Tel. 091/711612, E, 40 B.	**Neggio**
Belcantone, Tel. 091/711323, E, 20 B.; Della Posta, Tel. 091/711349, 41 B.; Novaggio, Tel. 091/711382, 14 B.	**Novaggio**
Dei Mulini, Tel. 091/434753, 8 B.	**Novazzano**
Albergo Olivone & Posta, Tel. 092/701366, 45 B.; Arcobaleno, Tel. 092/701362, 12 B.; Albergo San Martino, Tel. 092/701521, 42 B.; Alpino, Tel. 092/701284, 28 B.; Centrale, Tel. 092/701107, 9 B.	**Olivone**
*Origlio Country Club, Tel. 091/931921, 110 B., Hb., Sb., Tennis; Le Betulle, Tel. 091/565193, 16 B.; Deserto, in Carnago, Tel. 091/931216, 8 B.; Origlio, Tel. 091/932310, 9 B.	**Origlio**
→ Locarno	**Orselina**
Marti, Tel. 094/381189, 18 B., 32 Lager	**Osco**
→ Lugano	**Paradiso**
Giulieri, Tel. 093/992268, 3 B.	**Peccia**
Personico, Tel. 092/741839	**Personico**
Pesciüm, Tel. 094/881522, 16 B., 80 Lager	**Pesciüm**
Della Posta, E, 9 B., Tel. 093/271727	**Pianezzo**
Mattei, Tel. 093/991171, 6 B.; Posta, Tel. 093/991135, 5 B.	**Piano di Peccia**
Garni Miralago, Tel. 093/611153, 124 B., Sb.; Gambarogno, Tel. 093/611562, 7 B.	**Piazzogna**
Lago Ritom, Tel. 094/891324, 24 B., 70 Lager	**Piora**
Elvezia, Tel. 094/891143, E, 20 B.; Gobbi Vais, Tel. 094/891531, 10 B.	**Piotta**
Alla Botte, Tel. 0722141, E, 20 B.	**Pollegio**
Stazione, Tel. 093/811453, D, 15 B.; A Castagneto, Tel. 093/811419; Centovalli, Tel. 093/811444, 20 B.	**Ponte Brolla**
Del Pesce, Tel. 091/711146, C, 44 B., Sb., eigener Strand; Motel Ponte Tresa, Tel. 091/711544, D, 80 B., Sb.; Miralago, Tel. 091/711310, E, 28 B.; Elena, Tel. 091/711516, E, 21 B.; Ceresio, Tel. 091/711122, 7 B.	**Ponte Tresa**
Acapulco au Lac, am See, B, Tel. 093/354521, 88 B., Hb., Wasserski, Surf- und Segelschule; La Rocca, C, Tel. 093/355344, C, Hb., 40 B.; Eden, E, Tel. 093/355142, E, 24 B.; Mimosa, Tel. 093/358453, 18 B.; Della Posta, Tel. 093/357191, 13 B.; San Martino, Tel. 093/355116, E, 10 B.	**Porto Ronco**
Albergo Tencia, Tel. 094/301242, D, 26 B.	**Prato Leventina**
Lavizzara (garni), Tel. 093/991143, 10 B., 20 Lager	**Prato Sornico**
Castelnuovo, Via Ceresio 45, Tel. 091/514449, E, 24 B.	**Pregassona**
Panorama, Tel. 091/239883, D, 30 B., Sb.	**Pugerna**

Pura	Casa 'Dio aiuta', Tel. 091(711384, 42 B.; Paladina, Tel. 091/7132341, 33 B.
Quartino	Al Platano, Tel. 093/611421, 20 B.
Rancate	Del Bosco, Tel. 091/463693, 10 B.
Riazzino	Motel Lago Maggiore, Tel. 092/641855, C, 86 B., Sb.; Motel Riazzino, Tel. 092/641422, D, 55 B., Sb.
Riva San Vitale	Chéry (garni), Tel. 091/481762, E, 40 B.; Della Posta, Tel. 091/481180; Sportivo, Tel. 091/481346, 6 B.
Rivera	Elvezia, Tel. 091/952219, D, 28 B.; Alpino, Tel. 091/951107, E, 20 B.; Stazione, Tel. 091/951855, E, 20 B.; Posta (garni), Tel. 091/951440, 30 B.; Leoni, in Soresina, Tel. 091/951118, 13 B.
Robiei	Robiei (2000 m ü.d.M.), Tel. 093/991226, 50 B., 30 Lager
Rodi-Fiesso	Baldi, Tel. 094/301198, E, 30 B.; Gendotti, Tel. 094/301117, E, 16 B.; Guscetti, Tel. 094/301232, E, 13 B.; Ul Betulin, Tel. 094/301127, 7 B.
Ronchini	Millefiori, 20 B., Tel. 093/871302
Ronco Bedretto	Stella Alpina, Tel. 094/881714, 16 B.; Delle Alpi, Tel. 094/881119, 4 B.
Ronco sopra Ascona	Ronco, Tel. 093/355265, D, 40 B., Sb.; Andragogium, Tel. 093/355453, E, 80 B.; Elisabetta, Tel. 093/355336, E, 11 B.; Della Posta, Tel. 093/358470, 10 B.
Rovio	Park-Hotel, Tel. 091/687372, C, 80 B., Sb.
Sagno	San Michele, Tel. 091/431212, D, 25 B.
San Bernardino (GR)	Brocco & Posta, Tel. 092/941105, B, 60 B.; Albarella, Tel. 092/940101, C, 130 B.; Bellevue, Tel. 092/941126, D, 35 B.; Nuovolido, Tel. 092/941705, D, 10 B.; Ravizza-National, Tel. 092/941272, D, 70 B.; Lumbreida, Tel. 092/941558, E, 150 B.
San Carlo	Basodino, Tel. 093/991192, 8 B.
San Carlo – Peccia	Monaci, Tel. 093/991145, 9 B.
San Gottardo	→ Sankt-Gotthard-Paß
Sankt-Gotthard-Paß	Albergo San Gottardo mit Albergo Monte Prosa, Tel. 094/881235, 30 B., 50 Lager
San Martino	Grotto Strada Alta, Tel. 094/891803
San Nazzaro	Consolina, Tel. 093/632335, E, 35 B., eigener Strand; Cedullo, 093/632444, 32 B., eigener Strand; La Campagnola, Tel. 093/632223, 36 B., Sb.; Roncaccio, Tel. 093/631905, E, 11 B., Sb.; Villa Sarnia, Tel. 093/631108, E, 10 B.
Sant'Abbondio	Bellavista, Tel. 093/631105, E, 8 B.
Sant'Antonino	La Perla, Tel. 092/621538, D, 45 B.
Sant'Antonio	Della Posta, in Carena, 8 B., Tel. 092/272258
Sementina	Cereda, Tel. 092/272431, D, 45 B.

Kurhotel, Tel. 091/691861, C, 145 B.	**Serpiano**
I Grappoli, Tel. 091/731145, E, 60 B., Sb.; Unione, Tel. 091/731263, 16 B.; Della Pace, Tel. 091/731258, 6 B.	**Sessa**
Dosso, Tel. 091/931227, 17 B.	**Sigirino**
Ambrogini, Tel. 094/741318; Pineta, Tel. 094/741562	**Sobrio**
Morganti, Tel. 093/871149 10 B.	**Someo**
Alpino, Tel. 093/901163, 10 B.	**Sonogno**
Incrocio, Tel. 091/548458, 8 B.	**Sorengo**
Thermalbad Terme, Tel. 091/471564, C, 51 B., Hb., Tennis; La Ticinella, in San Pietro, Tel. 091/741323, 18 B., Sb.	**Stabio**
* Des Iles Borromées, Lungolago Umberto 67 A, 219 B., Sb.; Bristol, Lungolano Umberto 73, B., 438 B., Sb.; Regina Palace, Lungolano Umberto 27, B, 329 B., Sb.; La Palma, Lungolano Umberto 33, B, 240 B., Sb.; Astoria, Lungolano Umberto 31, B, 183 B., Sb.; Speranza du Lac, Piazza Imbarcadero, B, 141 B.; Milano, Liazza Imbarcadera, B, 132 B.; Moderno, Via Cavour 33, C, 72 B.; Boston, C, 62 B.; Meeting, Via Bonghi 9, C, 46 B.; La Fontana, an der Straße nach Sempione, C, 38 B.; Italia e Svizzera, Piazza Imbarcadero, D, 54 B.	**Stresa (I)**
Motto del Gallo, Tel. 091/932871, 6 B.; Taverne, Tel. 091/931434, E, 30 B.; Stazione, Tel. 091/931298; Griglia, Tel. 091/931158, 14 B.	**Taverne**
Motel La Betulla, Tel. 093/812766, D, 23 B., Sb.; Barbatè, Tel. 093/811430, D, 20 B.; Alla Cantina, Tel. 093/811269, 14 B.	**Tegna**
Campofelice, C, Tel. 093/672351, 44 B., Tennis; Rivabella, D, Tel. 093/672214, 24 B.; Motta, E, Tel. 093/671021, 32 B.; Stella d'Oro, E, Tel. 093/672949, 24 B.; Centro, E, Tel. 093/672466, 16 B.	**Tenero**
Tesserete, Tel. 091/912444, D, 80 B.; Villa Aprica, Tel. 091/912422, D, 26 B.; Stazione, Tel. 091/911502, E, 11 B.; Commercio, Tel. 091/911843, E, 8 B.; Belvedere, Tel. 091/912436, 12 B.	**Tesserete**
Greina, Tel. 092/781237, 5 B.; Quattro Venti, Tel. 092/782378, E, 7 B.; Alla Baracca, Tel. 092/781117, 8 B.	**Torre**
Conca Bella, Tel. 091/437474, D, 25 B.	**Vacallo**
Gloria, Tel. 091/911985, D, 28 B.	**Vaglio**
Campana-Lepori, Tel. 091/971101, E, 13 B.; Washington, Tel. 091/971155, 7 B.	**Valcolla – Maglio di Colla**
Royal Victoria, B, 117 B.; Du Lac, B, 33 B.; Olivedo, D, 38 B.; Milano, D, 17 B.	**Varenna (I)**
In Intra: Chiostro, B, 34 B.; Miralago, C, 78 B.; Villa Aurora, C, 20 B. In Pallanza: Majestic, B, 212 B.; Europalace Residence, B, 86 B.; Astor, C, 92 B.; Belvedere, C, 88 B.; San Gottardo, D, 54 B.	**Verbania (I)**
Antico, Tel. 093/851737, 14 B.; Olandese, Tel. 093/851433, 14 B.; Locanda Onsernonese, Tel. 093/851730, 13 B.	**Vergeletto**
Motel Vezia, Tel. 091/563631, C, 120 B.	**Vezia**

Vezio Lorena, Tel. 091/771306, E, 18 B. Hotels und Gasthöfe (Fortsetzung)

Vico Morcote Bellavista, Tel. 091/691143, 18 B.

Vira Gambarogno Touring Bellavista, C, Tel. 093/611116, 110 B., Sb.; Viralago, direkt am See, C, Tel. 093/611591, 68 B., Hb., eigener Strand; Garni-Viramonte, Tel. 093/611127, 167 B., Sb.; La Riva, Tel. 093/611141, 8 B.; Vignascia, Tel. 092/611020, 12 B., eigener Strand

Vogorno Al Lago, E, Tel. 093/671227, 15 B.; Pizzo Vogorno, E, Tel. 093/671256, 8 B.; Verzasca, E, Tel. 093/671439, 6 B.

Hubschrauberflüge

⟶ Flugsport

Information

⟶ Auskunft

Jugendherbergen

Der Tessiner Jugendherbergsverband betreibt zwei Jugendherbergen, die beide in der näheren Umgebung von Lugano liegen:

Figino

Ostello per la Gioventù 'Casoro'
Figino-Casoro
Tel.: 091/601151
170 Betten

Savosa

Casa della Gioventù
Lugano-Savosa
Tel.: 091/562728
120 Betten

Nähere Informationen erteilt die
Associazione Ticinese Alloggi per Giovani
Via Ginevra 7
CH-6901 Lugano
Tel.: 091/237162

Darüber hinaus steht eine große Zahl anderer Jugend- und Gruppenunterkünfte zur Verfügung. Auskünfte erteilen die regionalen Fremdenverkehrsämter (⟶ Auskunft).

Karten (Land-, Reise-, Straßen- und Wanderkarten)

Empfehlung

In Ergänzung zu der diesem Reiseführer beigegebenen Reisekarte empfiehlt es sich, insbesondere für Bergtouren und Wanderungen, zusätzliches Kartenmatertial zu Rate zu ziehen; nachstehend eine Auswahl:

Landeskarte der Schweiz

Die Landeskarte der Schweiz, das amtliche nationale Kartenwerk der Schweizerischen Eidgenossenschaft, umfaßt Landkarten bzw. topographische Kartenblätter in folgenden Maßstäben:

1 : 500000, 1 : 300000, 1 : 200000 (vier Blätter), 1 : 100000 (23 Blätter), 1 : 50000 (93 Blätter; u.a. ein Tessin-Sonderblatt mit Wanderwegen) und 1 : 25000 (279 Blätter).	Karten, Landeskarte der Schweiz (Fortsetzung)
Freizeitkarte Tessin (mit Südtessin, 1 : 150000; Kümmerly + Frey)	1 : 250000
Generalkarte Schweiz (Tessin auf Blatt 4; Mairs Geographischer Verlag) Internationale Generalkarte Oberitalienische Seen (Mair) Reisekarte Italien (Blatt 2: Lombardei; Kümmerly + Frey)	1 : 200000
Reliefkarte Ticino (Orell Füssli)	1 : 150000
Amtliche Touristenkarte Tessin (mit Wanderwegen u.a.; Verlag MPA)	1 : 115000
Touristenkarte Laghi (Oberitalienische Seen; Litografia Artistica Cartografica)	1 : 100000
Wanderkarte Lago Maggiore – Lago di Varese (Kompaß) Wanderkarte Lago di Como – Lago di Lugano (Kompaß)	1 : 50000
Wandervorschläge mit Routenbeschreibungen und Erläuterungen zu Geologie, Flora, Fauna und Kultur (Banca del Gottardo)	Tessiner Bergseen
Panoramakarte Tessin (Hallwag)	Tessin-Panorama
Velokarte Schweiz (Verkehrsclub der Schweiz / VCS)	Radwanderkarte

Kochrezepte

⟶ Essen und Trinken

Konsulate

Konsulat der Bundesrepublik Deutschland Via Soave 9, CH-6900 Lugano Tel.: 091/227882	Deutschland
Konsulat der Republik Österreich Via Pretorio 7, CH-6900 Lugano Tel.: 091/235681	Österreich

Kraftstoff

⟶ Straßenverkehr

Kunsteisbahnen

⟶ Wintersport

Kunstflug

⟶ Flugsport

Kunstgalerien

Ascona	Galleria AAA, Carrà dei Nasi 18, Tel. 093/351144 Galleria d'arte M. Frido, Via Moscia, Tel. 093/356030 Galleria Turri, Contrada Maggiore, Tel. 093/353615 Galleria J. Eberli, Vicolo Pasini, Tel. 093/357046 Galleria Castelnuovo, Passaggio S. Pietro, Tel. 093/351938 Galleria Arte alla Riva, Via Moscia 6, Tel. 093/354175 Galleria Serodine, Vicolo S. Pietro, Tel. 093/351861 Galleria Kurfis, Via Collegio 28, Tel. 093/357110 Galleria Kohler, Via Orelli 4, Tel. 093/351357 Galleria l'Altra, Passaggio S. Pietro, Tel. 093/354666
Bissone	D'Arti Antiche, Tel. 091/689009
Carona	Hotel Villa Carona, Tel. 091/687055
Cureglia	Cà De'Neri, Tel. 091/561971
Locarno	Casa Rusca, Piazza S. Antonio L'Antiquario alla Stazione, in Muralto, Piazza Stazione 8, Tel. 093/331247 Bellario, Via S. Antonio 11, Tel. 093/315794 Và dal Portic, Via alla Motta 13, Tel. 093/315070 Cademi, in Muralto, Via Stazione interno 1, Tel. 093/337040 Centro Culturale Elisarion, in Minusio, Via R. Simen, Tel. 093/336671 Dubini, Via A. Vigizzi, Tel. 093/312926 Flaviana, Via B. Varenna, Tel. 093/312208 Galleria SPSAS, Palazzo Morettini Il Mediatore, Piazza Muraaccio 4, Tel. 093/318775 San Francesco, Via Ospedale, Tel. 093/319849 Ugas, Piazza S. Antonio 14, Tel. 093/321853
Lugano	Arpass, Via Luvini 9, Tel. 091/238015 Coray, Via Nassa / Contrada Sassello 2, Tel. 091/227556 Dabbeni, Corso Pestalozzi 1, Tel. 091/2332980 La Chica, in Pregassona, Via Ceresio 30, Tel. 091/528702 La Colomba, in Cassarate, Via Maggio/Viale dei Faggi 15, Tel. 091/522181 Il Tarlo, in Cassarate, Via del Tiglio 52, Tel. 091/524041 Nel Mondo dei Fiori, Via Luvini 2, Tel. 091/232462 Owens, Salita Chiattone 18, Tel. 091/237088 Palladio, Via Nassa 30, Tel. 091/234861 Passardi, Corso Pestalozzi 25, Tel. 091/235640 Poltera, Viale Castagnola 21e, Tel. 091/513686 Pro Arte, Piazza Cioccaro 8, Tel. 091/227603 Quartiere degli Antiquari, in den Palazzi Gargantini, Via Marconi / Riva Albertolli San Michele, in Cassarate, Piazza Bossi, Tel. 091/512432
Tenero	Matasci, Tel. 093/672723
Vezia	Daldiniana, Centro Paese Vezia, Tel. 091/561869

Landkarten

→ Karten

Mietwagen

Reservierung in Deutschland zum Nulltarif

Avis: Tel. 0130 7733

Budget: Tel. 0130 3366

europcar: Tel. 0130 2211

Hertz: Tel. 0130 2121

Locarno

Avis: Via Cantonale, Tel. 093/354455

Budget: in Muralto, Via Sempione 7, Tel. 093/336288

europcar: Via Trevani, Tel. 093/318844

Hertz: Garage Starnini, Via Sempione 12, Tel. 093/333355

Limousine Service Ticino (mit Chauffeur):
in Minusio, Via S. Gottardo 138, Tel. 093/336271

Lugano

Avis: in Paradiso, Via Gen. Guisan 2, Tel. 091/543641;
in Cassarate, Via Monte Boglia (Garage Cassarate), Tel. 091/516232;
am Flugplatz Agno, Tel. 091/595459

Budget: Via San Gottardo 6, Tel. 091/239531;
am Flugplatz Agno, Tel. 091/595757

ERA: am Flugplatz Agno, Tel. 091/593333

europcar: Via Ciani 5, Tel. 091/228844

Hertz: Via S. Gottardo 13, Tel. 091/234675;
am Flugplatz Agno, Tel. 091/234675

Motorboote

→ Schiffahrt

Motorflug

→ Flugsport

Museen

→ Übersicht S. 278

Musik

→ Kunst und Kultur: Musikleben

→ Praktische Informationen von A bis Z: Veranstaltungen

Museen im Tessin

1 **Sankt Gotthard**
Museo nazionale del San Gottardo (Nationalmuseum: Reisegeschichte)

2 **Airolo**
Forte Airolo (Historische Dokumente)

3 **Olivone**
Museo di San Martino (sakrale Kunst, Heimat)

4 **Lottigna**
Museo di Blenio (Talschaftsmuseum)

5 **Giornico**
Museo di Leventina (Talschaftsmuseum)

6 **Semione**
Collezione di minerali e fossili (Mineralien und Fossilien)

7 **Sonogno**
Museo di Val Verzasca (Talschaftsmuseum)

8 **Cevio**
Museo di Vallemaggia (Talschaftsmuseum)

9 **Bosco Gurin**
Walserhaus · Museo etnostorico (Volkskunde)

10 **Loco**
Museo Onsernonese (Talschaftsmuseum)

11 **Bellinzona**
Museo civico (Stadtmuseum im Castello di Montebello)
Civica galleria d'arte (Kunst)
Museo delle tradizioni popolari del Ticino (Tessiner Volkskunst im Castello di Sasso Corbaro)

12 **Minusio**
Museo Elisarion (Architektur)

13 **Orselina**
Museo Casa del Padre (Kirchenschatz des Santuario della Madonna del Sasso)

14 **Locarno**
Museo civico e archeologico (im Castello Visconteo)
Pinacoteca comunale (Kunst)

15 **Ascona**
Percorso museale del Monte Verità (Museumspfad)
Museo comunale d'arte moderna (moderne Kunst)
Museo Epper (Malerie, Plastik)

16 **Intragna**
Museo delle Centovalli e del Pedemonte (Talschaftsmuseum)

17 **Brissago, Isola Grande**
Museo etnografico africano (Kunsthandwerk aus Afrika)

18 **Brè** (Dorf)
Museo Schmid (moderne Kunst)

19 **Lugano-Castagnola**
Gemäldesammlung Villa Favorita
Museo delle culture extraeuropee (Objekte aus Afrika, Indonesien und Ozeanien in der Villa Heleneum)

20 **Lugano**
Museo cantonale d'arte (Kantonales Kunstmuseum)

Lugano (Fortsetzung)
Museo cantonale di storia naturale (Kantonales Naturgeschichtsmuseum)
Museo civico di belle arti (Städtisches Kunstmuseum in der Villa Ciani)
Museo di Santa Maria degli Angioli (Kirchenschatz)

21 **Agno**
Museo plebano (Archäologie und sakrale Kunst in San Provino)

22 **Curio**
Museo del Malcantone (Regionalmuseum)

23 **Sessa**
Piccolo Museo (Kleines Museum: Frauenarbeit, Landwirtschaft, Handwerk, Kunst und Emigration)

24 **Cantine di Gandria**
Museo doganale svizzero (Schweizer Zollmuseum)

25 **Bissone**
Casa Tencalla (alte Möbel und einheimische Kunst)

26 **Meride**
Museo dei fossili del Monte San Giorgio (Fossilien)

27 **Valle di Muggio**
Museo etnografico della Valle di Muggio (Museumsparcours im Aufbau)

28 **Rancate**
Pinacoteca cantonale Giovanni Züst (Tessiner Malerei)

29 **Mendrisio**
Museo d'arte (Malerei)

30 **Ligornetto**
Museo Vela (Skulpturen)

31 **Stabio**
Museo della civiltà contadina del Mendrisiotto (Landwirtschaft und Kunsthandwerk)

Naturlehrpfade

Waldlehrpfad (ca. 3 km) von Cademario nach Aranno mit Hinweisen zu Flora und Fauna des Malcantone. — Malcantone

Naturlehrpfad (ca. 7 km) im Gebiet des Monte San Giorgio mit Erläuterungen zur Pflanzen- und Tierwelt sowie zu den geologisch-paläontologischen Erscheinungen der Region. — Monte San Giorgio

Exkursionen des Ökologischen Zentrums 'Mensch und Natur' in Acquacalda (Brenno-Tal, Lukmanier-Paßstraße) — Museum Naturetum

Notdienste

Tel. 117 — Polizei

Tel. 118 — Feuerwehr

Tel. 144 — Sanitätsnotruf

Schweizer Rettungsflugwacht (SRFW), Zürich: Tel. 01/474747 — Flugrettung

Genf (Genève): Tel. 022/7358000 — TCS-Alarmzentrale

An allen Schweizerischen Autobahnen (Nationalstraßen) befinden sich Notrufsäulen, entlang der wichtigen Berg- und Paßstraßen Streckentelefone (SOS). — Notrufsäulen, Streckentelefone

TCS: Tel. 140
UPSA Ticino: Tel. 091/525544 — Pannenhilfsdienst

Bellinzona: Via Pellandini, Tel. 092/255655
Locarno: Via Trevani, Tel. 093/314671 — Automobil-Club der Schweiz (ACS)

Bellinzona: Viale Stazione 18c, Tel. 092/261155
Locarno: Via della Posta, Tel. 093/317572 — Touring-Club der Schweiz (TCS)

ADAC-Notrufzentrale München
(durchgehend von 0.00 bis 24.00 Uhr besetzt) — Notrufdienste in Deutschland

Telefon aus der Schweiz:
0049/89/222222 (Beratung nach Unfällen u.ä.)
0049/89/76762244 (Ambulanzdienst und Telefonarzt)

ACE-Notrufzentrale Stuttgart
Telefon aus der Schweiz:
0049/711/5303111

DRK-Flugdienst Bonn
Telefon aus der Schweiz:
0049/228/230023

Deutsche Rettungsflugwacht Stuttgart
Telefon aus der Schweiz:
0049/711/701070

In dringenden Fällen werden Reiserufe durch die schweizerischen und italienischen Rundfunkanstalten ausgestrahlt; man wende sich diesbezüglich an die Polizei oder an einen Automobilclub. — Reiserufe im Radio

Notdienste, Reiserufe im Radio (Fortsetzung)	Reiserufzentrale des ADAC in München (durchgehend von 0.00 bis 24.00 Uhr besetzt) Telefon aus der Schweiz: 0049/89/76762653

Öffnungszeiten

→ Geschäftszeiten

Ortszeit

→ Zeit

Pannenhilfe

→ Notdienste

Papiere

→ Reisedokumente

Post, Telegraf, Telefon

Postsendungen	Briefe	
	innerhalb der Schweiz (bis 250g, B 5, 20 mm Dicke):	0,50 sfr
	ins Ausland (bis 20 g; inkl. Luftpost):	
	in CEPT-Länder (Westeuropa)	0,90 sfr
	ins übrige Europa und in Mittelmeerländer	1,10 sfr
	in andere Länder	1,70 sfr
	Postkarten (inkl. Luftpost):	
	nach Europa und in Mittelmeerländer	0,80 sfr
	in andere Länder	1,10 sfr
	Eilzustellung	zusätzlich 4,00 sfr
	Einschreiben	zusätzlich 2,00 sfr
Öffnungszeiten der Postämter	Die Schweizer Postämter sind Mo.–Fr. 8.00–12.00, 14.00–18.30 und Sa. 8.00 bis 11.00 Uhr geöffnet.	
Telegramme	Telegramme können bei Schweizer Postämtern sowie unter der Rufnummer 110 aufgegeben werden.	
Telefonieren	Telefongespräche ins Ausland kann man in der Schweiz aus den öffentlichen Telefonzellen führen. Man muß zunächst 00 wählen, danach einen schrillen Pfeifton abwarten, dann die Ländernetzkennzahl, direkt anschließend die Ortsnetzkennzahl (ohne die Null!) und zuletzt die Rufnummer des gewünschten Teilnehmers wählen. Fast alle öffentlichen Telefonkabinen haben eine Rufnummer auf der Wählscheibe angegeben, so daß man sich dort auch an- bzw. zurückrufen lassen kann.	

Post (Fortsetzung)

Telefon-Ländernetzkennzahlen für den Selbstwählverkehr

Vorwahl für die Schweiz	
aus Deutschland:	00 41
aus Österreich:	0 50
aus Italien:	00 41

Vorwahl von der Schweiz	
nach Deutschland:	00 49
nach Österreich:	00 43
nach Italien:	00 39

R-Gespräche nach Deutschland

Über den Service 'Deutschland Direkt' der deutschen Telekom lassen sich R-Gespräche abwickeln. Die Zentralstelle in Frankfurt am Main ist rund um die Uhr besetzt und aus der Schweiz zu erreichen unter der Telefonnummer 1 55 45 49 (Berechnung auf das eigene Telefongebührenkonto).

Telefonauskunft

National: Tel. 111
International: Tel. 191

Postautodienst

Autobus

Bei der Planung von Ausflügen und Wanderungen im Tessin sollte man zur An- oder Rückfahrt stets auch den Postautodienst (italienisch Autopostali) der Schweizerischen Bundespost (PTT) in Betracht ziehen, der selbst entlegene Talschaften fahrplanmäßig anfährt und außerdem während der Sommermonate auch Sonderfahrten auf Nebenstrecken anbietet.
Auskünfte erteilen die Dienststellen des Postautodienstes in allen größeren Städten und Ortschaften sowie die regionalen Fremdenverkehrsämter (⟶ Auskunft).
Fahrkarten sind bei allen größeren Postämtern erhältlich.
Fahrpreisermäßigungen bietet das Schweizer Postauto-Ferienabonnement, dessen Geltungsbereich alle fahrplanmäßigen Linien umfaßt. Außerdem gibt es regionale Netzkarten und Abonnements.

Historische Reisepost

Die Nostalgieroute Luzern – Lugano wird zudem regelmäßig von Postautobussen und den Pferdekutschen der historischen Gotthardpost (fünftägige Reise) befahren.
Auskunft: Historische Reisepost, CH-6002 Luzern, Tel. 041/502233)

Radio

⟶ Rundfunk und Fernsehen

Radwandern

Fahrradverleih

Fahrräder (im Schweizer Sprachgebrauch 'Velos') können an den SBB-Bahnhöfen in Bellinzona und Locarno gemietet werden.

Radwanderkarte

⟶ Karten

Magadino-Ebene

Ein 32 km langer, gut ausgebauter und ausgeschilderter Radweg verbindet Ascona mit Bellinzona. Die Strecke führt auf Seitenwegen abseits der großen Verkehrsstraßen durch die Magadino-Ebene und erschließt dabei vielerlei landschaftliche und kulturelle Reize.

'Veloplausch'

Der 'Veloplausch' ist eine organisierte zweitägige Radtour durch die Leventina und das Blenio-Tal.
Auskünfte erteilen die regionalen Fremdenverkehrsämter (⟶ Auskunft).

Reisedokumente

Personalpapiere	Staatsangehörige der Bundesrepublik Deutschland und der Republik Österreich benötigen bei der Einreise in die Schweiz (Aufenthalt bis zu drei Monaten) einen gültigen Personalausweis oder Reisepaß, Kinder bis 16 Jahre einen Kinderausweis (ab zehn Jahre mit Lichtbild), sofern sie nicht im Reisepaß der Eltern eingetragen sind.
Fahrzeugpapiere	Nationaler Führerschein und Kraftfahrzeugschein werden anerkannt und sind mitzuführen; die Mitnahme der Grünen Internationalen Versicherungskarte für Kraftverkehr ist ratsam.
Nationalitäts-kennzeichen	Kraftfahrzeuge müssen an der Rückseite das ovale Nationalitätskennzeichen (D, A etc.) tragen.
Haustiere	Beim Grenzübertritt ist für Hunde und Katzen ein tierärztlicher Nachweis der Tollwutimpfung vorzulegen, die nicht länger als ein Jahr und nicht kürzer als 30 Tage zurückliegen darf.

Reisekarten

→ Karten

Reisezeit

Klima	→ Zahlen und Fakten: Klima
Reisesaison	Die beste Zeit für einen Aufenthalt in den Seeregionen sind der Frühling und der Frühsommer, wenn die Natur in voller Blüte steht. Für Wanderungen im Gebirge empfiehlt sich besonders der Herbst; dann sind die Wege auch in den hochgelegenen Gebieten schneefrei und die Temperaturen angemessen.
Wetterbericht	Wetteransage in deutscher Sprache: Tel. 01/162

Reiten

Ambri	Al Rio Secco, Tel. 094/891256
Ascona	Scuderia Alle Gerre, in Losone, Tel. 093/354835
Arbedo	Scuderia Mantero, Tel. 092/293140
Bellinzona	Circolo d'equitazione Bellinzona, in der Bar Carmine, beim Bahnhof, Tel. 092/254333
Bioggio	Scuderia Holiday, Tel. 091/593967
Camorino	Scuderia Scerri, Tel. 092/271886
Contone	Scuderia La Monda, Tel. 092/621278
Cresciano	Scuderia Albarelle, Tel. 092/662419
Cureglia	Scuderia Del Tiglio, Tel. 091/568971 Scuderia De Stefani, Tel. 091/563533

Centro Ippico Malcantonese, Tel. 091/715152 — Reiten: Curio

Reitstall La Prell, Tel. 091/473757 — Genestrerio

Scuderia Al Piano, Tel. 092/271512 — Giubiasco

Scuderia Progero, in Gudo-Progero, Tel. 092/641209 — Gudo

Scuderia Würgler, Tel. 091/594529 — Iseo

⟶ Ascona — Locarno

⟶ Cureglia
⟶ Origlio
⟶ Pregassona — Lugano

Scuderia La Val, Tel. 094/381053 — Mairengo

Bonnie-Ranch, Tel. 091/561028 — Muzzano

Scuderia Pauzella di Novazzano, Tel. 091/472421 — Novazzano

Scuderia San Giorgio, Tel. 091/565212
Scuderia Hubertus, Tel. 091/931544 — Origlio

Scuderia Ortelli, Tel. 091/523295 — Pregassona

Scuderia Isola Martella, Tel. 093/611060 — Quartino

Ranch Club Santa Margherita, Tel. 091/473384 — Stabio

Scuderia Sementina, Tel. 091/473384 — Sementina

Reitertouren auf Haflingerpferden bei:
Trekking Mario Antognini — Vira

Restaurants und Grotti

Hotelrestaurants ⟶ Hotels und Gasthöfe

Grotti

Typische Gasthäuser

Im Tessin gibt es eine erhebliche Anzahl von 'Grotti' (= Grotten; italienische Einzahl: 'Grotto').
Hierbei handelt es sich um einen ganz charakteristischen Gaststättentyp, den man auch in den benachbarten italienischsprachigen Tälern des Kantons Graubünden sowie in Oberitalien häufig antrifft.
Ein Grotto ist ein eher einfaches, aber gemütliches Gartenlokal, wo man traditionelle Hausmannskost – vor allem Wurst, Schinken und Käse, aber auch Risotto oder Polenta u.v.a. – sowie einheimischen Wein serviert bekommt.
Die Gäste sitzen im Freien meist an Steintischen unter schattenspendenden alten Bäumen, von Weinlaub berankten Pergolen oder anderen Überdachungen. Zuweilen spielt ein Musikant zur Unterhaltung auf.

Grotti-Führer

Rund 150 Grotti im Tessin und Misox sind in dem dreisprachigen (italienisch, deutsch and französisch), illustrierten "Tessiner Grotto-Führer" ausführlich mit genauer Lagebeschreibung, Adressen, Telefonnummern, Öffnungszeiten und Speisenangebot beschrieben, der im Verlag Fornasier (Via Bosco 55, CH-6974 Aldesago; Tel. 091/522555) erscheint.

Restaurantführer

⟶ Hotels und Gasthöfe: Hinweise

Ausgewählte Gaststätten

Agarone	Grotto Romitaggio, schön in Weinbergen gelegener typischer Grotto.
Agno	La Perla, im gleichnamigen Hotel; San Marco; Tropical.
Arcegno	Grotto Zelindo, in schöner Waldlage; mehrere Grotti in der Umgebung.
Ascona	*Giardino, im gleichnamigen Hotel, Via Senegale; Da Ivo, Via Collegio 141; Locanda Barbarossa, im Hotel Castello del Sole, Via Muraccio 142, rustikale Atmosphäre; Ascolago, Via Albarelle, mit schöner Terrasse über dem See; Elvezia, eines der ältesten Restaurants von Ascona, wo sich 1925 Stresemann und Briand zu Gesprächen trafen; San Michele, Tessiner Spezialitäten und hausgemachte Teigwaren; Della Carra', im Ortszentrum, mit Innenhof und typischer Tessiner Atmosphäre (Holzkohlengrill); Antica Osteria Vacchini und Ristorante Borromeo, beide alte und typische Restaurants mit schönem Garten bzw. Hof; Osteria Nostrana, Piazza Ascona; Grotto Chiodo (Gratiszubringerdienst mit Motorboot von der Piazza), Gartenterrasse über dem See, im Sommer Tanz.
Bellinzona	Osteria Castello, im Schloß Unterwalden (Castello di Sasso Corbaro); Grottino Teatro. – In Ravecchia: Grotto Federale. – In Carasso: Della Rocca. – In Sementina: Albergo Cereda.
Biasca	Albergo della Posta, gegenüber dem Bahnhof. – Mehrere Grotti an der *Via ai Grotti.
Bigogno	Grotto Flora.
Bissone	Il Roseto; Grotto Ticino.
Cademario	Cacciatori.
Campione d'Italia	Da Candida.
Cantine di Gandria	Cantine Descanso (nur per Boot zu erreichen).
Caprino	Grotto dei Pescatori, einsam am Seeufer gelegen.
Carona	Restaurant-Grotto Pan Perdü.
Caslano	Locanda Esterel; Stremadone.
Cavigliano	Ponte dei Cavalli, am Melezza-Ufer.
Chiasso	Restaurant im Hotel Corso, Via Valdani 1; Vecchia Osteria, in Seseglio.
Cureglia	Della Posta; *Grotto Ticinese (altbekannt).
Davesco-Soragno	Gallo d'Oro.
Giornico	Pescatori.
Giubiasco	Grotto della Salute und Grotto Sbardello, beide in Palasio.
Intragna	Stazione (Bahnhofsgaststätte).
Locarno	Al Parco, Via San Gottardo 8; Caffè-Bar Paolino, Palazzo Jelmoli, Largo Zorzi. – In Muralto: *Centenario, Lungolago 17. – In Minusio: Pierre de Lusi (ein altes Patrizieranwesen am See), Via Rinaldo Simen 96. – In Losone: Osteria dell'Enoteca (in einem schönen Patrizierhaus), Contrada S. Giorgio; Grotto Broggini, Via S. Materno 18.; *Raffael (altbekannt).

Restaurants und Grotti (Fortsetzung)

Lodrino — Osteria Biasca.

Ludiano — *Grotto al Spruch, in einer Granitblockhöhle.

Lugano — *Al Portone, Viale Cassarate 3; Bianchi ai Cenaccio, Via Pessina 3 (traditionsreiches Haus); Oasis, im Hotel Eden, Riva Paradiso 1; Villa Principe Leopoldo, Via Montalbano 5; Veranda, im Hotel Splendide-Royal, in prächtigem Park, Riva Caccia 7; Baron de la Mouette (Mövenpick), Viale Cattaneo 25; Locanda del Boschetto, Via Casserinetta 40 (italienische Küche); Tavernetta Colorado, Via Maraini 19); La Tinera, Via dei Gorini 2; Orologio, Via Nizzola 2; Europa au Lac, Via Cattori 1; Excelsior-Riviera, Riva Vincenzo Vela 4/Via Nassa 15; Del Cassarate, Via Fusoni 18; Osteria al Porto, Via Foce 9; Tavernetta Colorado, Via Maraini 19; Ticino, Piazza Cioccaro 1.
In Caprino: Grotto dei Pescatori, in romantischer Lage direkt am See.
In Sorengo: *Ristorante Santabbondio, Via ai Grotti.
In Cureggia: Grotto Pierino. – Viele Grotti in der Umgebung von Lugano.

Mendrisio — Albergo Milano, am Bahnhofsplatz.
Bei Somazzo: Grotto Eremo di San Nicolao, in der ehemaligen Einsiedelei der Wallfahrtskapelle San Nicolao (*Blick über das Mendrisiotto).

Meride — Grotto Antico.

Montagnola — Albergo Bellevue-Bellavista (*Seeblick); Grotto Cavicc.

Monte Generoso — Albergo Vetta.

Morcote — Restaurant Carina Carlton, an der Seepromenade; Voile d'Or, im Hotel Olivella au Lac, direkt am See; Grotto del Parco, im Parco Scherrer (Tessiner Küche). – In Vico Morcote: Albergo Bellavista und Grotto al Böcc, beide mit schönem *Blick auf den Luganer See; Alpe di Vicania.

Origlio — Origlio Country Club.

Peccia — Grotto al Cort, am Fuß des Wasserfalls Croso gelegen.

Personico — Val d'Ambra.

Porto Ronco — Della Posta.

San Pietro di Stabio — Montalbano, prächtig von Weinbergen umgeben.

Sonogno — Grotto Efra, malerisch am Efra-Wasserfall gelegen.

Taverne — Motto del Gallo, in historischem Anwesen.

Tenero — Grotto Scalinata.

Vacallo — Conca Bella.

Rundflüge

⟶ Flugsport

Rundfunk und Fernsehen

Schweizer Radiosender — Radio Monte Ceneri, 558 kHz
Radio Beromünster, 1566 kHz (18.30–24.00 Uhr)

Rundfunk und Fernsehen, Schweizer Radiosender (Fortsetzung)

Radio Sottens, 764 kHz (18.30 – 24.00 Uhr)
Radio Suisse International, 3,985 MHz (8.00 – 9.00 und 12.00 – 13.00 Uhr), 6,165 MHz (13.30 – 15.00 Uhr), 9,353 MHz (17.30 – 18.00 und 22.00 bis 23.00 Uhr)
Im nördlichen Tessin sind neuerdings auf Ultrakurzwelle (UKW) auch die Schweizer deutsch- bzw. französischsprachigen Radioprogramme DRS 1 bzw. RSR 1 zu empfangen (Ausdehnung auf den Süden des Kantons geplant).

Schweizer Fernsehsender

Televisione della Svizzera Italiana, Kanäle 12 und 56
Fernsehen der Deutschen Schweiz, Kanäle 21 und 39
Télévision de la Suisse Romande, Kanäle 31 und 42

Italienischer Rundfunk

Die italienische Rundfunkanstalt RAI (Radiotelevisione Italiana) strahlt in der Urlaubssaison verschiedene Sendungen (Nachrichten, Kommentare, Verkehrshinweise, Wetterbericht etc.) u.a. in deutscher Sprache aus; diese können auch im Tessin problemlos empfangen werden.

Schiffahrt

Schiffsverkehr auf den Seen

Auf dem Luganer See, dem Lago Maggiore und dem Comer See verkehren ganzjährig Motorschiffe (im Sommer z.T. auch Tragflügelboote) zu den Uferorten bzw. Inseln. Außerdem werden während der warmen Jahreszeit auf allen Seen verschiedene Rund- und Vergnügungsfahrten angeboten.

Taxiboote auf dem Luganer See

Bootstaxiverkehr 'Taxi-Lago-Saladin', Piazza Bernardino Luini, Lugano, Tel. 091/235797

Private Motorboote

Ausländer, die auf einem der Tessiner Seen ein Motorboot führen oder segeln wollen, benötigen entsprechende Kontrollschilder und eine provisorische Zulassung. Dem Antrag sind folgend Unterlagen beizufügen:
1. Zulassungsdokumente des Herkunftslandes, Bootsführerschein und Personalausweis oder Reisepaß.
2. Versicherungsbescheinigung einer Schweizer Versicherung zur Deckung von Haftpflichtschäden.
3. Durchführung einer technischen Kontrolle.

Schweizer Ferienkarte

→ Eisenbahn: Swiss Pass

Schwimmen

→ Bademöglichkeiten

Segelfliegen

→ Flugsport

Segeln

→ Wassersport

Souvenirs

→ Einkäufe und Souvenirs

Speisen

→ Essen und Trinken

Sportmöglichkeiten

→ Flugsport
→ Radwandern
→ Reiten
→ Tennis
→ Wandern
→ Wassersport
→ Wintersport

Sprache

Amtssprache

Amtssprache im Tessin ist das Italienische.
In Ladengeschäften und öffentlichen Lokalen wird im allgemeinen auch Deutsch gesprochen, so daß man sich als Tourist ohne italienische Sprachkenntnisse im Regelfall verständlich machen kann.

Ausdrücke der Speisekarte

→ Essen und Trinken

Straßenkarten

→ Karten

Straßenverkehr

Notrufe

→ Notdienste

Straßenzustand

Aktueller Ansagedienst: Tel. 163

Pannenhilfe

→ Notdienste

Verkehrsvorschriften in der Schweiz

Rechtsverkehr

In der Schweiz herrscht wie im übrigen kontinentalen Europa Rechtsfahrordnung, wobei links überholt wird.

Allgemeine Fahrvorschriften

Die Verkehrszeichen entsprechen der internationalen Norm. Innerhalb geschlossener Ortschaften haben Schienenfahrzeuge bei Kreuzungen oder Einmündungen gleichberechtigter Straßen grundsätzlich Vorrang; im übrigen ist hier das von rechts kommende Fahrzeug bevorrechtigt.
Auf Bergstrecken sind aufwärts fahrende Kraftfahrzeuge bevorrechtigt, in Tunneln und Felsgalerien ist das Abblendlicht einzuschalten.

Allgemeine Fahrvorschriften in der Schweiz (Fortsetzung)

Auf Schnellstraßen muß bei einer Panne das Warndreieck mindestens 150 m vom Fahrzeug entfernt aufgestellt werden (sonst 50 m), anschließend ist die Warnblinkanlage auszuschalten.
Motorräder müssen tagsüber das Abblendlicht einschalten; für Motorradfahrer besteht Schutzhelmpflicht.

Gurtpflicht

Das Anlegen der Sicherheitsgurte während der Fahrt ist obligatorisch (Bußgeld).

Alkoholgenuß

Die Höchstgrenze für den Blutalkoholgehalt beträgt 0,8 Promille.

Höchstgeschwindigkeiten

Auf Autobahnen 120 km/h, auf Landstraßen 80 km/h, innerhalb geschlossener Ortschaften 50 km/h.
Es wird dringend geraten, alle Geschwindigkeitsbegrenzungen strikt einzuhalten, da bereits geringfügige Überschreitungen mit empfindlich hohen Bußgeldern geahndet werden.

Autobahnvignette

Seit 1985 ist die Benutzung von Schweizer Autobahnen und autobahnähnlichen Straßen mit weiß-grüner Beschilderung gebührenpflichtig.
Die als Beleg erforderliche Autobahnvignette (bis 3,5 t Fahrzeuggesamtgewicht pauschal 30,00 sfr; gültig jeweils 14 Monate vom 1. Dezember bis zum 31. Januar des übernächsten Jahres) kann in der Schweiz an Grenzübergängen, bei Postämtern, Tankstellen und Werkstätten, in Deutschland beim ADAC oder bei den Schweizer Verkehrsbüros (⟶ Auskunft) erworben werden.

Wohnanhänger

Wohnanhänger über 2,10 m Breite und 6 m Länge benötigen eine an der Grenze erhältliche Sondergenehmigung. Mit dieser können Anhänger bis 2,20 m Breite und 6,50 m (für Paßstraßen) bzw. 7 m Länge (Flachland) benutzt werden.
Die zulässige Höchstgeschwindigkeit für Fahrzeuge mit Anhänger beträgt 80 km/h.

Wohnmobile

Für Wohnmobile gelten abweichende Höchstmaße bei Fahrzeugen über 3,5 t zulässigem Gesamtgewicht. Man informiere sich diesbezüglich vor Reiseantritt bei der Eidgenössischen Oberzolldirektion (⟶ Zollbestimmungen).

Winterausrüstung

Schneeketten kann man im Winter in der gebirgigen Schweiz nicht entbehren; sie dürfen jedoch nicht in längeren Straßentunneln benutzt werden!
Spikes-Reifen dürfen nur von November bis Ende März eingesetzt werden (Höchstgeschwindigkeit 80 km/h; Kennzeichnungspflicht). Mit Ausnahme der N 2 zwischen Göschenen und Airolo (Gotthard-Straßentunnel) und der N 13 zwischen Thusis und Mesocco ist das Befahren von Autobahnen und Nationalstraßen mit Spikes nicht gestattet.

Unfälle

Bei Unfällen mit Verletzten muß die Polizei gerufen werden. Hat der Unfall nur Sachschäden zur Folge, ist eine Verständigung der Polizei zwar nicht obligatorisch, im Hinblick auf Versicherungsansprüche jedoch ratsam.

Kraftstoff

Angebot

In der Schweiz besteht ein dichtes Tankstellennetz. Es werden überall bleifreies (italienisch 'senza piombo') und verbleites Superbenzin, ausschließlich bleifreies Normalbenzin sowie Dieselkraftstoff, manchenorts auch Autogas angeboten.

Preise

Die Preise für Kraft- und Schmierstoffe liegen in der Schweiz etwas über jenen in Deutschland, in Italien jedoch erheblich über dem europäischen Durchschnitt.

In der Schweiz bleibt in Reservebehältern mitgeführter Kraftstoff bis zu einer Menge von 25 Litern zollfrei.
In Italien ist das Mitführen von Reservekraftstoff (außer im Fahrzeugtank) sowie das Auffüllen von Kanistern an Tankstellen aus Sicherheitsgründen verboten !

Straßenverkehr, Kraftstoff (Fortsetzung) Reservekraftstoff

Strom

⟶ Elektrizität

Surfen

⟶ Wassersport

Swiss Pass

⟶ Eisenbahn

Tauchen

⟶ Wassersport: Tauchen

Taxi

Taxifahrten sind in der Schweiz relativ teuer; die Beförderungspreise variieren von Ort zu Ort.
Festpreise für zuschlagpflichtige Sonderleistungen (z.B. Gepäck) sind im Fahrzeug angeschlagen.

⟶ Schiffahrt Taxiboote

⟶ Flugsport Taxiflüge

Tennis

TC Blenio, Tel. 092/87 17 65, ein Platz — Acquarossa

TC Agno, am Flugplatz, Tel. 091/59 22 32, sechs Plätze, zwei Hallenplätze — Agno

Associazione Tennistica Ambrì, Pista Valascia, Tel. 094/89 16 03, zwei Hallenplätze
Associazione Tennistica Ambrì, Laghetti Audan, Tel. 094/89 18 58, zwei Hallenplätze — Ambrì

TC Aquila, Tel. 092/70 11 78, ein Platz — Aquila

TC Arbedo Castione, Tel. 092/29 29 40, zwei Plätze — Arbedo-Castione

TC Ascona, Via delle Querce, Tel. 093/35 42 02, sieben Plätze, vier Hallenplätze — Ascona

Ascona (Fortsetzung)	Albergo Delta, Via Delta, Tel. 093/356875, vier Plätze Albergo Castello del Sole, Via Muraccio 143, Tel. 093/350202, fünf Plätze, zwei Hallenplätze Tennis Lido, Via Lido, Tel. 093/357130, zwei Plätze Albergo Monte Verità, auf dem Monte Verità, Tel. 093/350181, ein Platz Pista della Siberia, Tel. 093/354485, vier Plätze
Astano	Albergo della Posta, Tel. 091/731881, zwei Plätze
Avegno	Tennis Centro Eden, Tel. 093/812525, vier Plätze
Aurigeno	TC Valle Maggia, Tel. 093/872185, zwei Plätze
Bellinzona	TC Bellinzona, Via Brunari, Tel. 092/262020, acht Plätze TC Palestra, Via G. Motta, Tel. 092/259195, ein Platz
Besazio	Associazione Tennis Montagna, Tel. 091/462692, ein Platz
Bodio	TC Bodio, Mondella, Tel. 092/742507, vier Plätze
Brissago	TC Brissago, Tel. 093/652534, ein Platz Albergo Brenscino, Tel. 093/650121, ein Platz
Cadempino	Centro Tennis Les Amis, Tel. 091/561705, vier Plätze, fünf Hallenplätze
Cadro	TC Intersport, in Cadro Panoramica, Tel. 091/913875, 14 Plätze, zwei Hallenplätze
Camorino	Centro Flamingo, Tel. 092/276040, zwei Plätze, vier Hallenplätze
Campione d'Italia	Centro Tennis, vier Plätze
Carì	TC Frageira, Tel. 094/382098, ein Platz
Caslano	Albergo Allod Parco Lago, Tel. 091/715626, ein Platz
Chironico	TC Chironico, Tel. 094/391357, ein Platz
Contone	TC Al Piano, Tel. 092/622605, zwei Plätze
Cureglia	TC Cureglia, Tel. 091/565833, vier Plätze, zwei Hallenplätze
Faido	Tennis Gerra, ein Platz
Gordola	TC Tenero Gordola, Via Brere, Tel. 093/673707, vier Plätze, zwei Hallenplätze
Giubiasco	TC Giubiasco, Tel. 092/271607, drei Plätze
Locarno	TC Locarno, Bosco Isolino, Tel. 093/311116, sechs Plätze Tennishallen 'Morettina', Tel. 093/321029, vier Hallenplätze Grand Hôtel Locarno, in Muralto, Via Sempione 17, Tel. 093/330282, ein Platz Albergo Reber, in Muralto, Via Verbano 55, Tel. 093/330202, ein Platz Albergo Esplanade, in Minusio, Via Esplanade, Tel. 093/332121, drei Plätze Albergo Delavalle, in Brione, Tel. 093/330121, ein Platz
Losone	TC Losone, Via dei Pioppi, Tel. 093/356634, drei Plätze Tennis Rio, Tel. 093/356856, ein Platz

Lugano

TC Lido, in Cassarate, Viale Castagnola, Tel. 091/515636, sechs Plätze
Albergo Villa Castagnola, in Cassarate, Viale Castagnola 31, Tel. 091/512214, zwei Plätze
TC Campo Marzio, in Cassarate, Tel. 091/5122541, zwei Plätze
TC Münger, in Paradiso, Via Garetta, Tel. 091/547127, zwei Plätze
TC Lugano 1903, in Pregassona, Via Maraini 3, Tel. 091/514340, vier Plätze
TC Val Gersa, in Crozifisso, Via Centro Sportivo, Tel. 091/567848, fünf Plätze
Tennis Coperto Scairolo, in Pampio-Noranco, drei Plätze, fünf Hallenplätze

Melide

Tennis Lido, Tel. 091/687530, ein Platz
Tennis Club Melide, La Romantica, Tel. 091/687445, drei Plätze

Mendrisio

Zwei Tennisplätze

Mezzovico

TC Blue River, Tel. 091/952732, drei Plätze

Montagnola

Tennis Centro Scairolo, Tel. 091/544612, drei Plätze, fünf Hallenplätze

Morbio Inferiore

TC Morbio Inferiore, Tel. 091/433198, vier Plätze, ein Hallenplatz

Olivone

Centro Polisport, Tel. 092/701457, ein Platz, ein Hallenplatz

Origlio

TC Country Club, zwei Plätze

Osogna

TC Osogna, zwei Plätze

Ponte Capriasca

Ranch Al Tosello, drei Plätze

Preonzo

TC Preonzo-Moleno, Tel. 092/661333, zwei Plätze

Rodi

TC Rodi, ein Platz

Sagno

Ein Tennisplatz

Salorino

TC Salorino, Tel. 091/464044, drei Plätze

Sementina

Tennis coperto Sementina, Tel. 092/275717, zwei Plätze, drei Hallenplätze

Stabio

Zwei Tennisplätze

Taverne

Centro Tennis Taverne, Tel. 091/932025, vier Plätze, drei Hallenplätze

Tenero

Lido Tenero, Via Roggia, Tel. 093/672030, ein Platz
Campofelice, Tel. 093/671417, ein Platz

Tesserete

TC Capriasca, Tel. 091/911698, zwei Plätze

Vaglio

Stelio TC, Tel. 091/911105, ein Platz

Villa Luganese

Centro Tennis Villa Luganese, Tel. 091/913371, zwei Plätze, zwei Hallenplätze

Vira

TC Vira Gambarogno, Tel. 093/611233, zwei Plätze

Touristische Informationen

→ Auskunft

Trinkgeld

In Restaurants und Hotels ist das Bedienungsgeld grundsätzlich inbegriffen. Der Gast ist also eigentlich nicht verpflichtet, Trinkgeld zu geben. Dennoch ist es üblich, besonders guten Service zusätzlich zu belohnen.

Uhrzeit

→ Zeit

Unterkunft

→ Berghütten
→ Camping
→ Feriendörfer
→ Ferienwohnungen
→ Hotels und Gasthöfe
→ Jugendherbergen

Veranstaltungen

Ganzjährig

Während des ganzen Jahres wird in der Altstadt von Bellinzona der sehr besuchenswerte typische Wochenmarkt (samstags 7.00–11.30 Uhr) abgehalten.
Lohnend ist auch der Wochenmarkt (mittwochs) in Verscio.

Sommer

Ascona: Gemäldeausstellungen im Centro d'Arte;
Verleihung des Ascona-Literatur-Preises (alle zwei Jahre).
Brissago: Sommernachtskonzerte auf der Großen Brissago-Insel.
Lugano: Morgenkonzerte; Segelregatten.
Melide: Kammerkonzerte in der Kirche SS. Quirico e Giulietta.
Morcote: Kammerkonzerte in der Kirche S. Maria del Sasso und im Parco Scherrer.
Verscio: Teatro Dimitri (ein- bis zweimal monatlich).
Vico Morcote: Kammerkonzerte in der Kirche SS. Fedele e Simone.

Februar

Biasca: am Samstag, eine Woche vor Fastnacht, ambrosianischer Karneval mit Risotto-Essen.
Fastnachtsdienstag vielerorts Risotto-Essen auf der Piazza (u.a. in Ascona, Arcegno, Locarno, Losone und Lugano).
Bellinzona:
'Rabadab'-Karneval mit traditionellem Umzug und Risotto-Essen.
Chiasso: Karneval mit Umzug.
Rovio: Marienfest.

März

Mendrisio: Historische Gründonnerstags- und Karfreitagsprozessionen, die den Leidensweg Christi nachvollziehen.
Locarno: Fischerfest.

März/April

Ascona: 'Balint'-Treffen
(Symposium für psychologisch-psychosomatische Medizin).
Locarno: Kamelienschau.

März–Juli

Locarno: 'I Concerti di Locarno'.
Lugano: 'Primavera Concertistica di Lugano' (Frühlingskonzerte).

Veranstaltungen

Mai

Bellinzona: Handelsmesse ‘Espo’.
Biasca: Schweizer Chortreffen.
Brissago: Fischerfest.
Lugano: Blumenkorso

Pfingsten

Caslano: Internationale Ruderregatta.
Meride: Pfingstmontagswallfahrt auf den Monte San Giorgio.

Juni

Biasca: ‘Festa Campestre’ in den Grotti (zweite Junihälfte); Kirchweihfest in San Pietro (Ende Juni).
Caslano: Fischessen.
Contone: Start der ‘Tour de Sol’ (Wettfahrt solargetriebener und mit Menschenkraft bewegter Fahrzeuge).
Locarno: Sommerkarneval.
Lugano: Seenachtsfest mit Feuerwerk.

Juni / Juli

Ascona: Straßenkonzerte von Folklorekapellen (‘Bandelle’); Festa Orleans Music.
Lugano: New Orleans & Estival Jazz Festival.
Campione d‘ Italia: Seenachtsfest mit Feuerwerk.

Juni – September

Ascona: Internationales Marionetten-Festival; Sandburgenwettbewerb; ‘Artisti in Piazza’ (Künstlerwettbewerb auf der Piazza).

Juli

Aquila: Historischer Umzug.
Capolago: Seespiele; Fischerfest.
Locarno: Seenachtsfest mit Feuerwerk; Wein- und Käsefest in der Altstadt.
Lugano: Risotto-Essen.
Rovio: Santa-Anna-Fest.

Juli / August

Aranno: Musikwochen ‘Ars et Musica’ im Amphitheater.
Ascona: ‘Festa del Bosco’, Waldfest im Freibad.

August

Dongio: Umzug zur Erinnerung an die napoleonische Herrschaft und die Mediationsakte von 1803 (1. August).
Monte Lema: Bundesfeier (1. August)
Rima: Mariä-Schnee-Prozession (am Sonntag, der dem 5. August am nächsten liegt).
Ascona: ‘Eranos’-Tagungen (wissenschaftliche Veranstaltungen).
Locarno: Internationales Filmfestival.

August – Oktober

Ascona: Internationale Musikfestwochen.

September

Biasca: Reitertage der Riviera.
Bissone: Prozessionen.
Cademario: Malwettbewerb.
Locarno: Flohmarkt; Traubenfest in Monti.
Mendrisio: Weintraubenfest.

Oktober

Brissago: Kastanienfest.
Cademario: Kastanienessen.
Locarno: Kastanienfest (‘Burbaglio’) in Muralto.
Lugano: Winzerfest mit Umzug (am ersten Oktobersonntag); Ausstellung ‘Artecasa’ (Einrichtung und Wohnkultur).

November

Locarno: Handelsschau ‘Selezione Ambiente’.
Mendrisio: Martinsfest und Martinsmarkt.

November – März

Locarno: Winterkonzerte.

Feiertage

⟶ dort

Verkehrsvorschriften

⟶ Straßenverkehr

Volksfeste

⟶ Veranstaltungen

Wandern

Das Tessin bietet sehr vielfältige Wandermöglichkeiten vom einfachen Spazierweg bis hin zur anspruchsvollen Bergtour. Bei allen Ausflügen sind die folgenden Hinweise unbedingt zu beachten:

Ausrüstung

Zur Ausrüstung gehört eine angemessene Kleidung (festes Schuhwerk, Pullover, Regen- und Sonnenschutz) ebenso wie gutes Kartenmaterial (⟶ Karten) und ein Touren- bzw. Wanderbuch mit der exakten Beschreibung der vorgesehenen Strecke. Die ist umso wichtiger, je mehr man sich von bewohnten Gebieten entfernt.

Proviant

Als Proviant eignen sich besonders Nüsse, Trockenfrüchte, Traubenzucker und nichtschmelzende Schokoriegel sowie nicht zu süße Getränke (Tee, Zitronen- und anderer Fruchtsaft).

Wasser

In höheren Lagen ist Quellwasser meist ohne Gefahr trinkbar, ebenso Brunnenwasser, sofern dies nicht durch ein Warnschild ('Acqua non potabile' = 'kein Trinkwasser') ausgeschlossen ist.

Wettervorhersage

Vor Antritt größerer Wanderungen sollte man sich unter der Telefonnummer 031/162 nach den Wetteraussichten erkundigen.

Wandertempo

Wanderer bewältigen je nach Alter etwa 3–4 km pro Stunde. Beim längeren steilen Aufstieg überwindet man in einer Stunde durchschnittliche 300 bis 400 m, beim Abstieg 600 bis 700 m Höhenunterschied.

Naturschutz

Zum Schutz der Natur und zur Pflege der Landschaft sollte man keine Abfälle sorglos wegwerfen. Geschützte Blumen und Pflanzen dürfen weder gepflückt noch ausgegraben werden. Das Sammeln von Pilzen unterliegt vielfach regionalen Beschränkungen.

Feuer

Während der Dürreperioden ist das Entzünden von Feuer im Freien verboten. Ansonsten sollte man beim Verlassen eines Grill- oder Lagerfeuers dieses gründlich mit Wasser oder Erde löschen.

Notfälle

Der nächste Polizeiposten, ärztliche Hilfe oder die Flugrettung sind unter der Telefonnummer 111 zu erreichen (s. auch ⟶ Notdienste).

Wandervorschläge

Gut ausgearbeitete Wandervorschläge erhält man bei den Fremdenverkehrsämtern (⟶ Auskunft). Diese organisieren auch geführte Touren.

Radwandern

⟶ dort

Wasserski

⟶ Wassersport

Wassersport

Bei wassersportlichen Betätigungen beachte man stets die 300-Meter-Uferzone!	Hinweis

Segeln

Segelschule Ascona (Segel-, Motorbootunterricht, Jachtcharter), Via Baraggie 38, Tel. 093/355185	Ascona
Segelschule Stäheli, in Minusio, Via S. Gottardo 146b, Tel. 093/334814	Locarno
Circolo velico Lago di Lugano, Foce Cassarate, Tel. 091/510975	Lugano
Windsurfing-Zentrum Herbert Erat, Tel. 093/671079	Tenero

Surfen (Windsurfing)

Centro Nautico Ascona, beim Lido, Tel. 093/353400	Ascona
Windsurfing im Albergo Lago di Lugano, Tel. 091/688591	Bissone
Windsurfschule am Lido, Tel. 091/712525	Caslano
Stäheli-Boote, in Minusio, Via S. Gottardo 146b, Tel. 093/334814 Hotel La Palma au Lac, in Muralto, Tel. 093/330171	Locarno
Club Nautico Lugano-Melide, Tel. 091/686139 Windsurfschule am Lido, in Cassarate, Tel. 091/514041 Albergo du Lac, in Paradiso, Tel. 091/541921	Lugano
Windsurfschule	Melano
Windsurfing-Zentrum Herbert Erat, Tel. 093/671079	Tenero
Windsurfschule	Vira

Wasserski

Wasserski (auch Unterricht) bei den Hotels Eden Roc und Ascolago	Ascona
Wasserski bei den Hotels Reber au Lac (Tel. 093/330202) und La Palma au Lac (Tel. 093/330171), beide in Muralto	Locarno
Club Nautico Lugano-Melide, Tel. 091/686139 Club Sci Nautico Ceresio beim Hotel du Lac, Tel. 091/541921 Bootstaxi Saladin, Piazza Bernardino Luini, Tel. 091/235797	Lugano
Wasserski im Windsurfing-Zentrum Herbert Erat, Tel. 093/671079	Tenero
Wasserskischule Sonia Fiala	Quartino

Schwimmen

→ Bademöglichkeiten

Tauchen

Ascona	Verbano Sub, Tel. 093/357130
Locarno	Club Canottieri, Via al Lido, Tel. 093/312919
Piazzogna-Alabardia	Tauchclub Sub Gambarogno

Wein

⟶ Essen und Trinken

Wetterbericht

Wetteransage in deutscher Sprache: Tel. 01/162

Windsurfing

⟶ Wassersport

Wintersport

Airolo	Wintersportzentren Pesciüm (Seilbahn, zwei Skilifts), Lüina (ein Skilift; beleuchtete Piste), Cioss Prato (im Val Bedretto; zwei Skilifts, ein Pony-Lift). Insgesamt 12 km Pisten; drei Langlaufloipen.
Carì	Wintersportgebiete Carì (ein Sessellift, ein Skilift, 20 km Piste; Eisbahn) und Prato Leventina – Dalpe (zwei Skilifts, drei Langlaufloipen).
Campo Blenio	Wintersportgebiet Campo Blenio (vier Skilifts). Insgesamt 7 km Pisten, davon 800 m beleuchtet; 4 km Langlaufloipen.
Campra	Nordisches Skizentrum Campra (Lukmanier). Insgesamt 15 km Langlaufloipen; Kunsteisbahn.
Nara (Leontica)	Skizentrum Nara (zwei Sessellifts, vier Skilifts). Insgesamt 30 km Pisten.
Bosco Gurin	Wintersportgebiet Bosco Gurin – Grossalp – Guriner Furka (vier Skilifts). Insgesamt 20 km Pisten; 5 km Langlaufloipen.
Cardada	Wintersportgebiet Cardada (ein Sessellift, vier Skilifts). Insgesamt 12 km Pisten.
Monte Tamaro	Skigebiet Monte Tamaro (ein Sessellift, zwei Skilifts, drei Pony-Lifts). Insgesamt 15 km Pisten; Kinderskipiste auf der Alpe Foppa.
Monte Lema	Skigebiet Monte Lema (eine Sesselbahn; zwei Skilifts, nur an Wochenenden). Insgesamt 4,5 km Pisten.
Alpe di Neggia	Skigebiet Alpe di Neggia am Abhang des Monte Gambarogno (zwei Skilifts). Insgesamt 2 km Pisten.

Die Region Robiei bietet als einzige im Kanton Tessin Sommerskimöglichkeiten im Gebiet des Basodino-Gletschers, der Cristallina und des Naret. Touren in der Region Robiei sind nur erfahrenen Skiläufern zu empfehlen. — Wintersport (Fortsetzung) Robiei

Skigebiet Mogno: einfache Piste und 6 km Langlaufloipe. — Mogno

6 km Langlaufloipe zwischen Certara und Cimadera/Piandera. — Certara–Cimadera

Wintersportgebiet San Bernardino (Skilifte, Eisbahn, Langlaufloipen). — San Bernardino (Graubünden)

Tessiner Haute Route

Für geübte und erfahrene Skiwanderer ist die Überquerung der Tessiner Alpen vom Hinterrheintal bis Locarno auf Skiern eine besondere Herausforderung. Voraussetzung für diese Wintertour sind eine gute Ausrüstung für Ski- und Bergtouren (Eispickel, Steigeisen, Reservekabel, Reparaturzeug, Ersatzfelle, Kochgerät und Biwak) sowie gutes Kartenmaterial (→ Karten). Für die Gesamtstrecke, die auch in Teilstücken bewältigt werden kann, sind mindestens acht Tage erforderlich.
Auskünfte erteilt Hans Horlacher, Temporive, CH-6517 Arbedo, Tel. 092/292862. — Skiwandertour über die Alpen

Kunsteisbahnen

Eislaufen und Curling auf der Kunsteisbahn Siberia (Oktober bis März). — Ascona

Kunsteisbahn Turrita — Bellinzona

Eisstadion — Chiasso

Kunsteisbahn im Stadion Resega di Porza, Canobbio (September bis März) — Lugano

Kunsteisbahn im Skigebiet Campra (Lukmanier). — Campra

Zeit

In der Schweiz und in Italien gilt während des Winterhalbjahres die Mitteleuropäische Zeit (MEZ = GMT + 1 Std.), von Ende März bis Ende September die Sommerzeit (MEZ + 1 Std. = GMT + 2 Std.). — Mitteleuropäische Zeit

Zeltplätze

→ Camping

Zollbestimmungen

Zollfrei sind Gegenstände des täglichen Bedarfes und der touristischen Ausrüstung sowie für den Reisetag benötigter Proviant. Einfuhrverbote gelten für Frischfleisch und Wurstwaren aus Afrika und Asien sowie von der Iberischen Halbinsel. Von Personen über 17 Jahren können zollfrei eingeführt werden: Geschenke im Gegenwert von 100 sfr, ferner 200 Zigaretten oder 50 Zigarren oder 250 g Tabak sowie 2 Liter Wein bzw. Schaumwein oder 1 Liter Spirituosen. — Einreise in die Schweiz

Einreise in die Schweiz (Fortsetzung) Hinweis

Die zuvor genannten Wareneinfuhrbestimmungen können aus seuchenhygienischen Gründen (besonders bei Lebensmitteln, Pflanzen oder Tieren) oder anderem aktuellem Anlaß kurzfristig geändert werden. Es ist daher ratsam, sich im Zweifelsfall bei den zuständigen Zollbehörden zu informieren.
Verbindliche Auskünfte erteilt die Eidgenössische Oberzolldirektion, Postfach, CH-3003 Bern (Tel.: 031/616681).

Einreise nach Italien

Aus der Schweiz können nach Italien (aus den Ländern der Europäischen Union gelten die Richtlinien des weitgehend zollfreien EU-Binnenmarktes) zollfrei für den persönlichen Gebrauch bestimmte Gegenstände eingeführt werden; dazu gehören auch (für Personen über 15 Jahre) 1000 g Kaffee oder 400 g Pulverkaffee, 200 g Tee oder 80 g Teeauszüge, ferner (für Personen über 17 Jahre) 1,5 Liter Spirituosen über 22 Vol.-% Alkoholgehalt oder 3 l Spirituosen unter 22 Vol.-% Alkoholgehalt oder 3 Liter Schaumwein und 5 Liter Wein sowie 300 Zigaretten oder 75 Zigarren oder 400 g Rauchtabak.
Personen über 15 Jahre dürfen zudem Waren oder Geschenke bis zum Gesamtwert von 930 000 Lire einführen.
Videokameras, CB-Funkgeräte und Autotelefone müssen bei der Einreise deklariert werden.
Das Mitführen von Reservekraftstoff in Kanistern sowie von Fahrten- und größeren Mehrzweckmessern ist untersagt.
Weitergehende Auskünfte erteilen die italienischen Zollbehören.

Wiedereinreise nach Deutschland

Persönliche Gebrauchsgegenstände, soweit sie dem privaten Bedarf des Reisenden dienen, können von der Schweiz nach Deutschland eingeführt werden. Abgabenfrei sind für Personen über 17 Jahre Geschenke und Andenken bis zu einem Wert von 115 DM, ferner 500 g Kaffee oder 200 g Pulverkaffee, 200 Zigaretten oder 50 Zigarren oder 250 g Tabak sowie 2 Liter Wein und 2 Liter Schaumwein oder Likörwein oder 1 Liter Spirituosen.
Nähere Auskünfte bei allen deutschen Zollämtern.

Wiedereinreise nach Österreich

Abgabenfrei sind Waren im Gegenwert von höchstens 2400 öS; außerdem für Personen über 17 Jahre an Tabakwaren 200 Zigaretten oder 50 Zigarren oder 250 g Rauchtabak, an alkoholischen Getränken 2 Liter Wein und 1 Liter Spirituosen.
Nähere Auskünfte erteilen die österreichischen Zollbehörden.

Register

Verzeichnis der Karten, Pläne und graphischen Darstellungen im Reiseführer